21 世纪应用型本科财税系列规划教材

财　政　学

（第三版）

蒙丽珍　古炳玮　主编

东北财经大学出版社
Dongbei University of Finance & Economics Press
大　连

图书在版编目（CIP）数据

财政学／蒙丽珍，古炳玮主编．—3 版．—大连：东北财经大学出版社，2013.8（2015.4 重印）
（21 世纪应用型本科财税系列规划教材）
ISBN 978-7-5654-1215-8

Ⅰ．财… Ⅱ．①蒙… ②古… Ⅲ．财政学-高等学校-教材
Ⅳ．F810

中国版本图书馆 CIP 数据核字（2013）第 134120 号

东北财经大学出版社出版
（大连市黑石礁尖山街 217 号 邮政编码 116025）
教学支持：（0411）84710309
营 销 部：（0411）84710711
总 编 室：（0411）84710523
网 址：http：//www.dufep.cn
读者信箱：dufep@dufe.edu.cn

大连永盛印业有限公司印刷 东北财经大学出版社发行

幅面尺寸：170mm×240mm 字数：402 千字 印张：20
2013 年 8 月第 3 版 2015 年 4 月第 9 次印刷

责任编辑：孙晓梅 王 斌 责任校对：刘咏宁
封面设计：张智波 版式设计：钟福建

ISBN 978-7-5654-1215-8
定价：35.00 元

第三版前言

社会发展要求人才培养更加重视能力和素质的养成与提高，因此，必须重视教学方法的探索和改革，注重大学生观察、判断、分析等思维能力的锻炼和培养，注重提高其可持续发展能力。课堂教学除了传授知识，还得让学生在课堂上作为主人参与到教学活动中来，共同思考和讨论，在尝试与体验中认识理论、学习知识、掌握技能，这样才能为大学生的健康成长铺就一条“高速路”。近几年来，我们在部分课程中开展了“读、写、议、评”教学方法探索，形成了这样的基本思路：丰富教学形式、重视能力培养、加强师生互动。具体操作流程分为四个阶段：导读阶段、写作阶段、讨论阶段、点评阶段。导读阶段主要是通过布置学生阅读课外的专业书籍及文章，增加专业方面的信息量，拓宽视野，打下牢固的理论基础；写作阶段重点是培养学生文献检索、数据处理、归纳、分析及写作能力，写作的形式多样化，可以是读书心得、观点综述、调查报告、小论文等等；讨论阶段主要是通过组织课堂讨论，架设沟通与交流的桥梁，营造互动氛围，提高学生的口头表达能力；点评阶段主要是学生互评与教师评议，在讨论的基础上，学生之间相互评议，交流经验，共同提高。

我们深知，课堂教学不是培养人才的唯一途径，课本不是获取知识的唯一来源，“满堂灌”不是传授知识的唯一方式。要让学生真正成为学习的主体，使学生真正参与到教学活动中来，必须不断创新，构建有效的机制和形式。总结多年的教学经验，我们感到，如何在学习别人研究成果的基础上形成自己的观点和看法是每一位财经类专业大学生应努力的方向，如何引导学生用自己的语言来描述和分析现实中的财经现象是财经类专业课的重要任务。为此，我们建议因地制宜地组织文献检索、社会调查、文化沙龙、课堂发言或讨论等活动，布置写作读后感、文献综述、案例分析、调查报告等作业，逐步培养和锻炼每一项专业技能，为大学生的成长“搭台子、铺路子、压担子”，引导他们不仅“学会”，还要“会学”，学会学习方法，形成自己的主见。

我们认为，高校教学必须爱护和培养学生的好奇心、求知欲，帮助学生自主学习、独立思考，保护学生的探索精神、创新思维，营造崇尚真知、追求真理的氛围，为学生的禀赋和潜能的充分开发创造一种宽松的环境。教学不仅应当传授知识，更要传授方法；教材不仅应当介绍给学生万千世界中的现象及原因，还要提出问题；教师不仅应当告诉学生答案，还应留给学生思考的余地。一个好的老师，不仅关注知识本身，更应关注学生思维能力的发展；一本好的教材，不仅承载教学内容和观点，更应传承文化，既可以给老师上课使用，还能够让学生自学；一所好的学校，不仅给学生文凭、分数，更应留给学生良好的学习习惯、思考方式；一个好的教育制度，不仅能够培养成千上万的人才，而且能够给每个学生一个会思考的头脑。

早年的财政学教材多是从政府的角度介绍财政收入、支出、平衡、管理，而西方国家的教材多是分析政府的财政税收行为对经济的影响，各有千秋。我们的做法是将理论与制度实践分开，先介绍普遍的基本原理，再介绍各国的实践、中国的财政制度。从结构上看，本书的总思路是：财政是什么（定义）—为什么需要财政（市场与政府）—财政干什么（财政职能、财政支出、财政收入）—财政怎么样干（财政管理、财政政策）。全书以公共产品为主线，各章内容安排顺序为：公共产品存在的理由（第一章）、公共产品理论及发展（第二章）、公共产品决策机制（第三章）、公共产品供给内容（第四、五章）、公共产品资金筹集（第六、七、八章）、公共产品供求管理（第九、十、十一、十二章）、全球性公共产品（第十三章）。本书在内容上紧密结合最新实际，深化所学知识，巩固专业理论，培养职业技能，同时为学生认识社会打开一扇窗口，开启智慧之门，拓宽通往成功之路。

本教材的特点：一是将财政学普遍理论与中国财政制度适当分离，着重介绍财政学普遍理论、应用财政学理论分析现实问题的基本方法及步骤，引导学生掌握和运用分析方法。二是在体例上体现“读、写、议、评”的教学方法、案例教学法的成果，每章都分为知识结构图、引言、内容阐述、知识之窗、案例讨论、推荐阅读书目六个部分。除此之外，还附录了阶段练习、作业建议。案例讨论题可以由师生在使用时灵活选择，推荐阅读书目是提供给学生课外阅读的建议，书后附录的作业建议供任课教师布置作业时参考。三是本书面向财经类各本科专业，力图用通俗易懂的文字把财政基本理论和知识讲清，并制作了较多的图表，既便于教师讲授，也易于学生自学。本书配有电子课件和阶段练习答案，详情请登录东北财经大学出版社网站（www. dufep. cn）查询。

社会科学没有唯一的标准答案，如果教材只是告诉读者一些定义、原则、结论，忽视分析方法的传授，则不利于学生的成长。美国哈维·S. 罗森教授撰写的《财政学》受到广泛欢迎，其特色之一就是注重政策分析，不局限于某种结论，帮助学生理解和掌握多种分析方法。为此，我们试图通过具体案例分析来引导学生改变死记硬背的不良习惯，重视分析方法的学习和掌握，同时在内容介绍时安排“思考与讨论”，课堂教学过程中可以组织学生讨论，引导学生学以致用。

本书由广西财经学院副校长蒙丽珍教授策划、审稿，各章分工如下：蒙丽珍教授编写第一、十三章，邓文勇教授、谭彦红副教授编写第二、三章，古炳玮副教授编写第四章、第七～第九章、第十一章、第十二章、案例讨论、阶段练习，谭彦红副教授编写第六章，秦强副教授编写第五、十章。

在教材编写过程中，我们参考、借鉴了大量书籍、新闻报道、理论界研究成果（已经在书中作了注解，并列在书后的参考文献中），在此谨向作者表示衷心感谢。由于能力所限，书中定有疏漏和不足，恳请读者批评指正，以便不断修改和完善。同时，感谢东北财经大学出版社的精心组织和策划，感谢编辑人员付出了大量心血。如果没有他们的辛勤劳动，本书也难以按时与读者见面。

编　者

目录

第一章

财政起点：政府与市场

知识结构图

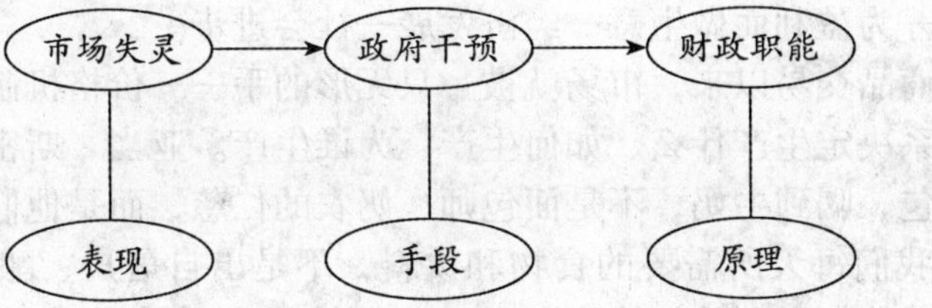

引　言

我们每天的生活有不少跟政府提供的公共服务有关，如早晨到公园锻炼，上下班坐公交车出行，小孩免费上小学初中，晚上收看天气预报，到广场上唱歌跳舞，这些都是通过政府财政为公众提供的。财政的钱来源于大家交的税费，所以，财政的钱当然应当为大家服务。

当今社会，很多事情都与财政有着密不可分的关系：每个月的工资要扣缴个人所得税，做生意要到税务局办理税务登记，吃的粮食和猪肉有财政补贴，孩子读书是接受政府举办的义务教育，城市公交出行有财政补贴，财政支出、财政收入、财政管理、财政政策的方方面面都出现在我们的日常生活中，形影不离，紧密相关。试设想，如果没有财政支出，那么我们的生活很可能一团糟，衣食住行都成问题。因此，学习和了解财政知识，不仅是从事财政工作所必需，也是一个普通居民所需要的。

让我们一起从身边的事例开始了解和认识财政，从市场与政府的角色分工来理解为什么需要财政，财政干什么、怎么做，财政的职能。同时，为帮助大学生尽快迈入财政学的大门，还对财政学的发展历程和学习方法作了简要介绍。

第一节　政府与市场

一、市场失灵

（一）市场是万能的吗？

为什么几千年来，人们总是起早贪黑，辛勤劳作，为了生存？为了出名？为了发财？是什么力量在引导、推动？不需别人催促，每个人都如此自觉。也许大家觉得这是平常小事，但有心之人一直苦苦探寻，亚当·斯密（1723—1790）——一位苏格兰青年不这么看，他冥思苦想，最后提出：人的利己主义动机是推动世界发展的根本动力，正是这一神奇力量使人们不断努力，生生不息。他在 1776 年出版了一本书，书名叫《国民财富的性质和原因的研究》，这就是著名的《国富论》。他在书的扉页上这样写道："献给女王陛下的一本书！"他说，女王陛下，请您不要干预国家经济，回家去吧！国家干什么呢？就做一个守夜人，当夜晚来临的时候就去敲钟，入夜了看看有没有偷盗行为，这就是国家的任务。只要国家不干预经济，经济自然就会发展起来。① 他的思路大致可以这样来描述：劳动分工—市场交易—互通有无—为盈利而做生意—经济发展—社会进步。

自从有了商品交易以来，市场就被一只无形的手——价格机制牵引着，根据供给与需求的关系决定生产什么、如何生产、为谁生产。亚当·斯密分析说，我们每天能够吃到面包、喝到牛奶，不是面包师、奶农的仁慈，而是他们对自己利益的追求（原文是：我们每天所需要的食物和饮料，不是出自屠户、酿酒家或烙面师的恩惠，而是出于他们自利的打算②）。这一机制被称为"看不见的手"，每时每刻都在起作用。市场就在供给和需求之间，根据价格的变动，引导资源向着最有效率的方面配置。在经济领域，市场扮演着主要角色，不需要政府插手。这是自由主义经济学派的主张，在 1936 年凯恩斯发表《就业、利息和货币通论》以前，这一理论颇为盛行。

经济人假设是经济学研究的三个假设前提（资源稀缺、经济人假设、产权明晰）之一，相应就有三个基本原理：福利最大化原理、供求原理、等价交换原理。亚当·斯密指出：毫无疑问，每个人生来首先和主要关心自己；而且，因为他比任何其他人都更适合关心自己，所以他如果这样做的话是恰当和正确的③。

他进一步分析说，由于他管理产业的目的在于使其生产物的价值达到最大程度，他所盘算的也只是他自己的利益。在这场合，像在其他许多场合一样，他受着一只看不见的手的指导，去尽力达到一个并非他本意想要达到的目的。也并不因为事非出于本意，就对社会有害。他追求自己的利益，往往使他能比在真正出于本意

① 韩秀云．推开宏观之窗［M］．北京：经济日报出版社，2003：16. 有改动。
② 亚当·斯密．国富论：上卷［M］．郭大力，王亚南，译．北京：商务印书馆，1972：14.
③ 亚当·斯密．道德情操论［M］．蒋自强，等，译．北京：商务印书馆，1997：101-102.

的情况下更有效地促进社会的利益。①

那么，政府为什么存在？政府应当做些什么？市场与政府的边界在哪里？这些问题时时困扰着经济学家和政府决策者，特别是人类社会进入 20 世纪之后，各种经济和社会问题不断出现，迫切需要弄清上述几个问题，并且为实践指明方向。

知识之窗 1-1

亚当·斯密——经济学与财政学之父

亚当·斯密（Adam Smith）于 1723 年 6 月 5 日出生在苏格兰法夫郡的柯卡尔迪，父亲是一位律师和海关监督，在他出生前几个月就去世了。他和母亲相依为命，共同生活了 60 年，终身未娶。据说，他四岁时，和母亲到舅舅家玩，大人们在屋里聊天，他在门口外玩，被一群路过的吉普赛人抱走。听到哭声的舅舅一路追赶，终于把他抢回来，让他平安地回到母亲身边。他成名后，人们都称赞他舅舅为世界追回了一个伟人。1737 年，14 岁的斯密进入格拉斯哥大学学习，得到了名师指教，开始认识当时著名的哲学家大卫·休谟，并成为终身密友。

1740 年，斯密作为优秀学生获得斯内尔奖学金，被保送到牛津大学。在此度过了六年时光，受益于校内藏书丰富的图书馆。1748 年起到爱丁堡大学任教，1950 年回到格拉斯哥大学担任逻辑学教授。1759 年出版了著作《道德情操论》，立即引起了轰动。1764—1766 年受聘作为巴克勒公爵的家庭教师，一起游历欧洲大陆近三年时间。结识了当时法国著名思想家、哲学家伏尔泰、杜尔哥、经济学家魁奈，大大扩展了视野。回到英国后，他闭门不出，潜心研究，历经 10 年，写出了《国民财富的性质和原因的研究》（简称《国富论》）这部巨著，1776 年 3 月 9 日正式出版，获得了广泛赞誉。当时英国首相皮特也是他的学生，对他非常尊敬。有一次非正式聚会中，斯密到来时，包括首相皮特在内的众多高官和名流全体起立欢迎他，然后等斯密坐下后，皮特才和大家落座。晚年他担任了格拉斯哥大学校长，此后还担任爱丁堡海关专员，1790 年去世。

有学者指出，斯密在《道德情操论》中“研究道德世界的出发点是同情心”，而“研究经济世界的出发点则是利己主义”，将两者理解为一对不可调和的矛盾，这就是所谓的“亚当·斯密问题”。

有人评论说，牛顿为工业革命创造了一把科学的钥匙，瓦特拿着这把钥匙开启了工业革命的大门，那么，亚当·斯密则是挥动一只看不见的手，为工业革命的推进缔造了一个新的经济秩序。

（二）市场失灵现象

我们不妨看看这样一些现象：

生活在城市的人们每天都有不少时间耗费在路上，大热天挤公交车的滋味很不

① 亚当·斯密．国富论：下卷［M］．郭大力，王亚南，译．北京：商务印书馆，1972：27.

好受；就近接受优质教育是每一个家庭的共同愿望，但赞助费却把不少人拦在校门外；以前，人们根据经验总结了很多预测天气的民谚，今天则希望得到更加全面准确的天气预报服务；温饱问题解决之后，人们又为食品安全问题所困扰，期待着有人为每天的餐桌把关……这些公共服务总是难以尽如人意。

一些行业被一个或几个企业占据了多数市场份额，控制着生产和流通，通过制定过高价格，企业及职工享受着高工资、高福利、高利润，其他企业难以与之竞争，违背了公平原则，也侵害了消费者利益。尽管我国价格管理部门先后近20次调低药品出厂价，但老百姓仍然感觉不到医药负担减轻，广西南宁市一家平价药店试图以低于市场价40%左右入市，但遭到所有药厂集体停止供货。这被称为垄断现象。

俗话说："不比不知道，一比吓一跳。"自古以来，贫富不均就伴随着人类社会的发展。进入20世纪下半叶，各国在财富增加的同时，贫富差距扩大不断挑战人们的承受底线，收入分配不公成为人们热议的话题。

广东省东莞市一名残疾人1999年在远南残疾人运动会夺得了金牌，告别田径场后找不到合适的工作。另一位20世纪80—90年代曾闪耀体坛的全国举重冠军，退役后只能当搓澡工，生活拮据。类似的报道不少，失业成了市场经济中一种普遍现象，影响着每一个人的生活和社会稳定。就业这个人人衣食住行都离不开的基础，成了市场经济中不少人无法轻松实现的梦想。这被称为就业不充分现象。

一些企业和个人只顾追求自己的经济利益，将社会和他人的利益抛在一边。近年来，多地爆发儿童血铅超标事件。2009年8月，陕西凤翔县接受检测的1 016名儿童中，共查出851名儿童血铅超标，进而引发恶性群体性事件。此后，湖南武冈市、福建上杭县、广东清远市也出现类似现象。经调查，这些铅中毒事件均与当地企业的污染排放有关。2005年11月发生的松花江重大水污染事件使沿岸数百万居民的生活受到影响，吉林省松原市、黑龙江省哈尔滨市先后停水多日。顺流而下的污染甚至威胁到俄罗斯哈巴罗夫斯克边疆区，造成严重的国际负面影响。事后，国务院调查组认定这是一起特别重大水污染责任事件。5年间，国家为松花江流域水污染防治累计投入治污资金78.4亿元。2012年1月15日，因广西金河矿业股份有限公司、河池市金城江区鸿泉立德粉材料厂违法排放工业污水，广西龙江河突发严重镉污染，水中的镉含量约20吨，污染团顺江而下，污染河段长达约300公里，对龙江河沿岸众多渔民和柳州300多万市民的生活造成严重影响。

近年来，雾霾现象对中国中东部地区尤其是京津冀地区造成严重环境影响，南方地区也加入了这一行列，环境污染问题已经成为影响人们生活质量的重要因素。蓝天白云成为过去的美好回忆，青山绿水成为人们的热切企盼。

城市堵车现象越来越严重，多个城市被戏称为"堵城"。尽管城市面积越来越大，道路不断拓宽，但堵车不仅没有得到缓解，相反还在加剧，更多的城市进入"堵城"行列。车速越来越慢，车流越来越长，人们对交通的抱怨在增多。

市场中有些经济活动不仅对买卖双方或当事人造成影响，而且还涉及他人，这被称为"外部效应"或"外部性"。有利的影响称为正外部性，不利的负外部性。

上面提及的环境污染、拥堵等自然属于负外部性，而治理环境、发明创造、慈善事业则属于正外部性。

经济发展并不像人们想象那样平稳顺畅，不仅起伏波动，而且时常上蹿下跳，甚至发生经济危机，严重扰乱人们的正常生活。

上述种种现象暴露了市场的盲目性，经济学家称之为"市场失灵"。其具体表现及政府的职责见图 1–1。

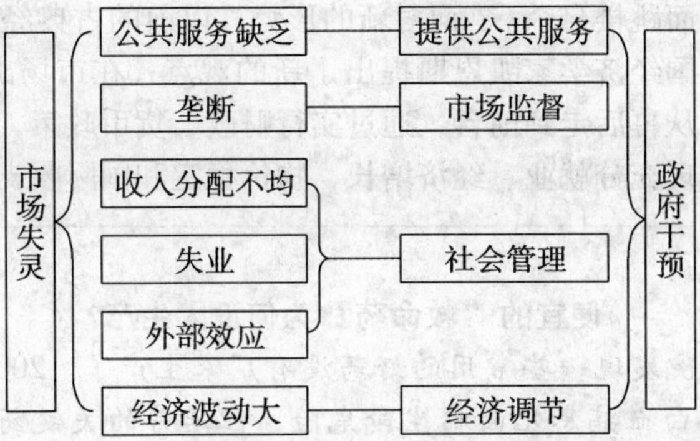

图 1–1　市场失灵的具体表现及政府的职责

市场并非完美无缺，面对种种不足和问题，自感无力回天。为此，人们只能寄希望于外力干预。自然，人们首先想到了威力无边的政府。那么，它能否胜任这一重担，本书第三章将作进一步分析。政府公共服务与财政的关系见图 1–2。

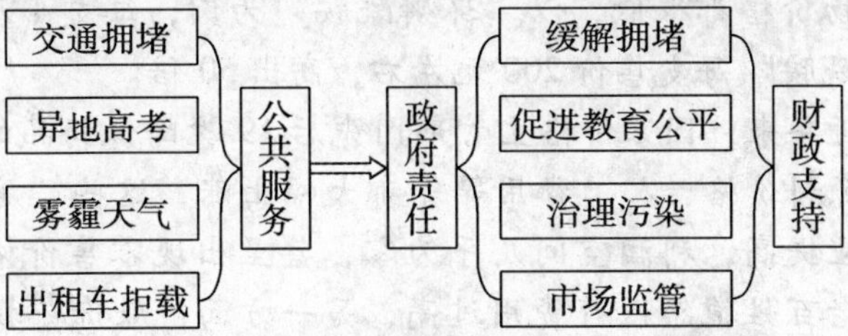

图 1–2　政府公共服务与财政的关系

在资本主义自由竞争时代，人们都相信市场是万能的，可以靠市场法则——价值规律来调节，市场这只"看不见的手"能够实现资源的最优配置。维多利亚女王（Alexandrina Victoria，1819—1901）是英国历史上在位时间最长的君主，在位时间长达 64 年。她是第一个以"大不列颠和爱尔兰联合王国女王和印度女皇"名号称呼的英国君主。她在位的 64 年期间（1837—1901），是英国最强盛的所谓"日不落帝国"时期。女王统治时期，在英国历史上被称为维多利亚时代。在国事上，她被认为几乎什么都不做，而恰恰是这位看起来什么都不做的女王，让那只看不见的手发挥了力量，开启了至今仍让英国人津津乐道的兴盛时期。究竟是什么原因让这样一个面积仅有 24 万平方公里、人口仅有几千万人的岛国，孕育了如此超凡的能量，改变了自己，也影响了世界呢？答案是工业革命。工业革命使英国走进了现代化的大门，使英国成为第一个现代化国家，也迫使整个世界追随着英国向现代化方向前进。而艾萨克·牛顿、詹姆斯·瓦特、亚当·斯密是对这一切变化居功至伟的三大巨头。①

但20世纪30年代的经济大危机打破了市场万能的神话。当时有这样一个故事，说有一位银行家，有一天在路边擦皮鞋的时候，擦皮鞋的人一边给他擦皮鞋，一边跟他大谈股市如何赚钱。回到家后，他仔细一想，连一个擦皮鞋的人都知道股市能赚大钱了，这股市不是太热了吗？所以他当机立断，卖出手上所有股票。在这场灾难中，只有他这样的极少数人幸存下来，其他的人都在这场股市大崩盘中血本无归，很多人因此而跳楼自杀。② 面对新的形势，以前的古典经济学说已经无法作出解释，于是，英国经济学家凯恩斯提出了新的观点：在市场出现失灵的情况下，政府应实行干预，从幕后走到前台，通过实行财政、货币政策，调控宏观经济，熨平经济周期，以实现充分就业、经济增长、物价稳定和国际收支平衡。

案例讨论 1-1

便宜的“救命药”为何没人生产？

近年来，医院发现一些常用的好药没有厂家生产了。2005年，上海市儿童医学中心一名白血病患儿面临生命危险，但治疗的关键药物“环磷酰胺”却断货了。这种药疗效好，毒性反应低，且价格便宜，但几乎没有厂家愿意生产。其他还有很多价格低、疗效好的药品停产、短缺。比如，抢救心脏缺氧发作的“普萘洛尔（俗称心得安）”针剂、用于癫痫发作的苯妥因钠、治疗静脉曲张的鱼肝油酸钠注射液，以及放线菌素D、长效青霉素、异丙嗪糖浆等。大部分短缺的药物价格都很低，以“环磷酰胺”为例，每支4元左右，而替代药物“异环磷酰胺”每支售价200元左右，高出50倍。

据报道，近年来，国家价格主管部门先后19次降低药品的出厂价格，但由于药品生产原料价格、人工费用等等都大幅上涨，这些“廉价经典药”的价格却没有相应提高，利润空间几乎为零，甚至出现零售价格低于成本的现象。一方面，老百姓抱怨医疗费用过高，另一方面，廉价“救命药”却因价低而没了踪影。结合本书表5-4中政府卫生支出、个人卫生支出占卫生总费用的比重数据，大家将对医改这一热点问题有更深的了解。

资料来源 俞丽虹，陆文军．救命药断货急煞病人家属 价格低廉厂家拒生产［EB/OL］．（2005-12-7）．http：//news. xinhuanet. com/focus/2005-12/07/content_ 3883232_ 1. htm. 有删改。

讨论：

1. 为什么出现急需药品没人生产、市场供应不足？反映了什么问题？可以在当地开展这方面的社会调查，并结合经济学原理进行思考和分析。

2. 有哪些办法缓解上述问题？市场、政府在现实社会中担负什么不同的角色？

① 于中鑫．亚当·斯密——经济学鼻祖［M］．北京：人民邮电出版社，2009：109. 有删节。
② 韩秀云．推开宏观之窗［M］．北京：经济日报出版社，2003：19. 有改动。

二、政府该做什么

一般认为，在市场经济条件下，社会资源的主要配置力量都是市场，而不是政府。只有在“市场失灵”的领域，政府部门的介入才是必要的。财政只能在社会资源的配置中起补充和配角作用，所要解决的只能是通过市场不能解决，或者通过市场解决不能令人满意的事情，主要包括：

（一）提供公共产品

公共产品的特征决定了市场在提供公共产品方面是失效的，进而也就决定了国家财政将提供公共产品纳入职能范围的必要性。最典型的公共产品是国防、社会秩序、公共卫生、环境保护等等。

（二）纠正外部效应

外部效应的典型表现是某些经济主体的行为影响了他人或企业，却没有为之承担应有的成本费用或没有获得应有的报酬。比如污染，一些企业排放的废气、废水对社会造成不良后果，企业不承担，在这种情况下，政府有责任采取包括财政在内的非市场方式来纠正外部效应问题。

（三）维持有效竞争

竞争和价格机制是市场经济的灵魂。但在市场经济中，不完全竞争却是随处可见的。某些行业因经营规模越大，经济效益越好，从而产生垄断力量。这决定了政府要承担起维持市场有效竞争的责任，将与此有关的任务纳入财政的职能范围。

（四）调节收入分配

在市场机制的作用下，由于人们占有财产情况的不同以及劳动能力的差别，由市场决定的收入分配状况，往往是极不公平的。这不仅有违社会公平法则，而且会导致诸如贫困、富裕阶层中财富的浪费、社会冲突、低收入阶层得不到发展与改善自己处境的机会等不好的社会后果。因此政府有义务用财政调节手段解决收入分配不公问题。

（五）稳定经济运行

自由放任的市场经济不可能自动、平衡地向前发展。价格信号在某些重要的市场上并不具有伸缩自如、灵活反应的调节能力，而不同经济主体在实现其经济利益上所具有的竞争性和排他性，也使市场的自发力不能经常保证总供求在充分利用社会资源的水平上相一致，通货膨胀、失业、贸易失衡、增长波动等都会周期性地重复出现。政府有必要运用财政手段干预经济的运行。

随着时间推移，人们又发现市场做不好的事情，政府也并不一定能做好，于是，又产生了第三部门。表 1-1 对它们作了简单比较，本书第二、三章还要继续探讨这一问题。

三、财政现象和财政定义

（一）财政现象

自古以来，税收将居民与国家紧密联系在一起，税负的轻重牵涉到每一个人的

表 1-1　**市场与政府、第三部门的比较**

主体	市场	政府	第三部门
特点	自愿、竞争	强制、垄断	自愿
追求目标	效率、利润	公平、社会福利	兼顾效率与公平
产品	私人产品	公共产品	公共产品
成本承担	消费者	纳税人	第三方
交易原则	等价交易	依法进行	平等协商

生活，也影响着国家的发展与稳定，这是财政收入的重要形式；北京的颐和园是享誉中外的名胜古迹，它是清政府挪用海军军费等款项重修的皇家园林，其经费属于财政支出的内容；近几年来，要求全面且详细地公开政府预算的呼声日渐高涨，特别是公款出国、公款吃喝等问题引发人们对预算的高度关注，预算这一财政管理工具也逐步为普通百姓所认识。上述事例都是典型的财政现象，都为人们所熟悉。

之所以财政现象无处不在，无时不有，是因为我们现在身处现代社会，很多事情需要政府来做，政府做任何事情都得用钱，当然就跟财政沾上边了。不管是吃喝拉撒、衣食住行，还是经济、教育、文化、卫生、科技、军事等各类事务，没有了钱，都办不成。政府的钱从哪来？显然，天上不会掉下个大馅饼，只能是大家你一块、我一毛，一起凑起来的，最终也是用到我们大家身上。所以，财政学实际就是百姓的经济学、生活的经济学、普通人的常识。了解财政现象、学习财政知识、掌握财政理论，不在于背记多少概念、学说，而在于认识财政经济的基本原理，学会观察社会生活中的相关现象，正确理解其中的基本规律，理智地看待政府的政策，作出有利于自己也有益于社会的选择，从而过上幸福的生活。

在中学学习历史的同学都不会对下列内容感到陌生：周朝的贡助彻，鲁国的初税亩，秦朝的田租、户赋、徭役，唐朝的租庸调、两税法，宋朝的青苗法，明代的一条鞭法，清代的摊丁入亩。这一系列事件可以说是勾勒了中国古代税制改革的脉络，反映了作为财政收入主要形式的税收不断发展变化的历史。透过这些现象，我们体会到财政既与国家政权的稳定息息相关，又与每一个老百姓密不可分，可以说是联系政府与居民经济关系的重要纽带，是人类历史中不可忽视的重要组成部分。

（二）财政的定义

关于财政的定义，有着不同的看法。国家分配论认为，财政是以国家为主体，为实现国家职能而参与国民收入分配形成的分配关系。公共产品理论认为，财政是国家提供公共产品的物质条件。其他学派也提出了多个不同的观点，呈现出百花齐放、百家争鸣的景象。社会科学有着与自然科学不同的特点，难以通过计量器具或实验证明观点的对错，各种社会问题及政策选择没有唯一正确的答案，需要人们根据科学原理、社会实践、严密的思维进行验证、判断。几百上千年来，无数学者思考和总结经济现象和问题，发表了不少名篇巨著，提出了很多颇有见解的观点，形成了各种学派。学习前人的成果无疑是我们认识世界和现实的捷径，本书各章都提供了一些参考书目，大家不妨选择一些翻阅，“开卷有益”嘛，哪怕一本书只看小部分章节，也一定会有不小的收获。近年来，通俗解读和趣谈经济学的书籍层出不穷，对于普及经济学常识起到了很好的作用，作为经济管理类大学生，当然有必要攀登书山放激情，论剑学海抒豪气，今日坐而论道，为的是明天起而行之，为社会进步贡献自己的智慧和力量。

第二节　财政学发展历程

一、财政学起源

在《国富论》中，亚当·斯密不仅运用价值、货币、价格、社会分工、交换、工资、利润、地租等经济范畴分析资本主义市场经济，而且在第五篇对财政问题进行专门研究，分别论述了君主（国家）的费用、公共收入的源泉及国债问题，初步建立了国家的经费理论、收入理论、国债理论，创立了系统的财政学理论，被称为经济学及财政学的开山鼻祖。

经过几百年的发展，财政理论研究形成了多个学派，在国内影响较大的是国家分配论，该理论认为财政是以国家为主体的分配，随着国家的产生而产生，也将随着国家的消亡而消亡，其理论基础是马克思的阶级学说和再生产理论。20 世纪 90 年代以来，从西方市场经济国家传入的公共产品理论对学界影响很大，为大多数人所接受，并应用于各种经济社会现象的分析。

比较上述两种影响较大的财政理论，国家分配论是站在财政历史起源的角度，基于阶级学说进行分析的。它从国家是阶级统治的工具出发，认为财政的出现是为了满足国家的需要，进而把财政定位为维护政权机关运转、调节分配关系、调控经济运行的工具。而公共产品理论是站在现代社会的角度，基于市场理论（如经济人假设等）进行分析的。它从市场失灵需要政府干预出发，认为财政的存在是为了提供公共产品，它的活动范围应界定在配置资源、调节分配、稳定经济等方面。表 1–2 对这两种理论的区别进行了简单比较，读者也可以进一步思考和判别。

表 1–2　**国家分配论和公共产品理论的比较**

理论	国家分配论	公共产品理论
理论背景	实行计划经济	实行市场经济
角度	历史起源	现实需要
基础	阶级学说	市场理论
观点	财政是以国家为主体的分配关系	财政是政府弥补市场失灵的手段
研究方法	历史分析方法	计量分析方法

财政学理论的发展不仅体现在研究内容上，而且体现在研究方法上。研究内容上，从单纯研究政府财政收支逐步扩大到公共资源的配置和利用、政府活动的范围、政府宏观调控，并有学者提出将财政学改称为政府经济学或公共经济学；研究方法上，不仅进行定性分析，而且运用数理统计方法进行定量分析，将规范分析与实证分析相结合，极大地丰富和发展了传统财政学理论，也拓宽了财政研究的领域，为政府公共经济活动拓展了空间。从学科之间的联系上看，财政学研究的方法也逐步由经济学扩大到管理学、社会学、政治学、法学等等，研究的问题也不再是简单的收支问题，还涉及政府治理、预算民主、资源利用、循环经济、社会和谐等诸多领域，成为全社会高度关注的显学。

二、财政学发展概述

随着科学技术的发展和经济研究的深入，财政学理论也在不断发展和深化。在西方国家，古典经济学派影响深远，其财税理论占据重要地位，先后产生了威廉·配第、亚当·斯密、大卫·李嘉图、西斯蒙第、斯图亚特·穆勒、亚瑟·庇古等著名经济学家，提出了税收原则、公债性质、财政支出增长规律等理论，逐步形成了较为完整的财政学理论（见表1-3）。马克思在《哥达纲领批判》中提出了社会总产品的分配理论，即“六项扣除”原理，在《资本论》中分析了税收和公债问题。福利经济学派、凯恩斯学派、新古典综合学派、新剑桥学派、货币学派、供给学派、理性预期学派都在不同程度上对财政理论进行了研究，并提出了自己的看法和主张。其间，公共产品理论经过几代经济学家的研究和发展，异军突起，成为当代影响东西方的重要财政理论，本书第二章将作具体介绍。在众多的学派中，20世纪60年代诞生的公共选择理论将经济学方法应用于政治领域研究，打通了经济学与其他学科的联系。该理论通过对选举机制的分析揭示政府干预同样可能出现失灵问题，认为公共产品的提供是一个公共选择过程，是通过政治家作出决策的。在这里，政府是生产者，选民是消费者，选票好比货币。选举制度等同于市场制度，公共决策就像一个市场交易过程，因此，可以用经济学方法来研究政治决策过程。传统理论认为政府总是大义为公的，而该理论的代表人物布坎南对此持否定态度，他认为，政府是由具有人类一切缺点的人组成的，也会犯错误。总之，政府不是神的造物，也不是超凡至圣的超级机器，政府干预并不一定能解决所有的问题。这就是“政府失败论”。公共选择学派强烈反对凯恩斯的经济干预政策，主张经济自由。他们认为：“政府就如同一个拙劣的保姆，有时想讨好主人，却往往把饭烧糊；更多的时候，她则是忙于自己的梳洗打扮，而把主人的孩子扔到一边。”美国《独立宣言》宣称：“人生而平等，享受着生命、自由以及追求幸福这些不可让渡的权利。为了保障个人的这些权利，人民才建立起政府。政府的权力是自下而上来自被统治者的同意，一旦政府违背了这一原则，人民便有权改变这种政府，并建立新政府。”显然，这与君权神授的说法大不一样。这一观念的变化催生了政治改革和财政改革，财政制度朝着决策科学化、民主化、程序化的方向迈进，也进一步推动了国家政治生活的民主进程。在历史上，英国资产阶级革命的胜利成果之一就是通过预算制度约束君主的王权，将征税和财政资金分配等权力逐步转移到资产阶级控制的议会。本书第三章将对公共选择理论作进一步阐述。

表 1-3　　　　**西方主要代表人物财政观点一览表**

姓名	国别	年代	主要观点
威廉·配第	英国	17 世纪	财政支出应用于国防、行政管理、宗教、教育、救济、公共工程等；最早提出税收原则；创立现代政治经济学
亚当·斯密	英国	18 世纪	首次建立了财政学的理论体系；主张自由竞争、“廉价政府”；财政支出主要是国防、司法、公共工程、维持君主尊严；应谨慎举债
大卫·李嘉图	英国	19 世纪初	提出级差地租理论、“李嘉图等价定律”；详细分析了税收转嫁、财政补贴对经济的影响
西斯蒙第	法国	19 世纪初	主张政府干预、减轻税负；认为公债有害
斯图亚特·穆勒	英国	19 世纪中叶	对古典经济学进行综合；主张政府有选择地干预、适度课税
亚瑟·庇古	英国	20 世纪初	创立福利经济学、福利财政观；主张政府干预，实现国民收入均等化；认为公债有益；首次提出矫正性税收“庇古税”
约翰·凯恩斯	英国	20 世纪初	提出有效需求学说、赤字财政，主张政府干预
密尔顿·弗里得曼	美国	20 世纪	主张减少政府干预，反对相机抉择的财政政策；是货币主义代表人物
阿瑟·拉弗	美国	当代	主张平衡财政收支、减税；是供给学派的代表人物

新中国成立以来，在吸收和借鉴前苏联和西方国家理论研究成果的基础上，先后产生了国家分配论、剩余产品分配论、国家资金运动论、共同需要论等理论学派，许延星、许毅、邓子基、陈共、何振一、王绍飞等知名学者对我国现代财政学理论的形成和发展作出了重大贡献。

财政学理论发展的背景是人类社会经历了深刻的变化。在自然经济时代，经济活动以一家一户为主进行：你耕田来我织布，我挑水来你浇园，夫妻恩爱苦也甜，比翼双飞在人间。进入市场经济时代，社会分工越来越细：你耕田来我织布，我卖布来你卖粮，等价交换没商量，互通有无奔小康。至于每一个人是耕田还是织布，是建房子还是办学校，作为理性的自利的人，他将以赚钱与否、赚多赚少来决定生产什么、生产多少、卖多少价钱。资本主义社会之前，财政管理的资金被认为是君主的“家计”，即整个国家的资源都是君主的，财政的职责主要是为帝王服务，所以古代文献中有“普天之下，莫非王土；率土之滨，莫非王臣”的说法。资本主义革命后，君权受到严格限制，财政管理的资源由宪法规定属于国家所有，由政府代表全体民众进行管理，财政的职责主要是为政府服务。20 世纪 30 年代罗斯福新政的成功实践，使宏观调控成为政府一项新的职责，财政活动范围扩大到经济稳定。20 世纪中期以来，随着公共产品理论的出现，财政资金的使用进一步扩大到市场无法调节的领域及全体居民，财政管理从资金拓展到一切公共资财或公共资源。之所以称为公共财政，一方面，财政管理的对象是公共资源；另一方面，财政服务的目的是维护全体公民的公共利益。近年来，在欧盟建立的示范效应下，各区域国家间的合作日趋增多，国际财政的研究日益受到重视，使财政的支出范围突破国家的边界，提供全球性公共产品的必要性变得更为紧迫。本书第十三章将对国际财政关系进行具体分析。

三、公共财政

（一）公共财政的提出

公共财政是在市场经济条件下，主要为满足社会公共需要而进行的政府收支活动模式或财政运行机制模式。公共财政是为市场提供公共产品和服务的政府分配行为，是市场经济条件下政府财政的基本选择和必然要求，是与市场经济相适应的财政模式或类型。它存在于市场经济环境中，活动范围仅限于市场失灵的领域。

1992 年，中国共产党第十四次全国代表大会将建立社会主义市场经济体制确立为经济体制改革的目标。与此相适应，1998 年全国财政工作会议提出建立公共财政体制的目标，公共财政的提出与市场经济有着必然联系，也是水到渠成的事情。1998 年全国财政工作会议上，时任财政部长第一次提出了建设公共财政的要求，宣布我国将在近几年内初步建立公共财政的基本框架。在 1999 年 3 月召开的九届二次全国人大会议上，财政部长在《关于 1998 年中央和地方预算执行情况及 1999 年中央和地方预算草案的报告》中再一次提出了构建公共财政的基本框架问题。党的十五届五中全会进一步明确将建立公共财政初步框架作为“十五”时期财政改革的重要目标。

近年来的一系列财政支出和收入改革，都是直指公共财政建设目标的。财政支出上，逐步退出一般竞争性领域，将更多财政资金投向公共设施、教育、医疗、养老、科研等市场失灵的领域。在财政收入上，税收已经成为我国最主要的财政收入，税制也尽量做到对不同经济主体的一视同仁。财政收支管理得到加强，部门预算、政府采购制度、国库集中收付制度、税收征管制度等都按照公共财政的要求，或建立起来，或得到了进一步的完善。财政转移支付制度的建立，促进了区域间基本公共服务的均等化，保证了最低水平公共服务的提供。更有意义的是，我国对农村实行了“少取、多予、放活”的政策，取消了农业税，加大了对“三农”的投入。让公共财政的阳光照耀到全国，让城乡居民享受同样的公共服务，是我国公共财政建设中值得大书特书的一笔。

（二）中国建立公共财政体制的背景和必要性

中国经济改革的渐进式逻辑决定了中国财政改革的渐进式逻辑，渐进式经济改革的若干性质从根本上决定了渐进式财政改革的一些主要特征：其一，经济体制改革先于政治体制改革，财政改革遇到重重阻力；其二，经济改革为尽量不触动既得利益而采取存量与增量分别对待的方式，历次财政改革都不彻底；其三，渐进式的经济改革要对某些利益受损的群体作出补偿，财政承担了较大的改革成本；其四，改革分阶段进行使经济体制“双轨制”并行，管理漏洞较多。进入转轨时期，中国财政制度为适应市场经济改革的要求，在各方面推进改革，取得了很大成效。大体包括几个方面的改革，一是财政收入制度和财政体制的改革，二是财政支出制度的改革，三是其他配套改革。通过这些改革，我国逐步建立起符合社会主义市场经济要求的公共财政体系框架，奏响了激昂豪迈的奋进乐章。

1. 发展社会主义市场经济

在市场经济条件下，政府的作用重在弥补市场失灵和市场不能高效率发挥作用的领域，而不是取代市场。我国要发展社会主义市场经济，就必须构建与之相适应的财政模式——公共财政。在市场经济条件下，市场机制始终是国民经济的最基本的调节机制，它在资源配置中始终发挥基础性作用，所谓“物以稀为贵”就是这个道理。政府的宏观调控不是取代市场，而是必须建立在市场和市场机制作用的基础之上。我国经济体制的转变和市场经济的逐步建立，客观上要求我国的财政必须从计划经济时期的生产建设型财政向社会主义公共财政转变。

2. 财政职能转变

传统的财政理论把财政职能归纳为：分配职能、调节职能和监督职能。对财政职能的这种概括是与我国传统的计划经济实践相吻合的。随着我国财政从生产建设型财政向公共财政的转变，我国的财政职能必须加以调整。如何转变财政职能，我国财政学界的学者们进行了积极的探讨，尽管目前在此问题上还存在一些分歧，但越来越多的学者同意美国著名财政学家马斯格雷夫的看法，认为在市场经济条件下，财政应具有收入分配、资源配置和经济稳定三大职能。适应财政职能的转变，政府财政应理性地退出竞争性领域，不再参与私人商品的生产和提供，而转向主要为公众提供纯公共产品和服务，参与提供准公共产品。

3. 构建社会主义和谐社会

构建和谐社会要求财政管理科学化、民主化、法制化。公共财政的特点就是科学理财、民主理财、依法理财。首先，在公共财政框架下，财政只是为公众提供公共产品和公共服务，财政支出的规模将得到有效的控制，财政收支矛盾得到缓和，有利于科学管理。其次，公共财政客观上要求一切与政府权力相关的公共收入都必须纳入政府预算，在政府统一的预算中体现出来，并接受社会公众的民主监督和立法机关的监督。再次，公共财政要求必须依法理财。市场经济是法治经济，市场经济下的财政——公共财政必然是法治财政。只有实行公共财政，坚持依法治财和依法理财，才能为构建和谐社会营造一个良好的经济基础。

公共财政是为全体居民提供公共服务的财政。以前仅注重城市居民、行政事业单位、国有企业职工，而占全国人口大多数的农村居民享受到的公共服务极少。

转变到公共财政模式，意味着农村居民、没有单位的居民、非国有单位的职工及个体户也享有与国有单位职工一样的养老保险、失业保险、医疗保险、免费基础教育、清洁空气、廉价水电等等。换句话说，就是全体居民都沐浴在公共财政的阳光之下。

案例讨论 1–2

公交能否低票价

前几年，借助举办奥运会的极好机遇，北京市加快了公共交通系统的建设速度，市政府为市民描绘了这样的美好前景："低价坐公交，地铁十几条，区区通高速，车车不占道。"具体来说，就是刷卡乘地铁只需 2 元、乘坐公交车只需 0.4 元。市发改委官员 2009 年年初表示，北京"公交优先"的发展战略不会变化，低票价的公交政策取向不会改变，通过低票价调节交通流量，鼓励市民优先选择公交出行的方针不会改变，通过公交低票价造福广大市民、改善民生的政策取向不会改变。此前，北京市财政局局长也表示，为继续维持公交低票价，北京市 2009 年拨款近 120 亿元补贴公共交通，其中公交 104.2 亿元，地铁 15.2 亿元。

北京市这一政策变化始于 2007 年 1 月 1 日。为缓解交通拥堵，减少汽车尾气污染，提高市民公交出行比例，北京实行地面公交全线 1 元起步，刷卡四折、学生票二折，同年 10 月 7 日地铁实行单一票价 2 元的低票价方案，公交和地铁票价双双成为"全国最低"。据调查，2007 年年底，北京市民公交出行比例达到 34.5%，首次超过了乘坐私人小汽车的出行比例 32%，2008 年全年更是高达 36.8%。显然，低票价政策发挥了重要的政策导向作用。而如果没有强大的财政实力，那么低票价只能是黄粱美梦，纸上谈兵而已。

就全国来说，2006 年 12 月 5 日，建设部、发改委、财政部、劳动和社会保障部联合发布的《关于优先发展城市公共交通若干经济政策的意见》明确指出，"城市公共交通是公益性事业，必须实行低票价政策，以最大限度吸引客流，提高城市公共交通工具的利用效率。"

在此之前，由于定位不清晰，北京公交经营体制混乱，以盈利为目的的空调车增长迅速，而价格低廉的非空调车则增长缓慢。于是，在北京街头就经常可以见到这样的奇怪景象：实行月票的公交车人头鼎沸，十分拥挤，而部分空调车则乘客稀少，甚至空驶。实行低票价的背景是"北京的公共交通定位为社会公益性事业和公共服务"，政府把大量财政资金投入这一公共服务。

讨论：

1. 低票价政策能否复制到其他城市？它需要什么条件？

2. 还有哪些公共服务应当实行低票价政策？这与政府的角色转变、财政的发展有什么联系？试结合当地的实际情况作具体分析。

第三节　财政职能

财政职能是指财政在社会经济生活中所具有的职责和功能，它是财政这一经济范畴本质的反映，具有客观必然性。通俗地说，就是指财政能干些什么。按照现代西方财政理论，市场化国家的财政职能一般包括资源配置职能、收入分配职能、经济稳定职能。

一、资源配置职能

资源配置职能就是将一部分社会资源集中起来，形成财政收入；然后通过财政支出分配活动，由政府提供公共产品或服务，引导社会资金的流向，弥补市场的缺陷，最终实现全社会资源配置效率的最优状态。

经济学研究的核心问题是资源配置，财政学研究的则是公共资源配置。

财政的资源配置职能具体表现在：一是调节社会资源在政府部门和非政府部门之间的配置，主要是调整财政收入在国内生产总值中所占的比重，使之符合优化资源配置的要求。二是在政府部门内部配置资源，主要是根据不同时期政府职能的变化，通过财政对自身支出结构的调整，将财政资金分别用于满足各种社会公共需要，如保证国家安全和社会秩序稳定以及经济正常运行等方面的需要。三是对非政府部门资源配置的调控。尽管非政府部门的资源配置活动主要是由市场来完成的，但财政作为弥补市场机制缺陷的主要手段，通过财政资金的分配以及制定和执行有关政策，可以引导非政府部门的资金投向。如对某些需要发展的产业，在市场机制难以引导资金投入时，财政可通过提供补贴或税收优惠等手段，鼓励和支持其发展。

二、收入分配职能

收入分配职能是指政府运用税收、财政补贴及转移支付等手段来调节微观经济主体的收入差距，以达到分配公平的目标。在政府对收入分配不加干预的情况下，一般会以个人财产的多少和对生产所做的贡献大小等因素，将社会财富在社会各成员之间进行初次分配，这种分配可能是极不公平的，而市场对此无能为力，只有依靠政府的力量，才能对这种不公平现象加以调整和改变。

下面的故事或许让你对收入分配不均有更形象的认识，并了解政府调节收入分配的必要性。1929—1933 年世界性经济危机发生时，据说美国发生了这样一件耐人寻味的事情：一位煤矿工人的小孩从学校回到家里，由于时值严冬，天气非常寒冷，但他发现家里并不像往常那样烧煤来取暖。于是，他便问父亲为什么不烧煤，得到的回答是家里没有煤了。他又问为什么不去买煤呢，父亲说因为失业没有钱了，当他再询问为什么失业时，得到了让孩子难以理解的回答：因为煤太多了，卖不出去，矿山只好裁减员工。挖煤的没有煤烧、建房子的没有房子住、造汽车的买不起汽车、种粮食的吃不饱饭……诸如此类，生活中有不少这样不合常理的事情。而与此同时，亿万富翁却不断增加，一些人仅靠炒股、倒卖土地或房子、开矿、买彩票等一夜暴富，挥金如土，贫富差距持续增大，形成鲜明对比，社会稳定面临极大挑战。

美国2004年消费金融普查数据（见图1-3）让人们对财富分配的不均衡有更深的认识：美国最富的1%的家庭拥有全国34.3%的财富，最富的5%的家庭拥有58.9%（即34.3%+24.6%）的财富，而最穷的40%的家庭只拥有0.2%的财富。①

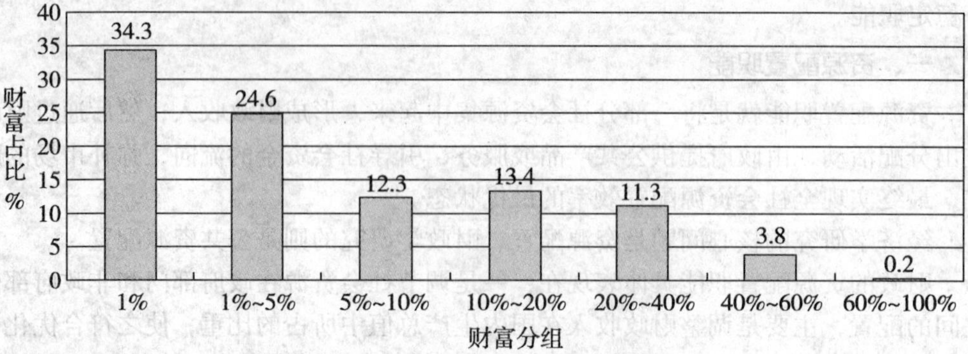

图1-3　美国2004年消费金融普查数据

数据来源　郭凯．王二的经济学故事［M］．杭州：浙江人民出版社，2012：31-32.

随着经济发展，收入两极分化成为影响人们生产积极性、社会稳定的重要问题，引起各国政府及经济学家们的关注。英国经济学家庇古创立起福利经济学的理论体系，被称为"福利经济学之父"。福利经济学的核心目标是研究怎么样增进个人乃至整个社会的福利，庇古提出了两个途径：一是增加全社会的财富，二是促进个人之间收入的均等化。这就需要把富人的一部分财富转到穷人手上来，大体可以有四种办法：一是自愿捐赠，举办慈善事业；二是政府对富人征税，救济穷人；三是建立社会保险和社会福利设施等社会保障制度；四是通过补贴降低穷人必需的生活品的价格。②

财政是政府调节收入分配的重要手段，其收入分配职能的实现方式有四种：一是划清市场分配和财政分配的范围和界限。原则上讲，属于市场分配的企业职工工资、利润、租金和股息收入等，放手让市场机制发挥作用；财政分配的范围是医疗保健、社会福利和社会保障等。二是规范工资制度。主要是由财政供给的国家公务员的工资制度和类似的事业单位职工的工资制度。凡应纳入工资范围的收入都应纳入工资总额，取消各种补贴，提高工资的透明度；实现个人消费品分配的货币化，取消变相的实物工资等等。三是加强税收调节。比如通过个人所得税，调节个人劳动收入和非劳动收入，使之维持在一个相对合理的差距之内，实现社会基本公平；

---

① 郭凯．王二的经济学故事［M］．杭州：浙江人民出版社，2012：31-32.
② 王东京等．教你读懂西方经济学［M］．广州：广东省出版集团，2012：269. 有删改。

通过企业所得税，调节不同企业的利润水平；通过遗产税、赠与税，调节个人财产分配等等。四是通过转移性支出，如社会保障支出、补贴等，使每个社会成员得以维持基本的生活和福利水平。

知识之窗 1-2

马太效应

《新约·马太福音》中有这样一个故事，一个国王远行前，交给三个仆人每人一锭银子，吩咐他们："你们去做生意，等我回来时，再来见我。"

国王回来时，第一个仆人说："主人，你交给我的一锭银子，我已赚了10锭。"于是国王奖励他10座城邑。第二个仆人报告说："主人，你给我的一锭银子，我已赚了5锭。"于是国王照例奖励了他5座城邑。第三个仆人报告说："主人，你给我的一锭银子，我一直包在手巾里存着，我怕丢失，一直没有拿出来。"于是国王命令将第三个仆人的一锭银子也赏给第一个仆人，并且说："凡是少的，就连他所有的也要夺过来。凡是多的，还要给他，叫他多多益善。"这就是马太效应。

现实生活中，马太效应的例子很多。有钱的不断投资房地产，越来越富有，而穷人只能一分钱掰作两分用，差距不断扩大；"富二代"不仅有读书机会，而且能进更好的学校，而穷人家庭的孩子早早辍学，素质差距拉大；人们对学习好的学生期望值更高，激励他进步更快，而后进的学生往往受到忽视，于是更没有信心，两者的距离也越来越大……

资料来源　陈鹏飞．经济学的100个故事［M］．北京：新华出版社，2008：137.

三、经济稳定职能

经济稳定职能是指通过财政分配实现经济稳定的目标，即充分就业、物价稳定、国际收支平衡、合理的经济增长率。

经济本身不一定能保持平衡快速增长，原因在于市场中的企业、个人往往盲目追求自身利益，容易导致剧烈波动，出现周期性的经济动荡。图1-4反映了1978—2012年来中国经济的发展态势，无论世界经济还是各国的经济，都呈现出忽高忽低的周期发展态势，它会导致资源利用浪费、失业、社会不稳定等现象出现。由于经济本身不会自动保持稳定增长，需要外力推动，政府就是这样一个"看得见的手"，通过计划、财政、金融等手段进行调控。

要实现财政的稳定职能，必须保持社会总供求的基本平衡，其中包括总量平衡和结构平衡。要达到这一目标，就应选择好正确的财政政策工具与财政政策组合。在我国，主要通过收入与支出的变化来合理调节。实行扩张性财政支出政策，增加支出，将会扩大社会总需求；反之，实行紧缩性财政支出政策，减少支出，社会总需求将会相应减少（见图1-5）。同时，灵活的税收政策能调节微观经济主体收入的增减，影响社会总需求。财政收支可间接调控社会总供给。

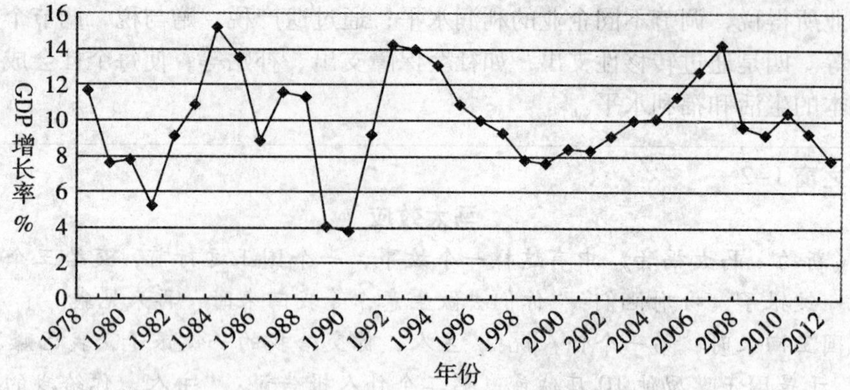

图 1-4　中国 1978—2012 年经济增长率

注：2010—2012 年数据来自《中华人民共和国 2012 年国民经济和社会发展统计公报》。

资料来源　中国国家统计局．2010 中国统计年鉴［Z］．北京：中国统计出版社，2010.

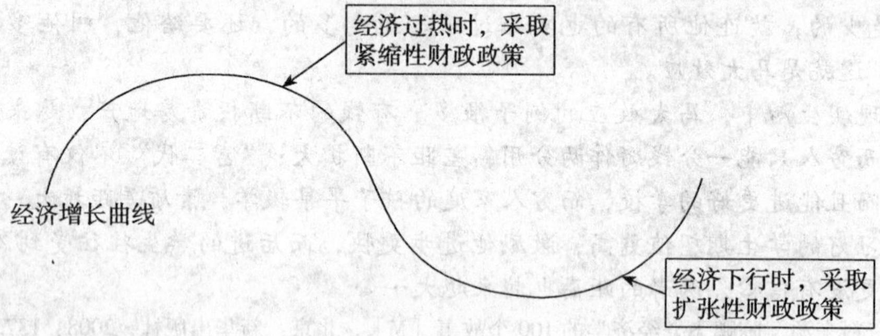

图 1-5　经济周期与财政政策

知识之窗 1-3

挖坑的故事

凯恩斯在《就业、利息与货币通论》中写了一则寓言：乌托邦国陷入了经济危机，整个国家的经济完全崩溃了，企业破产，工人失业，人心惶惶。政府为了缓解这种状况，决定以政府的名义建一个公共工程——一个大坑。这就需要雇用 200 个人，而且要为他们配备 200 把铁锹。因为有了 200 把铁锹的需求，所以生产铁锹的企业恢复生产了，进而生产钢铁的企业也恢复生产了。此外，挖大坑的工厂开始给工人们发工资，这样一来，工人们有钱购买食物了，食品的消费也兴盛起来了。大坑挖好之后，政府又雇用 200 个人把它填上，这样又需要给每个人配备铁锹……如此一来，崩溃的市场开始慢慢复苏了。国家经济恢复以后，国家通过增加税收还清为了挖大坑所发行的国债，乌托邦国又变得像以往一样繁荣了。

资料来源　于跃龙．趣味经济学：把握经济脉动的绝佳教材［M］．北京：中国纺织出版社，2012：180-181. 有删节。

第四节　财政学的分析与学习方法

每门课都有自己的特点，因此，要根据每门课的具体情况采取相应的学习方法，这样才能收到事半功倍的效果。对于财政学这门课来说，由于它属于应用经济学的范畴，不能采用死记硬背的办法，也就是说，“背多分”在这里是行不通的，应该按照理论联系实际、学以致用、理论学习与提高思维能力相结合的科学方法学习理论、理解知识、掌握技能。

一、财政学的分析方法

财政学是经济学的一个部分，所以，经济学的研究和分析方法都可以采用。尽管分析方法林林总总，数不胜数，但首先要有全面、辩证的思维方法。例如，分析为什么人们捐款不积极这一现象，就要掌握并运用所学专业知识，从多个角度来分析。一是捐款没有得到发票，所以没办法按照税法的规定申请税前扣除，涉及税收公平理论问题；二是大家捐款给民政部门或红十字会等组织，然后委托它们转交给受灾群众，但由于管理上的原因，信息公开不够，人们对用途不清楚，对资助对象的具体情况也不了解，涉及委托—代理理论；三是富人不热心，对于收入不高的普通民众来说，大家觉得心里不平衡，涉及社会学上的社会责任问题。

王东京（2004）曾经归纳了经济学的精髓为三个假定、三个原理、三个方法，他在《与官员谈中国改革》这本书中对此作了解释（见图 1–6）。

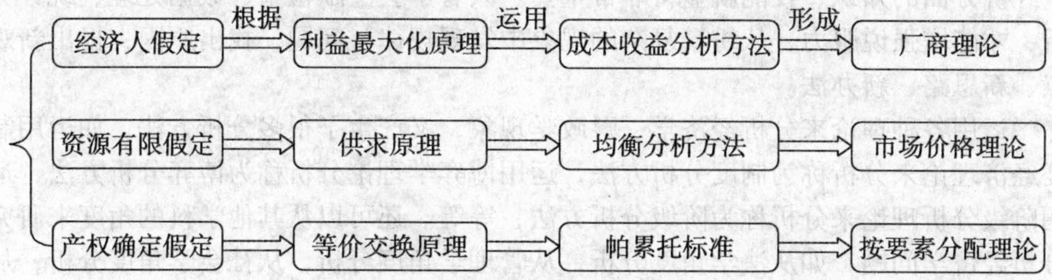

图 1–6　经济学基本分析方法

近两百年来，西方国家在经济学领域形成了一套以数量分析为特征的分析方法，包括：实证分析法、边际分析法、均衡分析法、静态分析法、比较静态分析法、动态分析法、长期与短期分析法、个量与总量分析法等等。而逻辑分析方法也是经常采用的利器，如演绎与归纳、比较分析等。以上这些都离不开数学及统计知识，需要重视相关知识的学习和运用。

实证分析和规范分析是经常提到的分析方法。

实证分析就是将经济现象的实际情况直白地描述出来，不对它的好坏、优劣作出判断。规范分析则是首先确定一些标准，研究最好的状况应当是怎么样的，在此基础上判断目前的状态是不是符合这些标准。通俗地说，实证分析说明研究对象

"是什么"，规范分析则要回答研究对象"应当是什么"。比如，通过统计数据，描述近十年来某个地区生均教育经费呈现增长趋势，这就是实证分析；而论证小学、中学、大学生生均教育经费应当达到多少，并判断当地现在的经费投入是否足够，就属于规范分析了。大家可以结合自己的理解再分别举出一些例子来，并且相互讨论、点评，看看理解对不对。

再以评选三好学生为例，首先需要将所有参评学生的成绩按总分、平均分、各门课程分数从高到低排列出来，然后定出一个标准，比如，平均分达到多少、各门课程最低达到多少才能评上。其中，把各人的分数计算并排列出来就是实证的过程，而研究标准的过程就是规范分析，也就是确定一种规范。大多数情况下，两种方法同时采用，既对现状作出描述，又指出理想状态应当是怎么样，然后比较两者差距，提出达到理想状态的办法和途径。

财政学既要通过实证研究客观反映财政分配活动的历史和现实状态，准确描述财政分配各实际要素间的现实联系，又要分析判断财政分配活动的状态是否符合客观规律的要求，并根据科学的价值判断提出改善财政分配状态的有关措施，从而使财政分配更好地实现其职能目标。西方学者运用规范分析和实证分析对一般公共经济行为和现象都进行了详尽和深入的分析，形成了著名的经济学理论，如均衡价格理论、消费者行为理论、生产理论和厂商理论等等。这些理论是社会化生产中的经济行为规律的客观反映，具有跨国界的科学性，构建了人类丰富的理论宝库。

实证分析离不开数据的收集、计算、处理，逐步发展成为系统的计量经济学，于是数理分析方法也成为重要的分析方法，因此，学习并掌握运用数学、统计、计量经济方面的知识、技能就显得非常重要。只有学会文献检索、数据处理、统计分析，才能增强说服力，从纷繁复杂的现象中发现规律、问题，找出原因，提出新观点、新思路、新办法。

运用各种理论来分析经济学、财政学现象，又产生了很多分析方法，如运用制度经济理论来分析称为制度分析方法，运用博弈学理论分析称为博弈分析方法，运用阶级分析理论来分析称为阶级分析方法，等等。还可以从其他学科的角度来研究分析经济学问题，如从法学角度分析，从管理学角度分析，从社会学角度分析，从历史学角度分析，从政治学角度分析，等等。

二、财政学的学习方法

（一）理论联系实际

财政学是一门与社会现实联系非常紧密的课程，只有紧密结合财政改革与发展的实际不断地创新，才能跟上时代前进的步伐。因此，高等院校财政学教学必须始终贯彻理论联系实际的原则，针对现实生活中出现的新现象、新问题进行有的放矢的分析，开展互动式的讨论，才能使学生学有所得、学以致用，实现人才培养与社会需求的良好对接。

经常说学校教育的内容包括基本理论、基本知识、基本技能三方面，现实中有时存在重理论、轻实践，只唯书、不唯实等问题。从近几年大学生寻找就业岗位的过程中，可以发现缺乏主见是不少大学生的通病，一个原因可能是习惯于听老师或家长的，不注意独立思考，而老师或家长常常代替他们作决定，忽视了这方面能力的培养；另一个原因是他们对社会缺乏了解，对问题的认识局限于书本，死读书，不走出校门去接触活生生的社会现实，因此没有形成独立的见解。不管是经济学还是财政学的研究方法都在不断发展之中，但万变不离其宗，绝对不能闭门造车，想当然，或者满足于一般性的调查了解，必须深入实际生活，脚踏实地，来不得半点虚假。

（二）独立思考，学以致用

只有将所学知识应用于实际，主动运用理论知识分析社会现象，才能真正掌握这些理论知识。可以结合社会调查，让学生在专业教师指导下运用专业理论知识对所调查的情况进行科学分析，写成调查报告，培养和锻炼归纳、演绎、比较等思维能力和写作能力，逐步将其培养成为具有较宽的基础知识、较强的实践能力、较高的综合素质的合格人才。

学习经济学知识，无疑给我们提供了观察世界的另一个窗口、分析现实问题的另一个方法。学习是为了运用，也只有运用才能真正学好。所以，学习的过程中不应只死记硬背，而应主动地用经济学理论和知识判断和分析生活中的各种现象，提出自己的看法。其实，不管什么现象和问题，都没有现成的答案，没有绝对的权威，无所谓对与错、好与坏。只要能说得通，自圆其说，符合基本的道理和逻辑，都是应当鼓励的。真理并不固定掌握在某个人手里，允许争论，鼓励探讨，在真理面前每个人都是平等的，并没有哪个人天生就是专家。

有些人只是“两脚图书馆”，记了很多东西，但没有弄明白，更不能学以致用。特别是大学生，需要提倡读书、实践、思考三结合。要想知道昨天，就得多读书；要想弄清今天，就要真实践；要想预见明天，就应勤思考。实践就是到社会大学中翻开那本没有页码的书，通过观察、动手、亲身体验，读懂这本无字之书。

我们不难发现，不少学生学到了不少知识，但仅停留在知识上，仅停留在记忆上，不会或不善于通俗表达、灵活运用，也就是说，处于囫囵吞枣、一知半解的状态，甚至考完试就忘得差不多了。食而不化就是这个意思。因为平时上课只是老师讲，大家没有思考，或者没有思考和分析的机会，也没有养成这样的习惯，更没有机会去运用，对实际了解得也很少。从毕业论文写作来看，抄袭是老问题，其根源是平时教学重内容，轻能力培养，特别是没有教会学生如何检索和收集文献资料，如何进行社会调查，如何进行观点综述，如何分析问题，如何形成自己的观点和看法，如何用专业语言描述问题，表达观点和看法，等等。

对于初学者来说，只有不迷信专家，敢于质疑，才会养成独立思考的好习惯，才可能形成主见，学习也才能有好的效果。为了引导和帮助大家注意观察，积极思考，学以致用，本书安排了案例、讨论题、练习、作业，供大家选用。

在这里，我们举出一个典型的例子来说明不要盲从，更不要想当然，必须认真分析才能作出结论。大家都知道，灯塔是经济学中的有趣现象。新制度经济学的创始人罗纳德·哈里·科斯在《经济学中的灯塔》一文中考察了英国早期的灯塔制度，发现一般经济学家对灯塔现象的理解与事情的真相相去甚远。在17世纪初，英国领港公会建造了两座灯塔（这个公会起初由海员自发组织而成，后来由政府授权专门管理）。虽然领港公会有权修建灯塔并向过往船只征收费用，但是他们不愿在灯塔上投资。在1610年到1675年间，公会未建造一座新灯塔，而同期私人却投资建造了10座灯塔。这些私营灯塔是私人投资者通过向政府租用土地建造起来的，租约期满，多由政府收回，由领港公会经营。到了1820年，英国私营灯塔只剩下22座，国营的24座。这46座灯塔中，34座都是私人建造的。1834年，英国政府通过法令，要求领港公会将其余的私营灯塔逐步收归国有。1842年以后，英国再没有私营的灯塔了。英国政府解释对灯塔实行国有化的原因并不是因为收费困难，而恰恰相反，私营收费太高。从科斯上述的调查分析可以看出，科斯通过大量宝贵的资料实证了即便对于灯塔这样的公共产品，私有化也是可能的。①

（三）理论学习与提高思维能力相结合

在学习过程中，需要注意培养和提高自己的观察、判断、分析实际问题的能力，并在此基础上形成解决问题的能力。没有前三个能力作基础，形成解决问题的能力就无从谈起。从以往组织大学生到财税部门、企业、农村进行的社会调查中，可以深切感受到：走出校门让大学生们眼前一亮，看到了课本和课堂上未曾了解的诸多新气象、新情况，发现了不少新经验、新问题，激起他们对未来的信心，碰撞出知识的火花，唤起对科学的追求，升腾起成功的希望，也使他们逐步成熟起来。通过社会调查，他们从活生生的现实中汲取营养，在调查和思考中增长见识，通过自己的眼睛和其他感官感受社会变化的脉搏，丰富了自己对现实社会的认识。

把财政学放到经济学的大背景中去思考，将宏观经济学、微观经济学、管理学、社会学、法学等方面的知识应用于财政经济现象的判断与分析，就会感到财政现象与财政知识很有趣，学习和思考的过程将是一个思维能力的锻炼和提升过程，是我们对社会不断认识的过程。一方面，我们需要学会用专业知识判断和分析生活问题。比如，有人用降低生活成本、规模效应的原理来说明人为什么要结婚，有人用供求理论说明房价上涨问题；另一方面，学会用生活语言表述专业问题。比如，可以用“十个锅九个盖”说明政府财政资金供求矛盾，入不敷出，用做大蛋糕比喻发展经济，用切蛋糕比喻财政工作。大家如果在课堂上作为主人参与到教学活动中来，不是被动地接受知识，而是主动地实践，就能在尝试与体验中认识理论、学习知识、掌握技能。

微软中国研究院院长李开复2005年2月在“开复学生网”发表了一封给中国学生的信：大学四年应是这样度过。下面是信的一部分，或许能给各位同学一些有益的启示：

在大学期间，学习专业知识固然重要，但更重要的还是要学习独立思考的方

---

① 胡庆龙．罗纳德·哈里·科斯：新制度经济学的创始人［M］．北京：人民邮电出版社，2009：41.

法，培养举一反三的能力，只有这样，大学毕业生才能适应瞬息万变的未来世界。我认识的不少在中国读完大学来美国念研究生的朋友。他们认为来美国后，不论是学习，工作还是生活他们最缺乏的是独立思考的能力，因为在国内时他们很少独立思考和独立决策……

事实上，很多问题都有不同的思路或观察角度。在学习知识或解决问题时，不要总是死守一种思维模式，不要让自己成为课本或经验的奴隶。只有在学习中敢于创新，善于从全新的角度出发思考问题，学生潜在的思考能力、创造能力和学习能力才能被真正激发出来……

大学生应该充分利用图书馆和互联网，培养独立学习和研究的本领，为适应今后的工作或进一步的深造做准备。除了学习老师规定的课程以外，大学生一定要学会查找书籍和文献，以便接触更广泛的知识和研究成果……

案例讨论 1–3

经济学的分析方法

经济学家萨缪尔逊曾讲过一个故事：一个物理学家、一个化学家和一个经济学家漂流到孤岛上，十分饥饿。这时海面上漂来一个罐头。物理学家说："我们可以用岩石砸开罐头"；化学家说："我们可以生火，然后将罐头加热"；经济学家说："假设我们有一个开启罐头的起子。"表面看，这几名专家学者过于迂腐，但另一方面又说明科学研究是需要假设的，经济学也不例外，也可以说是一些前提条件，如果这些条件不满足或发生变化，那么结论将不一样。经济学上就有著名的三大"假设"：经济人假设、资源是有限的、私有财产要受到保护。

我们再来看一则幽默：小宝在班上受到老师的表扬，他很高兴地跑回家告诉妈妈。他说："老师说我们班 45 名同学在这次考试中，大部分同学成绩都有所下降，只有我还不错，依然保持着上学期的成绩。"妈妈高兴地问："你排在第几名啊?""第 45 名。"妈妈听了差点没昏过去。从上面的幽默中我们可以得到这样的启示：比较是我们认识、判断事物的重要方法，也是经济学包括财政学的研究方法之一，而且比较要有一个参照物，与不同的参照物进行比较将会得到不同的结论。小宝的成绩与他自己上学期相比，确实没有退步，但与全班同学本学期的成绩比，他是最差的。

讨论

1. 你在财经类专业课学习中如何运用演绎法、归纳法？举例说明。

2. 说说其他你觉得比较好的分析或学习方法，举例谈谈体会或感想。

推荐阅读书目

[1] 张馨等．当代财政学与财政学主流［M］．大连：东北财经大学出版社，2002.

[2] 戴维·史密斯．免费的午餐——易消化的经济学［M］．莫竹芩，译．北京：电子工业出版社，2004.

[3] 茅于轼．大家的经济学［M］．广州：南方日报出版社，2005.

[4] 林毅夫．论经济发展战略——与林老师对话［M］．北京：北京大学出版社，2005.

[5] 张勇．听厉以宁教授讲故事［M］．北京：京华出版社，2005.

[6] 高小勇．经济学帝国主义：第二卷［M］．北京：朝华出版社，2005：106-110.

[7] 张东生．中国居民收入分配年度报告2006［M］．北京：中国财政经济出版社，2006.

[8] 安秀梅．财政学［M］．北京：中国人民大学出版社，2006.

[9] 邓文勇等．财政学案例［M］．南宁：广西人民出版社，2007：案例11-17.

[10] 孙进．50部经济学经典解读［M］．成都：四川人民出版社，2008.

第二章

财政职责：公共产品

知识结构图

公共产品理论

- 公共产品的性质：
  - 公共产品的概念
  - 公共产品的特征
  - 公共产品的分类
  - 公共产品的界定
- 公共产品供求：
  - 公共产品的需求
  - 公共产品的供给
  - 公共产品有效供给的方式
- 公共产品理论与供给制度变迁：
  - 公共产品产生的思想萌芽
  - 公共产品供给制度的萌芽
  - 公共产品理论的建立与公共产品供给制度的形成

引　言

如果回到20年前，普通的中国老百姓对公共产品是非常陌生的。而今天，大家每天都可以在报刊、杂志、电视、广播中看到、听到这一词语。更重要的是，我们的生活就置身于公共产品的海洋之中。刚到北京的人都会对在北京持城市一卡通乘公共汽车每次仅0.4元、学生0.2元的低价格感到惊讶，其他城市居民也很羡慕，这离不开北京市财政的大量补贴；2009年起，国家决定在全国进行农村新型养老保险改革试点，广大农村的老年人开始享受以前只有国有单位职工才享有的退休金待遇；在1998年我国应对亚洲金融危机的实践中，财政政策与货币政策作为政府的左膀右臂，力挽狂澜，避免了经济增长的大起大落，保证了经济社会的平稳协调发展；面对2008年年末来势汹涌的全球金融危机，财政政策担当了我国宏观调控的主力军，发挥了中流砥柱的作用。随着公共财政体系的构建，人们不仅缴纳各种税费，而且又得到这些税费带来的好处，越来越多地感受到财政与自己的生活是如此息息相关，公共财政的理念逐步深入人心。对于每一个普通百姓来说，自己的菜篮子、米袋子、新房子都离不开财政这个钱袋子，说明它不再是旧时王谢堂前燕，已经飞入了寻常百姓家。这些都是政府提供的公共产品。

公共产品理论是公共财政的基础理论。在本章中，我们将可以了解到公共产品的内涵、特征、分类以及如何界定公共产品；理解公共产品供给的最优化以及如何有效地提供公共产品；了解公共产品理论与供给制度的变迁，并结合案例一起探讨公共产品的是非曲直。

第一节　公共产品的性质

一、公共产品的概念

公共产品是相对于私人产品而言的，最初的概念由兰度尔首先提出。后来在萨缪尔森、奥尔森、布坎南等人的理论分析中，对公共产品理论进行了发展。公共产品概念的提出，被看做是“公共财政理论发展的主要突破之一（萨缪尔森）”。

萨缪尔森对公共产品的定义，是从其消费属性出发的。他认为，公共产品是所有成员集体享用的集体消费品，社会全体成员可以同时享用该产品，而每个人对该产品的消费都不会减少其他社会成员对该产品的消费。他用数学方法表述如下：

$X_k=X_K^i$（i=1，…，i；K=J+1，…，J+K）

式中：i 为消费者的序号，k 为商品的序号，X_k 表示对第 k 种商品的全部消费，X_K^i 表示第 i 个消费者对第 k 种商品的消费。由于 $X_k=X_K^i$，因而任何一个消费者的个人消费都等于全体消费，即每个消费者都消费了整个公共产品。很显然，萨缪尔森是从公共产品的消费的非竞争性来界定公共产品的。

奥尔林认为，任何物品，如果一个集团 X_1，…Xi，…Xn 中的任何人 Xi，能够消费它，它就不能适当地排斥其他人对该产品的消费，则这种产品就是公共产品。这是从公共产品的非排他性来定义的。

布坎南认为，任何集团或社团因为任何原因通过集体组织提供的商品或服务，都将被定义为公共产品。

要给公共产品下个准确的定义，是比较难的。目前我国教科书上大多数把公共产品定义为：由公共部门（或政府）提供的用于满足社会公共需要的商品和服务。我们认为，从公共产品所具有的两个特征来把握公共产品的内涵比较符合我国当前实际，这对认识公共产品理论也具有重要意义。或者我们可以这样来表述：公共产品是指具有消费或使用上的非竞争性和受益上的非排他性的产品。

一个经典的案例是：在黑夜茫茫的大海上，有一座灯塔，它为过往的船只提供光明，引导它们绕过暗礁，安全地航行。很多船只都因此得到了利益，但它们却没有付费。而灯塔的主人也无法准确地判别哪艘船“偷看”了灯塔发出的光线，并去收取相应的费用。

在市场上，我们购买了别人的商品或是接受了别人的服务，是要付钱的，而在这里，市场经济条件下普遍适用的交换关系为什么不存在了呢？原因在于，灯塔具有“公共性”，或者说它是一种“公共产品”。

公共产品包含的种类很多，除灯塔之外，像国防、法律、社会治安、消防、道路、教育、基础科学研究、气象服务等，也都属于公共产品的范畴。与公共产品相对应，我们平时所购买的一些商品，如食品、衣服等则被称为“私人产品”。

二、公共产品的特征

（一）基本特征

公共产品具有两个基本特征，也是公共产品与私人产品的本质区别：

1. 消费上的非竞争性

公共产品具有消费上的非竞争性——就是可以由多人共同消费，而不影响其效用。比如说路灯，你可以用它来照明，我也可以，而且任何人对它的消费，并不影响其他人的消费效果。相比之下，私人产品就不能供许多人同时消费。一套衣服，你穿了我就不能穿；一块蛋糕，我吃了你就不能吃。从另一个角度分析，一般的商品，多一个人消费，产品成本就会提高，比如家里多来一个人，做饭就得多下一些米，用数学公式来表示，当消费者为 X 时，成本为 C_1，当消费者为 X+1 时，成本为 C_2，$C_2-C_1=\triangle C>0$。而我们又发现有些东西并不因为消费者的多少而增加成本，如一个班 50 个人，或者 49、51 个人，都是一个老师上课，一个教室，同样的教学设施，也就是说增加一个消费者，增加的成本 $\triangle C=0$，边际成本为零。又如，不论我国是 10 亿人，还是 12 亿、13 亿人，军队人数并没有跟着增加，国防军费与保卫的国民人数没有直接对应关系。

公共产品与私人产品在这方面的差异，可以分别通过式 2-1 和式 2-2 来加以说明，MC_i 为新增加的个人 i 所引起的边际成本。

公共产品：$MC_i(x)=0$　　　　(2-1)

私人产品：$MC_i(y)>0$　　　　(2-2)

2. 受益上的非排他性

受益上的非排他性是指公共产品一旦提供了，便会有众多的受益者，（一定范围内的）社会成员将共同消费它，不可能通过收费的方式将其中的任何人排斥在外。也就是说，公共产品一旦生产出来，不管你是否支付了费用，都可以自由地消费，而无须经过某一个人或组织的批准。像大海上灯塔发出的光亮，根本无法阻止过往的任何一艘船看到。而私人产品的消费则具有排他性，只有支付了费用，你才能消费。比如你想拥有一台电冰箱，那就得花钱买，否则，就别想得到它。又如，消除空气中的污染是一项能为人们带来好处的服务，它使所有人能够生活在新鲜的空气中，要让某些人不能享受到新鲜空气的好处是不可能的。大家去看过城市广场的喷泉没有？太美了！你看的时候交钱了吗？那是谁出钱建的呢？既然那么多人喜欢看，为什么没有商人出钱建，然后向游人收费呢？我们知道，企业生产产品出售时，谁支付钱就给谁，没交钱就享受不到，排他性很明显。但要想让交钱的人才看到喷泉，不交钱的看不到，就得将喷泉围起来，这需要比较大的费用，可能接近甚至超过收取的费用，那么商人就没有动力出钱建喷泉了。那些不交钱就享受的人就是所谓“搭便车”了。

纯粹的非排他性，包含三方面的内涵：

(1) 任何人都不可能不让别人消费它，即使有些人有独占的欲望，但或者在技术上不可行的，或者是在技术上可行但成本却过高，因而是不值得的。

(2) 任何人都不得不消费它，即使有些人可能不情愿，但却无法对它加以拒绝。

(3) 任何人都可以恰好消费相同的数量。

对以上三个方面的内涵，分析政府为公民提供的警察等方面的安全保障可以发现：即使那些最狭隘自私的人也不可能要求警察为他一个人的安全保障服务，即使那些不想得到保护的人也无一例外地会得到这种公共服务；同时无论是谁，都将同等地得到政府为其提供的安全保障。

但如果是私人产品，其结果则相反。如某一食物，如果想消费它，只要利用付款的方式购买就可以轻易地排斥他人对同一食物的消费；同时，你不想消费它，也可以对它置之不理；再有，一旦某人消费了这一食物，可供别人消费的同种食物就减少了。

公共产品与私人产品在这方面的差异，可以分别用式 2-3 和式 2-4 来加以说明。其中，Xs 和 Ys 分别为公共产品与私人产品的总供给；n 为经济中的消费者人数；X_i 和 Y_i 为个人 i 消费公共产品 X 和私人产品 Y 的数量。式 2-3 表明，公共产品的总量一旦提供出来，则它可以被社会中的每一个成员等量地进行消费，即个人在消费公共产品时相互间是不排斥的；式 2-4 表明，私人产品的总量一旦提供出来，若被社会中的第一个消费了 Y_1 单位，则其余的人就只能在（Y_s-Y_1）的范围内进行选择了，即个人消费私人产品时是相互排斥的。

$$X_s = X_1 = X_2 = \cdots = X_n \tag{2-3}$$

$$Y_s = Y_1 + Y_2 + \cdots + Y_n \tag{2-4}$$

（二）其他特征

公共产品跟私人产品之所以不同，还在于它的不可分割性。一种私人产品，比如说一块面包，我们可以用多种不同的办法，将它分给 10 个人享用；而桥梁和道路只有作为一个整体才能发挥作用，如果将它锯成若干段分给居民，让他们各自搬回家，那就失去了它原有的作用。

此外，公共产品还具有外部性特征。外部性也叫外部效应，是指在实际经济活动中，生产者或消费者的活动对其他生产者或消费者带来的非市场性影响。这种影响可能是有益的，也可能是有害的。有益的影响称为正外部性；有害的影响称为负外部性。正外部性的例子很多，如墙内开花墙外香、外部沾光，一所大学范围很宽，运动场也多，于是周围的居民都来散步或锻炼。负外部性的例子有：一户人家煮臭豆腐臭气熏人，化工厂对环境的污染等。电视剧《省委书记》中有这样一个故事：一个县里有一家工厂偷偷排放工业废水，造成下游环境污染，但受到地方保护，原因是这家工厂每年给县财政带来几百万元收入。事情曝光后，该县领导说：这几百万元对于一个穷县来说非常重要，小学的校舍盖好了，失学儿童可以上学了，下岗工人可以就业了，而县领导自己一分钱的好处费也没有拿过。表面看，领导的动机是好的，但给下游的居民带来了不好的影响。

由于人通常首先考虑自身的利益，就出现了不愿意为公共产品付费，总想让别人提供后自己免费享用的行为，现代经济学称之为“搭便车”。就像乘公共汽车，却不想买车票一样。结果是什么呢？每个人都指望别人做好事自费提供公共产品，自己坐享其成，结果谁也不生产，最终导致公共产品的供给量为零。所以楼道上的路灯、公用厕所的灯泡总是没人去换。由于每个人都有占便宜的动机，容易产生搭便车行为，所以经济学家认为，公共产品不可能像私人产品那样通过自由市场来实现最优配置。因此，我们平时使用的公共产品，往往大多是由政府或集体来提供的。古代有“凿壁偷光”的故事，从经济学上讲，实际就是“搭便车”现象，自己不掏钱，却得到光亮。

综上所述，公共产品具有非竞争性、非排他性、不可分割性、外部性几个特征，它是判断一个产品是不是公共产品的重要依据。

需要特别指出的是，公共产品并不是我们经常说的公共财产，这是两个差别较大的概念。公共财产一般是指有形的物品，是看得见摸得着的，是指产权属于国家或集体的财产。而公共产品既包括有形的产品，也包括无形的产品和服务，如文化、教育、卫生服务等等，它不是根据所有权来划分的，而是根据上述两个基本特征来界定的。

三、公共产品的分类

对公共产品的分类，一般说来有三种：一是纯公共产品与准公共产品；二是混合产品和公共中间品；三是全国性公共产品和地方性公共产品。

（一）纯公共品与准公共品

依据产品所具有的特征，公共产品可分为纯公共品与准公共品（见表2–1）。

表2–1 **产品分类**

产品特征		排他性：有	排他性：无
竞争性	有	（1）私人产品	（2）公共资源
竞争性	无	（3）俱乐部产品	（4）纯公共产品

从表2–1我们可以看出，除了第（1）类产品属于同时具有排他性和竞争性的私人产品外，其他三类产品都或多或少具有公共产品的特征：第（2）类是具有竞争性和非排他性的产品，叫公共资源；第（3）类是具有非竞争性和排他性的俱乐部产品；第（4）类是同时具有非排他性和非竞争性的纯公共产品。其中第（2）、第（3）类产品属于准公共产品。将表2–1的产品进行归纳，公共产品可分为以下三类：

1. 纯公共产品

这类产品同时具有非排他性和非竞争性。

2. 俱乐部产品

这类产品的特点是消费上具有非竞争性，但却可以轻易地做到排他，即不付费者可以被排除在消费之外。

3. 公共资源

这类产品的特点是消费上具有竞争性，却无法有效地实现排他，即不付费者不能被有效地排除在消费之外。例如海中的鱼，当一个人捕到鱼时，留给其他人捕的鱼就少了，但这些鱼并不是排他性产品，因为要对渔民所捕到的鱼进行收费十分困难。这类产品还有森林、草原、矿藏、野生动物、清洁的空气和水等。公共资源就是这样，具有非排他性——想使用公共资源的任何人都可以免费使用，产生“搭便车”现象，但又具有竞争性——一个人对公共资源的使用减少了其他人的享用，其结果经常是公共资源被过度开发和使用，造成“公地悲剧”。

将公共产品分为纯公共产品、俱乐部产品和公共资源，对分析公共产品的属性及其经费筹措方式具有重要意义。

思考与讨论：大家观察一下身边的事物和现象，分别举出若干上述四类产品的例子，并相互讨论看是不是准确理解了这些内容。一个班级通过交纳班费共同组织郊游、聚餐等活动，是不是俱乐部产品？能不能把一个班级比喻为一个国家或地区，以便把复杂、抽象的问题简单化，帮助我们更好地理解和分析相关现象和问题。

（二）混合产品和公共中间品

混合产品就是同时具有公共产品性质和私人产品性质的产品。这些产品的非竞争性和非排他性是不完全的，虽然含有私人产品的成分，但也同样产生外部效应。如私人为防病而进行的疫苗注射，在使自己增强免疫力获得健康的同时，也让所有他可能接触到的人不会带来病毒传染，因而产生了正的外部效应。再如教育，一个人受教育，首先使自己受益，为个人事业的发展和财富积聚奠定基础，同时，教育也产生了很大的正的外部效应，即可以通过受教育者为社会提供生产（或服务），使社会受益，促使社会劳动生产率的提高，也可以使整个社会的文化素质得到提高。正是存在这种外部性，个人对混合产品的提供总是考虑自身受益的大小；就整个社会而言，对这种产品的提供总是会出现供给过少的状态。这些外在性的存在影响着生产者和消费者的决定，从而使得资源配置与不存在外部效应时完全竞争的市场所产生的配置结果大不相同。

公共中间品是指未被最终消费，而是被用作投入，进入生产过程的公共产品。显然，这与前面讨论的公共产品存在不同之处：对于公共中间品而言，对其消费的主体是一个生产者，更具体来说是厂商，而不是一般的消费者。但厂商对这种产品的消费和一般消费者对该产品的消费在特点上来说是极为相似的。因为当厂商消费这些产品的时候，从某种意义上讲，厂商也是一个消费者，只不过是一个特殊的消费者而已。因此在本书中，我们没有对此进行具体分析。

（三）全国性公共产品和地方性公共产品

按照公共产品的受益范围，可以把公共产品划分为全国性公共产品和地方性公共产品。这种划分对确定一国（地方）的财政体制，如事权与支出的划分等，具有至关重要的意义。具体见图 2-1。

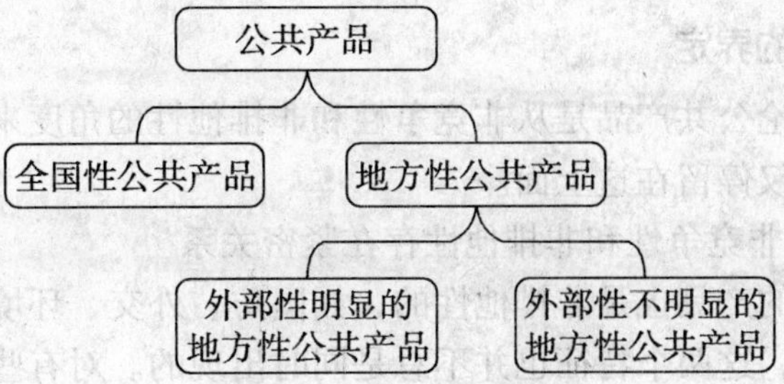

图 2-1 公共产品分类

1. 全国性公共产品

全国性公共产品是指由全国居民享用的公共产品，包括国防、外交、宏观调控、全国范围的环境保护等等。

2. 地方性公共产品

地方性公共产品是指由某一区域居民享用的公共产品，包括社会稳定、教育、绿化、市政设施等等。

知识之窗 2-1

公地悲剧

17 世纪，某个小镇的人们从事着各种各样的工作，养羊是其中最主要的经济活动。小镇上的很多家庭都以养羊为生。平时，羊群都在小镇周围的草地上吃草，这块地就是镇公地。这块草地不属于任何一个家庭，它是小镇所有居民的集体财产，任何居民都可以在草地上放羊。由于这块草地很广阔，任何人都能够得到他们理想的优质牧草，大家不用花钱在这里放羊，也没有出现什么问题，大家都感到很幸福。

随着时间推移，小镇的人口不断增长，在镇公地上吃草的羊不断增加。土地的承载能力总是有限的，随着羊群数量增加，土地逐渐失去养护能力。最后，羊的数量变得非常多，而这块公地寸草不生了。因为公地上没有草了，小镇居民不能再以养羊为生了，并且之前小镇上因养羊而兴盛起来的羊毛业也衰败了。就这样，小镇上的很多家庭没有了收入来源。

古代著名军事谋略家刘伯温在《郁离子》中记述过这样一个有趣的故事：一名叫瓠里子的官员打算从吴地乘坐官船回家乡广东，来到河边时发现船很多，大概有一千来艘，没法分辨哪艘是自己要乘坐的官船。于是，他问送行的人怎么样才能找到官船，得到的回答是：“这太简单了！船篷很旧、船橹折了、布帆也很破的船肯定就是官船了。”他按照这样的说法去找，果然找到了。他叹气说：“唉，世风日下，官府的东西竟然破坏到这样严重。”

资料来源　于跃龙．趣味经济学：把握经济脉动的绝佳教材［M］．北京：中国纺织出版社，2012：203-205．有删改。

四、公共产品的界定

我们在前面讨论公共产品是从非竞争性和非排他性的角度来进行的，但对公共产品的认识不应仅仅停留在这上面。

1. 公共产品的非竞争性和非排他性存在紧密关系

许多非竞争性的产品也是非排他性的，如国防、外交、环境保护等就是最好的例子。但必须明确，这两个特征也并不总是同时出现的。对有些产品而言，它可能只具有这两种属性中的一种。如桥梁，从桥上通过是非竞争性却可以通过收费来实现排他；然而，当到了过桥高峰期，假设没有收费，虽然大多数情况下是非排他性的，任何人都可以从桥上通过，但是由于“拥挤”，要想让更多的车通行，就得增加投资拓宽道路，边际成本提高，消费就具有竞争性了。

2. 即使每个人消费公共产品的数量都一样，也不必要求所有人对这种消费的评价都一样

如对于国家增加国防费开支，即增加这种公共产品的供给，每个人都别无选择地增加对其消费，但这对于那些认为增加国防费对其安全性有提高的人来说，它的价值是正的；而对于那些认为，增加国防费的开支，只会引起国际间军备竞争的升级，从而认为这会危及国家安全的人来说，增加军费开支的价值是负的。

3. 公共产品的划分是相对的

如对于一个公园来说，它是一个公共产品，但随着入园人数的增加，产生了经济学上所谓的“拥挤”问题，从而使消费质量下降了。在这种情况下，公共产品的非竞争性条件就没有很好地满足。再如，通过收费来解决道路的堵塞问题，可以采用某种先进的技术，利用一种设备来自动识别经过的车辆，并自动从预先支付的账户中扣除路费。显然，这时道路已经不属于公共产品范畴了（最多算得上准公共品）。因此，公共产品是相对的，它取决于一定的市场和技术条件。

4. 公共产品的认识是发展的

许多原来认为是私人产品的，随着时间的推移，在新的形势下被认定为公共产品。如诚信就是这样。因为如果每个居民或企业在商品交易时都讲诚信，则整个社会就会因此而节省商业交易成本而获益，这种成本的减少当然既表现为非竞争性，也表现为非排他性。

5. 公共产品的提供，可以由公共部门提供，也可以由私人部门来提供

传统理论认为，公共产品尤其是纯公共产品的领域是公共部门活动的范围，理所当然应该由公共部门来提供。但理论研究与实践的结果都表明传统理论观点是片

面的。在现实中，不少私人产品由政府提供，同样，也有一部分公共产品由私人提供。如在某些场合下，人们认为，居民用水和医疗服务就是两个由政府提供私人产品的例子，而当私人把私家的花园捐赠给社区的时候，这种公共产品就是由私人来提供的。美国著名政治学家、行政学家埃莉诺·奥斯特罗姆冲破了公共事务只能由政府管理的唯一性教条，冲破了政府既是公共事务的安排者又是提供者的传统教条，提出了公共事务管理可以有多种组织和多种机制（多中心主义）的新看法，为此，2009 年，她成为历史上第一个获得诺贝尔经济学奖的女性。

6. 公共部门（或政府）要提供某种公共产品并不一定意味着必须由公共部门来生产该产品

政府可以通过一定的途径，如授权经营、付费等方式，由私人来生产某种公共产品。如桥梁的建设，可以由政府授予某一企业来修建，政府承诺允许其在一定期限内收费来回收其成本，或者政府直接付费让其修建。在美国，有 37% 的消防服务、23% 的图书馆、48% 的公交服务由私人企业承包经营。

思考与讨论：根据政府有没有财政实力来判断某项事务是不是属于公共产品，这种判别方法行不行？同样道理，也有人以乡镇政府财政实力弱来判断学前教育、医疗卫生服务不属于乡镇政府的支出责任，应当由高一级政府来提供，这样做是不是科学？结合上面的知识思考，在师生、同学间讨论的基础上，提出自己的看法。

案例讨论 2-1

抗击自然灾害是政府的责任吗？

2008 年 1 月 10 日开始，中国南方和西北东部出现大范围低温雨雪冰冻天气，给农业生产和人民生活造成了重大损失和严重影响，截至 2 月 18 日，湖南、江西、贵州、湖北、广西等 20 个省份蔬菜受灾面积 4 427 万亩，占全国秋冬种蔬菜播种面积 34%；此外，成灾 2 172 万亩，绝收 740 万亩。据估计，直接经济损失达到 500 多亿元。

2008 年“5·12”汶川特大地震发生后，中央财政拨付抢险救灾资金 384.37 亿元，地方财政也投入抗震救灾资金 243.28 亿元。当年安排了中央地震灾后恢复重建基金 740 亿元，支持了抗震救灾工作的开展。

另据相关媒体报道，近几年的冬天，东北一些城市在雪后都要求中小学组织学生上街扫雪，否则就要收取代除雪费。那么，公共路面的扫雪工作是不是公共产品呢？应由谁负责呢？如果临时聘请除雪公司扫雪，那么应由谁出钱呢？这样看来，除雪已不仅仅涉及学生的安全问题，而且涉及划分责任范围的问题。只有搞清这一点，才能真正破解这一难题。

讨论：

1. 结合上述例子，谈谈你对公共产品的理解，抗击自然灾害是全社会的事情，还是受灾群众的事情？

2. 靠市场的力量能否有效解决这些事情，公共服务能不能按受益者交费原则由市场提供？

第二节　公共产品的供求

一、公共产品的需求

在讨论公共产品的有效供给之前，必须对公共产品的需求有全面的了解，而对公共产品需求的理解，应从私人产品的需求分析开始，通过对比分析来认识公共产品的需求。

（一）私人产品的需求

为了便于分析，在分析私人产品的需求时，假设消费者的偏好、收入和其他产品的价格是既定的。

对私人产品的分析可用图 2–2 表示。曲线 D_A 和 D_B 分别代表个人 A 和 B 的需求曲线。两人需求曲线的不同，反映了他们不同的收入和偏好。要得出市场需求曲线 DD，只需把个人需求曲线横向加总：即市场需求 $D=D_A+D_B$。个人需求曲线上的任意一点都表明，在其他条件不变的情况下，他愿意在某一价格上消费多少该产品。市场需求曲线表明，当（假设其他情况不变）人人面对该产品的相同价格时，他们所愿意消费的数量。因此，改变价格并把不同的产出汇总，便可得出市场需求曲线，这也可以说是个人需求曲线的横向加总。

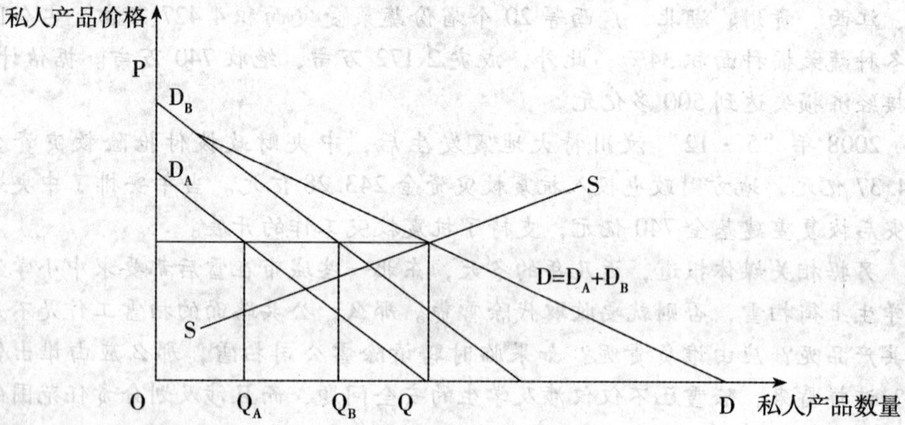

图 2–2　私人产品需求曲线的水平相加

现给定市场供给曲线 SS，那么均衡价格 OP 就位于需求与供给相等的那一点上，因为人们假定市场是完全竞争的，即人人都是“价格接受者”。假设均衡市场价格 OP 既定，个人 A 的需求为 OQ_A，个人 B 的需求为 OQ_B，使得 $OQ=OQ_A+OQ_B$。

（二）公共产品的需求

图 2-3 也是相似的公共产品分析图，但是有许多不同的地方。同样曲线 D_A 和 D_B 分别代表个人 A 和 B 的需求曲线，但这里是指对公共产品的需求。萨缪尔森把这些需求曲线称为虚拟的需求曲线，原因是要画出这些曲线，必须假设每个人都准确地说出他为公共产品的产出所愿意支付的成本。换句话说，在这样的公共产品分析中是不存在任何免费搭车者或投机取巧者的。假设用于公共产品的要素，每个人可等量使用，因而要得出支付公共产品价格的总意愿，只需把个人需求曲线纵向加总，即公共产品的总需求等于个人需求的纵向总和。这在图 2-3 中用 DD 来表示，供给曲线用 SS 表示。公共产品产出的均衡水平位于总需求曲线与供给曲线的交点上，即产出为 OQ。给定这一均衡产出水平，并假设人人都准确地表示出自己的支付意愿。这样一来，愿意支付 OQ 的总均衡价格为 OP，即 $OP=OP_A+OP_B$。在这个均衡点上，总收入等于产品所需的总成本。

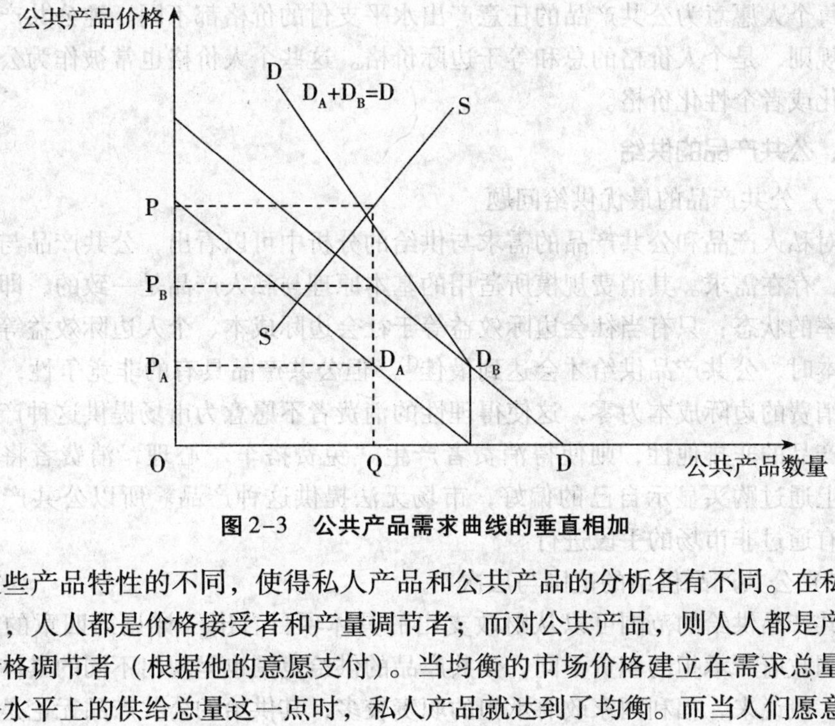

图 2-3　公共产品需求曲线的垂直相加

这些产品特性的不同，使得私人产品和公共产品的分析各有不同。在私人产品分析中，人人都是价格接受者和产量调节者；而对公共产品，则人人都是产量接受者和价格调节者（根据他的意愿支付）。当均衡的市场价格建立在需求总量等于这一价格水平上的供给总量这一点时，私人产品就达到了均衡。而当人们愿意为公共产品支付的总量，等于生产者愿意在某一产出水平上提供该产品的价格时，公共产品就达到了均衡。

在这个分析中，个人愿意为公共产品的产出支付的价格，直接和其从产品中获得的边际消费收益成正比。如果把税收看做是公共产品的价格，局部均衡分析便可把收益赋税当做对纯公共产品的投资。

要说明 OQ 是公共产品的均衡产出水平，可以做简单的理论性分析。取一个位于 OQ 左侧的产出水平，在这个产出水平上，人们愿意支付的价格超过产品供应的价格，即总收入大于总成本。因此，扩大产出对大家都有好处。愿意支付的产出水平若超出 OQ，即位于其右边，则小于供应价格。此时，人们将有意减少产出。由此可见，产出的均衡水平是 OQ。

（三）私人产品与公共产品的有效定价规则

如果我们假设图 2-2 和图 2-3 的供给曲线是供应额外产出单位时的边际成本，则可以把私人产品和公共产品的有效定价规则表示为：

私人产品：

$$OP=OP_A=OP_B=MC$$

即在私人产品的任意一种产出水平下，人人都面临完全一样的市场价格，这一价格等于边际成本。因此，私人产品的有效定价规则为价格等于边际成本。

公共产品：

$$OP=OP_A+OP_B=MC$$

即每个人愿意为公共产品的任意产出水平支付的价格都不同。纯公共产品的有效定价规则，是个人价格的总和等于边际价格。这些个人价格也常被作为公共产品的个人化或者个性化价格。

二、公共产品的供给

（一）公共产品的最优供给问题

从对私人产品和公共产品的需求与供给的分析中可以看出，公共产品与私人产品一样，存在需求。其消费规模所适用的基本原理与私人产品是一致的，即达到帕累托效率的状态：只有当社会边际效益等于社会边际成本、个人边际效益等于个人边际成本时，公共产品供给才会达到最佳①。但公共产品具有的非竞争性，说明公共产品消费的边际成本为零，这使得理性的消费者不愿意为市场提供这种产品；同时公共产品的非排他性，则使得消费者产生“免费搭车”心理，消费者将不愿意在市场上通过购买显示自己的偏好，市场无法提供这种产品。所以公共产品的提供，只有通过非市场的手段进行。

（二）公共产品供给的范围与层次

公共产品供给的范围可以从财政支出的具体项目看出（详见第四章的内容）。由于各国政府所承担的职责不同，公共产品的供给范围也呈现出不同的具体状态和差异。一般说来，福利国家政府承担的职责较多，其供给的公共产品无论是范围和规模都相对较大一些；而一些深受自由主义影响的西方国家政府，其公共产品供给的范围就相对小一些。其原因主要在于各国所提供公共产品的具体客观环境存在差异。各国的选民要对本国政府提供的公共产品作出选择，首先必须了解公共产品的相关信息。公共产品是通过非市场方式提供的，这就使得公共产品的提供缺乏像私人产品那样的市场价格，也决定了公共产品供给的选择与私人产品有着极大的差

① 关于公共产品最佳供给分析，可以参考西方经济学的相关内容，或参考 C. V. 布朗、P. M. 杰克逊的《公共部门经济学》和王传伦的《当代西方财政经济学理论》。

异。因此，公共产品的提供有着天然的灵活性，而这种灵活性的实现又取决于民间。这就决定了公共产品供给范围的差异性。

公共产品的供给呈现出分层次的特点，即依据公共产品效应覆盖范围的大小，可以将其区分为全国性公共产品和地方性公共产品；而地方性公共产品的内部，还可以依据其区域的大小，再细分为不同层次的地方性公共产品（这一问题在第一节已经讨论）。一般说来，受益范围遍及全国的公共产品由中央政府提供，而受益范围主要是地方的公共产品，则由相应层次的地方政府或各个受益的地方政府共同提供。

三、公共产品有效供给的方式

前面一个问题我们运用一般均衡分析来说明了公共产品的最优供给问题，而且指出，公共产品的提供方式，只能通过非市场的手段进行。在此主要分析通过非市场手段来进行公共产品有效提供的问题。

（一）纯公共产品的有效供给

1. 自愿捐献与成本分担

为了说明这个问题，我们举一个例子。假设一个社区需要警察来维持社会秩序，雇用三个警察对该社区来说是最有效率的，那么如何来实现这一目标呢？

一种可选择的方式是该社区的所有成员分担为此而发生的成本。假定由三个消费者甲、乙、丙决定其方案，如果这三个消费者在解决他们所共同需要的安全保障方面进行合作，并为此分担警察所需的费用，三个消费者可以将其所拥有的资金集中在一起，用于雇佣警察。如果以这种方式可筹措到足够的资金，他们就能够通过享受警察所提供的安全保障来使自己的境况变好，而这种效益是他们中的任何一个人都无法或不愿意凭借自己的资金实力来完成的。在这种情况下，他们愿意以这种合作方式来雇佣警察，并将雇佣数量增加到其所集中的资金不再足以承担最后一个警察的雇佣费用为止。

如在雇佣一个警察（每人花费 900 元，下同）的条件下，甲愿意为第一个警察自愿捐献 600 元，乙捐献 500 元，丙捐献 400 元。这些数额代表着 3 个消费者在警察的雇佣数量为一人时所获得的边际效益。可以看出，由于自愿捐献的资金总额大于第一个警察的边际成本，所以这个社区会得出结论，将雇佣警察数量增加到 2 人是值得的。从另一角度，如果警察的雇佣数量只有 1 人，用于安全保障的预算肯定会有剩余，这就表明，该社区所雇佣的第一个警察的社会边际效益超过了其社会边际成本。

如在雇佣两个警察的条件下，甲愿意为每个警察自愿捐献 500 元，乙捐献 400 元，丙捐献 300 元，即该社区雇用两个警察时的边际效益总和为 1 200 元，这同样超过了第二个警察的边际成本，该社区用于安全保障的预算肯定会有剩余。为雇佣两个警察，社区共愿意捐款 2 400 元，收支相抵，剩余的数额为 600 元。

如在雇佣 3 个警察的条件下，甲愿意为每个警察自愿捐献 400 元，乙捐献 300 元，丙捐献 200 元，即该社区雇用 3 个警察时的边际效益总和为 900 元，这刚好等于第 3 个警察的边际成本，该社区用于安全保障的预算没有剩余。为雇佣 3 个警察，社区共愿意捐款 2 700 元，这时恰好与雇佣 3 个警察的总成本 2 700 元完全相等。这时就是该社区雇佣警察的最佳数额。这个时候，如果每个人都按照自己的受益情况支付费用，从而使大家的支付费用总额刚好等于提供公共产品的成本，这时的均衡状况称为“林达尔均衡”。

在社区成员人数较少的社会中，通过自愿捐献和成本分担的合作方式，有可能使得公共产品的供给量达到最佳水平。但林达尔均衡是有前提条件的：

（1）每个社会成员都能够准确说出自己可以从公共产品的消费中获得的边际效益。

（2）不存在隐瞒或低估自己边际效益从而逃避自己应分担的成本费用的动机。

但现实生活中，由于前提条件不具备，自愿捐献加成本分担的合作方式无法运转，公共产品的市场供应将会遇到一系列困难：一是收费问题，灯塔难题就是一个典型例子；二是排他性问题，因为存在“免费搭车”的现象；三是偏好显示问题，囚徒困境就是典型例子；四是决策问题，人数众多的社会中，如何达成一致意见是一个难以克服的难题；五是供给问题，公地悲剧就是典型例子，大家熟知的“三个和尚”故事（一个和尚挑水喝，两个和尚抬水喝，三个和尚没水喝）就说明了这个道理。

也就是说，公共产品如果由市场提供，将会遇到诸多困难，靠自发的市场机制无法实现最佳资源配置。于是，强制性融资与公共选择相结合的财政预算供应方式就成为人们的必然选择。

2. 强制性融资——解决搭便车的问题

搭便车的人是对那些寻求不负担任何代价而又得到效益的人的一种形象性的说法。如果所有的社会成员都“搭便车”，其结果是公共产品将没有任何资金来源，也就谈不上公共产品的效益了。这就是休谟分析所用的“公地悲剧”的内涵。

从经济学的角度看，“搭便车”对任何人来说都是一种理性的选择。也就是说，只要存在公共产品，“搭便车”的现象就不可避免。因此，在合作性的自愿捐献和成本分担制度下，公共产品的供给量发生不足，低于其应当达到的最佳产量水平，就是一件不言而喻的事情了。那么，如何才能保证公共产品的供给并尽量达到最佳水平呢？

答案是依靠强制性的融资方式来解决公共产品的供给问题，这时，政府的出现就可以使问题迎刃而解了。因为政府一方面以强制性的征税来解决资金来源问题，另一方面又将征税所取得的收入通过一定的形式用于公共产品的供给上。

（二）混合产品的供给方式

混合产品的市场均衡表明，若想实现最佳的资源配置，其费用支付既不能只由私人来承担，也不宜由政府全部包下来，其供应方式亦一般采用混合方式，即市场供应加政府预算供应相结合的方式。

至于谁为主的问题，则应视产品性质灵活决定。一般来说，准私人产品以市场供应为主，政府参与为辅（补贴、收费，解决外部性）；准公共产品以政府预算供应为主，私人参与为辅（适当收费，解决拥挤性）。在西方国家，所谓私立与公立大学、医院鼎足而立，比比皆是，就属于这种情况；而所谓100%的义务教育和100%的公费医疗倒是鲜有所见，因为教育和医疗都是混合产品，100%的政府供应不可取，宜采用混合供应方式。

在现实生活中，混合产品的例子无处不在。首先，我们需要判别它是哪种类型的公共产品；其次，需要从效率与公平的角度确定究竟应当效率优先还是公平优先，对于不同的领域、不同的公共服务，要求当然是不同的；再次，根据市场的能力和政府的财力来作出取舍，也就是看私人的钱袋子、政府的钱袋子鼓不鼓。比如，教育服务就要区分学前教育、初等教育、中等教育、高等教育，因为不同阶段的教育对社会发展的贡献不一样，外部效应也就不一样，而且社会需求也不同，对社会公平的影响也大不一样。再如，住房也不能一概而论，需要区分不同的住房需求，建设多少、建设什么样的房子、谁出钱、给谁住、由谁建、如何管理、产权归谁等等都得具体问题具体分析。大体上来说，侧重效率的混合产品可能更适合由市场来提供，政府可以通过某种方式给予扶持；侧重公平的混合产品可能更适合由政府来提供，市场可以通过某种方式参与。

还需要指出的是，任何理论上的推理、研究都得拿到实践中去检验，否则只能是闭门造车、纸上谈兵而已。其实，公共产品并非只能由市场或政府来提供，所谓“条条大路通罗马”，非此即彼的思维方式有时会让人走进死胡同。近几十年来，已经有些学者研究通过第三部门提供或参与提供公共产品的可能性，并且已经在实践及探索中取得了一些好的经验。2009年诺贝尔经济学奖获得者奥斯特罗姆（1933—2012）从小规模公共资源问题入手，开创了自主组织和治理公共事务的创新制度理论，她指出当前解决公共事务问题的要么单纯依赖政府途径，要么单纯依赖市场途径的方法是有问题的，提出了公共事务管理可以有多种组织和多种机制（多中心主义）的新看法，拓展了公共产品供给的视野。

可以说，很多领域并不是一定要走市场化或政府垄断的路子。供给数量较多、供给需求多样化的公共产品，可能更适宜由市场来提供，这样可以更好地发挥市场灵活的特点；而供给需求比较单一、变化不大的公共产品，可能更适宜由政府来提供。但绝没有一个统一不变的模式，不少领域可以多种途径并存，如城市公共交通既有政府举办及补贴的公共交通公司运营，也有完全市场运作的出租车，还有一些政府免费提供的观光巴士（广西桂林市就有几条线路公交车免费乘坐）。

案例讨论2-2

高等教育是公共产品吗？

1. 为了解决贫困大学生入学难问题，1999年，中国人民银行、教育部和财政部出台了国家助学贷款的管理办法。目的是帮助普通高等学校的经济困难学生支付学费、住宿费和生活费，以保障其顺利完成学业。国家助学贷款的主要优惠政策，一是无需担保，二是由中央或省级财政贴付利息的一半。

2. 2004 年，时任英国首相布莱尔提出高等教育改革方案，其四项核心内容是：

第一，学生在上学期间不支付学费，毕业后找到工作才开始支付教育贷款。保证家庭困难的学子能上大学。

第二，毕业后工资挣到 22 000 美元以上的水平，才开始偿还贷款。而还教育贷款，算作支付个人所得税的一部分。也就是说，你工资达到一定水平后，即使不还贷款，这笔钱通过付税也是要缴的，还不还贷款对你的收入几乎没有影响。

第三，清偿贷款，没有利息。而且每年清偿的份额，不超过年收入的 9%。你挣得越少，还得越少。

第四，低收入家庭的学生免去高达 1/3 的学费。在每年以收入 9% 以内的份额清偿贷款的条件下，一般学生毕业后 13 年才能够清偿全部贷款。如果毕业后收入低，贷款就长时期内无法还清。所以，法律规定，按这样的比率 25 年还无法清偿贷款，25 年后应付的份额将全部免除。

3. 美国政府和各大学为学生提供了比较充分的财政支持。在哈佛大学，每年接受各种财政支持的学生在 70% 以上，麻省理工学院接受财政支持的学生达到 75%。美国中央财政资助体系中，有三大主要奖学金计划。一是“罗伯特·伯德荣誉奖学金计划”，每年 1 500 美元，可持续 4 年，每个州不少于 10 个名额；二是“全国科学奖学金计划”，最高奖学金可达一年 5 000 美元；三是“保尔·道格拉斯教师奖学金计划”，奖学金金额最高为 5 000 美元。

讨论：

1. 为什么我国政府承诺“不让一个大学生因贫困而辍学”？请从公共产品理论的角度来分析。

2. 在美国这样市场化水平如此之高的国家中，大学教育的私有化程度相当之高，然而政府在教育方面依然毫不吝啬地投入，为什么？

第三节　公共产品理论与供给制度的变迁

公共产品供给制度的变迁，是与公共产品理论的形成与发展相对应的，它是伴随着市场经济的逐步发展而逐渐形成和发展变化的。

一、公共产品产生的思想萌芽

公共产品产生的思想萌芽，最早可以追溯到 1793 年大卫·休谟的《人性论》一书。休谟指出，人性的弱点决定了其只考虑眼前利益而忽视长远利益，只有依靠执行正义的政府才能克服这个问题。他举例说："两个邻居可以同意排去他们所共有的一片草地上的积水，因为他们容易互相了解对方的心思，而且每个人必然看到，他不执行自己的任务的直接后果就是把整个计划抛弃了。但是要使一千个人同意那样一种行为，乃是困难的，甚至是不可能的；……因为各人都在寻找借口，要想使自己省却麻烦与开支，而把负担全部加在他人身上。"那么如何解决这一问题呢？休谟进一步提出，"政治社会就容易补救这些弊病。执政的长官……可以拟定促进那种利益的任何计划。"他接着指出，诸如桥梁、海港、城墙和运河的修建，舰队的装备和军队的训练等，都只有在政府的关怀下才能做到，因为政府是"在某种程度上免去了人类所有这些弱点的一个组织"。

休谟的分析至少包含了若干公共产品的思想：（1）人类在生产和生活中存在某些共同需要的"产品"；（2）这类产品的提供存在坐享其成心理及其可能性，这与后来经济学家提出"人们的免费搭车心理"不谋而合；（3）这种情况只有政府才能有效解决。当时由于历史的原因以及真正的贸易和经济自由还没有形成，休谟的思想在当时及以后相当长的时期内并未受到重视。因此，这些思想也仅仅被视为公共产品产生的思想萌芽。

二、亚当·斯密与约翰·穆勒与公共产品供给制度的萌芽

英国资产阶级革命为自由资本主义理论的形成奠定了实践基础，亚当·斯密的自由主义理论应运而生，尤其是1776年，亚当·斯密《国富论》的出版，奠定了其在经济学上的地位。

亚当·斯密作为财政学理论体系的奠基人，在公共产品理论方面也提出了一些对后人影响较深的观点。他主要从自由放任的经济理念出发，确立了市场优先的基本原则，在此基础上确定了政府的职责和活动范围，他分析研究了国家的费用问题，认为政府的职责主要在于：（1）保护国家的安全；（2）保护人民不受其他人的欺侮或压迫；（3）建立并维持某些公共机关和公共工程。显然，亚当·斯密在此描述了公共产品的存在，并指出公共产品应该由政府提供，不能指望私人来创办或维护公共产品，因为私人提供公共产品，其成本无法得到补偿，即市场在配置公共产品方面是失灵的。这就从理论上第一次系统地分析了公共产品提供的基本依据。但其分析仅此而已，而没有进行深入的分析。

19世纪中叶，英国另一位古典经济学家约翰·穆勒对公共产品供给理论进行了较为深入的分析和研究，尤其是在政府活动的适应范围方面，提出了许多有影响的观点。他认为，自由放任是一般准则，除非为某种巨大利益所要求，任何对该准则的偏离，无疑都是一种罪过，但社会可以偏离自由放任准则，即允许政府插足干预的重要事例，包括政府必须保障人们的生命、建立人身和财产安全的法律体系和制度，因为这是保证自由放任制度正常运行的基本前提。此外，他认为，政府对许多事情履行职权是获得普遍赞同的，其原因在于它提供了普遍的便利，如铸币、制度度量衡标准、清扫街道、绘制地图和航海以及道路、路灯、港口、灯塔和堤坝等的建造，等等。他提出了一些明确政府职责范围的界限标准：（1）个人不具备正

确评价事物利益的能力时，需要政府干预；（2）个人缺乏远见而签署无法废除的契约时，政府应加以限制；（3）利益分歧的劳工与经理人员谈判时，政府应加以调节；（4）政府对股份公司尤其是垄断公司也应加以调节。

穆勒比斯密更进一步分析了公共产品的经济内容，明确提出公共产品应该由公共部门提供的思路。很显然，他在斯密的基础上又进了一步，他所举例的“灯塔”、“囚徒困境”等成为许多教科书引用较多的例子。

穆勒和斯密的生活年代处于英国工业革命已经发生和完成的时期，他们的理论观点体现了当时自由资本主义已经建立，自由贸易已全面展开的客观要求。尽管他们信奉的是自由放任的理念，但他们在痛斥政府活动无效的同时，无可奈何地承认了政府必须履行某些职责，承认了某些产品和服务（公共产品和服务）必须由政府提供的理念。这无疑是现代公共产品供给制度的萌芽的标志。

三、公共产品理论的建立与公共产品供给制度的形成

公共产品理论作为一种系统的理论，最初出现于19世纪80年代的奥地利和意大利，它建立在边际效用的价值论的基础上，是“边际革命”在财政学领域的最重要成果之一。“边际革命”的理论被运用到财政问题的分析上来，使得人们能以崭新的眼光，去看待公共财政与公共产品问题。奥地利人萨克斯在其《国家经济导论》著作中首次将边际效用理论运用到公共财政问题上来，使公共服务成为具有价值的“公共产品”。这就使得人们能从经济学的角度，运用经济学的方法，而不再仅仅是从政治学、伦理学的原理来说明公共产品问题，从而为公共产品理论的建立奠定了经济学理论基础。这标志着公共产品理论的建立。

边际效用理论对公共财政理论的影响集中体现在19世纪80年代的意大利学者潘塔莱奥尼和马佐拉等人身上。“潘塔莱奥尼是边际主义在意大利所以被人接受的真正枢石，其本人就是作为研究财政问题的学者开始的。‘财政学’是边际主义进入意大利的门户”。而另一方面，边际主义被用来进行“关于国家的经济行为的各项问题的考虑，导致人们创立了所谓的‘财政学’”。当然潘塔莱奥尼的观点不是从财政基本理论的角度提出的，而只是在分析具体的意大利政府预算时加以运用的。这样他就将边际主义财政学理论体系的任务，留给了他人。马佐拉在其1890年的论著中，对公共产品论作了较为全面的阐述。他将国家视为合作社，国家财政视为公民的合作社活动，国家提供公共产品用以满足个人的需要。他指出，对于私人产品来说，任何人如果不付费就不能消费，而公共产品则只要有人提供了，则任何人不付费也能享受。因此，公共产品不具有形成单一的市场价格的技术性能。他认为，公共需要和私人需要并不相互抵触，而应得到同等的满足。他首次论述了日后被称作“公共福利”的特征。

奥地利和意大利学者的主要贡献在于：（1）将公共产品与社会成员个人以消费者身份所作的主观效用评价相联系，使得政府活动成为创造价值的提供公共产品活动；（2）在公共产品供应与个人纳税间建立起等价交换关系，使得私人经济的效率原则也适用公共经济；（3）将财政活动的目的从根本上转到个人需要上来；

(4) 使得政府提供公共产品的活动得到了经济学原理上的证明，公共产品已经成为市场经济必然的、合理的伴生物，而不再是市场异己力量了。这使得关于公共产品问题的分析形成较为系统的财政理论，这标志着公共产品理论的建立与现代公共产品供给制度的形成。

四、公共产品理论与供给制度的发展

（一）威克塞尔和林达尔的贡献

威克塞尔（1851—1926）和林达尔（1891—1960）是战后欧洲三支主流经济学派之一瑞典学派的第一代和第二代经济学家。

威克塞尔在 1896 年论著中，指出公共产品的供给应该使个人效用最大化，而利益赋税原则能实现这一目标；他认为，国家提供公共服务给予个人的边际正效用应与个人纳税损失财富的边际负效用相等，尽管征税是由国家权力机关决定和执行的，但国家应依据利益赋税原则，按个人的主观效用评价来课税；政治程序的介入，对公共产品的有效提供有较大作用，能够反映公共产品的真实偏好，而公共产品最佳提供的真正困难在于设立起切合实际的政治运作程序。理想的政治程序是由消费者对若干由预算支出和税收份额组成的选择方案进行投票，政府采用获得一致支持的方案来提供公共产品。显然，这种理想状态是很难达到的，在现实的议会中无法取得全体一致的投票结果，为此，他提出了近似一致的原则。他明确地将公共部门的决策看成是一个政治性的与集中性的选择过程，这为其后公共选择论的创立奠定了基础，这也使得他作为公共选择论的先驱在财政学史上占有重要地位。

威克塞尔的学生林达尔进一步对边际主义财政学和公共产品理论作出了贡献。这主要体现在他建立了林达尔模型，这个模型主要用以分析两个政治上平等的消费者共同分担公共产品成本的问题。林达尔模型可以视为对公共产品供给的虚拟的均衡过程的一种描述（见图 2-4）。他指出，当消费者 A 承担公共产品成本越多时，消费者 B 将承担得越少。在既定的收入下，A 对公共产品的需求，从 B 的观点看，可视为供给曲线；反之亦然。当 A 与 B 的两条需求曲线被标示于同一矩形图平面上时，该模型产生了唯一的和稳定的交点。这一交点被称为林达尔均衡点或均衡解，它决定着公共产品供应的均衡数量，以及 A 与 B 各自的均衡税收份额。在这一解上，每人所支付的税收份额即著名的林达尔价格，它等于每个人所获得的公共产品边际效用价值，并且两人的税额总计将等于公共产品供给的总成本。

林达尔模型描述的曲线是一条“虚拟需求曲线”，仅仅是对公共产品供应的虚拟过程的描述，然而，要获得公共产品供应的效率解，则真实的供需曲线是必不可少的。为解决这一问题，林达尔模型设想了一个多种预算支出规模及其相应的税收份额的报价拍卖过程，希望通过它来促使个人说出自己的真实偏好，以保证公共产品供应的真实均衡解的获得。但是，这种模拟市场方式的个人偏好揭示方法，在人数很少时可能还可以实行，而一旦将其扩展到人数众多的场合则是无效的。前面涉

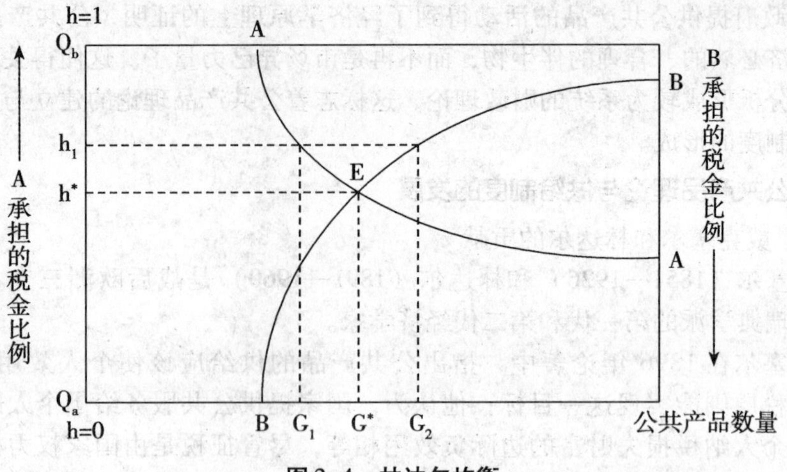

图 2-4 林达尔均衡

及的“囚犯困境”、“免费搭车”等问题又将出现，人们为了自己少缴税，将不会报出自己的真实偏好。

林达尔模型是对威克塞尔理论的进一步发展。林达尔模型的图示从本质上看是对市场行为的一种模拟，而这恰好是威克塞尔所否定或忽视的。这一模型也肯定了市场效率准则在公共产品有效供应上的根本作用，当然政治程度在保证公共产品供应上起了很大的作用，但它只应是作为一种手段和途径去保证公共产品供应获得符合市场效率要求的结果。

（二）萨缪尔森的贡献

1. 对公共产品的定义

萨缪尔森在其代表论文《公共支出纯论》中，分析并得出了著名的“公共产品”定义，认为所谓公共产品是每个人对这种产品的消费，并不能减少任何他人也对该产品的消费。

2. 在分析公共产品内涵时，指出公共产品消费时具有非排他性和非对抗性

在此基础上，他运用一般均衡方法分析了公共产品的最佳供应问题（具体见本章第二节相关内容）。

3. 提出了萨缪尔森模型

在此模型中，他假定存在一个无所不知的计划者或全知全能者，它知道每一个公共产品的消费者对于公共产品的真实偏好。在既定的资源和技术条件下，这个计划者决定着一组最优解的集合，其中每个解都包含公共产品和个人产品的产量组合，以及个人产品在消费者之间的分割状态。由于该集合中的每个解都反映着消费者的不同福利位置，为此应运用一条社会福利函数曲线去确定整个社会唯一的“极乐点”。由于每个解都反映着公共产品的最佳配置的不同位置，并且该解的集合都满足着消费者的边际替代率之和等于生产上的边际转移率的条件。这就是关于公共产品最佳供应的帕累托效率条件，也称为萨缪尔森条件。它不同于个人产品最佳供应效率之处在于，个人产品的最佳解条件是每个消费者的边际替代率都相等，

并且等于边际转移率。这样，公共产品从根本上看是遵循着与个人产品相同的帕累托效率准则的，只不过根据公共产品不同于个人产品的特性作了相应的变动而已。

（三）公共选择理论的提出，标志着公共产品理论与供给制度已经进入一个较高的发展阶段

前面我们已经分析，公共产品的供应不是由私人（或私人组织）提供的，而是由作为公共机构的政府提供的。政府安排供应公共服务及其由此而相应展开的政府支出与收入活动，并不是通过市场交易，而是由政治程序来作出的。政府汇总所有成员的意愿和偏好，代表私人进行社会选择或集体选择。政府作为独立的政治机构，存在着其行为与意愿怎样发挥作用，如何才能真实地把握、反映和遵循私人的真实偏好，以及私人又怎样才能防止和克服政府随心所欲地违背人们真实意愿的现象发生等问题。对这些问题，威克塞尔和林达尔模型中都已经注意到并有所分析，但都没有得到真正的解决；而萨缪尔森模型则干脆以“无所不知的计划者”的假设来回避。

由于政治程序在公共产品的最佳供应上有着极其重要的作用，客观上需要有人对这些问题进行分析与概括。20 世纪 40 年代开始，就有一些经济学家涉及这些问题。如鲍温在 1943 年关于公共产品资源配置与投票问题的文章、1948 年布莱克的《关于团体决策的基本原理》等对投票难题进行了概括，形成投票理论，布坎南和阿罗随后也对这一问题进行了进一步阐述，开始涉及公共选择理论问题。

1962 年，布坎南和塔洛克出版了《赞同的计算》一书，将集体选择、决策原理和投票程序等问题融为一体，构成了公共选择理论，使公共选择问题的研究有了突破性的进展，形成了公共选择学派。这一理论将西方的政治制度视如市场制度，将政治家视如企业家，认为在政治市场里，政治家也在追求自身政治利益的最大化，并为此而追求选票的最大化。选民们追求自身利益的愿望，就能通过选票制约政治决策的过程和结果，使之尽可能地符合选民的愿望。为此，该理论还着重研究了选举制度在公共选择中的影响和作用，以及如何确定选举制度等问题。此后，以布坎南为首的公共选择学派也在逐步完善其理论体系，形成了对当代财政理论影响最深的理论体系之一，这标志着公共产品理论与供给制度已经进入一个较高的发展阶段。

本章对公共产品理论进行了具体介绍，那么，我们应当怎么样来运用这一理论判断、分析现实中的种种经济社会现象呢？图 2-5 归纳了公共产品理论应用的基本思路，供读者参考，大家也可以思考总结自己的分析框架。

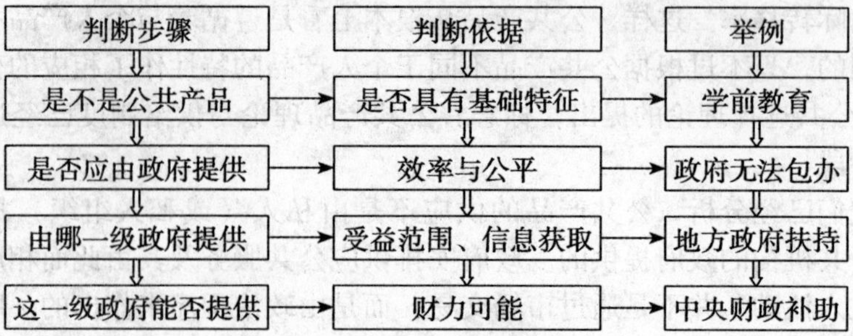

图 2–5　公共产品理论应用思路

推荐阅读书目

[1] 薛兆丰．经济学的争议［M］．北京：经济科学出版社，2002.

[2] 布鲁斯．公共财政与美国经济［M］．隋晓，译．北京：中国财政经济出版社，2005.

[3] 麦克米兰．市场演进的故事［M］．余江，译．北京：中信出版社，2006.

[4] 梁小民．经济学内外［M］．北京：中国社会科学出版社，2006.

[5] 陈鹏飞．经济学的 100 个故事［M］．北京：新华出版社，2008.

[6] 周义程．公共产品民主型供给模式的理论建构［M］．北京：中国社会科学出版社，2009.

[7] 静涛，黑岛．哈佛教授讲述的 300 个经济学故事［M］．上海：立信会计出版社，2011.

[8] 萨缪尔森．经济学［M］．萧琛，等，译．19 版．北京：商务印书馆，2012.

第三章

财政决策：公共选择

知识结构图

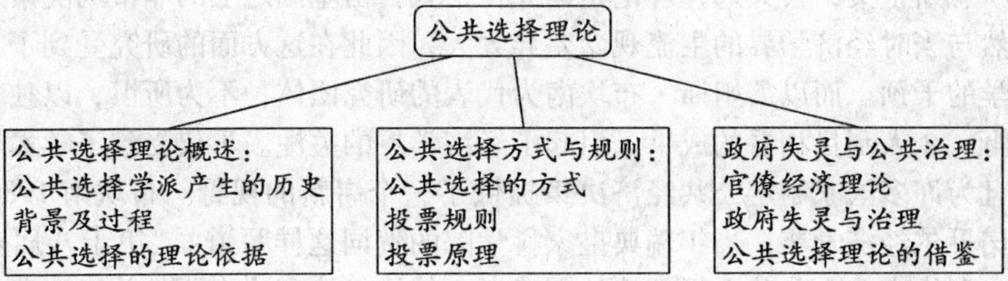

引 言

假如现在财政有一笔钱1 000万元，有的人希望用于建幼儿园，有的人希望用于建公园，有的人希望用于提高工资，总之，大家想法都不一样，那么这笔钱究竟怎么用呢？如果只有两个人，最简单的办法就是石头剪刀布来决定。但是一个县、一个城区几十万人，这种办法肯定行不通。如果用投票的办法，会有两个问题，一是全民投票很费时间，二是票数不集中，每一种意见都不超过半数，甚至赞成的人数都差不多，没有办法作出决定。这些其实就是公共选择问题，包括政府的钱怎么用，由谁来决定，平时怎么管，怎样监督等等。公共选择理论是现代财政学理论的发展，它在解释公共选择行为或政府行为上具有较为成熟的理论体系。下面一起来了解公共选择学派产生的背景及过程，公共选择的理论依据、规则的判定标准，公共选择与私人选择的区别，投票机制与官僚经济理论，公共经济决策的科学化、民主化问题。

第一节　公共选择理论概述

财政决策是财政学的核心问题。财政决策即政府为社会成员“提供什么公共产品”和“提供多少公共产品”的政策决定，从经济学的角度看是公共资源的配置机制问题。企业在生活过程中也需要对生产什么和生产多少的问题进行决策，家庭和个人也需要就需要什么和需要多少的问题进行决策，但是，从方式上看，三种决策是不同的，后两者属于私人决策行为，而财政决策是集体行为，是公共选择的结果，在民主政体下，这一决策过程是通过政治程序完成的。公共选择理论就是以现代经济学的基本假设为前提，依据自由的市场交换能使双方都获利的经济学原理，来分析政府的决策行为、民众的公共选择行为及两者关系。

一、公共选择学派产生的历史背景及过程

（一）公共选择学派产生的历史背景

公共选择理论产生于20世纪60年代初期的美国。当时在经济学理论界占主导地位是凯恩斯主义，公共选择理论是建立在个人自由基础之上的非市场决策理论研究，显然与当时经济学界的主流观念差异太大，因此在这方面的研究受到了官方和一些大学的干预。而以詹姆斯·布坎南为代表的研究团体，不为所惧，以独特的经济学视野、令人刮目相看的成果，引起了经济学界的关注。不仅受到了学术界的重视，而且为许多国家制定公共经济决策提供了一个崭新的视野。布坎南1986年因此获得诺贝尔经济学奖，当年瑞典皇家科学院的贺词这样写道：“第十八届获奖者詹姆斯·布坎南——公共选择理论的创建者。传统经济理论主要是关于消费者和企业家如何作出关于商品购买、工作选择、生产及投资决策的，而布坎南则相应地创建了公共部门的决策理论，被称作‘新政治经济学’或‘公共选择’理论。布坎南的主要贡献在于，他将经济学中个人间相互交换的概念移植到了政治决策的领域中。于是，政治过程便成为一种旨在达到互利的合作手段。但政治秩序的形成要求人们接受一套规则、一种宪法，这反过来又强调了规则形成的极端重要性和宪法改革的可能性。布坎南认为，劝导政治家或试图影响特定问题的结局常常是徒劳的，事情结局在很大程度上是由规则体系决定的。”将经济学中的市场理论应用到了政治领域是布坎南等公共选择学派代表人物的创新。通过将经济学的分析方法应用于政治领域，用经济交易的思维方式分析政治行为，让人们耳目一新。他提出，政客和官员就像经济体系中的其他参与者一样，都是出于自私的动机采取行动。由于政策制定者的最终目的是获得连任或维持其自身权力，他们并不总是根据公共利益行事，有时甚至无视公共财政的原则。

一种新理论的诞生绝非偶然，它必然有特定的历史背景。

长期以来，受传统自由主义的影响，在经济理论的研究中，很少涉及国家（或政府）行为的研究。第一次世界大战以后，遍及西方世界的经济危机，使人们

认识到自由放任的市场经济并不能有效地维持市场经济体系的运行，市场这只“看不见的手”，越来越需要政府这只“看得见的手”来控制。在凯恩斯理论的主导下，政府对市场的调控越来越多，尤其是在一些福利型国家，政府对社会事务几乎无所不包、无所不管。政府调控的加强，使得政府部门与公共经济活动领域逐步扩大，刺激了公共经济活动的理论分析；同时，过度的政府干预，引发了各种各样的问题，如失业、通货膨胀等，这种非市场的集体决策即政府干预的失败，也促使人们像分析市场失灵的原因一样，把用以研究市场经济失灵和缺陷的经济学方法应用于公共经济部门，以探求政府干预失灵的原因。原来的政治经济学以及现代宏观经济学所探讨的政府经济事务的政策选择问题，已经不能满足政府公共经济运行的需要。这主要是由于政府作为国家政策的制定者，往往被看成经济体系的一个外生变量，导致在分析政府的各种经济政策及其效果时，忽视了对经济政策制定过程的分析，并把政治过程与经济过程截然分开。

当然政府经济政策的失误并不完全是经济理论的缺陷与政策执行者的失误，在公共选择学派看来，经济政策的制定过程（或政治过程）才是决定经济活动的内在因素，政府在政策制定过程中，应抛弃政府为公的幻想，政府官员也是追求最大利益的经济人，必须要有一整套规范化、科学化的决策程序来限制政府及其官员的任意行为。

知识之窗 3-1

特立独行的诺贝尔经济学奖得主——布坎南

詹姆斯·麦吉尔·布坎南（James McGill Buchanan）是公共选择学派最有影响、最有代表性的经济学家，是公共选择学派的创始人与领袖，被称为“公共选择之母”。1919 年 10 月 2 日，他出生于美国田纳西州的穆尔弗里鲍尔(Murfreesboro)。布坎南家族与美国第 15 任总统（1857—1861）有着不远不近的血缘关系，有趣的是，那位总统的名字也是詹姆斯·布坎南。布坎南的父母以务农为生，但同样热心于当地的政治事务。

布坎南童年时期正是美国经济繁荣时期，第一次世界大战（1914—1918）大大促进了美国的发展。那时候，他的理想是当一名出色的律师。但是，1929—1933年的经济大萧条，使他高中毕业后打算去范德比尔特大学读书的梦想破灭。由于家里没有经济能力，他当时唯一能读得起的一所学校就是默夫里斯伯勒附近的中田纳西州立师范学院。在大学里，布坎南主修了数学、英国文学和社会科学，于 1940 年 6 月获得了理学学士学位。由于成绩出色，他获得了位于诺克斯维尔的田纳西大学 1940—1941 学年的经济学研究所奖学金，师从查尔斯·怀特教授，并于 1941 年取得了硕士学位。

1941 年年末美国参加第二次世界大战，布坎南的求学之路被打断了。硕士毕业后，他应征入伍，加入了美国海军。度过了有声有色的 4 年军旅生涯。1946 年 1 月进入芝加哥大学冬季班攻读经济学博士，开始了辉煌的学术起点。

芝加哥大学先后产生了75位诺贝尔奖获得者，是有名的学术重镇。在这里，他选修了弗兰克·奈特的价格理论课程，并与导师结下浓厚友谊。奈特一直灌输这样的观点：一切都必须以智力获取，很多看似真理的事物，其实都大有问题，有勇气能冲破知识的迷雾，才不愧是真正的学者。奈特·维克塞尔（Knut Wicksell，1851—1926，瑞典著名经济学家）被认为是他毕生的精神导师。布坎南于1948年获得博士学位，到田纳西大学经济学研究所任副教授，两年后晋升为教授。1951年、1956年先后出任佛罗里达州立大学、弗吉尼亚大学经济学系主任。

1962年，布坎南与戈登·塔洛克共同发表了《同意的计算——立宪民主的逻辑基础》（The Calculus of Consent：Logical foundations of constitutional democracy），为现代公共选择理论奠定了强有力的基础。他解释说，正像经济学被用来预测经济生活中理性人的行为一样，公共选择理论则试图解释政策选择中各方面的行为（选民、纳税人、各党派党员、仲裁机构、政府管理者及候选人）。他认为，正如市场反映了消费者的行为和选择一样，政府反映了政客的行动和选择。1986年，他因把经济方法运用于政治过程的研究所取得的杰出成就而获得诺贝尔经济学奖。

布坎南自1983年至逝世前一直待在乔治·梅森大学，他是该校首位诺贝尔奖获得者。他于2013年1月9日去世，享年93岁。

（二）公共选择理论产生的过程

公共选择理论是在对原有各经济学流派的批判中产生的，并继承了若干理论成果，受到了新福利主义经济学的影响，其发展和壮大也经历了一个曲折的过程。

公共选择理论产生于20世纪40年代末，并于50—60年代形成了公共选择理论的基本原理和理论框架，60年代末以来，其学术影响迅速扩大。英国经济学家邓肯·布莱克被尊为“公共选择理论之父”，他于1948年发表的《论集体决策原理》一文，为公共选择理论奠定了基础。他在1958年出版的《委员会和选举理论》被认为是公共选择理论的代表作。公共选择理论的领袖人物当推美国著名经济学家詹姆斯·布坎南。布坎南是从20世纪50年代开始从事公共选择理论研究的，他发表的第一篇专门研究公共选择的文章是《社会选择、民主政治与自由市场》。布坎南与戈登·塔洛克二人合著的《同意的计算——立宪民主的逻辑基础》被认为是公共选择理论的经典著作。布坎南因在公共选择理论方面的建树，尤其是提出并论证了经济学和政治决策理论的契约和宪法基础，而获得1986年度诺贝尔经济学奖。此外，著名经济学家阿罗和唐斯对公共选择理论的建立和发展也作出了重要贡献。阿罗在1951年发表的《社会选择与个人价值》一书也影响了公共选择理论的发展。

从20世纪80至90年代，越来越多的学者和政治家受到了公共选择理论的影响。1982年公共选择研究中心从弗吉尼亚工艺学院迁至乔治·梅森大学，成为公共选择理论的大本营。布坎南的贡献在于将人们从相互交易中各自获益的概念应用于政治决策领域，弥补了传统经济理论缺乏独立的政治决策分析的缺陷。

二、公共选择的理论依据

公共选择理论认为，经济学中的基本命题不是“选择”，而是交换，即不同经济个体之间的交换，而在交易发展的过程中，因为经济交易双方的博弈，交易最终会达到一种所谓的“帕累托最优状态”，此时，交换的任何一方的任何变动都不可能在不损害他人利益的前提下使自己的利益有所增加。公共选择理论最大的突破在于，从交易的角度看经济学和政治学并没有什么不同，在政治活动领域中，重要的命题也不是社团、党派和国家等基本行为主体，而是这些行为主体之间及主体内部各个成员之间的出于自利动机而进行的一系列交易过程。

公共选择学派认为，为了保证个人的利益追求不受他人阻碍的同时也不妨碍他人对利益的追求，以及政治过程中理性经济人的交易能够得到顺利进行，一个社会必须制定合理的政治行为规则。

公共选择学派是以“经济人的假定”作为其理论分析的出发点，即以人的“自利”为出发点来解释人类行为，特别是政治家的行为，政治家和官僚的行动与经济学家所研究的其他人的行动并无本质上的区别。

公共选择理论把人类的经济与政治活动归入两个市场，即经济市场和政治市场。在经济市场上从事经济活动的主体是消费者（需求者）和厂商（供给者），消费者通过货币选票来选择能给其带来最大满足的私人物品，厂商则通过竞争获得消费者的货币选票。在政治市场上进行政治活动的主体是选民、利益集团（需求者）和政治家（决策者）、官员（供给者）。在政治市场上，人们通过政治选票来选择预期能给他们带来最大利益的政治家、法律制度、公共政策和社会改革方案。在经济市场上的行为是经济决策，在政治市场上的行为是政治决策，在民主政治制度下，社会的每个人都要参与这两类市场中的决策。

公共选择理论试图用经济学的理性经济人的基本假设和成本收益的经济分析方法来统一分析人的经济和政治行为，将经济学分析范式引入政治市场的分析，从而打通了经济学和政治学，使两者融为一体，构建了新政治经济学体系。

第二节　公共选择的方式与规则

公共选择机制就是公共决策机制，即公共选择作出的方式方法，而且要对这些方式方法进行分析，分析其是否符合公共选择规则的标准。公共产品的存在及其所具有的特性，使得它的提供和生产必须借助于政府的集体活动才能实现。由于公共产品的政治行为性，它的提供是由对它的供给和需求共同决定的。这就出现了一个问题，即公共产品的社会需求是通过什么途径才能从不同的个人需求中决定出来，同时公共产品供给的规模、方向、结构又如何作出选择等，这就涉及公共选择的机制问题。

一、公共选择的方式

公共选择的方式是指选民参与投票的方式，即选民是否就决策直接参与投票活动，据此，可将公共选择分为直接民主和间接民主（代议制民主）两种方式。

（一）直接民主制

直接民主制是指选民或投票人通过亲自投票参与决策的一种公共选择方式。直接民主是一种最能充分体现最大多数人偏好的一种公共选择方式，投票人的投票权不可转让，不可剥夺，也不可被代表，决策权只能由全体投票人集体直接行使。由于直接民主决策成本过高，一般只适用于人数较少情况下的投票。在人数较多的情况下，动用所有公民经常为政策投票，需要动用到过多人力物力，并不切实际，因此在现实世界上，大多数民主国家使用的主要是代议民主制，只会在制定少数极为重要的政策时才举行全民公决。西方国家只有瑞士经常使用全民投票决定政策。

（二）间接民主制

间接民主制即代议民主制，是指选民或投票人并不直接对决策进行投票表决，而是通过特定的形式指定特定的人员代表自己代行决策的一种公共选择方式。间接民主制由于不需要全体选民直接投票，而是采取由代表代行表决，所以较直接民主制方式，决策成本低，决策效率高，比较适合人数较多的公共选择。几乎所有实行民主制的国家都是代议制的、间接的民主制。

二、投票规则

投票规则是指通过投票进行决策的一种公共选择程序规则。根据备选方案只有被选民一致同意才能通过，还是不需要一致同意即可通过，投票规则分为两种基本规则：一致同意规则和多数同意规则。

（一）一致同意规则

一致同意规则又称一票否决制，是指在公共选择的表决过程中，针对某项制度的决策或议案，必须经由全体投票人一致赞同的条件下，才可能获得通过的一种投票的表决方法。这种规则照顾到每一个投票人的利益，不因任何一个人的受益而给他人带来损失，从而它能达到帕累托最优状态。在这个规则下，每一个参与者都将对所有达成的集体协议享有决定权与否决权。它具有以下特点：

第一，这个方案是一种帕累托最优状态，即该方案的任何改动，都会使一部分人受益的同时，损害到至少某一个其他参与者的利益；

第二，在一致同意的规则下，所有参与者的权利都能平等地得到保障；

第三，它可以有效地避免“搭便车”行为的发生；

第四，这个规则通常需要全体参与者的一而再、再而三地协商与讨价还价才能最终达成。

显然，一致同意规则也存在明显缺陷：

第一，这种制度复杂，费时、费力。因为每个方案都要征得每一个人的同意，为此需要经过反复讨论、修改和讨价还价，造成成本过高，尤其是在投票人数众多时的代价会更高，甚至会由于超过决策所带来的好处，最终导致协议的无限期搁置或难以达成；

第二，该规则赋予的一票否决制会使前面的努力前功尽弃。

第三，该规则忽视了投票人偏好的显示难题。这是因为，投票人并不一定是诚实的，当他意识到他为享受公共服务所支出的费用与他的偏好有关时，他会尽量隐瞒自己的真实偏好，从而会花费较少的成本享受到与别人相同的公共服务。如果很多人都如此，就难以达成最终的协议。

（二）多数同意规则

由于一致同意很难实现，除非在关系重大的场合（如联合国安理会常任理事国对国际重大事件决议的表决），一致同意规则在现实中很少有人采用。在以民主方式进行社会选择的过程中，最常采用的是多数同意规则。

多数同意规则是指一项议案或决策须经 1/2 以上投票人赞成才能通过或采用的一种投票规则。在具体运作过程中可以有几种情况：一是只有一项议案需要决定取舍，那么通过简单多数制就一定能得到一个确定的结果；二是在两项不同的方案中选一，也一定会得出结果，即一个议案得到过半数票而被批准；三是可选取的议案有多个，在这种情况下，采取的方法常常是两两表决，即每一次只提交一对议案进行投票，过半数者参与下一轮投票，直到其中的一个议案被最终通过。过半数规则具有节约集体决策成本的优点，因为顾及大多数人的偏好总比照顾全体参与者的偏好容易得多。此外，过半数规则也符合人们一般的公共概念，在实践中也是一种最常用的投票规则。但另一方面，也应该看到，由于最终的决策结果所体现的只是参与者中多数人的利益，而少数派的利益却得不到有效的实现，那么，很可能导致“多数人对少数人的专制”，而使少数人受损失。

多数同意规则的优点，在于与一致同意相比决策成本相对小，容易作出决策。但它也存在很多不足，主要表现在：

第一，存在多数人强制现象（多数人暴政）。这就是所说的外部成本。

第二，与一致同意规则相比，单个参与者的选择行为不再具有决定性，影响个人参与投票的积极性，最终影响真实的偏好显示。

第三，存在多种结果的可能。“投票悖论”，即无法得出明确的均衡结果，而与投票次序有关。

第四，无法表达偏好强度。个人只能排列出对不同议案的偏好顺序，但无法反映出偏好的强度。这可能在总体上产生无效率的结果，并同时可能产生投票交易行为。

三、投票原理

（一）投票悖论

投票悖论，又称为循环的大多数，是指在集体投票时容易出现投票结果随投票次序的不同而变化，大部分甚至全部备选方案在比较过程中都有机会轮流当选的循环现象。

投票悖论最早是由法国人孔多塞在18世纪80年代提出，他注意到多数票规则的一个重要特性——它不能在多个备选方案中达成均衡，而在各种选择之间循环，这种现象被称为投票悖论，又称为“孔多塞效应”。而利用数学对其进行论证的则是肯尼思·阿罗。

假设有经济学博士甲、乙、丙三人，分别在中国大陆、韩国和美国接受经济学教育，而且是分别多年的好朋友。三人久别重逢，欣喜之余，决定一起吃饭叙旧。但是，不同的文化背景形成了他们不同的饮食习惯，对餐饮的要求各不相同，风格各异，每个人的偏好顺序以他对三种餐饮的排列顺序表示出来（见表3-1）。

表3-1　**三人餐饮偏好排列顺序表**

个人	第一选择	第二选择	第三选择
甲	中餐	西餐	韩国餐
乙	韩国餐	中餐	西餐
丙	西餐	韩国餐	中餐

如果用民主的多数表决方式，决定用何种餐，结果如下所示：

首先，在中餐和西餐中选择，甲、乙喜欢中餐，丙喜欢西餐；

然后，在西餐和韩国餐中选择，甲、丙喜欢西餐，乙喜欢韩国餐；

最后，在中餐和韩国餐中选择，乙、丙喜欢韩国餐，甲喜欢中餐。

三个人的最终表决结果如下：

中餐>西餐，西餐>韩国餐，韩国餐>中餐。

所以，利用少数服从多数的投票机制，将产生不出一个令所有人满意的结论，此时投票结果不可传递，这就是著名的“投票悖论”。

对投票悖论产生的概率采取数学手段进行计算的是坎普布尔和塔洛克。坎普布尔等人运用蒙特卡洛法来计算投票悖论产生的概率，并且指出，投票者数量或选择值增加越多，产生悖论的可能性就越大。譬如，在投票者为3人，选择值为3点的情况下，产生悖论效应的概率约为5.7%；当投票者增加至15人，选择值增加至11点时，产生悖论效应的概率提高到50%，也就是说，两次投票中就有一次悖论现象出现。因而，对于每天都在频繁进行着各种会议和集会的民主主义社会来讲，绝不可能对如此之高的比率掉以轻心。此外，涅米和维斯伯格也大大地推进了坎普布尔等人的计算。他们指出，在投票者超过十人的情况下，以上投票悖论出现的概率基本无变化，而且选择值的多少对悖论概率有相当大的影响。

（二）阿罗不可能性定理

1. 阿罗不可能性定理的含义

多数投票规则往往导致投票循环，是否存在一种政治机制或社会决策规则能够消除这种投票悖论现象？K. J. 阿罗1963年出版的《社会选择和个人价值》一书中研究了这个问题。阿罗认为，在非独裁的情况下，任何一个体系，若要人们对三个或三个以上的选择作出一项集体抉择，不存在任何加总社会个体成员偏好的方法。他得出结论：“如果我们排除效用人际比较的可能性，各种各样的个人偏好次序都有定义，那么把个人偏好综合成为表达社会偏好的最理想方法，要么是强加的，要么是独裁性的。”不可能存在一种能够把个人对 N 种备选方案的偏好次序转换成社会的偏好次序，并且能够准确表达社会全体成员的各种各样的个人偏好的社会选择机制。此即阿罗不可能性定理，或称“阿罗悖论”。

案例讨论 3-1

“少数服从多数”还是“多数服从少数”

多数国家规定适龄公民有享受教育的权力，但在美国，有一个奇怪的群体——阿密绪，他们奉行的是 15 岁以上的青年必须离开学校，务农劳动。因为有大量的阿密绪 15 岁以上的青年离开了学校，警察认为他们违反了法律，于是强制这些青年进入学校接受教育，但大多数人并不愿意，于是爆发了警察与阿密绪人的正面冲突。阿密绪人觉得法律伤害了自己民族的权利，于是便告上法庭，按说这是违反国家法律的事情，不可能打赢官司。但法官却作出判决：保护阿密绪人的“不受教育权”。判决认为：全体人民的利益是不存在的，不能压倒少数人的宗教自由，阿密绪人的“不受教育权”并没有危害社会，也没有任何理由证明有着这种独特生活方式的阿密绪人就是错误的。

讨论：

1. “少数服从多数”是不是解决公共选择问题的唯一可行办法？你对上面的事例有什么看法？法官的做法是否妥当？

2. 当少数人的利益与整体利益发生冲突的时候，怎么样保护少数人的利益，使社会总体福利水平提高，达到帕累托最优？联系具体例子说说自己的看法。

阿罗是通过讨论社会选择的两个公理与五个条件是否吻合得出上述结论的。

阿罗不可能性定理实际是指如果众多的社会成员具有不同的偏好，而社会又有多种备选方案，那么在民主的制度下不可能得到令所有人都满意的结果。由此，阿罗获得了 1972 年诺贝尔经济学奖。这一定理说明，依靠简单多数的投票规则，要在各种个人偏好中选择出一个共同一致的顺序，是不可能的。这样，一个合理的公共产品决定只能来自于一个可以胜任的公共权力机关，要想借助于投票过程来达到协调一致的集体选择结果，一般是不可能的。

2. 两个公理与民主主义的五个条件

他提出的社会选择的两个公理是：

公理 1：连贯性：对于所有的选择项 X 和 Y，一定有 X≥Y 或 Y≥X。

公理 2：传递性：对于所有的选择项 X、Y 和 Z，如果 X≥Y，Y≥Z 一定有 X≥Z。

根据这两个公理，对于任何既定的个人偏好，社会选择规则必须产生出一种连贯的和可传递的社会偏好次序。

除此之外，阿罗设定了民主社会考虑社会选择规则的五个最低必要条件，以使该选择规则在伦理道德上可以接受，这五个条件是：

（1）理性假设。对任何一组既定的社会偏好而言，社会选择规则都必须能够产生一种完整的和可传递的社会秩序。这里的完整性是指对于任何两个不同的可供选择的社会X与Y，总有一个比另一个更理想或两者没有什么差别。传递性指的是如果社会状态X比Y好，Y又比Z更理想，则X比Z更理想。

（2）与选择方案无关的独立性假设。在一组可供选择的社会状态之间进行社会选择，只取决于人们对这些选项的偏好排序而与其他因素无关。如果选择在X和Y之间进行，这时如果X和W的关系发生变化，则该变化与X和Y之间的顺序无关。同理，如果W与Z之间的关系发生变化，该变化也不会影响X和Y之间的顺序。由此，阿罗强调社会顺序应当源于个人的偏好排序，即如果一组可供选择的社会保持不变，如果社会在这组状态之间所作出的选择变了，这一变化必定是由于某人的偏好改变所引起的。

（3）帕累托效率状态。如果社会中所有人都认为X比Y好，则社会选择顺序必须表明X优于Y。如果社会至少有一个成员认为X比Y更理想，而所有其他社会成员认为X与Y之间无差异，则社会选择顺序必然显示X比Y好。

（4）定义域的非限制性假定。社会选择赖以产生的定义域必须包括所有可能的个人偏好顺序，也就是说不能通过限制人个偏好顺序的定义域来产生某一个社会顺序。

（5）非个人独裁假定。对于所有选项X和Y而言，不存在这样一个特殊的个人I，如果I认为X比Y好，则社会将严格地认为X比Y好，而不考虑其他个人的偏好。

阿罗认为，任何投票规则都必须同时满足这两个公理和五个条件，才能把个人偏好顺序转换为社会偏好顺序，但事实上它们不可能同时得到满足。“那种能保证效率，尊重个人选择，并且不依赖议事日程的多数规则的投票办法是不存在的”。

阿罗定理指出：社会没有一种“客观的”反映群体的社会偏好的方法。如果某种偏好得以反映出来（如小布什而不是戈尔当选美国第53任总统，完全取决于所确定的“民主”的选举规则），另外一套规则得出的完全可能是另外一种结果。戈尔比小布什多几十万张选票，然而美国实行的投票人制度是，谁获得了某一州的多数票，那么他就获得该州所分配的选举人的选票。小布什与戈尔之争的关键是佛罗里达州的选举结果，布什获胜就在于他以微弱优势获得了佛罗里达州的25张选举人票。最后，小布什与戈尔的选票之比为277 ：266。小布什获胜。有人会说，通过一次性投票来决定谁当选，这应该是合理的，即对候选人或候选方案进行一次性表决。但是，这很有可能让选民最不喜欢的人或方案当选。

（三）投票悖论的摆脱

阿罗定理对于民主社会的能力提出了怀疑，“甚至市场都不能有效配置社会资源时，存在有能力做到此事的民主的集体选择过程么?”阿罗在得到诺贝尔经济学奖的同时，在经济学界和政治学界掀起了轩然大波，对福利经济学和国家干预主义的打击尤其沉重。政府的存在是为了提供“社会需要的产品”，而政府现在连“社会需要什么”都不可能准确获知，这严重动摇了福利经济学和国家干预主义的根基。许多人试图解决阿罗悖论，他们认识到阿罗不可能定理与他提的五个假设条件关系密切，他们试图通过修正甚至放弃这五个假设中的一个或多个以达到目的。1958 年，邓肯·布莱克在《委员会和选举理论》一书中提出，对个人的偏好进行适当限制，使其适合于某一类型，则多数决策结果就满足了传递性假定。布莱克提出的特殊类型的个人偏好就是单峰偏好。

1. 单峰偏好

所谓单峰偏好，是指个人在一组按某种标准（如数量大小）排列的备选方案中，对其中某个方案偏好程度最高，对其他方案的偏好程度都低于对这个方案的偏好程度。选择这个方案后，对其他方案的偏好程度都逐渐递减。用数学语言，单峰偏好就是在一维空间中个人偏好次序呈齐次性。布莱克指出，虽然各投票人对于同一组方案的单峰偏好是不同的，但只要投票人偏好是单峰值的，多数投票规则一定可以产生出唯一的均衡解。这个均衡解和中间投票人的第一偏好正好一致，即中间投票人偏好的议案或公共物品会被通过。他的这个观点后来被称为单峰偏好理论和中间投票人定理。

同前，仍假设有经济学博士甲、乙、丙三人，三个备选项标为中餐、西餐、韩国餐，个人偏好用表 3–2 表示。在两两相对的比较中，中餐与西餐比较，西餐将胜于中餐；西餐与韩国餐比较，西餐仍将胜于韩国餐；当中餐与韩国餐比较时，韩国餐将胜于中餐。这样，在以上例子中，给定特殊的个人偏好结构，多数决策的结果满足可传递性，社会选择的偏好顺序西餐 P 韩国餐 P 中餐（P 表示优先）。在这一例子中，通过限定乙的偏好状态，得出可以传递的多数决定规则。

表 3–2 **个人偏好顺序表**

个人	第一选择	第二选择	第三选择
甲	中餐	西餐	韩国餐
乙	韩国餐	西餐	中餐
丙	西餐	韩国餐	中餐

为什么说表 3–2 所示的个人偏好类型为单峰型呢？可以用图 3–1 和图 3–2 加以说明。

图 3–1 表示表 3–1 上的个人偏好结构，而图 3–2 表示表 3–2 上的个人偏好结构。两图区别在于，在图 3–2 中，三个人的偏好线都是单峰形状的，而在图 3–1，乙的偏好线是双峰形的。该线先是从某一峰顶由上往下降，然后由下往顶升。

单峰型的个人偏好结构可以作如下评论：（1）在可传递的例子里，多数投票结果是稳定的，在表 3–1 中，个人偏好不具有传递性，是循环的。单峰偏好打破

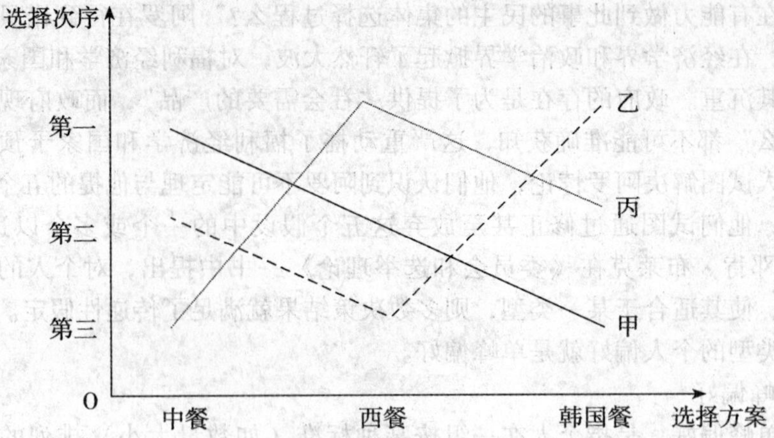

图 3-1　多峰偏好

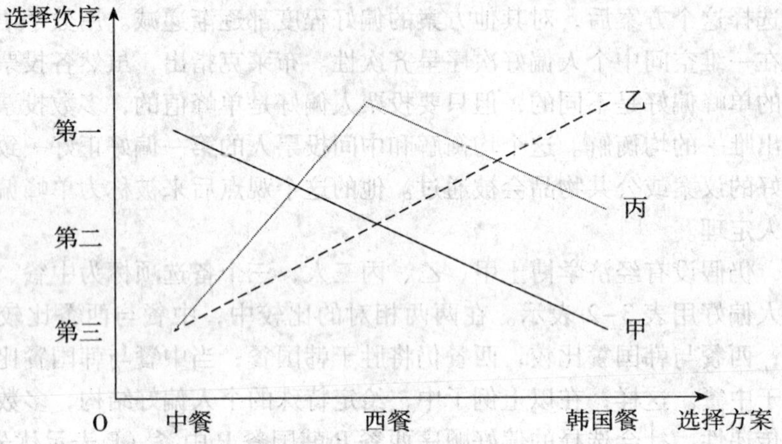

图 3-2　单峰偏好

了这种循环，从而产生了稳定的结果。（2）单峰偏好虽然克服了投票悖论，但违反了阿罗“无限制定义域”的假定，单峰偏好是依靠把个人偏好限制在单峰状态为前提的。（3）现实生活中是否存在单峰偏好？布莱克认为，在大多数场合，个人的偏好都是单峰的。假定 A 代表小型预算，B 代表中级预算，C 代表大型预算，从概率上说，Cp>Ap>Bp，这里 p 表示“偏好（prefer）”，即前者比后者更可取的个人偏好顺序出现的可能性很小，绝大多数人不会既认为高额预算比低额预算好，又认为低额预算比中等规模的预算好。塔洛克在《小型投票体系的计算机模拟》一文中曾指出：如果以 n 代表个人偏好的理想目标个数，以 m 代表可供选择的社会状态，那么在多数投票规则中不可能存在获胜者的概率是 m，n 的函数 P（W）= A（m，n）。W 表示不存在胜利者，A 表示函数关系。该函数是一个增函数。当选项 m 和 n 趋于无限大时，循环困境出现的概率为 1。在给定人数和常见选项数目的条件下，个人之间存在着某种程度的偏好一致性，多数投票规则产生胜利者的可能性大为增加。塔洛克还指出，在现实世界中投票者的个数总是大大超过供投票选择的社会状态个数，这时出现投票悖论的概率是如此的小，以至于在实际中可以不考虑它。

2. 中间投票人定理

这一定理有时也被称作中位选民定理，其创始人唐斯在1957年出版的《民主的经济理论》中指出：在一个多数决策模型中，如果个人偏好都是单峰型的，则反映中间投票人意愿的那种政策会最终取胜，因为选择该政策会使一个团体的福利损失最小。这里的中间投票人，指的是这样一种投票者，其最偏好的结果处于所有投票者最偏好的结果的中间状态。如果所有投票人的偏好是单峰的，那么在多数同意规则下，投票的结果是中间投票人的方案获胜。

中间投票人定理在公共选择学派的政治行为理论中具有重要地位。任何一个政党为获取大量选票，必须使自己的竞选方案、纲领符合中间投票人的意愿。毕竟社会中走极端的总是少数人，要想使自己的方案赢得支持，就要争取这种中间状态的社会成员的支持。

（四）偏好强度与投票交易

1. 偏好强度

投票的模型中，个人无法表达他对一个选项相对于另一个选项的偏好强度，假定是一人一票，投票人只能把这一票投在某一个他认为是最理想的方案，但是在市场中，他的偏好程度可以由购买某种商品时愿意支付更高的价格表示，这个较高的价格就显示了他的偏好强度。模仿市场价格机制，可以设计出程序，称为"打分投票制"。假定有3个投票者，每人被给予100分，分别打在A、B、C三个不同的方案上，对每个选择方案打多少分取决于投票者的偏好强度。其结果可以用表3-3说明。

表3-3 **打分投票结果表**

个人	第一选择	第二选择	第三选择
个人1	70	20	10
个人2	10	50	40
个人3	40	40	20
总和	120	110	70

结果是方案一的120分是三个方案中得分最多的一个。这一做法的好处是不出现循环，并且通过这一方法得出的结果是可递的。但这一方法很可能出现相同的结果，另外它也并不符合阿罗定理的要求，因为个人偏好在这一方法中是以基数而非序数来考虑的。此外，打分投票制比多数投票制更复杂，执行的成本也更高。

2. 投票交易

偏好的另一种表达方式是通过投票交易来实现的，这通常指的是互投赞成票。现实中存在这样的情况：通过多数票原则得出的少数人收益价值的总和可能低于少数人的成本。此时，少数人可能愿意进行选票交易以避免出现这种情形。当分别代表不同利益集团和两个或更多的议题被组合在一起，让投票者就此进行投票时，隐含的投票交易就会发生。这在现实政治生活中，可说是屡见不鲜的。例如，两个本来互不相关的议题，如对纺织品的进口限额和新型轰炸机的研制经费，可能被放在同一项提案中。在这种情况下，投票者将不得不面临这样的选择：要么两者都要，要么两者都不要。很显然，对纺织品的进口限额是一项对纺织品生产者有利的提案，而新型轰炸机的研制经费是一项对军工品生产者有利的提案。由于这两项提案都只代表少数投票者的利益，若将它们分别交投票者表决，肯定会遭否决。然而，在将它们组合在一起，并放入同一提案交投票者表决的情况下，获得通过的可能性就加大了。因为在这时，每一个处于少数地位的特殊利益集团，为了获得对自己有利的项目的利益，是愿意对组合在一起的包括一揽子项目的提案投赞成票的。

投票交易状况的产生，必须是一些经济主体的成本和收益出现了不对称的情况，并且对一项政策的偏好胜过另一项的程度已经公开。这些条件为投票交易提供了激励机制。每一特殊利益集团对组合性的，包括一揽子项目的提案是否投赞成票，取决于其对这些项目的相对偏好强度。如果从对其有利的项目中获得的效益，同其在对其他特殊利益集团有利的项目中蒙受的损失相等，它们就不会有对此类提案投赞成票的动机。只有在这样的提案可给其带来正的净效益的条件下，人们才会愿意以互投赞成票的方式进行这种隐含的投票交易。

对于投票交易，人们的看法是不一致的。其支持者认为，与私人物品中的商品交易会导致有效的私人物品提供一样，通过投票交易，也会导致有效的公共产品提供。赞成者们还认为，这种投票交易可以通过显示偏好强度，从而建立一种稳定的均衡，而隐藏在投票交易中的妥协对于一种民主体制的运作来说，是必不可少的。布坎南和塔洛克曾经证明过，投票交易使得多数票规则在资源配置和福利分配方面更有效率。但是投票交易的反对者认为，这会导致特殊利益集团获利，而且这种获利不足以抵消普遍的损失。由于交易总是限于一定数量的投票者之中，对没有参与交易的投票者而言，他们的个人收益很可能因为这些交易严重受损。投票交易中存在的另一个问题是，参与投票的选民可能隐瞒或者故意公开错误的偏好信息，以骗取交易机会并得到最大的个人收益。如果有两种以上的选择，个人通过隐瞒或假报其偏好，可以影响多数投票规则得出的结果。吉波德和沙斯特华特定理陈述的是，每个非独裁的投票过程都是可以操纵的，除非选择只限制在两个选项内作出，或者严格限制了个人偏好的范围，也就是说个人偏好是单峰的。

在西方国家的预算决算过程中，投票交易屡见不鲜，通过个人之间交换投票，一个更容易被通过的结果就可能确立了，这也算是解决投票悖论的出路之一。

案例讨论 3–2

政府官员的预算难题

三位政府官员张先生、王先生、李先生准备在会议上表决如何分配总额为 4 亿元的财政预算方案。

这个预算方案现在有甲、乙、丙三个提案（见表 3–4），分别确定了三位官员可以获得的预算资金。投票规则是：首先对甲、乙两个方案进行表决，胜出的方案再与丙案进行表决。

表 3-4　　　　　　　　　　**三个提案**　　　　　　　　　　金额单位：亿元

官员	甲提案	乙提案	丙提案
张先生	2	1	0
王先生	1	0	2
李先生	1	3	2

那么，张先生应当怎么样投票才能确保自己的收益最大呢？

资料来源　武瑛娟．提升逻辑思维的200个益智游戏［M］．哈尔滨：哈尔滨出版社，2008：3.

讨论：

1. 王先生应当怎么样投票才能确保自己的收益最大呢？
2. 李先生应当怎么样投票才能确保自己的收益最大呢？
3. 如果改变投票规则，那么会有什么影响，不妨具体讨论一下。

第三节　政府失灵与公共治理

一、官僚经济理论

以布坎南为代表的公共选择学派主要有两个方面的成果：一是政治市场学说，把国家的预算决策看成是类似市场的由公共产品的供求双方相互决定的过程。这个学说的中心是对投票制度的分析。二是对财政制度中官僚主义行为的分析，即政府机构和政府官员行为的分析。在此，主要对第二个问题进行分析。

（一）官僚机构的特点

布坎南认为，由官僚机构提供公共产品与由私人企业提供商品、劳务之间是不同的，这体现在它的三个特点上：

第一，在政府官僚机构中，并不存在竞争。这种竞争当然是指提供同种公共产品的竞争。缺少竞争意味着缺少刺激，从而降低公共部门服务的效率。

第二，公共机构的官僚们并不以追求利润作为自己的目标。由于追求利润必然要降低成本，公共机构不以盈利为目标，就难以降低成本。当某个公共机构压缩了支出后，余留资金不是转入下一年的基金，就是上缴国库，这不利于鼓励官僚们节省开支。

第三，公共服务通常不是以价格形式出售的，因此，社会成员对公共机构的评价不能像市场价格那样敏感。

官僚将以公共机构权力极大化作为追求的目标，而公共权力的大小又与其所控制的社会资源的数量正相关，从而与政府预算的规模正相关，即追求公共机构权力的极大化必然会带来政府预算规模的极大化（这一问题将在下面分析）。官僚对政府预算极大化的追求，必然导致公共产品或劳务的供给量过剩，而公共产品生产过剩就是国家机构太大的同义语。

（二）官僚行为的特征

官僚机构提供公共产品的行为与市场环境下的企业提供私人产品的行为存在很大差别，这些差别的具体表现如下。

1. 官僚行为具有一定的相对独立性

官僚集团的成员是实行任命制的，他们通常只对任命它们的政府机关和政治家负责，不直接对选民负责，因而并不受选民的制约。选民只能通过社会舆论，通过组成一定的利益集团或通过对政党和政府的影响来影响官员，所以选民对官员的制约实际只是一种软约束，作用的过程也相对比较长，官员的行为具有相对的独立性。

2. 官僚行为具有相对的稳定性

官僚机构的成员构成一般比较稳定，机构内部有一套严格的等级制度和晋升规则。机构内部没有明确的考核指标，私营企业一般有利润这一硬性指标，而官僚机构部门则因其产出都是非营利性的而不能使用这个指标，因此机构的稳定性牺牲了效率。

3. 官员行为具有一定的特殊性

政治家与政府官员的政策主张要转变为有条不紊的规章制度，需要通过起草政策法案才能实施。官员还负责审议，选择议案时收集、分析和提供各种必要的信息任务，所以他们与社会各界的关系十分密切，官员提供的信息情况直接影响着政治家的决策。由此可见，官员行为的影响力较大。

此外，经济人假设同样适用于官僚。官员们的行为动机也是利益最大化，这种利益最大化只是与市场行为有所不同，它不是以营利为目的，而是将利益最大化的目标通过追求公共权力的极大化来实现。

（三）官僚主义与公共产品的供给

政府官员追求利益最大化的动机造成了公共权力的运用过度，公共产品的供给量逐渐增多，社会资源浪费，最终增加了人民的负担。为了解释这种趋势，威廉·尼斯克南提出了一种官僚模型。尼斯克南认为官僚追求的个人利益是其所属部门权力的最大化，由于部门权力和其控制的资源规模相关，因此官僚们所作的政府预算成本必然会超出实际所需的成本，每个部门的预算成本都出现了扩大，那么整个政府的公共支出必然会增加。

二、政府失灵与治理

为了弥补市场的缺陷和纠正市场失灵，现代市场经济国家的政府采取了一系列的干预行为来调节市场机制。第二次世界大战后，西方各国所采取的干预措施，对其经济持续 20~30 年的“繁荣”起到了一定的作用。然而，人们逐步发现，如同市场本身有缺陷、市场会失灵一样，政府本身的行为也有其内在局限性，政府同样会失灵；市场解决不好的问题，政府也不一定能解决得好，而且“政府失灵”将给社会带来更大的灾难，造成更大的资源浪费。特别是从20世纪70年代开始，西方国家出现以低经济增长、高通货膨胀、高失业率和高财政赤字为特征的“滞胀”现象，正是政府过度干预、“政府失灵”的集中表现。

（一）政府失灵的含义

所谓“政府失灵”（Government Failure）是指政府干预经济不当，未能有效克服市场失灵，阻碍和限制了市场功能的正常发挥，从而导致经济关系扭曲，市场缺陷和混乱加重，以致社会资源最优配置难以实现。具体地说，“政府失灵”表现为以下几种情形：其一，政府干预经济活动达不到预期目标；其二，政府干预虽达到了预期目标但成本高昂；其三，干预活动达到预期目标且效率较高但引发了负效应。

（二）政府失灵的原因

1. 内部性

公共机构尤其是政府部门及其官员追求自身的组织目标或自身利益而非公共利益或社会福利，这种现象被人们称为内在效应或内部性。有如外部性被看成是市场缺陷及市场失灵的一个重要原因一样，内部性或内在效应被认为是“政府失灵”的一个基本原因。“市场缺陷理论的核心是外在性，而政府失灵理论的核心是内在性”（沃尔夫语）。根据沃尔夫的界定，所谓的内部性（内在效应），也就是公共组织自身的目标，是公共组织用以评价全体成员，决定工资、提升和津贴，比较次一级组织以协助分配预算、办公室、停车管理的标准；或者说，是指导、规制和评估机构运行和机构人员行为的准则。沃尔夫认为，内在性或组织目标是使机构中的全体成员发挥最大机构职能的重要因素。因此可以预见，像外在性影响市场活动的结果一样，内在性同样会影响非市场活动的结果。在非市场条件下，“内在性”扩大机构供给曲线——即提高机构成本，使其高于技术上的成本，导致多余的全部成本、较高的单位成本和比社会有效水平更低的非市场产出水平，这样就产生了非市场缺陷。[①] 既然内部性决定了公共组织尤其是官僚机构的行为及运行，那么它应是各种“政府失灵”类型的一个最基本的或深层次的根源。

2. 萨伊定律

法国著名经济学家让·萨伊在亚当·斯密的著名的“看不见的手”理论的基础上创立了著名的萨伊定律。该定律有三个要点：一是产品生产本身就能创造自己的需求。二是由于市场经济自我调节的作用，不可能产生遍及国民经济所有部门的生产过剩现象。三是货币仅仅是流通的媒介，商品的买卖不会脱节。萨伊定律的实质是市场经济机制能够确保经济资源得到充分有效地配置，不会发生普遍的经济生产过剩危机。萨伊定律也就意味着政府不是万能的，政府是有限的，所以，政府有失灵的可能。

---

① 查尔斯·沃尔夫．市场或政府——权衡两种不完善的选择·兰德公司的一项研究［M］．谢旭，译．北京：中国发展出版社，1994：60.

3. 斯蒂格里茨的观点

在斯蒂格里茨看来，政府也会失灵，而正是政府的失灵导致了政府的有限。他认为，政府失灵主要有七个来源：①政府的受委托责任给就业政策带来了严重压力；②这种受委托责任尤其对关注公平的支出政策带来了严重压力；③不完善信息和不完全市场问题作为市场失灵的一个来源在公共部门里是普遍存在的；④和政府的强制力紧密相关的可能的再分配不仅会导致不公平，而且还会产生不经济的寻租活动；⑤现今政府带给未来政府的有效合同的局限性（无论对于公共部门里的产权让渡规定还是民主进程都会产生消极影响的局限性）会带来巨大的经济费用；⑥公共部门里产权让渡的其他缺陷对于有效的激励结构的构建会造成进一步的限制；⑦公共部门里竞争的缺乏会削弱人们的积极性，它是政府经济活动的最后一个普遍的但并不是必然的特征。

（三）政府失灵的表现

1. 公共政策失效

政府对经济生活干预的基本手段是制定和实施公共政策，以政策、法规及行政手段来弥补市场的缺陷，纠正市场的失灵。与市场决策相比，公共决策是一个更复杂的过程，存在着种种困难、障碍和制约因素，使得政府难以制定并执行好的或合理的公共政策，从而导致公共政策失效，造成政府的政策偏差。要衡量政府的政策是否偏差，首先必须确定政策好坏的标准。评定政策的好坏，取决于一项政策对社会的贡献与社会为它所付出的代价之间的差别。所谓好政策，是指这样一种立法或政府行为：一方面，它带给社会中一部分人的额外满足，大于那些为了支持这种立法或行为而作出牺牲的人所付出的代价。另一方面，由于一项政策的实施，是以放弃若干其他同类政策作为代价的，因此，与其他具有同类特点的政策相比，这种政策所带来的净收益（一部分人的额外收益之和减去另一部分人所付出的代价之和）最大。坏政策的涵义刚好与好政策的涵义相反。政策失效非但不能起到补充市场机制的作用，反而加剧了市场失灵，带来更大的资源浪费，甚至引发社会灾难，这是“政府失灵”的一个基本表现。按照公共选择和政策分析学者的看法，公共决策失误或政策失效的主要原因来自于公共决策过程本身的复杂性和困难以及现有公共决策体制和方式的缺陷。

2. 政府政策的低效率

这里的政府政策的低效率是指两个方面的内容。第一，是指政府所执行的政策不是最好的政策，即这种政策不能确保资源的最优配置。第二，则是指政府作出决策的时限和效率的限制。

首先，政府政策的选择之所以难以达到最优状态，是由民主决策程序本身固有的弱点决定的：其一，选民和政治家都是经济人。其二，简单多数规则，即使政府提供的政策，方案确实是最好的，但由于选举中较多使用的是简单多数规则，而这种规则最终所体现的也只是中间选民的意愿，所以最终的决策结果也难以达到最优。其三，利益集团的影响。选民的意识常受到组织良好的利益集团的影响，有的利益集团可能还拥有不正当的政治权势，他们利用这种权势影响政府的议案与选民的投票选择行为，从而使政府作出不利于公众的决策。其四，主管部门领导人自身利益的驱动。对于由政府主管部门独立地全权制定与实施的政策来说，由于每个政府部门或公共事业部门所遵循的政策，通常是由该部门领导人根据自己对共同利益的理解来决定的，他们的行为具有相当大的自由度和灵活性，有意或无意地为自身的经济利益动机驱动，因而他们对公共利益的理解常常难以真正符合公共利益的要求，其行为也难以最大限度地为增进共同利益而服务。

其次，政府作出一项决策要比私人部门决策慢得多，因为政府决策存在三个时滞：（1）认识时滞，就是指从问题的产生到进入政府考虑层面的这一段时间。（2）决策时滞，就是从政府认识到某一问题一直到政府最后得到解决方案的那一段时间，这其中可能会有反复的讨论、争论，政府作出一项决策时需要比较长的时间。（3）执行与生效时滞，就是政府公布某项决策到付诸实施以致引起社会的反应。任何公共政策都不可避免有上述时滞，时滞的存在使得政府政策也不可避免地存在低效率。

案例讨论 3-3

为什么把面包当足球踢

前苏联领导人戈尔巴乔夫曾经在回忆录中讲述过一件轶事：有一次他到某个城市视察工作时，看到一群小孩子在踢球，不过他们踢的不是真正的足球，而是我们所熟知的俄罗斯大面包。他当时很生气，严厉地批评了这帮孩子，教育他们不要浪费粮食，毕竟在当时那个时代，面包不是老百姓想买就能买得到的东西。其实他没有想到，造成这一幕的正是他自己领导的政府所制定的价格管制政策。如果当时面包的价格完全由市场机制来决定，在生活用品相对匮乏的苏联，面包的价格会相对偏高，谁也舍不得糟蹋这么贵的东西。然而，在当时苏联计划经济体制的价格政策下，面包价格定得很低，市场对面包的需求很旺盛。由于当时生产什么，生产多少都由政府说了算，面包的供应量在政策规定下显得相对不足。这样就造成了一种非常矛盾的现象：面包便宜但数量少，大多数想买的人都买不到。买多了的人又觉得面包太便宜，不会珍惜多余的面包，这才产生了上述把面包当足球踢的怪异现象。我们可以想象，如果没有当时苏联政府的价格干预，市场的力量会把面包以及其他各种商品的价格确定在使得市场供给恰好等于需求的均衡水平上，这样就会保证市场经济的效率。而与之相比，政府的干预显然造成了极大的资源浪费。

资料来源　姜达洋．读懂亚当·斯密［M］．北京：经济日报出版社，2010：60.

讨论：

1. 计划经济条件下，引导经济发展的主要力量是什么？与市场经济比较有什么不同？

2. 结合身边实际，看看还有没有通过计划来干预经济社会生活的例子，有没有干预造成不良后果的例子？分析其中的原因。

3. 政府机构工作低效率

政府机构工作的低效率主要表现为三个方面：

（1）政府工作缺乏竞争机制。这是政府机构中普遍存在的问题。由于采取逐级任命的形式，相当多的部门领导没有选票的约束，同时他们又受终身雇佣制条例的保护，不会因为效率低而遭到上级的解雇，因而也就没有压力去促使他们高效率工作。而且，由于约束政治家个人活动的限制体制不以盈利为目的，提供公共服务的各部门之间不存在竞争，因此，政府官员拥有的自由比私人企业经理要大得多，而过多的自由又使他们缺乏提高效率的动力。

（2）缺乏利润动机。缺乏降低成本的内在激励，使得政府没有动力去降低成本。这有客观和主观的因素。从客观看，由于政府部门的活动不以盈利为目的，而以实现政策目标为主，所以大多不计成本，即使计算成本，也难以精确化，这样就有形或无形地促使政府部门对公共物品的供给，超出社会财富最优分配时所需要的数量，因而导致社会资源的浪费。从主观看，由于官僚不能把利润占为己有，加上公共物品的成本与收益难以测定，所以，与企业经理不同，官僚的目标并不是利润的最大化，而是机构及人员规模的最大化，以此增加自己的升迁机会和扩大自己的势力范围。也许某些公共部门的效率与私人企业一样高，但却存在另一种浪费，即提供公共物品的公共部门具有超额生产公共产品的内在倾向，这种“过剩”的产品或服务最终是以社会所付出的巨额成本为代价的，是一种社会浪费。

（3）监督机制存在缺陷。政府官员的行为必须受到立法者、公民或选民的政治监督。但是现有的监督机制是不健全的，许多监督形式是软弱无力的，特别是监督信息的不对称、不完全使得对官员的监督徒有虚名。政府官员一般都是在信息不对称的环境中工作的，立法者和选民都缺少足够的必要信息来有效地监督公共机构及其官员的活动，官员（被监督者）比监督者（立法者和选民）拥有更多的关于公共物品及服务方面的信息，尤其是成本、价格方面的信息。这样，监督者完全可能为被监督者所操纵，后者有可能制定并实施某些有利于自身利益而损害公共利益的公共政策。

4. 政府部门的自我扩张

是什么原因导致政府支出的相对规模迅速增长呢？公共选择学家谬勒从各个方面分析了政府扩张的原因，他认为，政府扩张有五种类型：①政府以供给公共物品和消除外在效应为唯一职能时的扩张；②政府作为收入与财富的再分配者时的扩张；③利益集团存在时的政府扩张；④官僚机构与政府扩张；⑤财政幻觉与政府扩张。财政幻觉的要点是，假设选民用他们所支付的税款来测量政府规模，这时政府可以采用让选民意识不到税收负担在增加的办法来扩充政府支出。政府支出的扩张会导致财政赤字，而财政赤字又会导致政府部门的扩张。

一些公共选择和政府分析学者着重从官僚机构、利益集团和立法机构的“铁三角”的存在及其相互勾结来解释政府为什么扩张。他们认为，作为公共选择或公共决策执行机构的官僚机构及其官僚也是按“经济人”模式行事的，他们的目标是自身利益的最大化，追求的是升官、高薪和轻松的工作以及各种附加的福利。这可以通过扩大机构的规模及增加人员来实现，这就出现了帕金森定律所指出的情况，即无论政府的工作量是增加还是减少（甚至无事可做），政府机构及其人员的数量总是按同一速度增长。所有这些目标的实现都取决于官僚机构预算收入的增加，官僚们的自利效用最大化行为最终表现为“最大化预算收入”。于是在整个预算过程中，就必然发生以立法机构为一方和以官僚机构为另一方的关于预算的讨价还价——官僚们总是要从立法机构中获得更多的预算收入；而在官僚背后的是各种特殊的利益集团，它们是各种官僚机构的服务对象，希望官僚机构争取更多的预算收入，以获得各种好处。另一方面，立法官员也不是中立的，他们是在各种利益集团的支持或赞助下当选的，当选后也必须为充当赞助者的特殊利益集团服务。因此，在整个预算过程中，特殊利益集团、官僚和立法者便形成所谓的“铁三角”。这三种人虽然各自追求自身利益的最大化，但有一点是共同的，即力争增加某一方面的预算收入。正是这种“铁三角”的作用，使得政府预算总是呈现不断增长的趋势，而不管公众是否需要更多的公共产品和服务。这就应了著名经济学家弗里德曼的一句名言：“政府预算额可能是‘最适当的’公共开支额的两倍。”公共选择学者尼斯卡宁在《官僚机构和代议制政府》（1971）一书中说：“公共机构的规模往往比作用相当的私营机构大一倍。”

另一些公共选择学者则分析公共活动开支的分散性和利益分配的集中性是如何导致政府扩张的。艾伦·梅尔泽在《自由经济的衰败》中作了详细的说明。他认为，在现代国家中，公共行动费用的分散性和利益分配的集中性，是国家机构及其职能膨胀的主要原因之一。这种费用分散与利益集中促进了国家开支的增加，而不是减少。政治家们知道，通过提出新的开支计划，而不是充当削减公共开支的辩护人，他们就能以较低的代价获得更多的额外选票；由于赋税负担是分散的，每个公民最终只能从国家努力节约的做法中得到点滴好处，而某些人却能从维护或增加国家的开支中得到许多好处。新开支的利益可能被用来优先照顾对候选人投赞成票的选民，或决定这位候选人是否再次当选的选民。在这种情况下，赞成乱花钱计划的利益集团，可能会比寻求减少国家开支的联盟更加有效。曼克尔·奥尔森在他的名著《国家的兴衰》一书中认为，当政治联盟和院外活动集团由于长期的任期和经济利益而得到增强时，“政府失灵”最为显著。他们能够迫使政府采取行动，通过津贴、关税、税收优惠、限额、直接开支计划等，以社会其他人的代价来换取他们的集体成员的利益。沃尔夫在《市场或政府》中将公共机构的低效或膨胀的原因称为“负担与义务的分离”，尤其是“微观的分离”——从现有的或将来的政府项目中获得的利益，集中在某一个特定的集团，而支出的负担却是普遍地加在公众（纳税者或消费者）身上。

5. 政府的寻租活动

寻租是官僚经济理论中的一个非常重要的问题，它在分析日常政府机构及其官员中的行为产生的原因方面有很大的指导作用。可以这样说，寻租是既是政府失灵的典型表现之一，也是政府低效率的重要原因。从政治学上看，寻租是公职人员为实现其私利而违反制度和法律的一种权力滥用行为；从经济学上看，寻租则是一些人通过合法或非法手段谋求经济租金的政治活动和经济活动。公共选择学派则同时从政治学和经济学的角度分析了寻租行为，认为寻租是指利益集团为了追求一种高额的垄断利润（租金）而进行的游说、行贿等行为。我们到其他城市旅游或出差，经常会乘坐出租车，政府一般通过发放经营牌照的办法来限制出租车的数量，出租车公司为了得到更多的经营牌照、司机要想开出租车，就会贿赂掌握这一权力的政府官员。在现实中，司机交纳“茶水费”以获得出租车经营权就是一个典型的例子。

寻租行为的典型特征是政府权力对市场交易活动的介入。在市场经济中政府对经济进行干预是必要的，这个干预过程必然会伴随着政治活动中的权力直接介入经济活动中，从而影响经济人之间的正常交易。在这种情况下，必然会有一部分人为了在交易过程中获得额外的收益，进行争取政府特许而垄断地享有某些紧缺资源或政府庇护等寻求租金的行为。其本质是权钱交易。寻租活动会使“看不见的手”失去作用，被比喻为“看不见的脚”踩了“看不见的手”。

寻租主要包括以下几种类型：

（1）经济管制中的寻租。市场失灵现象的存在要求政府加强对市场的干预，但随着干预的加强，政府对经济的管制会越来越多，这其中存在合理的成分，但也有不少会给寻租行为提供契机。在政府管制的过程中，生产者和消费者的利益是对立的，追求选票最大化的政治家必然将提高某些受管制产品的价格，从而服务于这些利益集团。如一些转轨国家所实施的对价格的管制，就是典型的例子。

（2）政府订货中的寻租。政府向社会提供公共产品与服务不一定通过政府直接进行生产，由于受政府能力和技术的限制，可以由政府进行订货或采购交给私人生产公共产品与服务，这是许多市场经济国家经常出现的现象，如美国军用产品的生产和我国国家重点大型工程建设等。公共产品与服务往往会存在竞争的不完全性，能生产这种产品与服务的厂商往往较少，同时政府订货又是一种政治决策和垄断行为，这就决定了那些寻求政府订货者与政府之间可能出现寻租的问题。如经济学家在对实际工程承包的分析中发现，政治家们来自企业的竞选经费与企业获得承包额之间存在密切关系，成正相关关系。

（3）政府特许权中的寻租。政府的特许权是政府对某类商品发放的特别生产许可权或特别销售许可权。如我国的烟草专卖与食盐专营许可，就是属于政府特许。这种特许权的发放，也有可能产生寻租的问题。

（4）关税和配额的寻租。通过关税和配额来贯彻各国的进出口政策，保护本国产业的发展是各国在进出口贸易中经常使用的方法。如我国对汽车工业产业，就实施了这个办法。国外的汽车厂商与我国相比，由于存在明显的成本优势，往往会获得高额的利润。国家对进口的汽车实施高额的关税，同时确定了配额的限制，谁拿到了配额，就意味着谁获得了高额利润，这就给寻租创造了机会。

（5）贿选。这是发生在选举过程中的一种特殊寻租行为，即候选人或政府官员通过对参加选举的人许以经济利益上的好处，而获得选票的行为。这种行为在各国的法律上是明令禁止的，但贿选的问题在各国都是存在的。贿选是一种寻租腐败行为，与经济寻租相比，它侵蚀了民主政治权力的基础，其后果更为恶劣。

政府寻租行为是一种非正常的，对经济发展和社会进步有着恶劣消极影响的政府行为。政府寻租对社会政治经济的影响表现如下：

第一，寻租行为会造成市场竞争的不公平。寻租行为是社会资源的一种再分配，遭受损失的是“弱者”——分散的消费者和寻租的失败者。成功的寻租者，必然会获得相应的竞争机会和相应的经济利益，而失败者意味着竞争的失败与利益的丧失，而这种失败，并不是市场竞争的结果，而是市场经济出现的又一“失灵”。

第二，寻租行为会导致社会分配的“扭曲”。寻租会导致拥有权力的集团与个人获得非正常收益，而真正受损的是消费者，他们要承担高额的垄断价格和承担更多的政治损失，会进一步加剧分配上的不公平。

第三，寻租行为会导致政治权力的“扭曲”。获得寻租利益的政府机构与官员必然会为寻租者提供经济利润，造成滥用权力、腐败的产生。寻租作为一种“直接非生产性活动”，它不仅浪费了资源，降低了效率，而且破坏了政治秩序和政治发展。

上述政府失灵的种种类型，是公共选择理论的学者根据美国政府的基本情况，通过分析得出来的。它对分析我国政府经济行为具有一定参考价值，但不能机械照搬，因为两个国家的政治制度极不相同。

案例讨论 3-4

《武林外传》折射的现实

近两年，一部名为《武林外传》的电视剧颇为引人注目。第 13 集中的斗鸡大赛反映了现实中的一些问题。它折射出政府部门及其工作人员有时出于自身的利益需要，会利用手中的权力作出有利于自己或本部门利益的决策。其他如政府部门主持的评奖时不时曝出内幕，职业资格证书泛滥，而且对报名者资格审查不严，来者不拒，滥设年审程序，结果是乱收费严重，加重了企业和居民的负担，影响了公共产品供给的公平与效率。正因如此，中央要求政府部门决策权、执行权、监督权分离，制定了行政许可法，严禁政府机关滥设行政许可。第 14 集中，刑捕头及捕快实施防盗八法折腾百姓又是一个典型的例子。在实际生活中，一些地方政府在提供公共产品，为公众服务时，有时出于自身的利益需要，如政绩、升迁、金钱等会作出不符合社会公众意愿的决策，或者出现公共产品的过度供给。比如，交通警察为了完成罚款任务，滥抓违章行为，城市过度亮化，节庆活动泛滥，结果是加重了老百姓的负担，降低了公共产品供给的效率。因此，当政府代替市场来提供公共产品时，不一定能实现公众利益的最大化。

讨论：

1. 结合所学财政知识，谈谈你观看这一电视剧的感想。

2. 结合本地实际，分析类似现象。

（四）“政府失灵”的纠正和防范

1. 市场与政府的两难选择

在市场和政府失灵后，人们在现实上面临着这样的两难选择：是要市场？还是要政府？在两者之间简单地作出选择是困难的。

西方学者有两种观点，其中一些人是从技术性角度来看问题的，他们认为政府失灵是技术上的缺陷，并不是不可救药的，而政府对市场体制的补充是必要的，因为政府的失灵不过是技术故障，是可以通过自身的努力得到补救的，尽管做到这一点很难。但是，政府经过努力，是完全可以使工作做得更好的．这是自由主义经济学派的主张，其代表人物是萨谬尔森，他曾说：“当今没有什么东西可以取代市场来组织一个复杂的大型经济。问题是，市场既无心脏，也无头脑，它没有良心，也不会思考，没有什么顾忌。所以。要通过政府制定政策，纠正某些由市场带来的经济缺陷。”

保守主义学者则认为，政府是无能的，市场万能，政府失灵是必然的，其缺陷是不可救药的。市场虽然有不完善之处，但经过努力完全可以得到纠正。政府干预的结果往往是成事不足，败事有余，不仅不能纠正市场的失误，更破坏了市场的正常运行，公共选择学派是这一方的代表。事实上，在现实中，人们应当追求一种中庸之道，当市场面临危机时，政府就应当力所能及地承担起补充市场的责任；当政府面临失灵问题时，就应该充分借助市场机制的作用。从逻辑上看来，政府与市场的关系应该首先是市场先于政府，市场的毛病要靠政府来克服，这也许是比较合理的方法。

2. 公共选择学派的主张

那么，应当如何纠正和防范“政府失灵”呢？公共选择学者以及政策分析学者主要围绕改革公共决策体制及政治制度、引进竞争机制（用市场力量改进政府效率）两个方面来加以说明。

（1）改革公共决策体制及政治制度。“政府失灵”是西方公共选择或公共决策体制的缺陷所造成的，实质上是西方政治制度的失败。因此，要避免“政府失灵”，必须改善现有的西方民主政体，发明一种新的政治技术和表达民主的方式。在公共选择学者眼里，现代西方政府的失败与其过时的民主政体有关。他们认为，与其说“政府失灵”反映了市场经济的破产，不如说反映了政治制度的失败。这种制度是19世纪产业革命初期的产物，自那时以来，它们并没有多大的改进；现在，它们受到一系列不平衡作用的打击，政府的全面干预损害了市场。因此，布坎南在《自由的限度》一书中提出了避免“政府失灵”的一项根本措施，即改造现有的西方民主政体。公共选择学者所提出的改造现存西方民主政体的具体措施有：

一是进行立宪改革。要克服政府干预行为的局限性，一个关键是在立宪上做文章。布坎南等人从立宪的角度分析政府政策制定的规则和约束经济、政治活动者的规则或限制条件，即他们并不直接提出具体的建议供政策制定者选择，而是要为立宪改革提供一种指导或规范建议，为政策制定提出一系列所需的规则和程序，从而使政策方案更合理，减少或避免公共决策的失误。

二是对政府的财政过程尤其是公共支出加以约束。政府扩张及浪费的集中表现是政府行政经费或公共开支的扩大趋势，增加机构和人员最终也体现为经费的增长。因此，要有效地抑制政府的扩张和浪费，必须在政府的财政过程上做文章，通过财政立宪、税制选择、平衡预算等措施来约束政府的财政过程尤其是公共开支，从根本上限制政府的行为框架，抑制政府的扩张。

三是完善表达民主的方式以及发明新的政治技术。针对现有西方民主政体尤其是投票规则或公共决策方式的各种缺陷（投票悖论或循环、相互捧场或互投赞成票、多数人专制、中间选民定理等），公共选择理论家主张改革现有的西方民主体制，完善表达民主的方式，发明新的政治技术，以作出“更好的决策”或“更好的选择”。但是公共选择学者并没有提出太多的新招，他们中的大多数人求助于在公共选择过程或公共决策过程中采用更高的多数制（如2/3多数），以使人们在众多的、相互对立的个人或集体的目的之间作出更符合多数人偏好、利益的决策。倒是戈登·塔洛克等人提出了一种新的表决方式，即所谓的“需求显示法（或称‘收费投票制’）”①。据说该方法的优点在于鼓励选民表明自己的偏好，并绕开“阿罗悖论”；塔洛克自己则认为，需求显示法可以使两种人（受益者和纳税人）的活动平衡，并强化政治决策权力的分散化活动，最终防止国家或政府扩张的趋势。

（2）引进市场竞争机制。他们主张用市场力量改善政府的功能，提高政府效率，以克服“政府失败”。他们认为，以往人们只注意用政府来改善市场的作用，却忽视了相反的做法——用市场的力量改善政府的作用。实际上，市场力量是改善政府功能的基本手段，通过在政府管理中注入一些市场因素，可以缩小“政府失败”的影响范围。这种做法的好处在于：第一，可以减少对于政府干预整个社会的官僚化的需要；第二，可以减少政府对信息以及详细的、经常出错误的成本—效益分析的需要，因为这些错误的分析会误导政府的干预活动；第三，促使政府改革的市场方法可以在诸如环境控制、减少交通拥挤以及增进环境质量等方面，在私有

① 关于“需求显示法”的详细讨论，可参阅丹尼斯·缪勒．公共选择［M］．王诚，译．北京：商务印书馆，1992：70-80.

领域中提供一种促进技术变化的动力，以使其向社会所期望的方向努力。

公共选择和政策分析学者提出了如何用市场力量来改善政府功能，提高政府工作效率的各种具体措施。加州大学伯克利分校公共政策学院的威廉·尼斯卡宁在《官僚机构与代议制政府》中提出了三个措施：

一是在政府内部重新确定竞争机制。他认为传统的行政体制改革的主要做法——机构改革——是没有用处的，因为这种做法只会进一步加强“办事机构”对抗政治监督的权力，行政管理不会因机构改革而变得更加有效，而最终只会加强各行政部门的“独家收购”权，使其领导人有更大的自由。真正有效的措施是要在政府机构之间恢复竞争：假如允许若干办事机构为完成某项工作任务而提出相互竞争的预算，那么预算主管部门就可以选择“报价最低”的机构，从而降低费用，缩小政府机构的平均规模。

二是在高层行政管理者中恢复发挥个人积极性的制度，其作用将与利润在私营部门中的作用相同。竞争可以在降低“生产费用”方面起作用，但它不能解决由于政府部门具有超额生产公共物品及服务倾向而产生的问题，因此，必须采取一些进一步的措施，促使行政领导人以“最小费用”的策略去取代“最大化本部门预算规模”的策略。这些措施有：在能够做出明细账目的公共部门（如税务、社会救济、航运管理等）中，采用最高负责人可以占有部分节约下来的费用的做法，而中层管理者的晋升与节约挂钩；在那些难以做准确分析账目的公共部门，可以根据高层官员的成绩发给特殊“奖金”，以资鼓励；允许办事机构的负责人把其“节余资金”用于预算外活动的投资，这将进一步加强各部门的竞争。

三是更经常地采用由私营企业承担公用事业的政策，即更多地依赖于市场机制来生产某些公共物品或公共服务。政策分析学者韦默和维宁在《政策分析》一书中提出了利用市场机制来纠正“政府失败”的三种方法：①解放市场，即在不存在固有的市场失灵的场合，让市场充分发挥其作用。②促进市场，即通过确立现存物品的产权或者创造新的有销路的物品而促使市场运行这样一种过程。前者是要确定限制新产权政治竞争的分配机制，后者是形成可交易的许可制度。③模拟市场，即在市场不能有效起作用的场合，政府模拟市场过程来提供某些公共物品及服务，尤其是通过拍卖，出售提供公共物品的权利。拍卖被广泛地用于对公有自然资源的权利分配，在政府必须分配稀缺资源的场合，拍卖也许是最有用的分配工具。

三、公共选择理论对我国的借鉴意义

我国的政党制度不同于西方国家的普选制、议会制、三权分立制和多党制。从这点上看，似乎公共选择理论不适宜在中国这块土地上生存。但这并不表明，中国现阶段的公共选择制度或公共选择机制就是健全的、最优的，也不能证明公共选择理论的全部内容都与中国实际情况不相干。实践上已经证明，公共选择理论有其科学的内涵，对我国经济建设与社会发展是有现实意义的。

公共选择机制本质上是一种把社会成员的个人偏好转换成社会公共决策依据的机制，这种机制在多大程度上显示个人的真实偏好直接影响着决策的效果和资源配

置的效率。我国政府的决策应当体现人民的意愿和要求，要使公共产品与服务的供给、法规和政策体现人民的利益和要求，必须有一套把人民利益和要求由下而上及时进行传达的机制（即偏好显示机制），必须有一套科学的进行决策的公共选择机制。以西方代议制民主决策体制为研究对象的公共选择理论是可以并能够为我国财政决策机制的改革和完善提供借鉴的，它的一些分析思路和结论也为我们研究财政制度和决策管理问题提供了有益的启示。

第一，公共选择理论中的“经济人”假设，为我们的财政决策机制设计提供了富有启发性的思路。政治市场中的“经济人”假设在西方学者中也是有争议的。但从应用角度看，这一假设也许是最接近实际的假设，便于人们以此为依据制定出有效率的制度和政策。这一假设的引申含义是，若要政治决策能符合公共利益最大化要求，就必须建立起一套能约束和监督决策者的有效机制，否则，决策就可能偏离公共利益的轨道。中国的社会实践也证明，仅靠当事人的思想觉悟和道德约束，是难以形成理想的财政决策和有效的财政运行的。

第二，公共选择理论揭示了“偏好显示机制”在公共决策中的重要性，这对我们完善这一机制，实现有效的财政决策具有一定的借鉴意义。我们的政府是代表人民利益的，财政决策应当体现人民的意愿和要求，要做到这一点，仅凭决策者的良好愿望和优良素质是不够的，还必须有一套把人民的利益和要求由下而上及时传达的机制，即公民的偏好显示机制。只有充分了解人民的偏好，重大决策让群众知情，让群众讨论和参与，我们的决策才会符合人民的利益和要求。当前，亟待解决的是财政信息的透明度问题，要尽快建立规范、及时、准确的财政信息发布制度。在此基础上，建立和完善有保障的、通畅的公民财政偏好显示机制，以保证财政决策的科学性和民主性。

第三，公共选择理论对政治决策程序和规则的研究，对我国完善财政决策程序和规则有重要借鉴价值。决策的结果取决于决策程序和规则。从一定意义上说，在决策中，程序和规则更重要。我国以往的财政决策实践中，在一定程度上存在重结果、轻程序，重人的素质、忽视规则的作用问题。在财政立法中则表现为，重实体法，轻程序法。举例来说，我国的国家预算决策程序和运作程序都存在不科学、不规范的问题，预算的编制、审批、执行、调整到最后的决算，人为的、主观的因素还太多，制约了预算绩效的提高。这种现象若要改观，就必须加强对科学的财政决策程序和规则的研究。

第四，公共选择理论中的“特殊利益集团”理论，对于我们分析我国一些经济和财政现象，并制定相应的财政对策提供了一个有益的视角。市场经济是一个利益和决策分散化的经济，因此在我国也是存在利益集团的。如行业利益集团、地区利益集团、生产者利益集团、消费者利益集团等。在一些地方盛行的地方保护主义就是以行政区划为单位的地区利益集团行动的结果。又如我国的农民利益集团问题，该集团由于人数众多，组织松散，难以形成有力的“特殊利益集团”，从而对公共决策的影响力较小，其利益常受到侵害，各种负担沉重。再如我国的垄断行业价格（注意：是公共定价）过高问题迟迟难以解决，等等。公共选择理论都可给出一些令人信服的解释，这对我们提出和制定有关对策无疑是有所助益的。

推荐阅读书目

[1] 阿马蒂亚·森．集体选择与社会福利［M］．胡的的，等，译．上海：上海科学技术出版社，2004.

[2] 郭庆旺．公共经济学［M］．北京：高等教育出版社，2006.

[3] 哈维·S. 罗森，特德·盖亚．财政学［M］．郭庆旺，赵志耘，译.8 版．北京：中国人民大学出版社，2009.

[4] 丹尼斯·C. 缪勒．公共选择理论［M］．韩旭，杨春学，译.3 版．北京：中国社会科学出版社，2010.

[5] 黄新华．公共部门经济学［M］．厦门：厦门大学出版社，2010.

[6] 王东京等．教你读懂西方经济学［M］．广州：广东省出版集团，2012：269.

[7] 袁政．公共选择理论探索［M］．北京：中国书籍出版社，2013.

阶段练习一

一、单项选择题

1. 按照国家分配论的观点，财政分配的主体是(　　)。

A. 企业　　B. 居民　　C. 国家　　D. 财政部门

2. 按照国家分配论的观点，(　　)是财政产生的首要条件。

A. 国家的产生　　B. 市场失灵

C. 收不抵支　　D. 生产力的发展和剩余产品的出现

3. 在财政职能中，能实现社会分配公平的职能是(　　)。

A. 资源配置职能　　B. 收入分配职能

C. 经济稳定与发展职能　　D. 监督职能

4. 以下属于纯公共产品的是(　　)。

A. 研究生教育　　B. 工业生产

C. 社会治安　　D. 住房建设

5. 属于财政的收入分配职能实现手段的是(　　)。

A. 政府投资　　B. 预算　　C. 税收　　D. 公债

6. 依你看，推动人类社会发展的根本动力是(　　)。

A. 人的欲望　　B. 人的自利行为

C. 道德　　D. 自然规律

二、多项选择题

1. 公共产品的基本特征是(　　)。

A. 竞争性　　　　　B. 非竞争性　　　　　C. 排他性

D. 非排他性　　　　E. 效用的不可分割性

2. 从财政宏观调控目标的角度看，可以把财政职能概括为三个方面，即(　　)。

A. 调控经济职能　　　B. 资源配置职能　　　C. 收入分配职能

D. 经济稳定发展职能　E. 组织收入职能

3. 以下属于实证分析的是(　　)。

A. 财政收入不断增长的原因是工业化进程加快

B. 房地产市场财税政策实施效果不够理想

C. 粮食直补增加了农民收入

D. 提高医疗保险的财政补助有利于鼓励居民参保

E. 应当压缩政府行政开支，降低公共服务成本

4. 以下属于规范分析的是(　　)。

A. 只有严格限制政府权力，才能防范腐败现象发生

B. 国民平均收入水平应随经济发展同步提高

C. 政府干预的限度是不影响资源配置中市场作用的发挥

D. 2000 年以来，城镇居民平均工资增长慢于 GDP 增长

E. 近几年来，各省义务教育阶段学校公用经费不断提高

三、判断题

1. 俱乐部产品的特点是消费上具有竞争性，却无法有效地实现排他。(　　)

2. 公共产品的非排他性是指公共产品一旦提供了，便会有众多的受益者，社会成员将共同消费它，不可能将其中的任何人排斥在外。(　　)

3. 亚当·斯密于 1776 年发表了人类历史上第一部财政学说的专门论著《公共支出纯论》。(　　)

4. 公共财政是与计划经济相对应的特有的财政模式。(　　)

5. 萨缪尔森在其代表论文《公共支出纯论》中，分析并得出了著名的“公共产品”定义。(　　)

6. 实证分析就是按照实际情况分析，不弄虚作假。(　　)

四、简答题

1. 市场失灵有哪些表现？

2. 简述公共产品的定义及基本特征。

3. 纯公共产品与纯私人产品的需求有什么区别？

4. 林达尔均衡能够实现吗？为什么？

5. 准公共产品依据什么分类？二者有什么不同？准公共产品是怎样供给的？

6. 简述公共选择的方式与规则？

7. 中间投票人决定的公共支出只对中间投票人有利，这种表述是否正确？

8. 阿罗不可能定理的含义是什么？参考哈维·S. 罗森《财政学》（第四版）理解其满足的六个准则，谈谈它的应用。

五、论述题

1. 为什么需要公共产品？

2. 论述我国建立公共财政的必要性。

3. 论述财政的资源配置职能。

4. 论述财政的收入分配职能。

5. 论述财政的经济稳定职能。

6. 概括阐述公共产品理论的基本内容。

7. 谈谈政府失灵及其治理。

8. 公共产品一定由政府提供和生产吗？说说理由。

六、案例分析题（要求既要有理论依据，又要结合实际进行分析，提出自己的看法）

1. 国家统计局的相关数据显示，城市居民收入最低的1/5人口只拥有全部收入的2.75%，仅为收入最高的1/5人口拥有收入的4.6%。贫富差距的扩大将影响社会的和谐与稳定，为此政府需要采取措施保障低收入者及无收入人群的基本生活，财政支出无疑是重要的手段之一。请你结合财政的职能谈谈如何发挥其收入分配职能。

2. 我国广东珠海市、重庆市、河北石家庄、陕西宁陕县等一些地方开始尝试12年义务教育，即高中阶段也免费。四川成都、山西长治等地也在酝酿实施12年义务教育。教育部2009年3月31日表示，12年义务教育的做法不符合我国目前国力，但支持有条件的地方试行。对于将9年义务教育延长至12年，社会上有不同的看法。请结合所学财政理论知识分析这一做法的利弊，谈谈自己的看法。

3. 假设你所在地政府有一笔1 000万元的资金，列出绿化、改善小学设施、亮化主要街道、补助郊区蔬菜基地等若干选项，通过投票、口头调查、问卷调查等方式，对本班或本年级同学进行调查，统计分析所得数据，结合公共选择理论知识思考和讨论，形成自己的观点。

第四章

财政支出的规模及原则

知识结构图

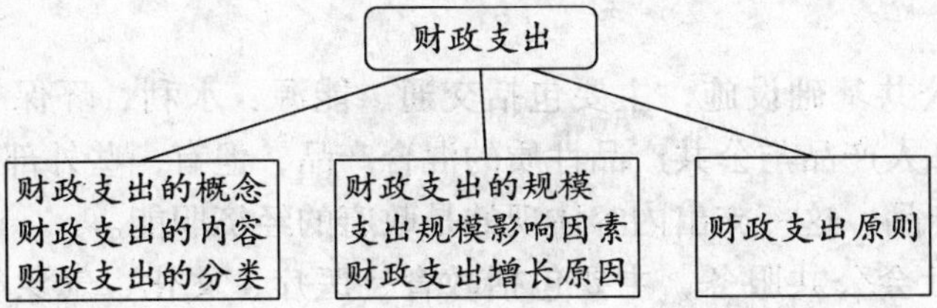

引　言

近年来，我国财政收入连年大幅增长。作为纳税人和国家的主人翁，社会公众非常关心这些钱究竟用到哪里去了，用得是否合理。从最近几年的政府工作报告看，财政每年花在民生方面的钱增长很快，反映出财政支出结构正在发生深刻变化。目前，我国财政总支出已经突破10万亿元。这一巨大的财政"蛋糕"将如何切分，引起了全社会的高度关注。对此，财政部新闻发言人表示，今后财政支出将更多地惠及民生，让全体人民享受到改革发展的成果和公共财政的阳光。《学习时报》刊登文章说，公车消费和公款吃喝一年的总数高达6 000亿元以上，几乎相当于财政收入的20%左右。可以说，公共财政支出已经成为社会关注的热点问题，要弄清个中缘由，必须搞清财政支出的基本理论，并结合实际进行具体的分析。

第一节　财政支出分类

一、财政支出的概念

财政支出是政府将集中起来的资金按照社会公共需要进行分配和使用，实际就是提供公共产品的过程。资金的使用最终将购买商品和服务，形成社会需求，所以，财政支出的规模影响社会供求平衡，财政支出的结构影响社会需求结构，进而影响供给结构。正因为这样，财政支出可以调节经济，对经济运行发挥引导作用。

财政支出的规模、结构、内容和形式的变化，主要取决于政府财政职能及其范围的变化；从另一个角度看，政府财政职能及其范围的变化又主要体现在财政支出的变化上。

财政支出的内容与公共产品的范围密切相关，同时它又直接影响着财政支出的规模。根据公共产品理论，财政支出的范围应根据公共产品的范围来确定的，也就是说，政府的责任主要是提供公共产品，私人产品则由市场提供。

二、财政支出的内容

政府作为公共组织，其主要职能就是提供公共产品。但公共产品的内容和结构不是一成不变的，而是随着社会发展而不断丰富。财政支出的内容服从于政府职能的范围，因此，从具体项目上看，财政支出的内容应包括以下几方面：

（1）提供公共秩序产品，主要包括行政司法和国防外交等内容。行政司法维护国内政治秩序，国防外交维护对外关系稳定。这一支出内容体现的是政府的传统政治职能。

（2）提供公共基础设施，主要包括交通、能源、水利、环保等内容。其中有些是同时具有私人产品与公共产品性质的混合产品，但有一些外部性比较突出的可以归于纯公共产品。这一支出内容体现的是政府的经济职能。

（3）提供社会公共服务，主要包括教育、医疗、文化、气象等社会事业。这一支出内容体现的是政府的社会公共服务职能。

（4）提供社会保障，主要包括社会保险、社会救济、优抚等内容。这一支出内容体现的是政府的社会保障职能。

政府公共职能的发展演变是由人类生活的社会化推动的。在自然经济条件下，人们的生活方式高度分散，对公共产品需求很少。而市场经济条件下，人们以城市为中心集中进行生产、生活，公共基础设施、公共事业和社会保障作为公共产品，由政府无差别地向全社会提供，具有最大的社会价值，从而提供公共产品和服务很自然地演变为政府的重要职能之一。

三、财政支出的分类

（一）财政支出的经济分类

国际货币基金组织按照财政支出产生效益的时间，将财政支出分为经常性支出、资本性支出和净贷款三大类，这是公共经济学领域的一种重要分类方法，我国新的财政收支分类也设置了这一分类体系。

1. 经常性支出

就是用于维持公共部门正常运转和保障人们基本生活所必需的开支，主要包括人员经费、公用经费和社会保障支出。之所以称为经常性支出，是因为这种支出具有将当期一次性消耗直接转换为当期收益的特点，如一般公共服务支出中，包含了公务员的工资、办公费、会议费、差旅费等内容，这些费用的支出将会直接转换为当期的公共服务，即维持社会正常秩序、市场交易的规范和维护法律的尊严等。按照“谁受益、谁负担”的公平原则，当期享受公共产品受益的纳税人应承担其产生的成本，因此，经常性支出的成本补偿方式是通过征税来进行的。

2. 资本性支出

就是用于生产或购买能够长期受益的公共产品的支出，既包括用于基础设施建设、农田水利设施投资等的生产性支出，也包括用于购买汽车、办公电脑和桌椅等的非生产性支出。由于这类支出将形成能够长期使用的固定资产，也就是说，不但当期纳税人能够从中获益，远期的纳税人也可以受益。与此相对应，资本性支出的一部分成本应在当期得到补偿，即税收；其余大部分则应合理的分摊到未来使用期内来补偿，即公债。公债被视为延期的税收，即假设偿还公债的资金主要是通过增加税收的方式来筹集，那么这部分增加的税收负担将落到未来的纳税人头上。

3. 净贷款

净贷款是一项弥补政府经常性收支不平衡的项目，包括支付政府性债券、贷款等负债的还本和付息。

（二）按财政支出的经济性质分类

1. 购买性支出

购买性支出是指政府在商品和劳务市场上购买商品、劳务或工程的支出，如政府各部门的事业费和政府各部门的投资拨款。这类支出具有一个共同点：政府一手付出了资金，另一手相应地购得了等价的商品、服务或工程，并将其用于实现政府的职能和满足社会的公共需要。购买性支出主要用于维持政府部门正常运转、国防、外交、基础科研、教育、社区设施、运输通讯、农林牧副渔等支出。在这类支出中，政府和其他经济主体一样，在市场上从事着等价交换的活动，它所体现的是政府市场性再分配活动。按照购买的对象不同，又可以将其分为消费性支出和投资性支出，前者是指政府在市场上购买商品和劳务所发生的支出，后者是政府投资工程类项目的支出。

根据需求主体的不同，我们可以将国内总需求分为私人需求和公共需求，后者分为消费性需求和投资性需求，即主要由政府购买性支出构成。按照一般的需求理论，当政府购买支出增加时，意味着社会产品的需求增长，在短期内社会供给相对稳定的情况下，这将带动市场价格水平上升和企业利润率提高；企业因而将扩大生产规模以增加供给，促进生产资料和劳动力市场需求增长，前者将刺激生产资料的生产企业扩大投资，后者则使劳动力整体收入水平提高，并会扩张对消费资料的社会需求，进而导致生产消费资料的企业扩大生产规模。在广泛存在社会分工条件下，由政府购买支出增加所引发的上述过程，将会在全社会范围内产生一系列连锁反应，从而导致社会总需求在短期内快速膨胀。但从长期来看，缺乏理性和远见的市场主体可能会出现过度投资问题，这些过度投资一旦形成产能将会对市场产生反向的影响。

相反，如果政府减少购买支出，全社会的投资和就业都会随之减少，产生连锁性的社会需求萎缩效应。这既可能导致需求不足，又可能对过度的总需求起到一定的抑制作用。西方学者认为，这种由政府购买支出变化引致的社会投资、就业和生产规模的变化，往往数倍于政府支出变化的规模，故被称为政府支出的乘数作用。凯恩斯主义者正是以此为依据，主张政府通过财政活动干预经济。

2. 转移性支出

转移性支出是指政府不获得直接经济利益补偿的单方面支出，如社会保障支出、各种补贴以及捐赠、对外援助支出等。这类支出具有一个共同点：政府财政付出了资金，只是转移了资金的所有权，却没有任何所得。它并不减少私人部门可支配的资源总量，而只是在结构上调整不同社会集团之间可支配资源数量的对比，以更好地促进社会公平的实现。在此，不存在交换的问题，它所体现的是政府的非市场性再分配活动。

这种分类便于分析财政支出对经济的影响，购买性支出主要是影响商品和劳务的生产和消费，可以调节经济结构，体现财政的资源配置职能，而转移性支出主要是影响收入分配，体现财政的收入分配职能，具体见图 4-1。

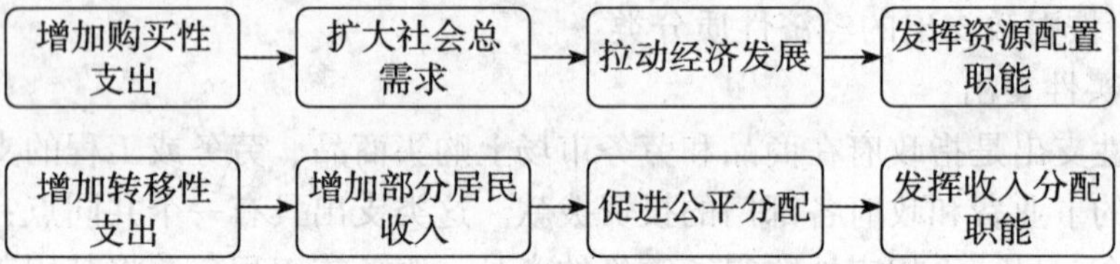

图 4-1　购买性支出和转移性支出的不同影响

（三）按具体用途分类

这是指按财政资金的具体使用方向分类，比如 2000 年的一般预算支出设置了 32 个“类”级科目：（1）基本建设支出。（2）企业挖潜改造资金。（3）地质勘探费。（4）科技三项费用。（5）流动资金。（6）支援农村生产支出。（7）农业综合开发支出。（8）农林水利气象等部门的事业费。（9）工业交通等部门的事业费。（10）流通部门事业费。（11）文体广播事业费。（12）教育事业费。（13）科学事业费。（14）卫生经费。（15）税务等部门的事业费。（16）抚恤和社会福利救济费。（17）行政事业单位离退休经费。（18）社会保障补助支出。（19）国防支出。（20）行政管理费。（21）外交外事支出。（22）武装警察部队支出。（23）公检法司支出。（24）城市维护费。（25）政策性补贴支出。（26）对外援助支出。（27）支援不发达地区支出。（28）海域开发建设和场地使用费支出。（29）专项支出。（30）其他支出。（31）总预备费。（32）一般预算调拨支出。

2007 年以前国家预算科目就是按照这种分类方法设置的，这种分类便于正确安排各项支出，及时组织资金供应，也便于对各种资金进行管理和监督。但各项目之间有交叉，不利于部门预算的编制，比如教育部门的基本建设支出不包含在教育事业费类中，而是单独统计，而且它与国际组织的分类不一致，不利于比较和国际交流。为进一步改革和完善政府预算管理制度，建立和完善公共财政体制，从源头上治理腐败和促进社会主义民主政治建设，经国务院批准，政府收支分类改革于2007年全面实施，具体将在第十一章作介绍。

（四）国际货币基金组织对公共支出的分类

1. 按功能分类

按国际货币基金组织最新政府公共财政统计标准，政府支出按功能分类主要包括：（1）一般公共服务；（2）国防；（3）公共秩序和安全；（4）经济事务；（5）环境保护；（6）住房和社会福利设施；（7）医疗保障；（8）娱乐、文化和宗教；（9）教育；（10）社会保护。

2. 按经济性质分类

按国际货币基金组织最新政府公共财政统计标准，政府支出按经济性质分类主要包括：（1）雇员补偿；（2）商品和服务的使用；（3）固定资产的消耗；（4）利息；（5）补贴；（6）赠与；（7）社会福利；（8）其他开支。

（五）我国现行政府支出分类

我国从2007年1月1日起实施政府收支分类改革，新的财政支出分类如下：

1. 支出功能分类

支出功能分类主要反映政府活动的不同功能和政策目标。根据社会主义市场经济条件下政府职能活动情况及国际通行做法，将政府支出分为类、款、项三级。其中，类、款两级科目设置情况如下：

（1）一般公共服务

一般公共服务分设32款：人大事务、政协事务、政府办公厅（室）及相关机构事务、发展与改革事务、统计信息事务、财政事务、税收事务、审计事务、海关事务、人事事务、纪检监察事务、人口与计划生育事务、商贸事务、知识产权事务、工商行政管理事务、食品和药品监督管理事务、质量技术监督与检验检疫事务、国土资源事务、海洋管理事务、测绘事务、地震事务、气象事务、民族事务、宗教事务、港澳台侨事务、档案事务、共产党事务、民主党派及工商联事务、群众团体事务、彩票事务、国债事务、其他一般公共服务支出。

（2）外交

外交分设8款：外交管理事务、驻外机构、对外援助、国际组织、对外合作与交流、对外宣传、边界勘界联检、其他外交支出。

（3）国防

国防分设3款：现役部队及国防后备力量、国防动员、其他国防支出。

（4）公共安全

公共安全分设10款：武装警察、公安、国家安全、检察、法院、司法、监狱、劳教、国家保密、其他公共安全支出。

(5) 教育

教育分设10款：教育管理事务、普通教育、职业教育、成人教育、广播电视教育、留学教育、特殊教育、教师进修及干部继续教育、教育附加及基金支出、其他教育支出。

(6) 科学技术

科学技术分设9款：科学技术管理事务、基础研究、应用研究、技术研究与开发、科技条件与服务、社会科学、科学技术普及、科技交流与合作、其他科学技术支出。

(7) 文化体育与传媒

文化体育与传媒分设6款：文化、文物、体育、广播影视、新闻出版、其他文化体育与传媒支出。

(8) 社会保障和就业

社会保障和就业分设17款：社会保障和就业管理事务、民政管理事务、财政对社会保险基金的补助、补充全国社会保障基金、行政事业单位离退休、企业关闭破产补助、就业补助、抚恤、退役安置、社会福利、残疾人事业、城市居民最低生活保障、其他城镇社会救济、农村社会救济、自然灾害生活救助、红十字事业、其他社会保障和就业支出。

(9) 社会保险基金支出

社会保险基金支出分设6款：基本养老保险基金支出、失业保险基金支出、基本医疗保险基金支出、工伤保险基金支出、生育保险基金支出、其他社会保险基金支出。

(10) 医疗卫生

医疗卫生分设10款：医疗卫生管理事务、医疗服务、社区卫生服务、医疗保障、疾病预防控制、卫生监督、妇幼保健、农村卫生、中医药、其他医疗卫生支出。

(11) 环境保护

环境保护分设10款：环境保护管理事务、环境监测与监察、污染防治、自然生态保护、天然林保护、退耕还林、风沙荒漠治理、退牧还草、已垦草原退耕还草、其他环境保护支出。

(12) 城乡社区事务

城乡社区事务分设10款：城乡社区管理事务、城乡社区规划与管理、城乡社区公共设施、城乡社区住宅、城乡社区环境卫生、建设市场管理与监督、政府住房基金支出、国有土地使用权出让金支出、城镇公用事业附加支出、其他城乡社区事务支出。

(13) 农林水事务

农林水事务分设7款：农业、林业、水利、南水北调、扶贫、农业综合开发、其他农林水事务支出。

(14) 交通运输

交通运输分设4款：公路水路运输、铁路运输、民用航空运输、其他交通运输支出。

(15) 工业商业金融等事务

工业商业金融等事务分设18款：采掘业、制造业、建筑业、电力、信息产业、旅游业、涉外发展、粮油事务、商业流通事务、物资储备、金融业、烟草事务、安全生产、国有资产监管、中小企业事务、可再生能源、能源节约利用、其他工业商业金融等事务支出。

(16) 其他支出

其他支出分设3款：预备费、年初预留、其他支出。

(17) 转移性支出

转移性支出分设9款：返还性支出、财力性转移支付、专项转移支付、政府性基金转移支付、彩票公益金转移支付、预算外转移支出、预算单位间转移支出、调出资金、年终结余。

2. 支出经济分类

支出经济分类主要反映政府支出的经济性质和具体用途。支出经济分类设类、款两级，科目设置情况如下：

(1) 工资福利支出

工资福利支出分设10款：基本工资、津贴补贴、奖金、住房公积金、提租补贴、购房补贴、社会保障缴费、伙食费、伙食补助费、其他工资福利支出。

(2) 商品和服务支出

商品和服务支出分设30款：办公费、印刷费、咨询费、手续费、水费、电费、邮电费、取暖费、物业管理费、交通费、差旅费、出国费、维修（护）费、租赁费、会议费、培训费、招待费、专用材料费、装备购置费、工程建设费、作战费、军用油料费、军队其他运行维护费、被装购置费、专用燃料费、劳务费、委托业务费、工会经费、福利费、其他商品和服务支出。

(3) 对个人和家庭的补助

对个人和家庭的补助分设11款：离休费、退休费、退职（役）费、抚恤金、生活补助、救济费、医疗费、助学金、奖励金、生产补贴、其他对个人和家庭的补助支出。

(4) 对企事业单位的补贴

对企事业单位的补贴分设4款：企业政策性补贴、事业单位补贴、财政贴息、其他对企事业单位的补贴支出。

(5) 转移性支出

转移性支出分设4款：不同级政府间转移性支出、同级政府间转移性支出、不同级预算单位间转移性支出、同级预算单位间转移性支出。

（6）赠与

赠与下设2款：对国内的赠与、对国外的赠与。

（7）债务利息支出

债务利息支出分设6款：国库券付息、向国家银行借款付息、其他国内借款付息、向国外政府借款付息、向国际组织借款付息、其他国外借款付息。

（8）债务还本支出

债务还本支出下设2款：国内债务还本、国外债务还本。

（9）基本建设支出

基本建设支出分设9款：房屋建筑物购建、办公设备购置、专用设备购置、交通工具购置、基础设施建设、大型修缮、信息网络购建、物资储备、其他基本建设支出。

（10）其他资本性支出

其他资本性支出分设9款：房屋建筑物购建、办公设备购置、专用设备购置、交通工具购置、基础设施建设、大型修缮、信息网络购建、物资储备、其他资本性支出。

（11）贷款转贷及产权参股

贷款转贷及产权参股分设6款：国内贷款、国外贷款、国内转贷、国外转贷、产权参股、其他贷款转贷及产权参股支出。

（12）其他支出

其他支出分设5款：预备费、预留、补充全国社会保障基金、未划分的项目支出、其他支出。

四、财政支出结构

（一）财政支出结构的初步考察

财政支出结构随着一个国家在不同时期政治经济社会发展和国际形势的变化而变化。通过对各国的财政支出结构的实证分析，可以寻找一些规律性。

1. 各国在经济建设方面的支出

一些国家用于经济建设方面的支出占全部公共支出的比重分布情况见表4-1。

表4-1　**部分国家的经济建设支出比例**

比例	国　家
5%	法国
5%～10%	西班牙、澳大利亚、英国、加拿大、德国、美国、埃及、巴基斯坦
10%～20%	肯尼亚、智利、新加坡、印度、土耳其、马来西亚、韩国、瑞典
20%～30%	印度尼西亚、菲律宾、泰国
30%～35%	赞比亚、墨西哥

资料来源　根据《世界发展报告》整理。

从表4-1中可以看出，一般说来，经济发展程度较高的发达国家，如法国、美国、英国、澳大利亚等，它们的公共支出中用于经济建设方面的支出比重较低，而发展程度低一些的发展中国家，如菲律宾、印度尼西亚、泰国、墨西哥等，在经济建设方面的支出比重要比发达国家高一些。

2. 各国在社会保障方面的支出

一些国家用于社会保障方面的支出占分部财政支出的比重分布情况表4-2。

表4-2 **部分国家社会保障支出比例**

比例	国家
2%以下	肯尼亚
2%～5%	菲律宾、泰国、土耳其、新加坡
5%～10%	印度、加纳、马来西亚、摩洛哥
10%～20%	韩国、斯里兰卡
20%～30%	罗马尼亚、墨西哥、俄罗斯
30%以上	巴西、英国、澳大利亚、美国、日本、加拿大、法国、德国、阿根廷、瑞典

资料来源　根据《世界发展报告》整理。

从表4-2可以看到，社会保障支出在公共支出中的比重，跟经济发展程度呈现正相关关系，发展程度越高，社会保障支出在公共支出中的比重就越高，发达国家的社会保障支出一般占公共支出的比重在30%以上，而发展中国家一般都在10%以下。

3. 其他支出项目

各国一般性公务支出，即国家行政管理费支出，发达国家一般在5%～10%的水平居多，日本甚至控制在5%以下；从政府教育支出占各国公共支出的比重看，发达国家一般在5%～10%，如美国、德国、英国、法国、瑞典等，而发展中国家这方面的支出比重相对要高些，一般在15%以上，如泰国、马来西亚、墨西哥等国在20%以上；从政府医疗卫生支出占各国公共支出的比重看，发达国家一般在10%～15%以上，如美国、德国、英国、法国、澳大利亚等，而发展中国家这方面的支出比重相对要低得多，一般在5%左右，如印度、印度尼西亚等国。

此外，一般说来，发达国家转移性支出要比发展中国家的比重要高，发达国家该比重大约是40%左右，而发展中国家一般只有20%多，这说明发达国家政府的公共支出更重视收入分配功能，而发展中国家则更多地参与资源配置。

（二）市场经济国家公共支出结构变化的一般规律

从各国的情况看，公共支出结构的长期演变趋势与经济发展阶段有着密切的关系，在市场经济发展的不同阶段，政府公共支出政策会有不同的侧重点（马斯格雷夫和罗斯托的经济发展阶段理论作了分析），财政公共支出结构也有明显不同的变化。根据经济发展阶段理论和政府在不同阶段职能重点的转变，公共支出结构会发生以下几个方面带有规律性的变化趋势：

（1）经济性支出占全部公共支出的比重将逐步下降，社会服务性支出比重将逐步上升。

（2）在经济性支出的内部，基础设施投资的比重将从较高的水平逐步下降，经济发展初级阶段的政府财政投资比重最大，经济发展中期阶段后会有一定程度的下降。

（3）在社会服务性支出内部，转移支付的比重将会经历一个逐步提高的过程。

图 4-2 显示的是部分国家购买性支出与转移性支出比重的情况，可以看到，美国等发达国家转移性支出比重普遍较高，而中国由于社会保障制度建立相对较晚，相应比重较低。

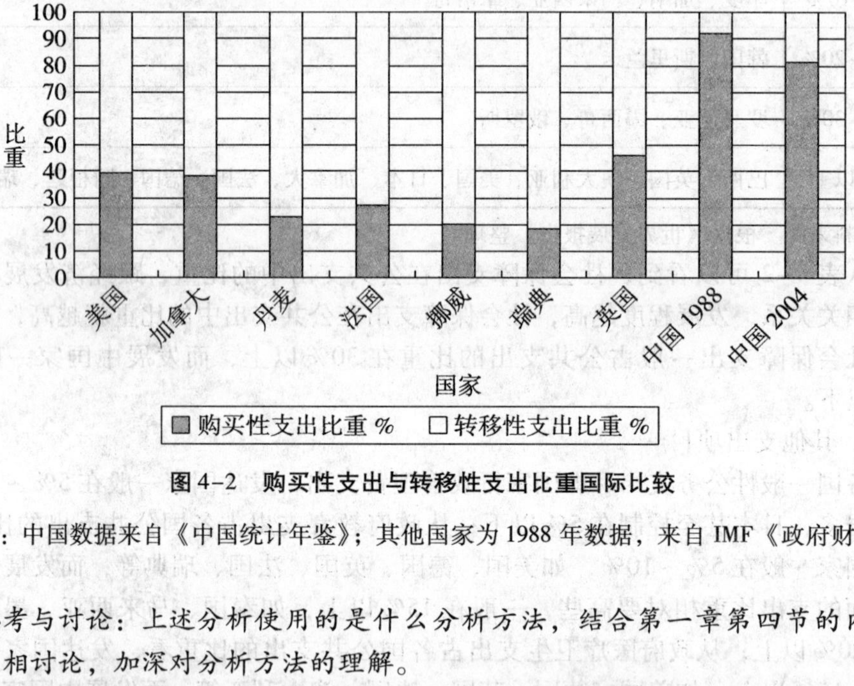

图 4-2　购买性支出与转移性支出比重国际比较

注：中国数据来自《中国统计年鉴》；其他国家为 1988 年数据，来自 IMF《政府财政统计年报》。

思考与讨论：上述分析使用的是什么分析方法，结合第一章第四节的内容思考，互相讨论，加深对分析方法的理解。

第二节　财政支出规模

一、财政支出规模的发展趋势

（一）财政支出增长的历史考察

从表 4-3 可以看出，我国 2012 年财政支出总额是 1978 年的 100 多倍，绝大多数年份增长速度超过 10%。这其中有物价因素，但支出规模增长是不可否认的事实。

表 4-3　　**我国 1978—2012 年财政支出变化情况表**　　金额单位：亿元

年份	财政支出总额	财政支出增长速度（%）	财政支出占 GDP 的比重（%）
1978	1 122.09	33.0	30.8
1980	1 228.83	-4.1	27.0
1985	2 004.25	17.8	22.2
1989	2 823.78	13.3	16.6
1990	3 083.59	9.2	16.5
1991	3 386.62	9.8	15.5
1992	3 742.20	10.5	13.9
1993	4 642.30	24.1	13.1
1994	5 792.62	24.8	12.0
1995	6 823.72	17.8	11.2
1996	7 937.55	16.3	11.2
1997	9 233.56	16.3	11.7
1998	10 798.18	16.9	12.8
1999	13 187.67	22.1	14.7
2000	15 886.50	20.5	16.0
2001	18 902.58	19.0	17.2
2002	22 053.15	16.7	18.3
2003	24 649.95	11.8	18.1
2004	28 486.89	15.6	17.8
2005	33 930.28	19.1	18.3
2006	40 422.73	19.1	18.7
2007	49 781.35	23.2	18.7
2008	62 592.66	25.7	19.9
2009	76 299.93	21.9	22.4
2010	89 874.16	17.8	22.4
2011	109 247.79	21.6	23.1
2012	125 712.25	15.1	24.2

注：①2010—2012 年数据来自财政部公布的决算及预算执行情况。②财政支出占 GDP 的比重根据相关数据计算得出。

统计资料表明，从全球范围来看，财政支出无论从绝对量上还是从相对量上都有不断增长的趋势。经济发达国家的财政支出占 GDP 的比率从 19 世纪末的 10% 左右，上升到 20 世纪末的 45% 左右。研究结果表明：第一，世界各国的财政支出占 GDP 的比率呈上升趋势；第二，20 世纪 80 年代中期以前的财政支出比率上升得较快；第三，经济发达国家比发展中国家的财政支出比率高。尽管 20 世纪 80 年代中期以来，各国的财政支出比率的增长速度放慢了，但不能说财政支出增长的趋势会逆转，而可能是由于各国政府政策有所变化，或者可能是财政支出的规模逐步趋于上限。这里以美国政府为例加以说明。

从 1902 年到 1982 年的 80 年间，美国政府支出从 5 461 万美元增加到 426 329 万美元，增长了 78 倍（见表 4-4）。

表 4-4　　**1902—1982 年美国政府总支出情况**　　金额单位：万美元

年份	政府总支出	年份	政府总支出
1902	5 461	1966	225 264
1913	8 931	1968	275 722
1922	18 631	1970	301 617
1927	22 759	1972	336 184
1932	37 015	1974	298 766
1936	40 187	1975	318 090
1940	50 412	1976	346 373
1944	205 125	1977	350 323
1948	66 523	1978	380 520
1950	85 983	1979	382 354
1954	127 091	1980	388 120
1958	142 632	1981	411 347
1962	185 906	1982	426 329
1964	207 424	—	—

注：政府支出数以 1976 年的美元不变价格计算。

资料来源　詹姆斯·M. 布坎南，乔治·梅森. 公共财政［M］. 赵锡军，等，译. 北京：中国财政经济出版社，1991：80.

在美国政府支出绝对数额快速增长的同时，其占国民生产总值的比重也呈逐年提高的态势，从 1902 年的 8.3% 提高到 1982 年的 35%。

支出规模不断扩大是各国普遍存在的现象。但是，由于各国具体国情不同，政府公共支出规模扩大的幅度也有所不同。根据 IMF 和 OECD 的统计资料（见表 4-5），OECD 国家的政府支出占 GDP 的比重，1870 年为 9% 左右，到 1995 年上升到 48% 左右。发展中国家政府支出占 GDP 的比重也呈较快的增长趋势，1960 年，发展中国家中央政府支出占 GDP 的比重为 15% 左右，1990 年这一比重已经提高为

28%左右。世界各国政府支出占GNP的平均比重，1975年为39.53%，1983年增长到42.68%。

需要说明的是，虽然从较长的时期观察，各国的政府支出规模呈现不断扩大的趋势，但是这并不表明各国的支出规模将无止境地扩大。可能的情形是，政府支出的规模在扩大到一定程度后，就会基本稳定下来，接近水平形状。

表4-5　**各国的政府支出占GDP的比重（%）**

年份	1975	1979	1980	1981	1985
世界平均	39.53	38.19	39.71	40.95	42.68（1983）
工业化国家	41.71	40.42	42.12	43.26	44.45
其中：美国	35.21	32.41	34.85	35.49	37.54
发展中国家	26.44	29.67	30.48	32.14	33.53（1983）
其中：印度	23.00	26.51	27.09	26.85	30.36（1984）
埃及	61.50	52.74	—	53.51	53.32
墨西哥	20.63	21.57	23.22	25.72	27.61（1984）

（二）控制财政支出的基本思路

在公共资源稀缺的假设前提下，财政资金总是难以满足实际需要的。于是，控制财政支出就成了各国政府必须面对的现实问题。杨斌（2007）提出大致有以下几种思路：一是缩小政府职能范围，即把更多的事情交给市场来调节，减少政府管理与干预，简称为缩小法；二是降低政府提供公共产品的质量，简称为粗放法；三是委托企业或第三部门承担政府提供公共产品的部分职能，简称为代替法；四是通过制度创新、管理创新、技术创新，提高财政资金使用效益，简称为绩效法或节约法。① 而寻求解决问题的办法，必须弄清影响财政支出规模的各个因素，并根据各国家或地区的实际情况分析各因素的影响程度。

在我国，财政支出有多个口径，很容易搞混。一个指标是地方财政总支出，用公式表示如下：

地方财政总支出=当地一般预算支出+上解上级支出+调出资金

另一个指标是一般预算支出（公共预算支出），是指用一般预算收入（公共预算收入）及上级补助收入安排的财政支出，用公式表示如下：

一般预算支出=一般预算收入+上级补助收入

在会计核算中，使用的是地方财政总支出，与之对应的是地方财政总收入；而统计年鉴等文献中，公布的是一般预算收入、一般预算支出，是指公共预算部分的财政资金，详细内容请参阅第九章第二节预算体系的相关内容。

二、影响财政支出规模的主要因素

财政支出规模的大小受多个因素影响，有人把它归纳为经济因素、政治因素、

---

① 杨斌．财政学［M］．大连：东北财经大学出版社，2007：91.

社会因素三大类，主要有下面这些因素：

（一）经济因素

1. 经济发展水平

经济决定财政，正所谓根深叶茂，财政支出的资金来源于经济发展，随着经济发展水平的提高，财政收入规模也在不断增大，财政支出也就有了资金基础。

2. 经济体制模式

高度集权的计划经济与自由竞争的市场经济影响财政支出的规模与结构，一般说来，在高度集权的计划经济体制模式下，政府全面介入生产领域，包揽了经济和社会各个领域的资金供应，财政支出规模庞大；而在自由竞争的市场经济体制模式下，政府主要从事国防、外交、行政管理、社会治安、社会保障等公共事务活动，财政支出规模相对较小。

3. 经济发展阶段

在不同的发展阶段，政府财政支出的规模是不同的。对于尚未完成工业化的国家来说，由于还处于经济发展的“起飞”阶段，政府用于基础设施等生产性的支出较多，财政支出规模必然较大；而对于已经完成工业化，进入市场经济成熟阶段的发达国家来说，政府纷纷从一般竞争性领域退出，不再参与生产性投资，财政支出的规模相对较小。

4. 国家的经济政策

在20世纪30年代资本主义世界经济大危机出现之后，西方国家政府按照凯恩斯等人提出的政策主张，积极地采取财政金融等宏观调控手段干预经济发展，包括发行国债、扩大财政投资等措施，拉动经济增长，这也是财政支出增长的重要因素。

（二）政治因素

1. 政府机构的规模

政府机构越多，财政供养人员越多，财政的行政管理支出必然越多，财政负担越重。也正因为这个原因，各国政府在压缩财政支出时都把精简机构、裁减人员作为重要措施。

2. 行政效率

政府行政效率的高低直接影响行政成本的多少，如果政府部门铺张浪费，腐败严重，那么行政管理支出必然庞大，财政支出规模将不可避免地扩大。

3. 国内外安全形势

如果国内外安全形势恶化，政府为了维护社会稳定，必然加大安全等支出。例如近几年由于恐怖主义活动猖獗，一些国家用于反恐行动的财政支出大幅增加，直接扩大了财政支出规模。

（三）社会因素

1. 人口状况

人口数量增加要求政府提供的公共产品增加，比如用于促进就业、义务教育的经费必然增加。另一方面，一国人口构成的变化也会影响财政支出的规模，比如进入老年型社会的国家养老支出将大幅上升。

2. 政府的社会政策

对于社会高福利的国家来说，政府用于社会保障等方面的支出比重高，规模大；对于实行免费教育、免费医疗等社会政策的国家来说，相应的社会事业支出也会较多，财政支出总规模也跟着扩大。

案例讨论 4-1

政府行为如何影响财政支出规模

2010 年以来，陕西省汉中市每年举办一次“油菜花节”启动仪式，由油菜种植面积较大的区县轮流承办，形式也一年比一年讲究。2013 年由汉台区承办，并由一家中标的广告公司组织实施。为了这个仪式，组织者半年前就开始选址、策划、布置，花费上千万元对会场周边的水库、道路进行整治，投资 130 万元对周边农户房屋、企业围墙进行粉饰，还以 2 000 元/亩，外加 800 元青苗补偿费撂荒租下 50 多亩良田，搭建会场及停车场。

类似政府办会展、办节庆的活动很普遍，“文化搭台、经济唱戏”的模式已经为各地政府所接受。

讨论：

1. 结合上面的例子，分析这一影响财政支出规模的因素是什么，为什么这一现象具有普遍性？

2. 结合当地实际，说说这类活动的经济及社会影响、利与弊。

第三节　财政支出增长原因

考察世界各国几百年来财政支出总额的发展变化，可以看到财政支出都在不断增长，经济学家对此现象进行了深入研究，提出各种理论剖析其原因。瓦格纳在对欧洲国家和美国、日本等国的资料进行分析后得出，当国民收入增长时，财政支出会以更大比例增长。随着人均收入水平的提高，政府支出占 GNP 的比重将会提高，这就是财政支出的相对增长理论，即瓦格纳法则。此外，皮科克（Peacock）和怀斯曼（Wisman）提出了“梯度渐进增长理论”，马斯格雷夫和罗斯托提出了“经济发展阶段论”。下面具体介绍如下：

一、瓦格纳法则

瓦格纳法则也称政府活动扩张法则，是由德国 19 世纪的经济学家阿道夫·瓦格纳提出来的。概括来说就是：随着经济中的人均收入的增长，公共部门的相对规模也增长了（见图 4-3）。他从政治因素和经济因素两个方面解释财政支出增长的原因。

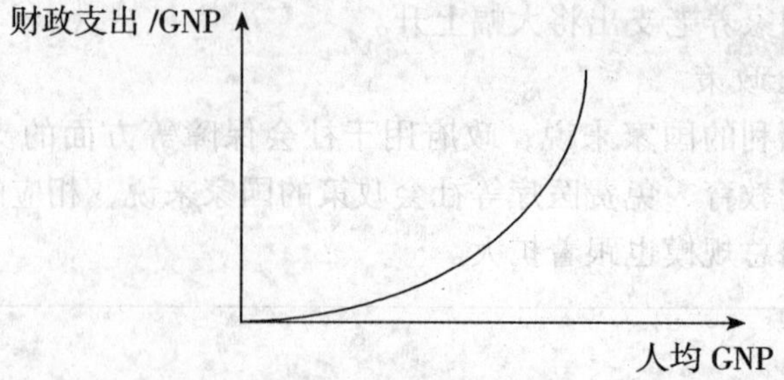

图 4-3　瓦格纳法则

（一）政治因素

随着社会的发展，完善国内外法律规章以及维护社会秩序的要求随之递增，以保证市场机制发挥作用所必需的社会“环境条件”，这就有赖于公共部门活动的加强，促使政府规模扩大。

（二）经济因素

工业发展推动了都市化的进程，人口的居住将密集化，由此将产生拥挤等外部性问题，这样就需要政府进行管理与调节工作，需要政府不断介入物质生产领域，因而形成了很多公共企业。

据此，瓦格纳得出结论：政府活动不断扩张所带来的公共支出的不断增长，是社会经济发展的一个客观规律。

二、梯度渐进增长理论

这是由英国皮科克和怀斯曼提出，他们用英国 1890—1955 年间的有关公共支出的统计资料，对瓦格纳提出的“政府活动扩张法则”进行了验证。他们发现，瓦格纳法则在现代经济条件下仍然是有效的。但他们提出了一个更为复杂的解释。他们认为，在战后时期，除了国防开支以外的其他公共开支，无论其绝对数额，还是其相对数额都未能回到战前的水平，而且还在不断地增长。公共支出的增长只是由于公共收入的增长而造成的，而不是其他别的什么原因所造成的。基于这种判断，他们将导致公共支出增长的因素归纳为两种。

（一）内在因素

在税率不变的税收制度下，随着经济的发展和国民收入的增加，政府所征得的税收收入必然呈不断增长的趋势。而追求政治权力最大化的政府是喜欢多支出的。除非既有的公共收入水平构成对其扩大支出欲望的约束，否则，政府的公共支出的上升必然同 GNP 的增加以及由此而带来的公共收入的增加呈线性关系。

（二）外在因素

外在因素，即在社会发展过程中总会遇上动荡时期，如战争、饥荒及别的社会灾难。在动荡时期，政府的支出不得不急剧增加。于是，政府会被迫提高税率、增加新税，不愿意多交税的公众也会被迫接受提高了的税率和新增加的税种。但在动荡时期过后，税率水平并不会退回到原来的水平上，有些新税还要继续存在。因而政府能够维持动荡时期的高额支出。

据此，他们得出的结论是：公共收入和公共支出总是同步增长的。

这一理论认为财政支出的增长并不是均衡、同一速度向前发展的，而是在不断稳定增长的过程中，由于社会激变（如战争等）的出现，不时出现一种跳跃式的发展过程，所以有人将这一理论称为“梯度渐进增长理论”。该理论的关键之处在于：认为在社会的激变后的财政支出仍将保持激变期间的增长态势。

三、经济发展阶段论

与前面两种解释不同，马斯格雷夫和罗斯托倾向于用经济发展阶段论来解释公共支出增长的原因。

他们认为，在经济发展的早期阶段，政府投资在社会总投资中占有较高的比重，公共部门为经济发展提供社会基础设施，如道路、运输系统、环境卫生系统、法律与秩序、健康与教育以及其他用于人力资本的投资等等。在发展的中期阶段，政府投资还应继续进行，但这时政府投资只是对私人投资的补充。一旦经济达到成熟阶段，公共支出将从基础设施支出转向不断增加的教育、保健与福利服务的支出，且这方面的支出增长将大大超过其他方面支出的增长，也会快于 GDP 的增长速度，导致财政支出规模膨胀。

知识之窗 4-1

现代财政学之父——马斯格雷夫

理查德·阿贝尔·马斯格雷夫（Richard Abel Musgrave，1910—2007），是 20 世纪最主要的政治经济学家之一，全球著名的现代财政学（公共经济学）家。由于他在公共经济学方面的杰出贡献，被誉为现代财政学的真正开拓者之一，是现代财政学之父。

马斯格雷夫 1910 年出生于德国的柯尼希施泰因，1930 年在慕尼黑大学开始了经济学研究。他于 1931 年转到海德堡，获得经济学硕士学位。1937 年获得了哈佛大学经济学博士学位。他留在哈佛大学一直到 1941 年，然后作为华盛顿联邦储备委员会的经济学家工作到 1948 年。从 1947—1981 年，他先后在美国约翰斯霍普金斯大学、普林斯顿大学、哈佛大学和加州伯克利大学任教，1965 年被哈佛大学的文理学院和法学院同时聘为教授。他在这两个学院中讲授财政学、税收政策与经济发展和税制改革，直到 1981 年退休。

马斯格雷夫是政府积极干预主义的倡导者。他坚定地认为政府是社会正义的工具和有效的宏观经济政策。他的著作《财政学原理》（1959）被称为后凯恩斯时代的代表作，在现代财政学中具有里程碑的意义。在财政学的研究上，他首先提出了按照消费上的非竞争性和非排他性来划分公共物品和私人物品，并提出了财政的三大职能：资源配置、收入分配和宏观经济稳定。

表4-6对上述理论作了比较，大家也可以梳理相关内容，进行比较和归纳。

表4-6 **财政支出增长理论比较**

理论	代表人物	观点
瓦格纳法则	瓦格纳	政府活动不断扩张导致公共支出不断增长
替代—规模效应理论	皮科克、怀斯曼	政府有扩大支出的欲望，公共收入和公共支出总是同步增长的
经济发展阶段论	马斯格雷夫、罗斯托	在经济发展的不同阶段，不同的支出内容促使支出总额不断增加

哈维·S. 罗森在《财政学》中还提及公民偏好论、社会态度变化论、收入再分配论等观点，大家可以阅读和思考，结合实际分析政府规模增长的原因，并进一步寻求控制财政支出过快增长的办法。

思考与讨论：上述理论使用的是什么分析方法，结合第一章第四节的内容思考，与其他同学开展讨论，加深对分析方法的理解。

案例讨论4-2

公共服务涨价 揪痛众人心

2005年以来，全国各地的居民都深切感受到公共服务涨价带来的消费支出压力。2006年年初，广东省一名政协常委在拟提交的一份提案中，呼吁政府限制垄断性公用事业的暴利，加大水、电、气等公用事业的投入，减轻市民负担。他说："打的要多付1元，水价新年伊始就猛涨，瓶装气价飙升到110元/瓶……老百姓在'上学难、看病难、住房难'之上又雪上加霜！"

我们可以从中国燃气网以及中国水网提供的公开资料中了解到，全国在近一年的时间里，有数百个城市以"亏损"为名义对水、电、煤气等民生用品的价格作出了不同幅度的提高。以南京市为例，2006年南京在岗职工每月平均工资为2 172元，而水电气、公交、出租车这五项的费用已经占到了收入的1/5，其中一瓶煤气就要烧掉其工资收入的4%。而南京市还有相当多的市民收入远远达不到这个平均工资水平，公共产品涨价给市民带来的生活压力可想而知。

如何发展公共事业，财政在其中扮演什么角色，确实大有文章可做。公共事业不等同于公共提供，公共提供是公共事业产品由政府无偿地向消费者提供，以满足社会的公共消费的需要。但公共事业却有着与公共提供不相上下的公益性，良好的公共事业环境为公众提供可持续的民生需求，在维持公众需求的同时满足自身的发展，而这一切都是建立在合理、合法的基础上，然而今天我们看到的却是公共事业利用垄断地位从公众头上牟取暴利，极大地破坏了公共事业的公益性。

有识之士呼吁，必须加大水、电、气等公用事业的政府投入，最大幅度地减少垄断性公共事业的不合理利润，从而减轻市民负担，这已经成为政府的当务之急。

讨论：

1. 水、电、气等产品具有受益的排他性，即可以通过技术手段将不付费的人排除在其收益范围之外，那么为什么这些产品还必须要由政府来提供呢？

2. 从上面的例子来看，政府的支出责任加大，支出规模扩大，具体是什么原因，结合本节知识谈谈自己的认识。

第四节 财政支出原则

公共财政支出概括起来就是规模、结构、效益三个方面的问题，财政资金的安排和使用关系到政府职能的实现，也关系到国民经济和社会事业的稳定与增长。为有效控制财政支出的规模，优化财政支出结构，提高财政支出效益，必须遵循具有客观规律性的基本准则。

在长期的财政工作实践中，人们总结了不少财政支出原则。例如，我国在新中国建立初期提出了“一要吃饭，二要建设”的财政支出原则，强调在财政资金比较紧张的情况下，财政支出安排的顺序是首先保证维持当前经济和社会的需要，然后才能考虑发展的资金需求。在计划经济体制下，我国财政理论工作者通过总结财政支出分配活动的实践经验，提出了系统的财政支出原则：量入为出；统筹兼顾、合理安排、按比例分配资金；厉行节约、讲求效益。西方国家的学者则提出了效率、公平、稳定三原则，具体介绍如下：

一、效率原则

财政支出的效率原则，是指财政支出应能够有助于资源的配置，促进经济效益的提高。在市场经济条件下，市场在资源配置中发挥基础性作用，但由于市场失灵的存在，需要政府这只“看得见的手”对资源配置发挥辅助作用，包括运用财政支出等手段提高经济运行的效率。

（一）财政支出的配置效率

财政支出的配置效率，即通过财政资源配置职能，实现资源配置的合理化，避免出现改变资源配置状况后社会净效益（或净所得）减少。这要求财政部门做到：(1) 财政支出的来源受严格立法的约束；(2) 财政支出的规模和结构有制度的严格规定；(3) 公共部门应追求社会效益最大化；(4) 财政资金安排透明化；(5) 居民有监督公共资金使用状况的权力。

（二）财政支出的生产效率

财政支出的生产效率——低投入、高产出、高效率。通过精兵简政、反腐败、国库集中支付、政府采购等措施，提高其生产效率。

财政支出的效率体现在调节资源配置的效果上，一是经济效益，二是社会效益。在计划经济时代，财政支出效率主要体现在经济建设方面，虽然取得了很大成绩，但总体上支出效率并不高。有人分析，改革开放前30年的财政投资有一半是低效和无效的。改革开放初期，部分投资实行“拨改贷”，20世纪90年代实行“债转股”。但无论改革以什么样的形式进行，效率都是一个突出问题。如前几年四大国有银行剥离不良资产1.4万亿元，基本上靠财政解决。这几年又新增了不良资产，是不是还要由财政解决？这值得探讨。财政解决了银行已产生的不良资产，但并不能保证银行以后不产生大量的不良资产问题，即财政只能解决问题的表，不能解决问题的根。近年来，财政部门提出要开展绩效评价工作，并逐步推行，确实是抓到了群众关注的关键问题，也就是要做到通常所说的“要把钱用到刀刃上”、“花钱不多，办事不少”。

改革开放以前，我国政府几乎包办一切，所有行业都由政府直接投资经营，由于责权利不挂钩，效率当然不高。改革开放以来，国有经济从大部分行业撤离，有研究者指出，在196个工业行业中，国有经济应逐步从146个行业撤离，在其余35个行业保持一定控制力，在15个行业居于垄断地位。比如，以前由财政直接投资的服装、纺织、食品、饮料、日用品、家电等一般性竞争行业，将转由市场生产经营，财政资金改为投向教育、医疗卫生、社会保障等公共事业领域。

怎么样评价财政支出的效益？有这样一个例子，一个县水利局向财政局打报告，申请拨款在某乡镇打一口井，钱拨出去后，很快把井打出来了，但没有水；过了一段时间，交通局向财政局打报告，申请拨款把这口井填上，这样使交通畅通，且避免有人不慎落入井中，钱拨出去后，也很快把井填上了。可是有人说了，县财政花了两笔钱，群众一点好处都没得到，这钱花得值不值？从职责看，水利局、交通局都做事了，没闲着，但却是花的冤枉钱，衡量其政绩不能简单看他做了什么，还要看做好没有，是否有实际效益。为此，有人提出了绩效评价的思路，本书第十一章财政管理部分将作介绍。

二、公平原则

财政支出的公平原则，是指财政支出应能够有助于社会公平的实现，提高社会大多数人的福利水平。在市场经济条件下，财富的分配取决于财产所有权和财富积累的分布状况；而收入的分配则取决于能力、职业训练和这些技能的市场价格。如果单纯依赖市场，则不可避免地会出现贫者愈贫、富者愈富的“马太效应”，从社会稳定角度出发，就要求进行社会的再分配，实现社会的相对公平。

思考与讨论：政府办的供暖企业对所有城市家庭免费供暖，由于没有盈利，自然就没有积极性，所以供暖效率就低；而如果按成本加利润向所有家庭收费，那么，一些低收入家庭就承受不了，对他们就不太公平。北方地区的同学们可以互相讨论一下这个问题，运用公共产品供求原理、帕累托效率法则等知识分析，探讨解决问题的途径。南方地区的同学可以讨论燃油价格提高的问题，分析政府为什么要对部分行业或用户给予补贴，效果怎么样？最好组织社会调查，运用合适的分析方法进行探究，也可以在老师的带领下组成课题组进行专门研究，并参加学校、省市区、全国的大学生挑战杯科技作品比赛、其他征文比赛，锻炼和提高自己的分析和写作能力。

公平与效率是一个让人头疼的问题，比如，按照市场规则，谁有钱、交得起学费谁就能读大学，但这样就会对穷人不公平，会导致穷者越穷、富者越富；而如果都免费上学的话，举办教育的机构就没有多少积极性，效率受到影响。所以公共产品的提供需要考虑兼顾公平与效率，尽可能做到既顾及公众的利益，又符合经济规律，而不是由政府包办一切。对于公平与效率的矛盾，不少经济学家做了研究，美国经济学家阿瑟·奥肯（Arthur M. Okun，1928—1980）提出了著名的“漏桶原理”：政府如果用向富人征税的办法，将富人的一部分收入补贴给穷人，穷人实际得到的，比富人失去的要少一些。原因是税收影响了富人创造财富的积极性，也影响了穷人工作的积极性。换句话说，公平与效率总是“鱼和熊掌不可兼得”。

三、稳定原则

财政支出的稳定原则，是指财政支出应促进社会经济的稳定发展。

在市场经济条件下，市场体系无法有效协调其自身的所有活动使之达到平衡，会出现经济周期的兴衰更迭、失业和通货膨胀等现象。财政作为政府宏观调控的重要手段，可以利用财政投资、政府采购、税式支出等工具调节和引导经济运行，促使经济稳定发展，避免大起大落。各个政策工具的作用、我国财政政策的实践，请参见本书第十二章的介绍。

在我国财政实践中，在注重提高效率的同时，也十分重视实现社会公平。财政资金是实现国家职能的财力保证。不论是中央财政还是地方财政，在用于发展生产和推动社会进步的同时，都会涉及社会不同群体的利益再分配。这几年，国家在财政收入分配上，相继出台了一系列惠民政策，关注困难群体的民生取向日渐突出。地方财政能否响应国家号召，在财政收入的使用和分配上也来个重心向下，是对各级政府贯彻落实执政为民理念的一个考验。据报道，2001 年至 2006 年，内蒙古自治区累计投资 373 亿元，解决涉及人民群众切身利益的民生问题。2007 年则投资 100 亿元，实施改善农村牧区生产生活条件、扶贫开发、城乡医疗保障、就业等 10 项民生工程，这一投资额占到全区财政总收入的 1/7。内蒙古将财政收入的 1/7 用于解决关系人民群众切身利益的民生问题，这对于一个经济发展还相对不发达的地区，显得尤为难能可贵。这正是财政支出公平原则的生动体现。人们常听到地方财政是“吃饭财政”，即财政收入能保全地方公职人员的工资就不错了。在这些总是喊穷的地方，要发展“民生工程”，不是喊囊中羞涩，就是千方百计向上伸手。可奇怪的是往往就在这些地方，进出机关的车子一辆比一辆豪华，楼堂馆所一幢比一幢气派，用公款搞吃喝招待比谁都大方。随着财政预算决算制度的不断完善和公共财政建设的力度逐步加大，人们完全有理由相信，各级地方财政会给予民生越来越多的关注，在实现社会公平方面，财政是大有作为的。

案例讨论 4-3

公平优先还是效率优先?

据中央电视台新闻联播报道，为进一步加大资助高校贫困家庭学生的力度，确保他们顺利完成学业，经国务院批准，从2005年开始，中央政府每年出资10亿元实行“国家助学奖学金”制度。这项奖学金分为两部分，“助学金”面对全国公办全日制普通高校在校本专科学生中的特别贫困家庭学生，每人每月资助150元生活费，资助人数53万人。“奖学金”面对全国公办全日制普通高校在校本专科学生中品学兼优的贫困家庭学生。每人每年资助4 000元，资助人数5万人。

另据了解，自2000年设立国家助学贷款以来，我国已基本建成了以国家助学贷款为主体的“奖、贷、助、补、减”高校贫困生资助政策体系。目前，中央部委直属高校中凡符合政策规定的贷款学生基本上都能得到中国银行发放的贷款。地方高校按新机制积极落实国家助学贷款银行及贷款的审批和发放工作。

讨论：

在每年10亿元的助学奖学金中，有多大比例作为助学金、多大比例作为奖学金，这说明在公平与效率这两个原则中，哪一个原则优先？为什么？

推荐阅读书目

[1] 王东京，李莉．与官员谈财政税收［M］．北京：中国青年出版社，2003：83 ~88.

[2] 严文奎，方荷生．地方公共财政支出管理［M］．北京：中国社会科学出版社，2004.

[3] 梁小民．寓言中的经济学［M］．北京：北京大学出版社，2005.

[4] 世界经济合作与发展组织．中国公共支出面临的挑战［M］．北京：清华大学出版社，2006.

[5] 孙长清．基于经济增长的财政支出最优化［M］．北京：中国经济出版社，2006.

[6] 邓文勇等．财政学案例［M］．南宁：广西人民出版社，2007：案例34、37、38.

第五章

财政支出内容

知识结构图

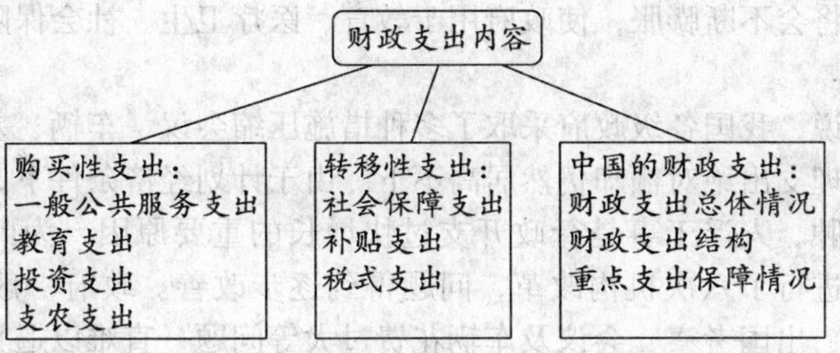

引　言

财政支出关系着每一个纳税人的切身利益。我们能享受到多少公共服务，公共服务的质量如何，与政府财政支出的多少、使用方向息息相关。近几年来，关于公车改革的议论沸沸扬扬，成为全社会关注的一个焦点。公车必须改革已成为全社会的共识。据资料显示，目前，中国至少有公车 400 万辆，公车消费财政资源4 000多亿元。与公车消费相联系，据各种资料显示，全国一年的公款吃喝在 2 000 亿元以上，二者相加总数高达 6 000 亿元以上，如果这笔资金能够节约 20%，就可以改善普通百姓衣食住行很多问题。纳税人对于自己所缴纳的税款用到哪里去了，用得是否合理等问题越来越关心，现在和未来政府财政支出用途会发生什么变化，我们将通过上述问题的阐述一起走进财政知识的大门。

第一节　购买性支出

购买性支出，是政府财政支出中的重要组成之一。在保证国家安全、行使政府职能并确保社会公共安全和公共投资方面，购买性支出发挥着举足轻重的作用。实践中，购买性支出一般包括一般公共服务支出、国防支出、教育支出、科学研究支出、文化支出、卫生支出和基础产业投资支出、支农支出。其中，一般公共服务支出、国防支出、教育支出、科学研究支出、文化支出、卫生支出等属于消费性支出，而基础产业投资支出、支农支出则属于投资性支出。

一、一般公共服务支出

这是用于政府行政管理的支出，是政府机构运行的财力保障。以前我国称为行政管理支出，包括财政用于国家各级权力机关、行政管理机关和外事机构行使其职能所需的各项费用支出。通俗地讲，就是各个政府部门养人及办公的开支，也就是人员经费、公用经费。

一般公共服务支出与政府职能范围、机构大小、人员多少、行政效率有关。不同国家由于政治体制、机构设置、行政管理体制、行政管理水平的差异，一般公共服务支出的总量及占财政支出总额的比重、占 GDP 的比重都有很大差异。按照人是经济人的假设，公共选择理论认为政府也是经济人，会倾向于掌握更多的财权，各个政府部门也有着拥有更多财政资金的偏好，如果没有严格的预算控制及监督机制，这项支出将会不断膨胀，使政府用于教育、医疗卫生、社会保障等民生支出的资金受到影响。

从我国来说，我国各级政府采取了多种措施压缩会议、车辆、差旅等方面的支出，但行政管理支出绝对额却仍然居高不下。由于计划经济条件下，政府职能范围较宽，机构臃肿、人浮于事是行政开支过快增长的重要原因，为此，改革开放以来，我国先后进行了六次机构改革，问题得到逐步改善。政府一般公共服务支出中，公款吃喝、出国考察、会议及车辆花费过大等问题一直难以遏止，成为管理中的老大难问题，引起社会舆论的高度关注。其中，公务接待费、公务出国经费、公务车辆购置及维护费被称为“三公”经费，在预算编制及使用中有不少问题，典型的如 2008 年年底曝光的江西省某市、浙江省某市有关部门出国考察的详细票据，其中前者出访目的本是“考察人力资源和政府人事管理制度”，实则全程在温哥华、尼亚加拉大瀑布等地游览，14 天花费 33 万多元；后者考察目的是“考察美国政府机构管理职能以及先进的行政管理经验”，实则前往夏威夷、洛杉矶、华盛顿等近 10 个美国大城市的著名景点，23 人共花费公款 64 万多元。山东省某市工商局在抗震救灾期间用公款组织旅游之事经媒体曝光后，社会各界纷纷谴责。究其根本，一方面反映出一些行政部门及其工作人员道德水准下降，另一方面，行政经费的管理和控制也存在漏洞，以至于屡屡出现违犯财经纪律的现象。因此，加强经费支出的控制和监督成为下一步改革的紧迫任务。

思考与讨论：为什么食品安全监管支出不断增加，但食品安全形势仍然非常严峻，近年来食品安全事件持续高发，原因何在，从公共产品供给范围、预算编制、绩效评价、政府支出用途公开、问责等方面分析。有人提出，如果政府提供的公共服务不符合纳税人要求，纳税人有权要求退回所缴税款，你认为是否合适，有什么看法，依据是什么，分组讨论，然后由代表向全班同学阐述。

二、教育支出

对于教育支出是不是公共产品，学术界存在争议。国外经济学界有三种不同观点：一是，布坎南等认为，大多数类型的教育在技术上可以实现排他，且具有“拥挤的公共产品”特性，因此，教育是准公共产品。二是，巴罗（Barlow）认为教育是公共产品。三是，阿特金森、斯蒂格利茨、罗森、范里安等从教育服务的直接消费效用出发，将教育视为“公共供应的私人产品”①。

国内学术界对此也有三种不同看法：一是厉以宁等认为教育具有准公共产品性质；二是王善迈等认为教育是一种具有正外部效应的准公共产品；三是薛澜等认为教育特别是高等教育具有完全的私人产品性质。②

从经济学的公共产品理论判断教育的属性是普遍的思路，但将不同层次的教育一概而论，不加区分，恐怕不利于准确地把握它们各自的特点。比如，小学、初中属于初等教育阶段，其外部效应特别明显，只要财政有实力，各国一般都将之列为义务教育，由政府举办学校，通过法律强制要求家长送适龄孩子入学接受教育。而高等教育、职业教育则不太一样，研究表明，与就业相关的高等教育、职业教育受教育年限与收入水平呈正相关关系，即受教育时间越长，平均收入水平越高（见图 5-1）。据报道，2013 年，广州市大专学历起薪在 2 200 ~ 3 000 元之间；本科学历起薪在 2 800 ~ 4 000 元之间；研究生以上学历起薪在 5 000 ~ 10 000 元之间，各学历层次起薪水平差距比较明显。③ 所以有人认为，教育费用应当主要由受教育者承担。从是否具有竞争性看，教育成本与受教育人数不完全成相关关系；从排他性看，现代教育采取的学校班级制是很容易将不交费的人排除在外的。在实践中，各国政府普遍重视教育的财政投入，通过直接举办教育、给予补助、税收优惠等方式扶持教育事业的发展。

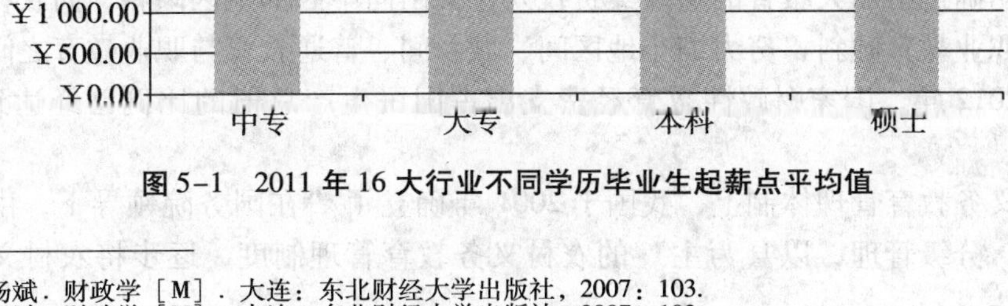

图 5-1　2011 年 16 大行业不同学历毕业生起薪点平均值

① 杨斌．财政学［M］．大连：东北财经大学出版社，2007：103.
② 杨斌．财政学［M］．大连：东北财经大学出版社，2007：103.
③ 刘操．广州今年毕业生起薪上涨 本科学历 2 800 ~ 4 000 元［EB/OL］．（2013-03-10）．http：//edu. people. com. cn/ n/2013/0310/c1006-20738814. html.

教育事业的发展不仅影响每一个受教育者的自身利益，更关系到国家、民族的长远发展，所以，各国政府都高度重视教育事业，发达国家的做法及成效充说明了这一点。日本在二战后特别重视教育和科技的发展，1950年，日本的九年义务教育普及率就已经达到99%；1970年，高中学生考进大学的已经有23.6%。教育的发展，为经济现代化提供了高素质的劳动力。如此种种因素，推动了日本经济的迅速发展。1960—1970年间，日本的工业生产水平年平均增长率高达16%，国民生产总值年平均增长11.3%。1968年，日本的国民生产总值超过联邦德国，成为仅次于美国的资本主义世界第二号经济大国。1986年，日本的黄金储备达到421亿美元，位居世界第二；1987年，日本的外汇储备超过联邦德国居世界首位；1988年，日本的人均收入高达1.9万美元，超过同期美国的1.8万美元。1988年，根据权威的美国《商业周报》统计，当时世界排名前30位的大公司中，日本占了22家。

随着认识的深化、政府财力增强，我国各级政府也逐步加大对教育事业的投入力度。中央先后于1993年、2001年、2003年出台了《中国教育改革和发展纲要》、《关于基础教育改革与发展的决定》、《国务院关于进一步加强农村教育工作的决定》。1993年《中国教育改革和发展纲要》明确提出“改革政府包揽办学的格局，逐步建立起以政府办学为主体，社会各界共同办学的体制”，并首次提出了“逐步提高国家财政性教育经费支出占国民生产总值的比例，20世纪末达到4%，达到发展中国家80年代的平均水平”和“中央和地方政府教育拨款的增长要高于财政经常性收入的增长，并使按在校学生人数平均的教育费用逐步增长，切实保证教师工资和生均公用经费逐年有所增长”的“三个增长”原则。[①] 教育法制建设方面，1985年制定颁布了《义务教育法》，2006年进行了修订；1995年制定颁布了《教育法》；《民办教育促进法》于2002年通过，2003年施行。进入21世纪，为解决农村公共事业发展缓慢、城乡差距拉大的问题，中央决定政策、资金向农村倾斜，并把加快农村教育发展作为社会主义新农村建设的重要内容来抓。在世纪之交的历史时刻，国务院先后批转了教育部《面向21世纪教育振兴行动计划》和《2003—2007年教育振兴行动计划》，进一步推进了教育的改革与发展。2005年国务院关于大力发展职业教育的决定、国务院关于深化农村义务教育经费保障机制改革的通知，2007年国务院批转教育部国家教育事业发展“十一五”规划纲要的通知，都明确提出加大教育的财政经费投入，突出向中西部地区倾斜，向农村地区倾斜，向职业教育倾斜，努力缩小地区间、城乡间、普通教育与职业教育之间的发展差距。2012年，国家财政性教育经费支出占国民生产总值的比例已经达到4%的要求。

在义务教育管理体制上，我国于2001年确立了“在国务院领导下，由地方政府负责，分级管理，以县为主”的农村义务教育管理制度，逐步将农村义务教育

① 赵路．财政支持教育事业发展三十年回顾与思考［J］．中国财政，2008（15）：25-28．

纳入公共财政保障范围。2006 年全国人大常委会修订通过的《义务教育法》规定了经费省级统筹、管理以县为主的新体制。各级政府进一步加大了对农村义务教育的投入力度，实施了国家贫困地区义务教育工程、农村中小学危房改造工程、国家西部地区“两基”攻坚计划、农村中小学现代远程教育工程、农村贫困家庭中小学生“两免一补”等政策，农村义务教育事业发展取得了显著成绩。归纳起来，我国发展义务教育的指导方针及财政政策发生了可喜变化：（1）发展义务教育的指导思想由社会办教育转变为政府办教育，作为公共产品来提供；（2）在经费上大幅增加投入，而且提升财政投入的政府级次；（3）通过法律和政策规定财政经费的硬性增长，以教育法三个增长等法规使财政经费供应机制化；（4）通过专项转移支付使经费投入向困难地区倾斜，帮助贫困地区提高教育服务水平，提高经费保障力度。

教育支出涉及社会的多个热点问题，如教育公平、农民工子弟入学、教师收入、代课教师、教育经费分担等，与教育管理体制、财政管理体制也有着密切关系。读者可以结合生活中的实际例子，运用所学的公共产品理论、公共选择理论、公平理论、财政体制知识进行思考和分析，提出自己的看法。

从国际比较来看，发达国家的班级规模多数在 20 多人左右，而我国教育行政主管部门规定为 50 人左右。现实中，大班额现象困扰着一些地方，也牵涉着受教育的利益及教育质量。那么，班级规模缩小是不是一定能够提高教育质量呢？想当然下结论并不可靠。据一些专家研究，班级规模似乎并不影响教育质量。使用传统的方法来衡量教育质量，教一个 20 人的班并不比教一个 30 人的班显得更有效。[①]这项研究如果符合实际，那么，增加财政投入缩小班级规模就不是明智的，并不会带来效率的提高。只有按照科学的方法进行严谨的分析研究，才能为公共政策的制定和实施提供科学的理论依据。

我们再从现实来看，教育应当由政府办好，还是由市场提供为好，似乎同样没有一个肯定的答案。从美国来说，私立学校也有不少办得好的，比如哈佛大学、耶鲁大学等常青藤院校就因办学质量高、声名卓著而备受欢迎。我国教育事业主要由政府举办，一般公办学校办学质量都比私立学校有保障，但近年来也有一些民办学校脱颖而出。

思考与讨论：大家可以选择当地代课教师、大班额、免费午餐、民办学校、幼儿园入园难等典型事例，分组开展社会调查，获取相关数据，并进行统计分析，互相讨论，撰写调查报告，还可以制作幻灯片（PPT）向全班同学汇报，锻炼自己的分析能力。

三、公共投资支出

（一）公共投资的含义

公共投资是指政府将一部分公共资金用于购置公共部门的资产，以满足社会公

① 哈维·S. 罗森. 财政学［M］. 郭庆旺，等，译. 7 版. 北京：中国人民大学出版社，2006：63.

共需要所形成的支出，它是政府提供公共产品的基本手段，也是政府提供公共劳务的前提与基础。

公共投资的特点是：

1. 公益性

公共投资追求社会效益的最大化，而不以经济效益为目标。这是政府的职能所决定的。基础设施和公益性设施只能或主要靠政府来集中提供，以满足社会的共同需要。

2. 无偿性

公共投资的使用一般是无偿的，无法通过计价收费的方式来补偿或是只能得到部分补偿。政府投资提高了居民的生活质量，企业和居民则无偿地向政府上交税款，然后政府再继续用于公共投资，从而间接地形成公共投资的循环。

3. 政策性

公共投资必须考虑国家产业政策。因其投资主体的主导、超然地位，可以调节社会投资结构，以保证社会投资活动的正常顺利进行。

（二）公共投资的范围和政府涉入的原因

政府公共投资的范围主要涵盖那些对整个国民经济体系起到基础性作用，有利提高国民经济整体运行效率的，但同时又是微利或无利的项目，主要包括基础产业投资和农业投资。

政府涉入的原因是：

（1）基础产业具有公共产品属性和自然垄断性的特点，决定了其很难单纯依靠私人投资主体的力量来完成，而应当由政府公共投资和私人投资共同完成。

（2）在市场经济条件下，农业由于其自身的产业特点，往往在市场竞争中处于不利的地位，而且时常受到自然和技术等方面的制约，处于不稳定的环境中，因此需要政府加以扶持。

（3）政府投资是克服市场在资源配置中“失灵”的必要手段。在那些外部效应明显、投资数额大、周期长、回收慢、低盈利甚至是无盈利的投资领域或项目上，政府投资的不可替代作用表现尤为突出。

（4）政府投资是进行宏观调控、优化资源配置的重要手段。其最为明显的就是通过政府投资的方向选择，加强经济薄弱环节的建设，及时克服经济中的某些“瓶颈”制约，以实现促进资源优化配置、经济和社会协调发展的目标。另外，政府还可以通过参股、持股和控股等形式，引导全社会的投资流量与流向，以期实现宏观调控的整体目标。

我国于1993年作出的《关于建立社会主义市场经济体制若干问题的决定》明确要求深化投资体制改革，竞争性项目投资由企业自主决策，自担风险，所需贷款由商业银行自主决定，自负盈亏；基础性项目建设要鼓励和吸引各方投资参与，国家重大建设项目通过财政投融资和金融债券等渠道筹资，采取控股、参股和政策性优惠贷款等多种形式进行；社会公益性项目建设，要广泛吸收社会各界资金，根据中央和地方事权划分，由政府通过财政统筹安排。

在我国，公共投资领域逐步向国内民间私人投资开放，是公共投资发展的必然趋势。长期以来我国公共投资领域不对国内民间企业和私人开放，严重制约了公共基础设施建设，对整个经济增长十分不利。因此，我国可借鉴国外对公营企业私有化和政府基础设施特许经营权转让方式，通过对现有公用事业单位企业化、股份化和出售政府股份的方式筹集建设资金，或采取特许经营权转让中的 BOT 和 TOT（经营—转让—经营）方式筹集资金。实现公共投资领域向民间企业和私人开放，不仅能够解决政府公共投资的缺口问题，而且对促进公共投资运作过程的市场化进程、提高公共投资效率和效益也十分有利。2007 年 8 月 6 日国防科工委公布了《非公有制经济参与国防科技工业建设指南》，明确非公有制经济可参与军工基础设施建设投资、军工企业的改组改制等 5 项具体领域。这是 2007 年年初出台的《关于非公有制经济参与国防科技工业建设的指导意见》的配套政策，是公共投资体制改革的重要突破。

（三）基础产业投资

1. 基础产业投资的特点

在社会经济活动中，基础产业与其他产业相比，具有自己的特点。从整个社会过程来看，基础设施为整个生产过程提供“共同生产条件”，基础设施不能被某单个生产厂家独家使用，它不是独占性地处在某一特殊的生产过程中，不能被卖者当成商品一次性整体出售给使用者。也就是说，它具有公用性、非独占性、不可分性的特性，这些属性决定了其具有“公共产品”的一般特征。加上基础设施尤其是大型基础设施，大多具有资本密集性、建设周期长、投资回收慢的特点，民间投资很难也不愿意涉足，因此需要政府采取有力的干预政策，不断完善基础设施的投资和建设，这在经济欠发达国家和地区特别明显。

2. 基础产业投资的提供方式

从我国实践经验来看，基础产业投资主要有以下几种形式：

（1）政府筹资建设，或免费提供，或收取使用费。由政府筹资建设的项目主要有三种情况：一是关系国计民生的重大项目，如长江三峡工程、青藏铁路、西电东送、西气东输、南水北调等关系国家社会经济发展以及人民的当前和长远利益的重大项目，只能由国家通过各种渠道集资来提供；二是维护国家安全的需要，如宇航事业、核电站、战备公路等；三是反垄断的需要，垄断排斥竞争，垄断利润可能是以损害社会福利为代价的，例如垄断行业可能提供较高的垄断价格和低质的服务，因此对垄断行业政府可以通过公共定价严加管理，也可以由政府直接承担投资责任。另外，还有一些基础设施，如市区道路、上下水道、过街天桥、路灯、航标等具有明显非排他性或很高排他成本的投资项目，单项投资成本不大，数量众多，也适用于作为纯公共产品由政府投资提供。

（2）私人出资，定期收费补偿成本并适当盈利，或由地方主管部门筹资建设、定期收费补偿成本。如我国的地方性公路、桥梁等公共基础设施，目前一般采取

"贷款修路，收费还贷"的投资方式。

(3) 政府与民间共同投资的提供方式。对于一些具有一定外部效应、盈利率较低或风险较大的项目，如高速公路、集装箱码头及高新技术产业等基础设施或基础产业的建设，政府可以在其中发挥资金引导和政策扶持作用，即采用投资参股、优惠贷款、提供借款担保、低价提供土地使用权、部分补贴和减免税收等方式，与民间共同投资，混合提供。

(4) 政府投资，法人团体经营运作。这种提供方式有两个优点：一是政府拥有最终的决策权，又可以使政府从具体的经营活动中解脱出来；二是法人团体拥有经营的自主权，责任明确，可以提高成本效益的透明度，提高服务质量。城市公共交通、港口等基础设施适用于这种提供方式。

(5) BOT 投资方式（建设—经营—转让）。BOT 投资方式是近年来发展和兴起的一种基础设施的提供方式，它是指政府将一些拟建的基础设施项目通过招商转让给某一财团或公司，组建项目经营公司进行建设经营，并在双方协定的一定期限内，由项目经营公司通过经营，偿还债务，收回投资并盈利，协议期满，项目产权收归政府。这种投资方式的最大特点，是鼓励和吸引私人投资特别是外国直接投资者对发电厂、高速公路、能源开发等基础设施、基础产业进行投资。广西来宾火电厂 B 项目是 20 世纪 80 年代末采取 BOT 投资方式的经典例子，大家可以查找相关资料了解情况并分析。

案例讨论 5-1

美国州际公路

美国州际公路是美国有史以来耗资最大的公共项目，建成了覆盖全国的高速公路网络。《州际公路法案》（Interstate Highway Act）要求联邦政府拨款 250 亿美元，征用土地 160 万英亩来建设 4.1 万英里长的高速公路，需要挖掘土石方 420 亿立方码（1 立方码=0.585 立方米），在公路下铺设数万英里的排水管道，修建 54 663 座桥梁和 104 个隧道。这对美国经济的发展产生巨大影响，石油公司、建筑公司、水泥生产商、钢铁公司、重型设备制造商、木材公司、涂料生产商、照明公司、景观美化公司和橡胶公司都参与了这一公路系统的建设。艾森豪威尔总统任内这一被称为"横跨美国的彩带"项目雇用了近百万工人，耗时 40 年，跨越了三个时区，被认为是"二战"之后美国最伟大的经济成就。

联邦政府对某些经济领域的资助或扶持也备受争议。也正是联邦政府在 20 世纪初与美国电话电报公司合谋，将其转型为一个电信产业的私营公共事业的垄断者，攫取了数十亿美元的收益，却没有面临任何竞争。州政府则同发电厂和电力公司沆瀣一气，给它们披上了私营公共事业的外衣行行业垄断之实，赋予了它们高额的电费回报、使用公有土地的权力和其他政府经营的公共工程才能享有的优惠条件。

资料来源　里夫金．第三次工业革命：新经济模式如何改变世界［M］．张体伟，孙豫宁，译．北京：中信出版社，2012：136．有删改。

讨论：

1．你如何看待美国政府介入高速公路项目？不妨对其利弊进行全面的分析。

2．如果基础产业项目由私营企业建设和经营，情况会有什么不同？可以举出自己熟悉的例子，说说自己的看法。

四、支农支出

（一）财政对农业投资的重要性

1．农业是经济的基础产业

农业是最典型的基础产业，也是一个国家最需要发展的产业。农业对于国民经济发展的重要性具体表现在三个方面：一是农业生产为我们提供吃穿的基本来源，为工业生产提供原材料。二是农业劳动生产率的提高是工业化的起点和基础。在大规模推行工业革命之前，必须有一个大规模的农业革命过程。从历史上看，18 世纪末的工业革命，首先是从农业生产率较高的英国开始的，以后相继发生工业革命的国家，其农业生产率也都较高。而从当前情况来看，凡是农业生产率较高的地区，工业化都取得了成功；凡是农业生产率较低的地区，工业化都遇到了相应的障碍。因此，发展中国家要想顺利实现工业化，就必须老老实实地首先提高农业生产率水平，这个阶段是不能跨越的。三是稳定农业是使国民经济持续稳定发展的重要因素。俗话说“无粮不稳”，就是这个意思。

2．农业部门的特殊性和财政投资的必要性

农业部门是一个特殊的生产部门。一方面，从农产品供应来看，它受气候条件及其他诸种条件影响，不仅波动很大而且具有明显的周期性；另一方面，对农产品的需求却是相对稳定的。由于农业经济发展水平低下，自身财力有限，农业危机很难依靠自身力量通过市场加以克服，这又进一步地强烈干预了国民经济的正常运行，因此，为了稳定农业，并进一步稳定整个农业经济，政府必须广泛介入农业部门的生产和销售活动，将农业部门的发展置于政府的高度关注之下。

财政对农业投资的必要性主要表现为：（1）农业部门的社会经济效益大而直接经济效益小，大量经济效益需要通过加工、流通部门辗转折射出来。由于直接经济效益小，所以投资农业往往得不到平均利润，这样不但吸引不了农业部门外的投资，就连农业内部资金也有可能向非农产业逆向流动。如果没有政府的扶持和保护，就很难保证农业的正常资金投入，结果将危及农业的基础地位。（2）农业对自然条件和基础设施的依赖性较强，而这些条件具有公益性特点，花钱多，涉及面广，个别单位和地区往往不愿意承担或无力承担，这就需要政府来承担起相应投入

职责。（3）农业是风险行业，自然风险和市场风险并存，生产难免有周期波动。农业部门为了克服生产的分散性、季节性及各种不利因素，必须不断提高其投资和物质装备水平，因此也需要政府的扶持。（4）农产品需求弹性小，市场扩张处于不利地位。加上农业需用固定资产多但利用率低，生产周期长而资金周转慢，从而使农业在市场贸易中处于不利位置，需要政府采取一定方式进行扶持。

（二）财政对农业投入的范围和重点

从世界各国经验看，财政对农业投入的特点表现为以下几个方面：

（1）以立法形式规定财政对农业的投资规模和环节，使农业的财政投入具有相对稳定性。

（2）财政投资范围应有明确界定，主要投资于以水利建设为核心的农业基础设施建设、农业科技推广、农村教育和培训等方面。需要说明的是，政府对农业投入的必要性，并不只在于农业部门自身难以产生足够的积累、生产率较低而难以承受贷款的负担，更重要的是许多农业投资只适于由政府提供。农业固定资产投资，如大江大河的治理、大型水库和各种灌溉工程等，因其投资额大、投资期限长、牵涉面广以及投资以后产生的效益不易分割等特点，投资成本与效益之间关系并不十分明显，因此需要政府通过财政手段完成投资。

（3）注重农业科研活动，推动农业技术进步。改造传统农业的关键在于引进新的农业生产要素；新的农业生产要素的形成需要靠农业科研来开发；农业科研成果应用于农业生产，必须经过推广的程序；为了使农户接受和掌握新的生产要素，还需要对农户进行宣传、教育和培训。为完成这一系列任务，需要投入大量的资金。农业科研具有明显的外部效应，即一项农业科研成果的推出，将会使全部运用这项成果的农户受益，但从事这项科研活动的单位却无法也不可能将这项科研成果所产生的全部收益据为己有。农业科研单位的研究成果所产生的利益是“外溢”的，但科研费用却需自己承担，而且在研究过程中可能会产生失败的“风险”。因此农业科研、农业科技推广、农户培训教育之类的对农业发展至关重要的农业投资，应由政府来完成。而对于流动资金投资（如购买农药、化肥、农用薄膜、除草剂等）、类似农机具及供农户使用的农业设施等固定资产投资，则适宜于农户自己来承担。

（三）我国财政对农业的投资

由于历史原因，我国农业发展相对滞后，并成为国民经济发展过程中的一个“瓶颈”制约因素。可喜的是，20 世纪 90 年代末期以来，中国政府看到城乡收入分配差距、工农发展差距，也开始探索解决“农业、农村和农民收入”问题（简称“三农”问题）的有效途径，尤其是进入 21 世纪以来，中央连续几年以颁布“一号”文件的方式，明确了“必须坚持把农业放在经济工作中的首位，稳定党在农村的基本政策，深化农村改革，确保农业和农林经济发展、农民收入增加”的重要精神。近年来我国规定“三个法定增长比例”中就有关于农业投入增长比例不得低于经常性财政收入增长比例的要求，也说明了政府对支持农业发展的重视程度。

为提高农民农业生产的积极性，2004—2007 年，全国累计发放粮食直补资金 541 亿元，2008—2012 年，中央财政用于“三农”的支出 5 年累计 4.47 万亿元，年均增长 23.5%，比前个 5 年增加 2.92 万亿元。支农支出逐年增加，有效地调动了农民的种粮积极性，促进了粮食增产、农民增收，保障了粮食安全。

俗话说：“农业要增产，种子是关键。”选择优良种子是获得好收成的基础。但优良种子的价格相对较高，而且使用年头一般较短，大家对种植效果也不放心，出现了买不起或不敢买的问题。为了让农民能够买得起好种子，买得上好种子，国家设立了良种补贴项目。2002 年，中央财政安排专项资金实施东北高油大豆良种补贴，这是我国第一个直接对农民的生产性补贴。目前，补贴品种已扩大到优质专用小麦、水稻、玉米和高油大豆，以及棉花等主要农作物，补贴面积不断扩大，补贴资金规模增长了几十倍，惠及农户上亿户。在良种补贴政策的推动下，我国主要粮食作物的单产水平和优质率不断提高。①

“农业有了机械化，粮食收割打电话；机械田间转三圈，丰收稻谷运回家；收割旋耕同作业，不需耕牛和犁耙；村民致富把党夸，补贴政策顶呱呱。”山东农民老张 2005 年通过农机具购置补贴买了 1 台拖拉机，他用这台拖拉机搞经营、帮助其他农户干农活，现在不仅收回了投资，而且还盈利 1 万多元。老张现在逢人便讲：“嘿！没想到现在就能拿到‘回头钱’，农机具购置补贴政策真是好！”他表示，今后将继续购买农机具，不仅要成为农机大户和示范户，而且将来还要成立农机服务公司，过一把当老板的瘾。从 2004 年起，国家出台了对农民购置农机具的补贴政策。② 公共财政安排的农机具购置补贴资金规模已经从 2004 年的 7 000 万元增加到 2013 年的 200 亿元（预算数）以上。农机购置补贴实施 9 年来，中央财政共安排补贴资金 744.7 亿元，带动地方和农民投入 2 187.9 亿元，补贴购置各类农机具 2 272.6 万台（套），受益农户达到 1 822.5 万户。③

为确保补贴资金中途不被截留、挪用，从 2006 年开始，在全国范围内推广使用“一卡（折）通”，利用便捷的金融工具，进一步规范对种粮农民的补贴，确保党和国家的惠农政策落到实处。

思考与讨论：运用第二章后面的“公共产品理论应用思路”分析乡村公路、高速公路、城市轨道交通、水利设施、农民技术培训等是不是公共产品，如果是，进一步分析属于哪一类公共产品，应由政府还是企业、第三部门提供，各级政府应当承担什么责任。

---

① 财政部．公共财政与百姓生活［M］．北京：中国财政经济出版社，2007：11、13．有删节。

② 财政部．公共财政与百姓生活［M］．北京：中国财政经济出版社，2007：13-14.

③ 郭晓萍．农机购置补贴实施 9 年 中央财政累计补贴 744.7 亿［N］．中国财经报，2013-02-04（1）.

第二节　转移性支出

一、社会保障支出

（一）社会保障的含义

社会保障是指国家对老弱病残等社会成员给予物质性社会援助，以保证其最低生活需要或基本生活需要的一系列有组织的措施、制度和事业。它包括社会保险、社会救助、社会福利和慈善事业。社会保障制度是国家和社会依法对社会成员的基本生活予以保障的社会安全制度。劳动者在丧失或中断劳动能力，以及遭受各种风险不能维持最低生活水平等情况下，有从国家和社会获得物质帮助的权利。为社会成员提供生活保障是国家和社会应尽的责任。从社会保障的性质和内容上看，它面对大众，特别是社会困难群众，以保障群众基本生活为宗旨，以政府和社会帮助、救援为主要特征，对于实现社会的祥和稳定是不可缺少的，是建设和谐社会的直接组成部分。社会保障一词，最早出现在1935年美国的《社会保障法案》中。在我国，“社会保障”一词最早出现在1986年第六届全国人民代表大会第四次会议所通过的第七个五年计划中。此后，在1993年《关于建立社会主义市场经济若干问题的决定》中，又将社会保障制度的确立作为我国社会主义市场经济体制的基本支柱之一。

近现代社会以来世界主要发达国家追求社会保障理念，把建立完善社会保障制度作为社会建设的组成部分，通过制度化的社会保障来维护社会的稳定与和谐。1887年，美国作家爱德华·贝拉米写了一部小说《回首前尘》，书中描述主人公在1887年入睡，到2000年才醒过来，发现经过100多年，沧桑巨变，人们昔日的梦想都已经变为现实。每个人再也无需为明天担心，从摇篮到坟墓，政府为每一个公民都作了精心安排，老有所养，弱有所助，社会保障尽善尽美，公众福利一应俱全。小说出版后风靡一时，由此，提供“从摇篮到坟墓”的社会保障成了政府为民造福的最高目标。

（二）社会保障的重要意义

有人说：“社会虽然不能制止老天下雨，但可以生产雨伞。”“下雨”是指人们遇到风险造成收入减少或丧失影响其基本生活水平，“雨伞”则指政府实行的社会保障制度。换句话说，在市场经济条件下，不能从根本解决在市场分配机制下人们因疾病、伤残、失业、年老或死亡带来的生活困难问题，但政府可以采取社会保障制度等措施，实行收入再分配解决人们遭遇这些风险时的基本生活需要，实现社会安定。

没有社会保障，构建和谐社会就无从谈起。社会保障制度对于和谐社会建设来说至关重要，具有基础性意义。

第一，社会保障可以有效地防范和应对社会风险。由于社会资源分配结构的不完善、市场经济的风险、家庭“遗传”优劣势的不同以及个人能力的差异等诸多因素的存在，社会成员不可避免地会遇到各种各样的生存与发展方面的风险。所以，社会有必要通过社会救助、社会养老保险等多个方面的社会保障，确保每一个社会成员有一个合理的基本生活水平，以有效地应对社会风险。

第二，社会保障可以有效地增强社会的团结与合作。作为个体的人是无法生存和发展的。人们只有在社会合作中，方能得到生存和发展。每一个社会成员都应当对社会负有一定的责任。同样，社会对于每一位社会成员也负有不可推卸的责任和义务，特别是对于处在困难状态的社会成员有责任和义务予以必要的帮助，使之共享由社会发展所带来的益处。这样做，有助于减少社会成员、社会群体之间的隔阂，最大限度地消除社会的离心因素，增强人们对社会的普遍认同，形成社会群体之间、社会成员之间相互信任的风气，进而提升社会的相互合作与相互依赖的程度，增强社会的整合性。

第三，社会保障可以有效地激发社会活力。对于一个社会来说，社会成员潜能开发得如何，将直接影响这个社会持续性发展的动力，同时也事关这个社会发展的整体质量。马克思和恩格斯认为，社会发展最为重要的目标，是要使每一位社会成员获得自由而全面的发展。而社会成员通过必要的义务教育和职业训练，可以获得最为基本的发展能力；通过社会保障，可以消除社会成员的种种后顾之忧。这样，便可使这部分社会成员具备正常的发展能力，至少使其发展能力有所提升，使其发展潜能得到普遍的开发。

第四，社会保障可以有效地保证社会成员未来生存与发展的基本水准。从某种意义上讲，社会保障是一种预先的制度准备与安排。它不仅可以有效地解决处境不利的社会成员当前的困难，而且可以有效地增强社会成员解决未来困难的能力。所以，社会保障对于保持与促进长远的社会和谐，具有不可忽视的重要意义。

（三）社会保障的内容

社会保障制度是具有经济福利性质的社会稳定制度。现代社会保障制度是一个内容丰富的庞大体系，一般包括社会保险、社会救济、社会福利、社会优抚等方面。

1. 社会保险

社会保险是指由国家、企业、劳动者三方共同筹集资金，为了保障劳动者年老、失业、疾病、生育时的基本生活需要，依照法律法规强制建立的保障制度。社会保险是最基本的社会保障项目，是现代社会保障制度的核心内容，主要包括养老保险、失业保险、医疗保险、工伤保险和生育保险等项目。近年来，根据社会发展的需要、部分居民的实际需求，住房保障也纳入到社会保障的范围中。

社会保险与商业保险有很大差别：①社会保险是政府举办的，商业保险是由保险公司举办的；②社会保险是强制参加的，商业保险是自愿参加的；③社会保险不以盈利为目的，而商业保险在为投保人提供保障的同时，保险公司可以盈利；④社会保险的险种较少，主要体现公益性质，而商业保险的险种则五花八门，可以满足社会上不同人群的多样化需求；⑤社会保险在必要时由财政予以补助，而商业保险则自负盈亏。可以用表 5-1 比较。

表 5-1　社会保险与商业保险比较表

项目	社会保险	商业保险
主体	政府	保险公司
特点	强制	自愿
营利性	不以营利为目的	以营利为目的
险种	较少	较多
财政支持	必要时由财政予以补助	自负盈亏

(1) 养老保险

养老保险是国家和社会根据一定的法律和法规，为解决劳动者在达到国家规定的解除劳动义务的劳动年龄界限，或因年老丧失劳动能力退出劳动岗位后的基本生活而建立的一种社会保险制度。目的是为保障老年人的基本生活需求，为其提供稳定可靠的生活来源。它是世界各国较普遍实行的一种社会保障制度。一般具有以下几个特点：①由国家立法，强制实行，企业单位和个人都必须参加，符合养老条件的人，可向社会保险部门领取养老金；②养老保险费用来源，一般由国家、单位和个人三方或单位和个人双方共同负担，并实现广泛的社会互济；③养老保险具有社会性，影响很大，享受人多且时间较长，费用支出庞大，因此，必须设置专门机构，实行现代化、专业化、社会化的统一规划和管理。在各项社会保险中，养老保险是唯一一项无"险"可言的项目，毫无意外的可能，人人都将步入老年，因此，实际受益面是最广的，对资金的需求最大，支出压力最沉重。

吕学静（2007）将世界各国的养老保险制度归纳为四种模式：投保资助模式、福利国家模式、自我保障模式（强制储蓄）、国家统筹模式。不管采取什么方式，政府、雇主、个人各自承担多少比例，都面临着收不抵支的平衡压力，特别是发达国家先后进入老年型社会，其中，法国最早，1865 年就进入老年型社会，日本最晚为 1970 年。主要工业国家都通过立法建立相关制度：德国 1889 年，英国 1908 年，法国 1910 年，意大利 1919 年，加拿大 1927 年，美国 1935 年，日本 1941 年。采取完善养老保险制度、鼓励延缓退休等办法，积极应对老龄化问题。

在我国传统社会保障制度下，养老保险的范围主要集中在国有部门中，采用的是现收现付方式。随着社会保障制度改革的不断深入，养老保险范围将进一步扩大，从而对养老保险基金提出更多的要求。此外，根据国际通行标准，老年人口占总人口的比重达到 10% 以上就是老龄化社会，2000 年我国已进入人口老龄化社会，这一趋势正在加速发展，截至 2011 年年底，中国 60 岁及以上老年人口已达 1.85

亿人，占总人口的13.7%。预计到2013年年底，中国老年人口总数将超过2亿，到2015年，老年人口总数将达到2.21亿，占总人口的16%，人口老龄化形势严峻。[①] 中国进入老龄化社会的时候，人均GDP还不到1 000美元，“未富先老”成为中国不得不面对的重大社会问题。

选择一个适合我国国情的养老保险基金筹集模式是非常有必要的。从目前的改革来看，根据我国的国情，逐步建立起基本养老保险、企业补充养老保险和个人储蓄性养老保险相结合的多层次养老保险体系，改变过去那种现收现付制为基金积累制，保险基金由国家、企业和个人三方共同负担，实行社会保险统筹与个人账户结合的模式。1997年7月，《国务院关于统一的企业职工职工基本养老保险制度的决定》，将全国各地的养老保险办法统一起来。这些要点包括：进一步扩大养老保险的覆盖面；规定企业缴费和个人缴费的比例；统一个人账户的规模和个人账户使用与管理的主要内容；统一基本养老金的计发条件和计发办法；规定基本养老保险实行“收支两条线”管理等。

进入21世纪以来，我国养老保险的改革进一步深化。2005年12月3日，我国颁布了《国务院关于完善企业职工基本养老保险制度的决定》，决定提出：一是扩大基本养老保险覆盖范围。城镇各类企业职工、个体工商户和灵活就业人员都要参加企业职工基本养老保险。二是逐步做实个人账户。三是调整个人缴费的比例，从2006年1月1日起，个人账户的规模统一由本人缴费工资的11%调整为8%，单位缴费不再划入个人账户。四是调整基本养老金计发办法，并建立基本养老金正常调整机制，以形成多工作、多缴费的激励约束机制。2009年起开展新型农村社会养老保险试点，2011年起开展城镇居民社会养老保险试点。

目前，企业的养老保险制度已基本覆盖全部人群，但行政单位、事业单位还没有推行养老保险改革，遇到了各种困难。因为没有实现全国统筹，所以，不同地区的养老保险缴费率、养老金水平不一样，出现了不够公平、跨地区接续难等问题。

（2）失业保险

失业是市场经济条件下的一种正常现象，但失业对社会的冲击非常大，如果不加以妥善解决，就可能引发社会问题，进而影响经济和社会的健康发展。在市场机制无法从根本上解决失业问题的情况下，只能通过失业保险制度方式来解决失业人口的基本生活。

失业保险制度是指国家通过立法强制实行，由社会集中建立基金，对非因本人意愿中断就业而失去工资收入的劳动者提供一定时期物质帮助及再就业服务的制度，是社会保障体系的重要组成部分。其目的是维持失业人员及其家属的基本生活，保护劳动力的正常发育和为其早日重新再就业提供必要的条件和机会。它被形

---

① 张希敏. 中国60岁及以上老年人口1.85亿 老龄化形势严峻 [EB/OL]. (2012-02-29). http: //www.chinanews. com /gn/2012/ 02-29/3707700. shtml.

象地称为社会的"安全网"、"减震器"。需要注意的是，北欧国家的失业保险制度曾被称为福利国家的典范，但过高的保障、财政补贴过多也会导致养懒人、财政负担过重。

在我国，社会失业保障体系在市场经济中的缺位已经影响了国有企业改革的进一步深化。国有企业只有在摆脱失业问题后才能更有效、更公平地参与市场竞争，与此同时，市场也能更好地发挥优胜劣汰的功能去关闭那些低效益的企业，使竞争更加充分。因此，发展社会失业保障事业是中国企业改革走出困境的突破口，打开这个突破口的关键在于是否有一个完善的社会失业保障系统对失业人口提供强有力的支持。我国已于1999年1月22日颁布了《失业保险条例》，并进行了逐步修订和完善，为我国国有企业改革和社会主义市场经济稳定发展提供了重要的保障。

(3) 医疗保险

医疗保险就是当人们生病或受到伤害后，由国家或社会给予的一种物质帮助，即提供医疗服务或经济补偿的一种社会保障制度。各国都通过多种方式建立覆盖面广泛的医疗保险体系，降低居民的经济负担，发挥公平分配的作用，让居民摆脱患病带来的经济困扰。目前大致有160多个国家建立了医疗保险制度，杨红燕(2002)考察了世界各国的医疗保险制度，认为可以分为四种主要的医疗保障模式：普遍医疗型、社会保险型、市场主导型和储蓄基金型。其中普遍医疗型医疗保障制度，由国家承担医疗保障的绝大部分责任，以英国、瑞典、原苏联、东欧国家为代表。社会保险型指主要通过实施社会医疗保险制度实现对居民的医疗保障。以德国为代表，欧洲许多国家、日本、韩国及我国台湾等均采用这种模式。市场主导型特指主要依靠私营保险的形式实现对居民的医疗保障。美国是该模式的典型代表。储蓄基金型以新加坡为代表，是指主要通过强制性储蓄积累方式满足居民医疗保障需求。①

美国近年来的医保改革引起了各方关注，每次总统选举都涉及这一问题。近半个世纪以来，历任总统都提出过各种改革计划，但由于不同利益集团分歧严重，最后都不了了之。一方面，美国拥有世界上最先进的医学技术，另一方面病人承受着最昂贵的医疗费用。原因是市场化程度很高，政府干预不足。

英国国家卫生服务体系（NHS）由国家提供免费的全方位医疗服务，但医护积极性严重低下，排队候诊时间非常长。尽管较好地保证了医疗资源的公平分配，但效率太低，市场机制的作用没有得到发挥。

德国是世界上最早实施社会保障制度的国家，医疗保险体制以法定医疗保险为主、私人医疗保险为辅。法律规定一定收入以下的人有强制性义务，在全国320个法定医疗保险机构中选择一家参加保险。但保险费的增长速度赶不上医疗保险费用支出的增长速度，保险基金入不敷出；内部竞争不足，大量资源浪费、效率低下、

① 杨红燕．世界各国主要医疗保障模式比较分析［J］．医学与哲学，2002（5）：1-5.

医疗费用高。

日本建立了国民健康保险制度。所有日本国民及在日本居住一年以上的外国人，都必须加入这一制度，交纳保险费，领取国民健康保险证。医疗费的30%自己负担，其余70%由保险基金支付。

新加坡的医疗保障制度可分为强制医疗储蓄、社会医疗保险、社会医疗救助三个部分，都由政府部门管理和监督。病人门诊费自己支付一半，另一半由政府补贴。住院费用按病房等级不同享受不同比例的政府补贴，余下费用由保健基金或病人支付。

泰国2001年他信出任总理时推出了“30泰铢就医计划”，每次看病只需交30泰铢（约合6元人民币），给占全国人口70%的农民带来了很大的福利，但财政负担沉重。

我国20世纪50年代初建立的公费医疗和劳保医疗统称为职工医疗保险，实施四十多年来在保障职工身体健康和维护社会稳定等方面发挥了积极的作用。但是，随着社会主义市场经济体制的确立和国有企业改革的不断深化，这种制度已难以解决市场经济条件下的职工基本医疗保障问题。国务院于1998年12月下发了《国务院关于建立城镇职工基本医疗保险制度的决定》（国发［1998］44号），部署全国范围内全面推进职工医疗保险制度改革工作，要求1999年内全国基本建立职工基本医疗保险制度。其制度框架包括六个部分：一是建立合理负担的共同缴费机制，基本医疗保险费由用人单位和个人共同缴纳，用人单位缴费率控制在职工工资总额的6%左右，职工缴费率一般为本人工资收入的2%；二是建立统筹基金和个人账户制度，基本医疗保险基金由社会统筹使用的统筹基金和个人专项使用的个人账户基金组成。个人缴费全部划入个人账户，单位缴费按30%左右划入个人账户，其余部分建立统筹基金。个人账户专项用于本人医疗费用支出，可以结转使用和继承，本金和利息归个人所有；三是建立统账分开、范围明确的支付机制；四是建立有效制约的医疗服务管理机制；五是建立统一的社会化管理服务体制；六是建立完善有效的监管机制，基本医疗保险基金实行财政专户管理。

1998年开始建立城镇职工基本医疗保险制度之后，我国又启动了新型农村合作医疗制度试点，建立了城乡医疗救助制度。目前医疗保障制度分为城镇职工医疗保险、城镇居民基本医疗保险、新型农村合作医疗保险三部分，并建立起大病统筹医疗保险制度。截至2012年，覆盖城乡全体居民的基本医疗保障制度框架初步形成，职工基本医疗保险、城镇居民基本医疗保险和新型农村合作医疗参保人数达到13亿人，筹资和保障水平明显提高，保障范围从大病延伸到门诊小病，城乡医疗救助力度不断加大。

新型农村合作医疗政府补助标准从最初的人均20元人民币，提高到2011年的200元人民币，受益人次数从2008年的5.85亿人次提高到2011年的13.15亿人次，政策范围内住院费用报销比例提高到70%左右，保障范围由住院延伸到门诊。

(4) 生育保险

生育保险是通过国家立法规定，在劳动者因生育子女而导致劳动力暂时中断时，由国家和社会及时给予物质帮助的一项社会保险制度。我国生育保险待遇主要包括两项。一是生育津贴，用于保障女职工产假期间的基本生活需要；二是生育医疗待遇，用于保障女职工怀孕、分娩期间以及职工实施节育手术时的基本医疗保健需要。

生育保险关系到广大女职工的切身利益，对社会劳动力的生产与再生产具有十分重要的保护作用。我国生育保险工作的实践证明，在市场经济条件下，实行生育费用社会统筹和社会化管理服务，对于均衡企业负担、改善妇女就业环境、切实保障女职工生育期间的基本权益，发挥了重要作用。同时，对计划生育、优生优育等工作也产生了积极影响。

(5) 工伤保险

工伤保险是社会保险制度中的重要组成部分，是指国家和社会为在生产、工作中遭受事故伤害和患职业性疾病的劳动及亲属提供医疗救治、生活保障、经济补偿、医疗和职业康复等物质帮助的一种社会保障制度。

与养老保险不同的是，工伤保险没有必要实行基金积累的方式，它们的筹资必须坚持“以收定支，收支基本平衡”的原则，以现收现付式为主，除了留有少量的风险准备金外，不能留有积累，费率调整机制要围绕这一目标进行，从而可以减轻企业负担，切实保障职工的合法权益。

表面上看，社会保险是通过受益人或受益人所在工作单位缴纳保险费来筹集资金的，但实际上是带有福利性质的，加上需要照顾低收入人群，所以，财政补助是一个重要资金来源。财政支出中的社会保障支出就是建立完善的、覆盖面广的社会保障制度的强大物质后盾，也是现代国家政府财政支出的重要内容。近十几年来，我国社会保障支出增长很快，对于帮助低收入家庭、促进社会公平发挥了重要作用。具体内容可以参看本章第三节。

由于我国社会保险制度起步较晚，且人口巨大，工资水平较低，政府财政实力不是很强，收支矛盾大，所以社会保险仍然处于较低的保障水平，养老保险收不抵支，缺口较大，每年都需要财政补助。同时，社会保险统筹层次较低，不同省份之间还不能共享、接转，出现不少问题和麻烦。比如，四川省到广东省务工的农民在广东缴纳了几年的保险费，后来回到四川省，要想继续参加社会保险，但原来的保险费却无法转回四川省；在某个地方工作的人退休后到另一个地方的子女家生活，但还得在原来工作单位所在地领养老保险金，每年的年审颇费周折；行政单位、事业单位、企业的养老保险、退休金水平相差较大，不公平的现象引发了社会矛盾，等等。这些都需要通过改革不断完善。

案例讨论 5-2

美国“全民医保”风波

2009 年，美国新总统奥巴马上任。这位非洲裔总统吸引世界各国眼球的新闻不少。其中之一就是“全民医保”改革。早在 2008 年总统竞选中，奥巴马就提出了“全民医保”的计划，主张建立一个覆盖全民的医疗保障体系。此前，美国是世界上唯一没有实现全民医保的发达国家。现有医保体系覆盖率约为 85%，估计有 4 700 万人没有任何医疗保险，约占美国人口的 15%。无保险者中绝大多数是有工作的穷人，包括新移民和非全日制工人。他们的收入刚过贫困线，没有资格申请政府提供的社会医疗保险，也没有能力购买私人医疗保险。美国每年医疗开销高达 2.5 万亿美元，平均每人 8 000 多美元，约占国内生产总值的 18%，预计到 2040 年将升至 34%，是世界上最昂贵的医疗体系。有调查结果显示：2007 年美国申请破产的家庭中，62.1% 的家庭是因为医疗费用过高所致。医疗费用增长也是美国预算赤字不断上升的重要原因。这一改革也是 20 世纪以来历任总统一直努力实现的任务，但都未能成功。其中一个关键性问题是，如何寻找支付这笔费用的财政来源。因为目前美国正面对来势凶猛的金融危机，需要扩大财政支出以拯救经济。

讨论：

1. 查阅有关资料，谈谈你对上述案例的看法。为什么美国作为最发达国家却难以解决医保问题？

2. 举出实际生活中的例子，谈谈你对政府活动中公平与效率存在矛盾的体会。

2. 社会救济

社会救济是指社会成员在其收入低于贫困线或因自然灾害、发生其他重大事故导致生活困难时，国家和社会按照法定的标准，通过资金和实物援助方式向其提供满足最低生活需要的一种社会保障制度。

社会救济是最初出现的社会保障项目。通过社会救济可使无生活来源的人，遭受自然灾害、重大疾病或其他重大事故而导致生活一时困难的人，生活在最低标准以下的人等，获得最起码的生活保障。

社会救济主要是作为社会保险的补充形式，解决一些社会保险不能解决的社会问题。社会救济与社会保险的主要区别在于：一是社会保险的对象是能够正常劳动且能获得维持基本生活所需收入的劳动者；社会救济的对象主要是不能正常劳动或不能获得维持基本生活所需收入的社会成员。二是社会保险的标准较高，一般能保证受益人一定的生活水准；社会救济只保证受益人最低的基本生活水平，因此，社会救济标准比社会保险津贴的标准要低。三是社会保险一般存在着权利和义务的对应关系，缴费（税）多者，能获得的保险津贴就多，反之就少；而社会救济不存在权利和义务对应关系，只要申请救济者符合社会救济的要求，就可向社会救济机构申请救济。这是因为社会救济是一种公民应享受的最基本的权利，也是国家和社会必须始终认真履行的社会保障职责。其目的就是要实现社会公平，克服贫困。

社会救济的资金来源是通过财政预算拨款，或通过税收减免进行的间接补助，另外还有部分彩票公益金和一定数量的民间捐赠。

现实生活中的贫困现象基本上有以下几种：遭受自然灾害造成的贫困；职业竞争造成的贫困；个人生理或个人能力原因造成的贫困等。与此相应的社会救济项目一般包括自然灾害救济、失业救济、孤寡病残救济和城乡困难户救济等。如我国目前的自然灾害救济、扶贫救济、“农村五保户”救济、城镇居民最低生活保障制度等，美国、英国、丹麦等发达国家给予“贫困线”以下的家庭和个人的救济等。

3. 社会福利

社会福利是指国家和社会为立法或政策范围内的所有公民普遍提供的、目的在于保证一定的生活水平和尽可能提高生活质量的资金和服务的一种社会保障形式。其主要表现为国家和社会提供的各种福利设施、社会服务以及举办的各种社会福利事业，不带任何前提条件地给予每一位符合规定的公民。其目的是为了改善公民生活质量，提高公民的生活水平。

我国目前的社会福利具体包括以下三个方面的内容：

(1) 国家和社会团体兴办的以全体社会成员为对象提供的公益性事业和社会服务。这些事业和服务主要有环境保护、教育、科学技术、文化、体育、卫生等服务和设施。社会成员在享受这些社会福利时是免费或低费用的。

(2) 具有局部性或选择性的社会福利。主要是指政府和单位为了照顾一定地区或一定范围内的居民对部分必要生活资料的需要而采取的优惠措施。如对寒冷地区的冬季取暖补贴、夏季的降温防暑补贴、边境地区艰苦生活补贴、地区性福利补贴、独生子女补贴等，还有部分社区提供的休闲活动娱乐场所，等等。

(3) 特殊社会福利，又称民政福利。这是指政府和慈善机构为残疾人和无劳动与生活能力的人举办的福利工厂、养老院、福利院、聋哑学校等。

4. 社会优抚

社会优抚，也称优抚安置，是指国家和社会按照规定对法定的优抚对象提供的确保其一定生活水平的资金和服务的带有褒扬性质和优待抚恤的特殊社会保障项目。在我国，优抚安置的对象一般包括现役军人，退伍、复员、转业军人，军队离休、退休干部，现役军人家庭，烈士家庭，牺牲、病故军人家属，革命伤残军人和其他特殊对象等。社会优抚的资金来源一般是国家财政拨款。

目前我国社会优抚的具体内容包括：

(1) 抚恤。这是政府和社会对因公伤残军人、因公牺牲及病故军人家属采取的一种物质抚慰方式。包括伤残抚恤和死亡抚恤。

(2) 优待，是指从政治上和物质上给予优待对象良好的物质或资金待遇、优先照顾和专项服务。

(3) 退役安置。退役安置是指国家和社会为退出现役的军人提供资金和服务，以帮助其重新就业的一项优抚保障制度。安置的对象包括转业的军官、复员志愿兵和退伍义务兵。退役安置主要从资金和服务两方面对退役军人提供保障。资金保障方面包括提供安置费、各级临时性生活津贴和生产性贷款；服务保障包括就业安置、就学安置、落户安置、职业培训、技术培训等。随着社会主义市场经济体制的建立，企业、机关的用工制度发生了很大的变化，军人退役安置问题上也出现了很多新情况，过去采取的通过指令性计划来安置退役军人的做法已不能再适用了。由于企业有用工自主权，而国家机关也面临着机构调整，同时退役军人本身所具备的技能和综合素质与单位招工的要求有一定距离，这使得退役军人的安置更加困难。要解决这些问题，必须采取新的措施和办法，要对原有的退役军人安置制度进行改革，以适应新形势的变化。

（4）优抚社会化服务。国家和社会筹集资金，建造服务设施，如革命伤残军人休养院、荣复军人慢性病疗养院等。

社会优抚作为社会保障体系中的特殊形式，对保障特殊社会群体的生活、巩固国防、保证人民安居乐业和社会稳定，具有极其重要的现实意义。为了保证这一社会保障制度能够顺利实施，必须保证稳定的资金投入，政府应依法确保在每年国民收入的分配和再分配过程中，从财政预算中列出一部分资金，用于对烈军属、伤残、退役军人等实行抚恤、优待和安置，以保障他们的基本生活水平，建立一个随着当地居民生活水平提高和社会经济发展水平提高而自然增长的优抚待遇调整机制。

（四）社会保障制度的类型

迄今为止，世界上已有将近150个国家建立了社会保障制度。但由于世界各国的社会制度、经济实力和文化背景等不同，推行社会保障制度的时间有先有后和有长有短。因此，各国社会保障制度在政策取向、制度设计、项目多寡、具体标准及实施办法等方面既有共同点，也有差异之处。从社会保障的主要方面进行分析和综合，世界各国社会保障制度大致可以分为救助型、保险型、福利型、国家保障型和自助型等五种模式。

1. 救助型社会保障制度

救助型社会保障制度是指国家通过建立健全社会保障的有关规章制度，保证每个社会成员在遇到各种不测事故时，能得到救助而不至于陷入贫困。对于已经处于贫困境遇的人们，则发给社会保障津贴，以维持其基本生活。其特征是：（1）政府通过相应的立法，作为实施救助的依据。公民申请和享受社会救助是其依法应享受的权利，不附带屈辱条件，不同于慈善机构的“施善”或“恩赐”，也不同于资本主义初期的济贫和赈济。（2）社会救助的费用列入政府的财政支出，其资金来源于国家税收，个人不交纳保险费。（3）救助的对象为因失业或天灾人祸而陷入贫困的公民、弃婴、孤儿、残疾人、老年人。（4）救助的标准为低水平，以维持生存为限。

这种救助型社会保障制度是工业化开始前后所实行的单项或多项救助制度。按社会保障的标准来衡量，只能说它处于起步阶段，是社会保障制度中的一种初级的、不成熟的、不完备的形式。这种制度目前主要在一些发展较为迟缓的非洲国家实行。

2. 保险型社会保障制度

保险型社会保障制度是在工业化取得一定成效、经济有雄厚基础的情况下实行的。其目标是国家为公民提供一系列的基本生活保障，使公民的失业、年老、伤残以及由于婚姻关系、生育或死亡而需要特别支出的情况下，得到经济补偿和保障。它起源于德国，随后为西欧、美国、日本所仿效。

这种保障制度具有以下特征：(1) 政府通过有关社会保障的立法，作为实施的依据。(2) 这种保险为强制性保险，个人交纳社会保障费，企业主为雇员缴纳社会保障金，各国政府以不同标准拨款资助。公民只有在履行交费义务取得享受权利后，才能依法领取各种社会保障津贴。对公民来说，这是权利与义务的统一。(3) 保障的覆盖面大，几乎包容了社会全体成员。(4) 保险的项目有多有少，在一定程度上解决了人们生、老、病、死、失业、伤残的后顾之忧。(5) 资金来源多元化，有利于形成保障基金，增强社会保障的经济后盾。

3. 福利型社会保障制度

福利型社会保障制度是在经济比较发达、整个社会物质生活水平提高的情况下实行的一种比较全面的保障形式，按照“普遍性”原则，实行“收入均等化、就业充分化、福利普遍化、福利设施体系化”的社会保障制度，其目标在于“对于每个公民，由生到死的一切生活及危险，诸如疾病、灾害、老年、生育、死亡以及鳏、寡、孤、独、残疾人都给予安全保障”。这项制度来源于福利国家的福利政策，由英国初创，接着在北欧各国流行。

福利型社会保障制度的主要特征是：(1) 社会保障政策是福利国家的一项主要政策，依法实施，并设有多层次的社会保障法院监督执行。(2) 强调福利的普遍性和人道主义、人权观念，服务对象为社会全体成员。(3) 个人不交纳或低标准交纳社会保障费，福利开支基本上由企业和政府负担。(4) 保障项目齐全，一般包括“从摇篮到坟墓”的一切福利保障，标准也比较高。(5) 保障的目的已不完全是预防贫困和消灭贫困，而在于维持社会成员一定标准的生活质量，加强个人安全感。不仅要满足人员社会保障需求，而且开始注意满足人们的社会福利需求。

4. 国家保障型社会保障制度

国家保障型社会保障制度是传统的社会主义国家以公有制为基础的社会保障制度，属于国家保障性质。其宗旨是“最充分地满足无劳动能力者的需要，保护劳动者的健康并维持其工作能力”。国家把社会保障作为解决劳动的社会经济问题的杠杆之一。原苏联是这一类型的首创与代表。我国 90 年代以前在计划经济体制下就是参照这一模式建立劳动保险制度的。

这种国家保障型社会保障制度的特征是：(1) 国家宪法把社会保障确定为发

展中的国家制度，公民所享有的保障权利是由生产资料公有制保证的，是根据国家社会经济政策在整个国家国民经济范围内实行管理取得的。（2）社会保障支出全部由政府和企业承担，个人不交纳保障费。其传统观念认为国家已经事先对社会保障费用作预留和扣除。（3）工会组织保障事业的决策与管理，一方面劳动者通过人民代表机构对社会保障施加影响，另一方面，工会从基层工会到中央理事会，都参加实施社会保障。（4）保障对象为全体公民。宪法规定，每一个有劳动能力的人都必须积极参加社会生产，对无劳动能力的一切社会成员提供物质保障。保障的经济来源靠全社会的公共资金无偿提供。

5. 自助型社会保障制度

自助型社会保障制度是指以自助为主，以促进经济发展为目标的保障形式。其特征是政府不提供资助，通过建立强制储蓄制度，为社会保障积累资金。除公共福利与文化设施外，费用由雇主和雇员负担。这种制度主要在新加坡、马来西亚、印度尼西亚等国实行并在新加坡等国取得了显著成效。

从世界各国的社会保障发展过程看，由于各国基本社会制度和国情的差异，社会保障机制和保障水平明显不同，使其对储蓄和消费的影响也不尽相同。各国一般使用社会保障支出与国民收入（或者是国民生产总值）的比，作为各国社会保障支出规模的衡量指标。按照国际货币基金组织发布的《政府财政统计年鉴》（2011），美国社会保障支出占 GDP 的比重为 15.55%、英国为 15.08%、法国为 25.68%、希腊为 20.77%、德国为 25.58%、日本为 21.93%。以挪威、瑞典为代表的北欧国家被称为高福利国家。

思考与讨论：大家可以列表对上述五种制度进行比较，归纳其共同点与不同点。还可以结合文献资料、社会调查，分析一个国家的社会保障制度、社会保障水平受哪些因素影响，就哪种社会保障制度类型适合我国现在的国情展开讨论。

（五）社会保障资金的来源与筹集方式

实践证明，实施社会保障制度是政府的一项重要职能。要使其发挥作用，关键在于资金来源。资金的筹措，既使社会保障制度得以启动，也是社会保障制度得以顺利运行的物质基础。足额的资金数量、适当的筹资方式，可以使社会保障更好地发挥稳定社会经济发展的一个重要杠杆的作用。

1. 社会保障资金的来源

筹集社会保障资金，不仅要能满足社会保障的实际需要，更要充分考虑到国民经济的发展水平，考虑到国家、企业和个人的经济承受能力。关于社会保障资金的来源问题，目前世界上大多数国家实行由政府、企业（雇主）和个人共同负担的办法，或者依据具体情况，由这三种来源的不同组合构成。（1）政府财政负担，即由财政直接安排支出或由财政进行转移支付，用于社会保障事业方面的开支，这是社会保障基金中重要的、稳定的来源。财政负担社会保障的资金主要来源于一般税收，从而使社会保障与税收之间联系起来，体现了人人负担的特点。作为政府的社会义务，财政负担社会保障资金是政府职能的重要体现，它对稳定社会保障给付的作用是明显的。(2) 企业（雇主）缴纳社会保障税，是社会保障基金的又一重要来源。劳动者为某一企业（雇主）提供了劳动力，创造了相当的社会财富，为供职企业（雇主）也提供了相应的成果，雇用的企业（雇主）有义务为其缴纳社会保障税，这些费用可以列入企业经营成本。(3) 个人缴纳部分。个人负担一部分社会保障（尤其是社会保险）税是必要的。它有助于减少个人收入之间的差距（收入高的多交一些，低的少交一些），发挥社会保障的收入调节作用，同时还可以促使人们多关心社会保障事业，减轻国家和企业的负担。

2. 社会保障资金的筹集方式

从理论上来看，社会保障资金的筹集方式主要有完全基金制、现收现付制和部分基金制。

(1) 完全基金制，也称为积累制。这种模式要求在对未来进行较长时间宏观预测的基础上，预计保障对象在保障期间内所需享受保障待遇的总量，据此按照一定比例将其分摊到保障对象的整个投保期间。这种模式的主要特点是在初期收费率高，筹资见效快，之后在较长的时期内收费率保持相对稳定，收大于支的部分形成储备基金，需要通过具有较高回报率的投资予以保值。对于工资水平不高的发展中国家来说，缴费高就意味着剩下的工资很少，现在的生活就成问题。

(2) 现收现付制。它要求先作出一年（最多几年）内某项社会保障措施所需费用的测算，然后按照一定比例分摊到参加这一保障制度的所有单位和个人，当年的基金收入仅用于涉及当年支出的需要。换句话说，现收现付制是按财政收支年度平衡的原则，将所有参保单位及正在工作的人缴纳的社会保险费作为资金来源，全部支付给同一时期里另一部分接受社会保障资助的人。就养老保险来说，实际上就是现在的年轻人缴费，用于现在的老年人；现在的年轻人退休时，那时的年轻人缴纳的保险费就用来给他们发养老金。这里有一个“代际转移”的问题，现在的老年人领取的养老金来自于现在的年轻人，如果新出生人口减少，老年人比重不断提高，那么，将来养老保险基金就会出现不够用的问题，对于已经进入老龄化社会的国家来说，将是一个不好解决的难题。

(3) 部分基金制。它是指将在职人员缴费分成两部分。其中一部分作为基金进行积累，另一部分用于现期的社会保障支出。这种模式一般几年不变，过几年调整一次，收大于支的部分，通过投资取得相应的回报。其特点是初期收费率较低，以后逐步提高，保持相对稳定。例如我国目前的养老保险实行的是社会统筹与个人账户相结合的制度，简称“统账结合”。

上述三种方式各有利弊，在实际运用当中，各个国家应根据各自的情况以及社会保障内容的不同特点，选择符合本国国情的社会保障资金的筹集方式。同学们也可以列表比较，或用图形来形象地表示这些方式的区别，加深理解。

案例讨论 5-3

故事中的财政知识

相信不少人都看过电视剧《喜耕田的故事》，其中有这样的情节：村子里有一位老大娘，养子叫栓子，娶了一个媳妇叫九仙，媳妇不愿意赡养老人，村里做工作也没有效果，村委会也没有能力照顾老人。后来，老大娘的手艺得到发现，得了一大笔钱，九仙的态度发生很大变化。这反映了现实生活中具有一定代表性的社会现象，随着越来越多的年轻人到城里打工，剩下老年人和小孩在农村，小孩的问题称为留守儿童，而老年人的问题尚未引起足够重视，中央电视台《新闻 1+1》2009 年 10 月 26 日播出了题为《今天的老人，明天的“我”》的电视节目，专门讨论了老年人的养老问题。近几年来，我国政府也在逐步完善农村养老保险制度，并随着财政实力的增强加大扶持力度。

讨论：

1. 对当地农村的养老保险制度情况进行调查，分析其财政原理。

2. 分析家庭养老与政府养老、社会养老的利弊，谈谈自己的看法。

二、财政补贴

（一）财政补贴的含义和特征

财政补贴是指国家为了某种特定需要，通过财政分配，向企业或居民提供的无偿性补助支出。财政补贴具有以下特征：

1. 政策性

财政补贴的对象、补贴的数额、补贴的期限等都必须按照一定时期的政策需要来制定。

2. 灵活性

财政补贴不是一经确定就长期保持不变的，国家要根据经济发展的情况和政策需要及时修正和调整财政补贴。

3. 时效性

财政补贴作为一种政策手段，是为国家政策目标服务的，必须依据一定时期国家的政策需要来制定。当国家的某些政策发生变化时，财政补贴也必须作出相应的调整。

（二）财政补贴的分类

一般理论界对财政补贴的分类，是根据不同标准进行的。我国的财政补贴是根据国家预算管理要求进行划分的，目前主要包括以下几个方面的内容：

1. 价格补贴

价格补贴是国家财政在商品购销价格倒挂的情况下，对工商企业支付的补贴，或购销价格顺挂的情况下对消费者支付的提价补贴。价格补贴按产品类别的不同，具体包括以下几种：（1）农副产品价格补贴。这是价格补贴的主要内容，根据补贴对象不同又分为两大类，即商业企业价差补贴和城镇居民的副食品价格补贴。(2) 农业生产资料价格补贴，是指国家为了以低于价值的销售价格向农民出售农业生产资料，向有关生产企业拨付的价差补贴。国家给予价差补贴的农业生产资料主要有化肥、农药、农用电、农用塑料薄膜等。(3) 日用工业品价格补贴，是指国家为了使日用工业品的批发价格或市场零售价格在成本上升情况下保持不变，向商业企业支付的亏损补贴。如燃气价格亏损补贴等。(4) 工矿产品价格补贴，是指中央财政对地方调出省外统配煤，国家收购黄金、白银等工矿产品，因调出或收购价格较低而支付的财政补贴。

2. 企业亏损补贴

企业亏损补贴，又称为国有企业计划亏损补贴，主要是指国家为了使国有企业能够按照国家计划生产、经营一些社会需要但由于客观原因生产经营将出现亏损的产品，而向这些企业拨付的财政补贴。导致企业计划性亏损的原因，主要是产品计划价格水平偏低，不足以抵补本行业的平均生产成本而造成的亏损。

企业亏损补贴与价格补贴之间有所不同：(1) 补贴的对象不同。价格补贴主要与市场零售有关，而企业亏损补贴主要与工业生产资料有关。(2) 补贴的受益人不同。价格补贴的直接受益人主要是城乡企业居民，而企业亏损补贴的直接受益人主要是相关企业。(3) 补贴的环节不同。价格补贴多补贴在流通环节，一般向商业企业提供。而企业亏损补贴则在生产环节，一般向生产企业提供。(4) 补贴的用途不同。价格补贴主要用于弥补购销倒挂给企业造成的价差损失。而企业亏损补贴主要向经营价格倒挂的产品的企业提供经营费用和合理盈利。

3. 财政贴息

财政贴息是指为了国家宏观调控的需要，政府财政对使用某些规定用途银行贷款的企业或个人，就其支付的贷款利息提供的一种补贴。其实质是政府财政代替企业或个人向银行支付全部或部分利息，是政府财政支持有关行业或事业发展的一种有效方式。近几年来，我国对大学生助学贷款给予了贴息，即在校四年期间的利息由财政支付，减轻了家庭困难学生的负担。

思考与讨论：同学们可以调查本校或本院系的助学贷款情况、受益人的经济状况，比较分析这一政策有什么效果，注意运用第一章第四节所提及的分析方法、统计学或计量经济学等课程学习的分析方法，在运用中巩固专业知识，掌握专业技能。

（三）财政补贴对经济的积极影响

财政补贴作为一种政府宏观经济调控的手段，对社会经济生活有着直接或间接的影响，主要体现在：

1. 有效调节社会供求平衡，维护宏观经济稳定

财政补贴是通过改变相对价格来调节供求结构的。比如，在供给结构方面，国家在产品购销环节有选择地向特定经济主体提供补贴，就能够改变其产品价格，提高盈利水平，增加产品供给。以农产品生产为例，由于粮食生产的比较效

益较差，农业生产者的生产积极性不高。因此，国家发放了粮棉油价格补贴，并按市场保护价敞开收购农民余粮。这对稳定粮食生产、改善供给结构发挥了重要作用。

2. 促进社会资源的优化配置

国家通过调整财政补贴的对象和数量，可以促进生产要素的合理配置。主要表现在：（1）促进资源合理流向价低利微甚至亏本，但为社会所必需的行业或企业，如邮政、农业等。（2）促进资源合理流向行业或企业风险大，投资预期效益难以确定的行业或企业，如高新技术产业。（3）促进资源合理流向经济不发达地区，如边远山区、少数民族地区。（4）在经济不景气或遇到特大自然灾害时，政府向遭受严重经济打击的重要行业或企业提供必要的补助，可以维持其生产经营活动，促进生产要素的合理利用，如2003年非典暴发后给旅游等行业的补贴。

3. 配合自然垄断领域的管制价格，提供社会福利

自然垄断性公营企业侧重于控制国防工业和经济命脉（如道路交通、能源电力、航空和金融等基础设施）以保证国家安全和经济增长，这类公营企事业以实现社会目标（包括就业目标等）为主，较少体现盈利目标。尤其是自然垄断行业具有强烈的规模经济效应，要投入大量“沉淀资本”才能开业，要由政府承担资源配置，必须纳入各级公共财政，与政府的财政预算体制直接挂钩。由于这类公营企事业的经费不能全部直接从服务对象收取，在优先满足社会目标的过程中，需要花费较大成本而投资回收又很慢，所以直接经济效益偏低，需要政府的财政补贴。这样，居民只要花费较少的成本就可以享受到这些商品或服务，相当于政府为居民提供社会福利。

4. 调节收入分配，缩小居民收入差距

在国民收入再分配环节，财政补贴可以发挥积极作用。主要表现在通过对消费者给予补贴，可以增加其现金收入和消费数量，促进收入的公平分配，协调社会经济关系。

从这个意义上说，财政补贴有着存在的必要性。

（四）我国财政补贴制度及其改革

1. 我国财政补贴制度基本状况

我国自20世纪70年代末期开始，补贴过多，给财政造成沉重的负担，也对国民经济的发展造成一定的阻碍。从表5-2可以看到，1989年各项财政补贴占到财政支出总额的13.23%，成了财政的一大包袱。进入20世纪90年代之后，国家对财政补贴进行了大幅度的改革和调整，矛盾逐步缓和。近十年来，我国加大了对农业生产、农村居民消费、环境保护、住房等领域的补贴力度，充分发挥财政补贴作为财政政策工具的调节作用，大家可以通过各种新闻报道了解这方面的信息，结合背景资料，思考政府为什么这样做，分析其经济原理，调查其实施效果，巩固所学专业知识。

表 5-2　　1978—2011 年政策性补贴支出　　金额单位：亿元

年份	合计	占财政支出的比例（%）	粮棉油价格补贴	平抑物价等补贴	肉食品价格补贴	其他价格补贴
1978	11.14	0.99	11.14	—	—	—
1980	117.71	9.58	102.80	—	—	14.91
1985	261.79	13.06	198.66	—	33.52	29.61
1989	373.55	13.23	262.52	—	41.29	69.74
1990	380.80	12.35	267.61	—	41.78	71.41
1991	373.77	11.04	267.03	—	42.46	64.28
1992	321.64	8.59	224.35	—	38.54	58.75
1993	299.30	6.45	224.75	—	29.86	44.69
1994	314.47	5.43	202.03	41.25	25.41	45.78
1995	364.89	5.35	228.91	50.17	24.17	61.64
1996	453.91	5.72	311.39	53.38	27.46	61.68
1997	551.96	5.98	413.67	43.20	28.25	66.84
1998	712.12	6.59	565.04	28.10	26.09	92.89
1999	697.64	5.29	492.29	14.25	20.55	170.55
2000	1 042.28	6.56	758.74	17.71	19.39	246.44
2001	741.51	3.92	605.44	16.74	4.55	114.78
2002	645.07	2.93	535.24	5.32	1.60	102.91
2003	617.28	2.50	550.15	5.15	1.28	60.70
2004	795.80	2.79	660.41	5.22	1.28	128.89
2005	998.47	2.94	577.91	4.69	0.93	414.94
2006	1 387.52	—	—	—	—	—
2007	—	—	—	—	—	—
2008	—	—	—	—	—	—
2009	—	—	—	—	—	—
2010	2 372.33	2.64	—	—	—	—
2011	3 192.35	2.92	—	—	—	—

注：①政策性补贴支出，1985 年以前冲减财政收入，1986 年起作为支出项目列在财政支出中。②2007 年采用新的支出分类，没有政策补贴支出科目。2010、2011 年数据是根据财政部网站公布的《2010 年全国公共财政支出决算表》、《2011 年全国公共财政支出决算表》统计，2007、2008、2009 年公布的支出决算表没有详细数据，无法统计。

不恰当的财政补贴主要表现在几个方面：

（1）补贴过多过滥，加剧了财政收支的矛盾，使政府财政背上了沉重的负担。有时只要价格上涨或者企业出现亏损，就要给予财政补贴。而且补贴具有一定的刚性，一旦补贴就难以取消，补贴数额不断攀升，成为财政的沉重负担，直接影响财政收支平衡。

（2）不规范的财政补贴不利于真实反映企业的经营业绩。过多的补贴会使企业产生依赖思想，不利于企业加强管理、提高生产和经营的效率，妨碍了企业的公平竞争。

（3）不合理的补贴方式影响了其作用的发挥。不少补贴采取“暗补”的方式，把一些重要商品和劳务的价格维持在一个较低的水平上，扭曲了价格与价值的正常关系，也不反映供求关系。这不仅不利于这些产业自身的发展，也容易引发对这些产品和劳务的过度需求甚至浪费，加剧供求的结构矛盾。政府财政对一些经济活动长期提供大量补贴，将使价格与价值的背离长期化、合法化，从而削弱价格的调控功能。

思考与讨论：近几年，社会上对我国一些国有大型企业享受高额财政补贴议论纷纷，据报道，2012 年，中国石油和中国石化合计获得政府补贴金额 122 亿元，连续第三年攀升。相比之下，一些国企即使有政府补贴相助，但依然没能摆脱亏损的命运。比如中国远洋、中国铝业和中国中冶三大央企（均为上市公司），2012 年获得的补贴数额达到 22 亿元，但三家企业的累计亏损额高达 247 亿元。一直以来，央企享受着垄断经营以及低融资成本等多项优势，但又获得财政补贴。这种做法是否合理，结合本节内容思考与讨论，分析哪些补贴是合理的，哪些不够合理，什么情况应当给予补贴，以及如何判断补贴是否合理。

2. 建立科学合理的财政补贴制度

进入 20 世纪 90 年代以来，与价格管理体制和企业管理体制改革相适应，国家对财政补贴进行了较大幅度改革，取得了明显成效，但仍然存在着一些问题：（1）财政补贴的项目仍然过多，不利于市场经济的有效运行；（2）企业亏损补贴制度不够规范，不利于促进企业改善经营管理，转换经营机制；（3）中央政府与地方政府在财政补贴领域中的职权划分不明确，不利于分税制财政体制的有效运行。

为此，必须进一步改革我国的财政补贴制度，主要解决以下问题：（1）财政补贴应尽量减少对市场机制的干扰；（2）财政补贴应适时、适度地调整其规模，优化补贴结构；（3）财政补贴应与其他政策配合运用，促进国民经济发展；（4）规范财政补贴管理，提高补贴效率。

财政补贴制度的改革不是要取消补贴，而是更好地发挥其积极作用。其思路是：一是尽量减少给企业的直接补贴；二是对价格环节的补贴应尽量发挥市场的调节作用，能不补尽量不补；三是改革公用事业补贴方式。社会公用事业多数属于非竞争性行业，而举办公用事业既要坚持保本微利原则，又要加强政府对收费和使用的监督，不允许其依靠垄断地位谋求商业性利润和将所收费用用于维持公用事业发展以外的开支。因此，对于少数难以靠收费维持收支平衡的公用事业（如城市供暖、城市公共交通等），财政可适当以招标方式提供补贴。此外，我国北方地区居民取暖费原来多由所在单位负责，随着职工跳槽问题日益增加，加上我国实行货币化分房制度，给供暖补贴的发放带来一定难度，因此，2006 年冬季北方的供暖费由过去的“暗补”改为“明补”，即以工资形式发放给职工个人，由职工个人交纳取暖费。

案例讨论 5-4

冬季供暖应由谁掏钱

我国北方供暖是涉及每家每户的大事，由于传统“单位包费、福利供热”的福利供暖体制实行了数十年，这使得多数居民都将供暖看做一种基本福利。虽然目前全国城镇 80% 以上的住宅已经归城镇居民所有，单位不再拥有住房的产权。加上供热企业、居民和原单位性质的多元化，政府逐步停止了对供暖企业的投资和补贴，供暖费用也逐步从单位缴纳向居民个人缴纳转变。但仍有相当一部分人把供热视为政府或者单位的福利，即使他们有缴费的能力，也拒绝按时缴纳。据了解，2005 年北京市供暖收费率不足 30%，比去年同期低了 10%。据有关负责人透露，北京市的供暖欠缴费达到了 200 亿元。

欠费成为了供暖企业的沉重负担。例如北京热力集团，仅在 2004—2005 年的供暖季中，用户由于各种原因累计欠费达数亿元，由于北京市政府已经不再参与出资建设城市热源和管网建设，市财政也停止了供热补贴，所以无论是新管网的建设还是管网维护、企业经营等，都需要大量资金维持，而供暖费的拖欠无异于扼住了企业的脖子。

在原来的供热体制中，计费方式是按房屋面积来计算的。这使得一些很多无人居住的空屋也加入了拖欠取暖费的行列。2003 年的改革试点中明确提出，要将现行的热费计算方式逐步实行改革，逐渐取消按面积计收热费，积极推行按用热量分户计量收费办法。

究竟冬季供暖应由谁掏钱，政府应当发挥什么作用，确实值得深入探讨。

讨论：

1. 查阅有关资料，谈谈你对上述案例的看法。为什么美国作为最发达国家却难以解决医保问题？

2. 举出实际生活中的例子，谈谈你对政府活动中公平与效率存在矛盾的体会。

三、税式支出

（一）税式支出的概念

1967 年美国财政部税收政策助理、哈佛大学教授斯坦莱·S. 萨里在一次讲话中第一次使用了“税式支出”这个词。1968 年美国财政部将税式支出运用于财政预算分析，公布了美国的第一个税式支出预算。1973 年，萨里教授在其著作《税收改革之途径》一书中，第一次对税式支出作了理论上的探讨和阐述。

各国对于税式支出的概念有着多种不同的定义，大致说来，税式支出就是在税收领域给予纳税人以隐性的资金补贴，因此，只要事实上减少了国家的税收收入，或减轻了纳税人的税收负担就可以视为税式支出。也就是说，税式支出是在现行税制结构不变的条件下，对于某些纳税个人、企业，或其特定经济行为，实行激励性的区别对待，给予不同的税收减免的优惠待遇（不直接给予现金）。

从本质上看，税式支出是国家为了引导、扶持某些经济活动，刺激投资、消费或者补助某些特殊困难而制定的各种税收优惠措施。其实质是政府以特殊的法律条款规定的、给予特定类型的活动或纳税人以各种税收优惠而形成的收入损失或放弃的收入。可见，税式支出是政府的一种间接性支出，属于财政补贴性支出。在实践中，它可以界定为：在现行税制结构不变的条件下，国家对于某些纳税人或其特定经济行为，实行照顾或激励性的区别对待，给予不同的税收减免等优惠待遇而形成的支出或放弃的收入。其形式主要有起征点、税收扣除、税额减免、优惠退税、优惠税率、盈亏互抵、税收抵免、税收饶让、税收递延和加速折旧等。

（二）税式支出的分类

从其发挥的作用看，税式支出可分为照顾性税式支出和刺激性税式支出。

照顾性税式支出，主要是针对纳税人由于客观原因在生产经营上发生临时困难而无力纳税所采取的照顾性措施，其目的在于扶持国家希望发展的亏损或微利企业以及外贸企业，以保持国民经济各部门发展的基本平衡。如给发生自然灾害地区减免税、对福利企业减免税、出口退税等。

刺激性税式支出，主要是指用来改善资源配置、提高经济效益的特殊减免规定，其目的是为了正确引导产业结构、产品结构、进出口结构以及市场供求，促进纳税人开发新产品、新技术以及安排劳动就业等等。刺激性税式支出既可以针对特定的纳税人，不论其经营业务的性质如何，都可以依法得到优惠照顾；又可以针对特定的征税对象，从行业产品的性质考虑，不论经营者是什么性质的纳税人，都可以享受优惠待遇。刺激性支出还可以分为针对特殊课税对象的税式支出，如我国对农、牧、渔业等用盐可减征盐税，针对特定纳税人的税式支出，如对下岗职工、伤残人、高校毕业生自主创业的，不论其经营业务的性质如何，可以给予税收优惠照顾，等等。

（三）税式支出的形式

与税式支出定义的确定相比，税式支出项目的确定要复杂得多。许多国家一般把直接支出作为区分标准：如果能用直接支出替代的减免项目就列为税式支出；否则就不能算为税式支出。如根据所得税制的构成原则，本不属于课税范围的一些扣除或减免项目，诸如个人生活费用的扣除，为取得所得而支出的成本扣除等，就不能列入税式支出的范围。虽然税式支出项目的确定有一定困难，但还是有一定规律可循。就刺激经济活动和调节社会生活的税式支出而言，其形式大致有以下几种：

1. 税收豁免

税收豁免是指在一定时期内，通过对纳税人的某些所得项目或所得来源不予征税，或对某些活动不列入征税范围等，以豁免其税收负担。至于豁免期和豁免税收项目，应视当时的经济环境和政策而定。最常见的税收豁免包括免除关税与货物税和免除所得税。免除关税与货物税，可以使企业降低成本、增强市场竞争能力。免除所得税，一方面可以增加新投资的利润，使企业更快地收回所投资本，减少投资风险，以刺激投资；另一方面可以促进社会政策的顺利实施，以稳定社会正常生活秩序。

2. 纳税扣除

纳税扣除是指准许企业把一些合乎规定的特殊支出，以一定的比率或全部从应税所得中扣除，以减轻其税收负担。在累进税制下，纳税人的所得越高，这种扣除的实际价值就越大。这是因为，有的国家的纳税扣除，是按照纳税人的总所得，以一定的百分比扣除，这样在扣除比率一定的条件下，纳税人的所得额越大，其扣除额就越多；另外，就某些纳税人来说，由于在其所得中扣除了一部分数额，使得原较高税率档次降低到低一级甚至几级的税率档次，实际使用税率降低，从而降低了其征税税率。

3. 税收抵免

税收抵免是指允许纳税人从其某种合乎奖励规定的支出中，以一定比率从其应纳税额中扣除，以减轻其税收负担。税收抵免可以分为限额抵免和全额抵免，限额抵免是指税务机关不允许其抵免额超过其应纳税额；全额抵免是指税务机关允许其抵免额超过应纳税额。在西方国家，税收抵免的形式多种多样，其中最主要的两种形式是投资抵免和国外税收抵免。投资抵免是指政府对符合规定的新增固定资产投资，可以从其当年应纳所得税额中，扣除相当于新增投资设备某一比率的税额，以减轻其税负，促进资本形成并增强经济增长的潜力。国外税收抵免，常见于国际税收业务中，即纳税人在居住国汇总计算国外的收入所得税时，准予扣除其在国外已纳税款。

税收抵免与纳税扣除的不同之处在于：前者是计算出应纳税额后，从中减除一定数额；后者则是从应税收入中减去一定金额。由于税收抵免可以减轻纳税人的税收负担增加其税后所得，因此它通常被作为政府的一种政策工具在实践中加以运用，以实现政府的某些政策目标。比如，美国的税收抵免与“反恐”挂钩，税收抵免制度明确规定，美国纳税人在支持恐怖主义的国家缴纳的税收，一概不得进行税收抵免。而且，即使纳税人的收入是在第三国获得的，但该笔收入的原始来源地是支持恐怖主义的国家，那么这笔收入在第三国所缴纳的税收也不得抵免。

4. 优惠税率

优惠税率是指对符合国家规定的企业或征税对象采取较低的税率。其适用的范围可根据实际需要而予以调整。优惠税率，可以是有期限的优惠，也可以是长期优惠。一般说来，长期优惠税率的鼓励程度大于有期限的优惠税率，尤其是那些需要巨额投资且获利较迟的企业，常常可以从长期优惠税率中得到较大的利益。在实践中，优惠税率的表现形式很多，如规定较一般税率低的税率政策或实行纳税限额政策等。

5. 盈亏相抵

盈亏相抵是指准许企业以某一年度的亏损，抵消以后年度的盈余，以减少其以后年度的应纳税款；或者冲抵以前年度的盈余，申请退还以前年度已纳的部分税款。一般而言，抵消或冲抵前后年度的盈余，都有一定的时间限制。由于盈亏相抵可以使亏损企业按照规定从以前或以后年度的盈余中得到补偿，所以对具有高度冒险性的投资有相当大的刺激效果。当然，盈亏相抵是以企业发生亏损为前提的，并且就其应用范围来说，盈亏相抵通常只能适用于所得税方面。

6. 退税

退税是指国家按规定对纳税人已纳税款的退还，包括多征误征的税款、按规定提取的地方附加及代征手续费等方面的退税。但作为税式支出形式的退税主要是指优惠退税，是国家鼓励纳税人从事或扩大某种经济活动而给予的税款退还，包括出口退税和再投资退税。出口退税是国家为了鼓励出口而给予的税款退还。再投资退税是为了鼓励投资者将分得的利润进行再投资，而退还纳税人再投资部分已纳的部分或全部税款。

7. 延期纳税

延期纳税又称"税负延迟缴纳"，是指允许纳税人对那些符合规定的税收，延迟缴纳或分期缴纳应负担的税额。延期纳税可适用于各种税的缴纳，其通常应用于税额较大的税收上。延期纳税等于纳税人得到了一笔金额相当于已纳税款的无息贷款，可以在一定程度上帮助纳税人解除财务上的暂时困难。同时，延期纳税对政府来说，负担也比较轻微，只是损失了已纳税款的利息而已。

8. 加速折旧

加速折旧是指在固定资产使用年限的初期多提折旧，后期少提折旧。加速折旧可以使企业在固定资产的使用年限内早一些得到补偿。加速折旧是一种特殊的税式支出形式，虽然它可以在固定资产使用年限的初期多提折旧，但折旧累计总额不可能超过资产的可折旧成本，所以，其总折旧额并不会比一般折旧高。由于折旧是一项费用，折旧额越大，企业的应纳税所得越小，税负就越轻，所以对于企业而言，虽然总税负不变，但税负前轻后重也相当于企业得到了一笔无息贷款；对政府而言，亦损失了一部分收入的"时间价值"。因此，加速折旧同延期纳税一样，都是税式支出的特殊形式。

（四）研究税式支出的意义

随着税收制度的建立和完善，我国对税收优惠措施的运用越来越广泛，国家以税收优惠形式提供的财政补助的数额与日俱增，旨在鼓励纳税人的经济活动或减轻纳税人的经济负担。但是，随着税收优惠措施的广泛运用，税收优惠失控问题愈发突出：一方面，国家损失了大量的税收收入，而企业对这笔资金的使用却漫不经心，效益极差；另一方面，给企业的寻租行为提供了可乘之机，企业依赖思想日趋严重。这种情况不仅在我国存在，也是世界各国的普遍现象。

十一届三中全会以来，特别是第二步利改税以后，随着改革开放政策的实施，我国逐步形成了“多种税、多层次、多环节征收”的复合税制体系，以减免税为主要形式的税式支出作为税收杠杆的重要组成部分得到广泛运用。但由于我国现行的税式支出管理制度是在原有计划经济体制下建立发展起来的，具有过渡性的特征，不能完全适应社会主义市场经济的要求。集中表现为以下突出问题：

税式支出还没有正式纳入预算化管理，缺乏总量控制，支出效应低下。目前税收优惠没有任何统计数据，对其效果的评价更无从谈起。各项税式支出政策过多、过滥，涉及面过多，必然降低其预期政策效应，并为骗税、逃税等违法违纪行为提供了可乘之机。且在微观上，尚未能全面开展税式支出分析与评估和有效把握优惠税款的去向，再加上审批与管理的脱节，致使税式支出的政策效应难以得到有效实现，许多优惠政策并未收到好的效果。

税式支出形式单一，范围、结构不尽合理。一是税式支出的形式偏重于以减免税和优惠税率为主的“直接援助”，而加速折旧、投资抵免等“间接援助”应用的范围和规模不大，不利于提高税式支出的效果。二是税式支出范围不够科学。目前的税式支出范围主要集中在对国家经济开发区和沿海开放地区的实施，而对中西部地区涉及的税式支出甚少，不利于缩小东西部经济差距。三是税式支出的税种结构还不够合理。虽然涉外税收优惠大都集中在所得税上，但增值税等流转税的税式支出在整个税式支出中也居于重要地位，不利于进行税式支出较为适宜的所得税、财产税等直接税作用的发挥，也与市场经济下间接税应尽量保持中性的要求不符。

大量税式支出政策，使名义税率过高，拉大了纳税人名义税负和实际税负的差距，导致了新的不公平竞争。

（五）我国税式支出制度改革的根本出路

首先，应积极探寻较为适合我国的税式支出分析评价制度与方法，以指导对现有税式支出项目进行彻底的清理整顿。重点抓好增值税、消费税、营业税、关税、个人所得税和企业所得税等主要税种的分析与评价工作。在此基础上，完成对现有税式支出项目的彻底清理整顿：对确有社会经济效益但尚无法律依据的税收优惠，要以立法的形式加以巩固和完善；对虽有法律依据但缺少社会经济效益的税收优惠，要考虑通过修改税收法律条款，予以取消；对既无社会经济效益又无法律依据的税收优惠，则需要尽快采取有力措施，坚决予以杜绝。

其次，从某一部门或某一支出项目入手，进行税式支出成本的预测分析工作。

对税式支出成本估计方法的选择，我们认为，收入放弃法（即以每一预算年度内由于本年度实施某一特殊优惠条款而减少的税收收入额来估计税式支出成本的方法，这种方法为大多数国家所采用）较为适合我国的管理、技术水平，因为它不需要事先考虑税式支出项目之间的相互效应、增加或减少一项税式支出对纳税人行为的影响，进而对税基的影响以及预期税式支出效果能否显现，在短期还是长期显现等一系列复杂而不确定的因素，只要相对简单的统计方法对某项税式支出的实施成本进行事后检验即可。

再次，应对税式支出项目进行分类，编制我国的税式支出表。为与我国现行的预算支出分类一致，形成税式支出与财政直接支出项目的对应关系，便于比较分析，税式支出项目应按预算职能分类，在每一职能项目下再按税类分列，税类之下再按税种分列，形成税式支出预算表的三级结构。

第三节　中国的财政支出

随着财政收入规模不断扩大，中国顺应城乡居民改善公共产品（服务）供给状况的要求，将更多的财力投入到教育、科技、医疗卫生、农业、社会保障等民生支出上来，重点解决上学难、看病难、住房难等突出问题，促进社会公平，维护社会稳定，有力地支持了和谐社会的构建。

一、财政支出的总体情况

在全国经济总量和财政收入快速增长的大背景下，我国财政支出总额也保持较快增长势头。具体见图 5-2。

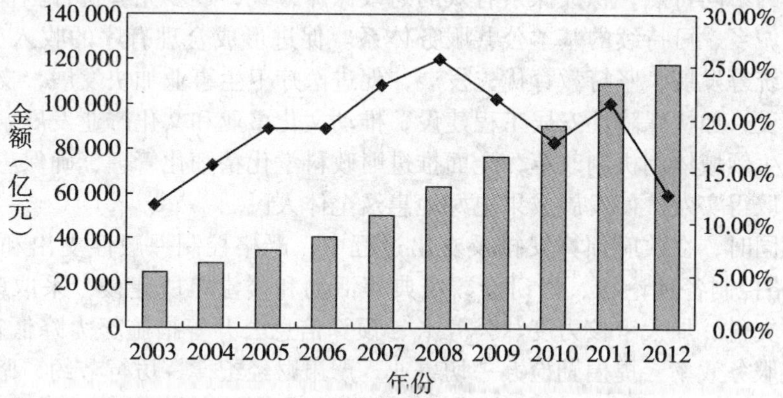

图 5-2　2003 年以来全国财政支出及增长情况

注：2010—2011 年数据来自《中国财政基本情况 2010》、《中国财政基本情况 2011》；2012 年数据来自《关于 2012 年中央和地方预算执行情况与 2013 年中央和地方预算草案的报告》。

为满足与全国居民密切相关的基本公共服务的支出需要，我国通过法律强制要求各级财政必须保障一些重点支出的比例或增长幅度，这被称为法定支出。相关法律法规的主要规定包括：

一是支农支出。《中华人民共和国农业法》第六章第三十八条规定：“国家逐步提高农业投入的总体水平。中央和县级以上地方财政每年对农业总投入的增长幅度应当高于其财政经常性收入的增长幅度。”

二是教育支出。《中华人民共和国教育法》第七章第五十四条规定：“国家财政性教育经费支出占国民生产总值的比例应当随着国民经济的发展和财政收入的增长逐步提高。具体比例和实施步骤由国务院规定。全国各级财政支出总额中教育经费所占比例应当随着国民经济的发展逐步提高。”第五十五条规定：“各级人民政府的教育经费支出，按照事权和财权相统一的原则，在财政预算中单独列项。各级人民政府教育财政拨款的增长应当高于财政经常性收入的增长，并使按在校学生人数平均的教育费用逐步增长，保证教师工资和学生人均公用经费逐步增长。”

三是科技支出。《中华人民共和国科学技术进步法》第六章第五十九条规定：“国家逐步提高科学技术经费投入的总体水平，国家财政用于科学技术经费的增长幅度，应当高于国家财政经常性收入的增长幅度。全社会科学技术研究开发经费应当占国内生产总值适当的比例，并逐步提高。”

特别是近几年，各级政府把确保实现国家财政性教育经费支出占国内生产总值4%的目标作为重点任务，优先安排，据统计，汇总中央和地方公共财政预算、政府性基金预算用于教育的支出，2012年国家财政性教育经费支出达到21 994亿元，占国内生产总值的比例达到了4%。

为了让广大人民群众得到更多看得见的实惠，各级财政不断加大支持保障改善民生力度，积极推进和谐社会建设。根据我国基本国情，按照社会事业发展规律和公共服务的不同特点，积极探索有效的财政保障方式，逐步完善符合国情、比较完整、覆盖城乡、可持续的基本公共服务体系。促进形成合理有序的收入分配格局，推进城乡统筹发展，坚持教育优先发展，促进医疗卫生事业加快发展，支持社会保障体系建设，加快保障性安居工程建设，推动文化事业和文化产业发展。同时，支持深化民生领域体制机制改革，全面推进财政科学化精细化管理，确保惠民政策落到实处、取得实效，使发展成果更好地惠及全体人民。

与此同时，在政府预算安排及支出过程中，严格控制一般性支出和“三公经费”，严格控制各种论坛、研讨会、庆典等活动和楼堂馆所建设，采取政府采购、国库集中支付、加大审核力度、公务卡、预算信息公开等措施努力降低行政成本，提高公共服务效率。提倡勤俭办一切事业，严肃财经纪律，厉行节约，坚决制止各种大手大脚花钱和铺张浪费的行为。

二、财政支出结构

经过逐步调整优化，我国财政支出结构趋向合理，2011年财政支出结构见表5-3。教育支出是所占比重最大的项目，占全部支出的15. 10%；社会保障和就业所占比重居第二位，占全部支出的10. 17%。

表5-3　　2011年全国公共财政支出结构　　金额单位：亿元

项目	决算数	比重（%）
一、一般公共服务	10 987.78	10.06
二、外交	309.58	0.28
三、国防	6 027.91	5.52
四、公共安全	6 304.27	5.77
五、教育	16 497.33	15.10
六、科学技术	3 828.02	3.50
七、文化体育与传媒	1 893.36	1.73
八、社会保障和就业	11 109.40	10.17
九、医疗卫生	6 429.51	5.89
十、环境保护	2 640.98	2.42
十一、城乡社区事务	7 620.55	6.98
十二、农林水事务	9 937.55	9.10
十三、交通运输	7 497.80	6.86
十四、资源勘探电力信息等事务	4 011.38	3.67
十五、商业服务业等事务	1 421.72	1.30
十六、金融监管等事务支出	649.28	0.59
十七、地震灾后恢复重建支出	174.45	0.16
十八、国土资源气象等事务	1 521.35	1.39
十九、住房保障支出	3 820.69	3.50
二十、粮油物资储备管理事务	1 269.57	1.16
二十一、国债付息支出	2 384.08	2.18
二十二、其他支出	2 911.24	2.66
全国公共财政支出	109 247.79	100.00

数据来源　财政部．中国财政基本情况　2011［M］．北京：经济科学出版社，2012. 比重据此计算。

思考与讨论：我国改革开放以来财政支出结构有什么变化，是否呈现一些规律，请运用第一章第四节提到的分析方法及统计学、计量经济学等所学知识，检索相关数据，分组进行分析，总结归纳几条结论。同时，思考自己使用的是什么分析方法，这些分析方法有什么区别，分别适用于何种情况。需要注意2007年我国使用了新的支出分类办法，前后数据可能没有可比性，必要时应进行技术处理。

三、重点支出的保障情况

改革开放以来，人民群众对于公共产品的需求日益提高。全面建设小康社会，迫切要求加快推进以保障改善民生为重点的社会建设。大力支持和保障改善民生，既是完善公共财政体系的重要内容，也是实施财政政策的出发点和落脚点。特别是近十几年来，公共财政理念深入民心，公共财政支出必须用于提供公共产品和服务，满足公共需要，服务公共利益。为此，各级财政统筹兼顾，进一步加大了对农业、教育、医疗卫生、社会保障和就业、保障性安居工程、文化、科学技术等方面的投入，各项重点支出得到了较好保障。

汇总各项支出，中央公共财政用于民生的支出 2008—2012 年 5 年累计 16.89 万亿元，年均增长 21.1%，占中央公共财政支出的比重稳定在 2/3 以上。2011 年全国财政用在与人民群众生活直接相关的教育、医疗卫生、社会保障和就业、住房保障、文化方面的民生支出合计 38 539 亿元，比上年增长 31.7%，占全国公共财政支出的 35.3%；用在农业水利、公共交通运输、节能环保、城乡社区事务等方面与民生密切相关的支出合计 35 737 亿元，占全国公共财政支出的 32.7%。下面分别看看教育、医疗卫生、社会保障和就业、支农这几个方面支出的情况。

（一）教育支出

近十几年来，国家实施科教兴国战略，推行九年制义务教育，中央和各级地方政府都把教育作为财政支出重点，大幅增加教育投入，切实保障适龄儿童受教育的权利。2003—2012 年，全国财政教育支出不断增长（见图 5-3）。2012 年，全国公共财政预算、政府性基金预算用于教育的支出达到 21 994 亿元，占国内生产总值的比例达到了 4%，实现了历史性的突破。

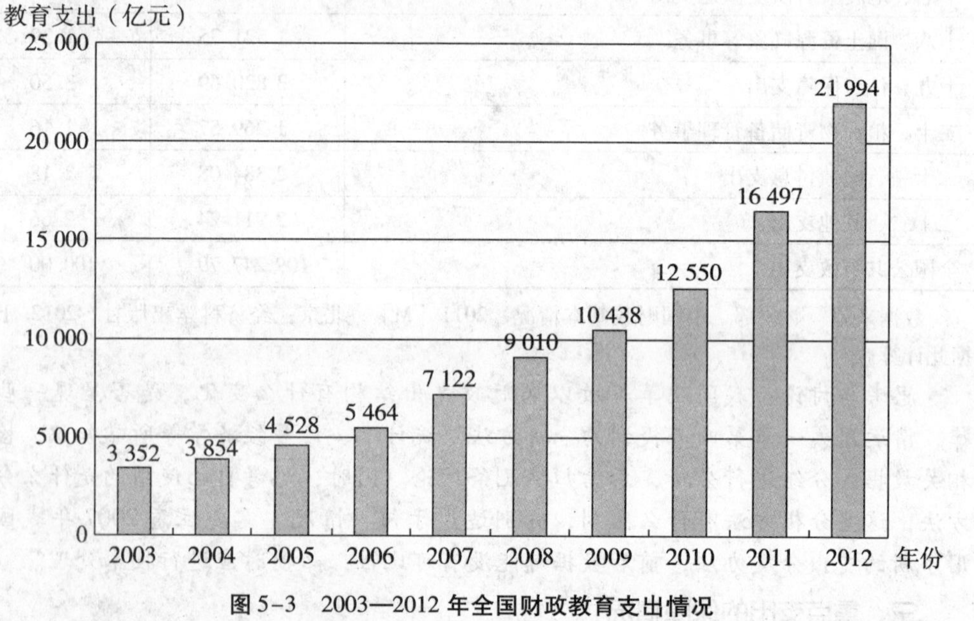

图 5-3　2003—2012 年全国财政教育支出情况

注：2012 年数据来自《关于 2012 年中央和地方预算执行情况与 2013 年中央和地方预算草案的报告》。

财政对教育的支持体现在直接资金投入、税收优惠、化解债务、建立补贴机制等方面，从提高教育公共产品供给效率和促进教育公平两个层面上为教育事业发展保驾护航。

首先，在提高教育公共产品供给效率上，安排数万亿元义务教育资金、学前教育资金、高等教育发展专项经费，不断提高教育经费保障水平。2006 年起在农村地区推行“两免一补”（免除学杂费、免费提供教科书，对寄宿制学生补助生活费），全部免除农村义务教育阶段寄宿制学生住宿费，2008 年秋季扩大到城市地区。不断提高农村义务教育经费保障水平，逐年提高农村中小学生均公用经费基准定额，目前，中西部地区已经达到小学 500 元、初中 700 元，东部地区达到小学 550 元、初中 750 元；逐年提高中西部农村义务教育阶段家庭经济困难寄宿生生活费补助标准，年生均补助标准达到小学 1 000 元、初中 1 250 元。提高高等学校生均公用经费拨款标准，设立高等学校化解债务专项资金，缓解由于扩招、建设新校区带来的债务压力，引导高校由数量扩张向质量提高发展。

其次，在促进教育公平上，出台了构建困难学生资助体系、扶持薄弱学校、农村义务教育学校教师特设岗位计划、进城务工人员随迁子女接受义务教育奖励资金等措施。为切实减轻经济困难家庭的教育负担，国家 2005 年起实行“国家助学奖学金”制度。2007 年之后又多次大幅度提高资助力度。新资助体系的资助强度、资助范围明显加大，国家奖学金从过去每生每年 4 000 元，增加到 8 000元，每年奖励资助 5 万人，新设立的国家励志奖学金为 5 000 元，每年奖励资助 51 万人。高校的国家助学金由过去的生均每年 1 500 元，增加到生均每年 3 000元，受助比例由过去在校生总数的 3%，提高到 30%。中等职业学校国家助学金，由过去的每生每年 1 000 元，增加到每生每年 1 500 元。范围从过去的每年 80 万人，覆盖到所有农村学生和城市家庭经济困难学生。比例从过去在校生总数的 5%，扩大到 90%。这一体系是 1949 年以来资助面最大、资助力度最强、资助措施最全面的一个体系。教育成为全社会基本公共服务之一，对于促进社会成员起点公平有很大的作用。2010 年秋季，又建立普通高中家庭经济困难学生国家资助制度，全面建立了从义务教育到高等教育各个阶段的教育资助政策体系。从 2011 年秋季学期起，实施农村义务教育学生营养改善计划，中央财政为集中连片地区特殊困难地区 680 个县的农村义务教育阶段学生提供每生每天 3 元钱的营养膳食补助，同时也将“一补”的标准提高 1 元，这样小学、初中每生每天分别达到 4 元、5 元。

最后，建立中央对地方财政补助体系。因为学前教育、义务教育、高中教育是为本地居民服务的，由当地政府来举办，但由于基层政府财政资金不足，而且这三个阶段培养的学生有不少毕业后将到其他地方就业，等于为其他地方培养人才，效益的外部效应明显，应当由中央或高层级政府给予财政补偿。近十年来，中央财政加大了对地方财政教育经费的补助力度。比如，普及九年制义务教育及达标攻坚重点在欠发达地区，地方财政比较困难，所以，中央财政按照东中西部地区不同补助比例对地方进行补助。“十一五”期间（2006—2010），中央财政安排中西部地区的基础教育和职业教育的转移支付3 004亿元，占中央财政对地方基础教育、职业教育转移支付总额的84.6%，年均增长53%，主要用于帮助中西部地区义务教育均衡发展，提高职业教育的基础能力，以及加大对贫困学生的资助，等等。对于农村义务教育公用经费补助，中央与西部地区的分担比例是8∶2，中部地区为6∶4，免费教科书经费全部由中央财政来负担，在家庭经济困难学生生活费补助和校舍维修改造经费分担比例上，中央与中西部地区分担比例是5∶5。统算下来，中央财政在改革中是拿了大头。2011年中央财政共安排农村义务教育经费保障机制改革的资金846亿元，其中，中西部地区安排711亿元，占到84%。

在财政教育支出大幅增加的情况下，各级教育的入学率、升学率不断提高，教育公平成为推动社会公平的重要手段，使广大居民受惠。

（二）医疗卫生支出

2009年3月，中国公布《关于深化医药卫生体制改革的意见》，全面启动新一轮医改。改革的基本理念，是把基本医疗卫生制度作为公共产品向全民提供，实现人人享有基本医疗卫生服务，从制度上保证每个居民不分地域、民族、年龄、性别、职业、收入水平，都能公平获得基本医疗卫生服务。改革的基本原则是保基本、强基层、建机制。近几年实施了五项重点改革：基本医疗保障制度、基本药物制度、基层医疗卫生服务体系、基本公共卫生服务、公立医院试点改革。之前，由于医疗服务改革滞后于社会需求，个人支出在卫生总费用中的比重不断提高，看病难、看病贵问题与入学难、住房难问题并称“新三座大山”。

近年来，各级财政积极调整财政支出结构，努力增加医疗卫生投入，并注重向需方倾斜、向公共卫生倾斜、向基层倾斜，推动深化医药卫生体制改革，着力支持医疗保障体系、公共卫生服务体系、医疗服务体系和药品供应保障体系建设，促进逐步解决群众看病难、看病贵问题。

全国财政医疗卫生支出2008—2012年5年累计2.52万亿元，年均增长29.3%（见图5-4）。总的目标是推动医药卫生体制改革，让老百姓享受公益性的医疗保障，向全民医保的方向发展。具体来说，财政支出主要用于以下方面：一是用于支持医院建设与发展。包括促进完善基层医疗卫生服务体系，支持城市社区卫生服务中心、中心乡镇卫生院、县级医院和边远地区村卫生室建设，帮助困难地区改善医疗设施。推进基本公共卫生服务逐步均等化，推进公立医院改革试点，减轻患者的负担。二是用于基本医疗保障体系建设。对参加新型农村合作医疗和城镇居民基本医疗保险的个人提供财政补助，补助标准不断提高，使低收入人群得到最大程度的保障。

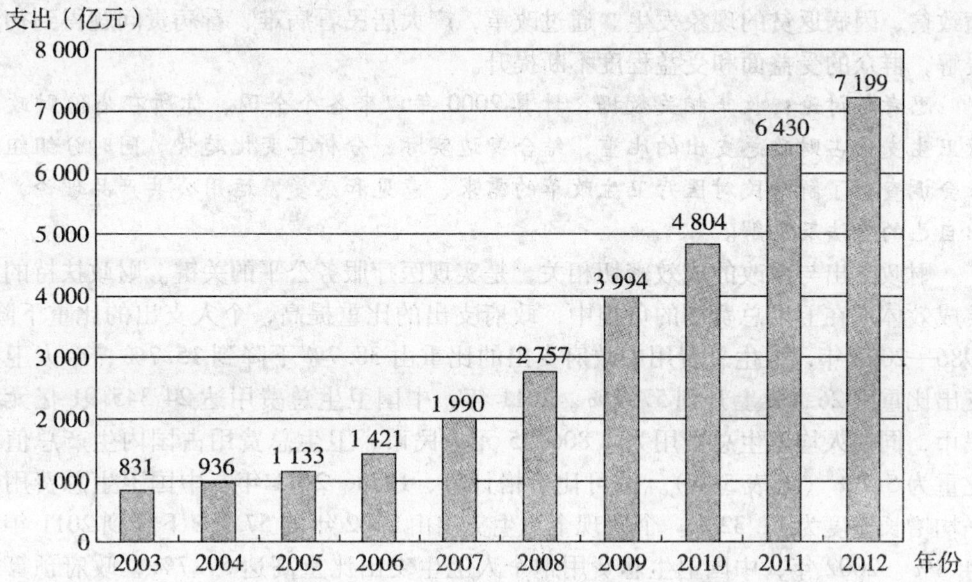

图 5-4　2003—2012 年全国财政医疗卫生支出情况

注：2012 年数据来自《关于 2012 年中央和地方预算执行情况与 2013 年中央和地方预算草案的报告》。

2009 年 3 月 17 日，中央出台《关于深化医药卫生体制改革的意见》，2009 年 4 月，深化医药卫生体制改革启动实施。要求：政府卫生投入增长幅度要高于经常性财政支出的增长幅度，使政府卫生投入占经常性财政支出的比重逐步提高。2012 年 3 月 14 日，国务院印发《“十二五”期间深化医药卫生体制改革规划暨实施方案》，还提出要求：“各级财政部门在向政府汇报预决算草案时要就卫生投入情况进行专门说明。‘十二五’期间政府医药卫生体制改革投入力度和强度要高于 2009—2011 年医药卫生体制改革投入。基本医保政府补助标准和人均基本公共卫生服务经费标准要随着经济社会发展水平的提高相应提高。”此后，2009—2012 年 4 年时间里，国家财政对医疗卫生累计投入 22 427 亿元，占财政支出的比例从 4.4% 提高到 5.7%。中央财政对医疗卫生累计投入 6 555 亿元，占财政支出的比例从 2.28% 提高到了 3.19%。2009 年至 2012 年，仅在新农合、城镇居民医保制度建设方面，各级财政就投入了 6 800 多亿元；另外，还支持解决了关闭破产企业退休人员和困难企业职工的参保问题，支持扩大了医疗救助范围，提高救助水平；中央财政 2009—2012 年 4 年一共投入了 1 300 多亿元，健全了基本公共卫生服务均等化体系，并且补助标准不断提高；同时，中央财政还另外投入 1 300 多亿元加强基层医疗机构软硬件建设，每年补贴 16 亿元支持基层医疗机构实行绩效工资制度；中央财政已累计投入 800 多亿元，支持公立医院改革和发展。

医疗改革是一个关系全体居民的大事，其中，财政的扶持是关键。要改变医院“以药养医”的现状，降低药品价格，还医疗以公益的本性，必须加强政府监管，建立城乡医疗救助制度，重点关注和帮助低收入人群，贯彻公平优先原则，避免因病致贫、因病返贫的现象发生。通过改革，广大居民看病难、看病贵问题得到初步缓解，群众的受益面和受益程度不断提升。

思考与讨论：收集相关数据，计算2000年以来各个全国、你所在省份财政医疗卫生支出占财政总支出的比重，结合身边实际，分析其变化趋势。同时分组组织社会调查，了解居民对医疗卫生改革的需求、意见和感受，运用公共产品理论，提出自己的看法及见解。

财政支出与医改的成效密切相关，是实现医疗服务公平的关键。财政扶持的重要成效体现在卫生总费用的负担中，政府支出的比重提高，个人支出的比重下降。1986—2002年，卫生总费用中政府支出的比重由38.7%下降到15.7%，个人卫生支出比重由26.4%上升到57.7%。2011年，中国卫生总费用达24 345.91亿元人民币，同期人均卫生总费用为1 806.95元人民币，卫生总费用占国内生产总值的比重为5.1%（见表5-4）。按可比价格计算，1978—2011年，中国卫生总费用年平均增长速度为11.32%。个人现金卫生支出由2002年的57.7%下降到2011年的34.8%。2002年，中国卫生总费用中个人卫生支出比重高达57.7%，政府预算卫生支出和社会卫生支出分别占15.7%和26.6%。2011年个人卫生支出的比重下降到34.8%，政府预算和社会卫生支出的比重分别提高到30.7%和34.6%。政府卫生支出由2008年的3 593.94亿元增加到2011年的7 378.95亿元，年均增速为21.68%，明显快于同期卫生总费用和财政支出的年均增速。

表5-4　**卫生总费用**

年份	卫生总费用（亿元）				卫生总费用构成（%）			城乡卫生费用（亿元）		人均卫生费用（元）			卫生总费用占GDP%
	合计	政府卫生支出	社会卫生支出	个人卫生支出	政府卫生支出	社会卫生支出	个人卫生支出	城市	农村	合计	城市	农村	
1978	110.21	35.44	52.25	22.52	32.2	47.4	20.4	—	—	11.5	—	—	3.02
1979	126.19	40.64	59.88	25.67	32.2	47.5	20.3	—	—	12.9	—	—	3.11
1980	143.23	51.91	60.97	30.35	36.2	42.6	21.2	—	—	14.5	—	—	3.15
1981	160.12	59.67	62.43	38.02	37.3	39.0	23.7	—	—	16.0	—	—	3.27
1982	177.53	68.99	70.11	38.43	38.9	39.5	21.6	—	—	17.5	—	—	3.33
1983	207.42	77.63	64.55	65.24	37.4	31.1	31.5	—	—	20.1	—	—	3.48
1984	242.07	89.46	73.61	79.00	37.0	30.4	32.6	—	—	23.2	—	—	3.36
1985	279.00	107.65	91.96	79.39	38.6	33.0	28.5	—	—	26.4	—	—	3.09
1986	315.90	122.23	110.35	83.32	38.7	34.9	26.4	—	—	29.4	—	—	3.07
1987	379.58	127.28	137.25	115.05	33.5	36.2	30.3	—	—	34.7	—	—	3.15
1988	488.04	145.39	189.99	152.66	29.8	38.9	31.3	—	—	44.0	—	—	3.24
1989	615.50	167.83	237.84	209.83	27.3	38.6	34.1	—	—	54.6	—	—	3.62

续表

年份	卫生总费用（亿元）				卫生总费用构成（%）			城乡卫生费用（亿元）		人均卫生费用（元）			卫生总费用占GDP%
	合计	政府卫生支出	社会卫生支出	个人卫生支出	政府卫生支出	社会卫生支出	个人卫生支出	城市	农村	合计	城市	农村	
1990	747.39	187.28	293.10	267.01	25.1	39.2	35.7	396.00	351.39	65.4	158.8	38.8	4.00
1991	893.49	204.05	354.41	335.03	22.8	39.7	37.5	482.60	410.89	77.1	187.6	45.1	4.10
1992	1 096.86	228.61	431.55	436.70	20.8	39.3	39.8	597.30	499.56	93.6	222.0	54.7	4.07
1993	1 377.78	272.06	524.75	580.97	19.7	38.1	42.2	760.30	617.48	116.3	268.6	67.6	3.90
1994	1 761.24	342.28	644.91	774.05	19.4	36.6	43.9	991.50	769.74	146.9	332.6	86.3	3.65
1995	2 155.13	387.34	767.81	999.98	18.0	35.6	46.4	1 239.50	915.63	177.9	401.3	112.9	3.54
1996	2 709.42	461.61	875.66	1 372.15	17.0	32.3	50.6	1 494.90	1 214.52	221.4	467.4	150.7	3.81
1997	3 196.71	523.56	984.06	1 689.09	16.4	30.8	52.8	1 771.40	1 425.31	258.6	537.8	177.9	4.05
1998	3 678.72	590.06	1 071.03	2 017.63	16.0	29.1	54.8	1 906.92	1 771.80	294.9	625.9	194.6	4.36
1999	4 047.50	640.96	1 145.99	2 260.55	15.8	28.3	55.9	2 193.12	1 854.38	321.8	702.0	203.2	4.51
2000	4 586.63	709.52	1 171.94	2 705.17	15.5	25.6	59.0	2 624.24	1 962.39	361.9	813.7	214.7	4.62
2001	5 025.93	800.61	1 211.43	3 013.89	15.9	24.1	60.0	2 792.95	2 232.98	393.8	841.2	244.8	4.58
2002	5 790.03	908.51	1 539.38	3 342.14	15.7	26.6	57.7	3 448.24	2 341.79	450.7	987.1	259.3	4.81
2003	6 584.10	1 116.94	1 788.50	3 678.66	17.0	27.2	55.9	4 150.32	2 433.78	509.5	1 108.9	274.7	4.85
2004	7 590.29	1 293.58	2 225.35	4 071.35	17.0	29.3	53.6	4 939.21	2 651.08	583.9	1 261.9	301.6	4.75
2005	8 659.91	1 552.53	2 586.41	4 520.98	17.9	29.9	52.2	6 305.57	2 354.34	662.3	1 126.4	315.8	4.68
2006	9 843.34	1 778.86	3 210.92	4 853.56	18.1	32.6	49.3	7 174.73	2 668.61	748.8	1 248.3	361.9	4.55
2007	11 573.97	2 581.58	3 893.72	5 098.66	22.3	33.6	44.1	8 968.70	2 605.27	876.0	1 516.3	358.1	4.35
2008	14 535.40	3 593.94	5 065.60	5 875.86	24.7	34.9	40.4	11 251.90	3 283.50	1 094.5	1 861.8	455.2	4.63
2009	17 541.92	4 816.26	6 154.49	6 571.16	27.5	35.1	37.5	13 535.61	4 006.31	1 314.3	2 176.6	562.0	5.15
2010	19 921.35	5 688.64	7 156.55	7 076.17	28.6	35.9	35.5	—	—	1 487.0	—	—	5.01
2011	24 345.91	7 378.95	—	—	30.7	34.6	34.8	—	—	1 806.95	—	—	5.1

注：①本表系核算数。②按当年价格计算。③2001 年起卫生总费用不含高等医学教育经费，2006 年起包括城乡医疗救助经费。④2011 年数据来自 2012 年 12 月 26 日国务院新闻办公室发布的《中国的医疗卫生事业白皮书》。

另一方面的数据更直接地证明了财政支持对提高城乡居民医疗服务满意度所起的作用，表 5-5 反映了 2005—2011 年全国城乡医疗救助情况，2005 年接受政府医疗救助的有 970 万次，2011 年上升到 8 090 万次；2005 年医疗救助支出 11 亿元，2011 年增加到 154. 3 亿元，增长了 10 多倍。

表 5-5　　2005—2011 年全国城乡医疗救助情况　　金额单位：亿元

指标＼年份	2005	2007	2008	2009	2010	2011
医疗救助人次（万次）	970	3 338	5 278	6 295	7 556	8 090
其中：城镇居民	115	442	1 086	1 506	1 921	1 988
农村居民	855	2 896	4 192	4 789	5 635	6 102
医疗救助支出	11.0	42.5	68.0	97.2	133.0	154.3
其中：城镇居民	3.2	14.4	29.7	37.3	49.5	51.0
农村居民	7.8	28.1	38.3	59.9	83.5	103.3

注：本表系政府医疗救助数（不含社会医疗救助）。

资料来源　中华人民共和国卫生部.2012 年中国卫生统计提要［EB/OL］.（2012-06-06）.http：//www. moh. gov. cn/mohwsbwstjxxzx/s7967/201206/55044. shtml.

（三）社会保障和就业支出

自 1998 年提出公共财政理念、建设公共财政体系以来，社会保障的法制建设的步伐明显加快。国务院先后颁布《失业保险条例》、《社会保险费征缴暂行条例》，2010 年 10 月 28 日，事关社会保障制度建设的基本法律《社会保险法》由中华人民共和国第十一届全国人民代表大会常务委员会第十七次会议通过，自 2011 年 7 月 1 日起施行。同时，各级财政部门加大社会保障和就业方面的投入力度，支持建立和完善符合我国国情的社会保障“安全网”。

2003—2012 年，全国财政社会保障和就业支出多数年份增长速度在 20% 以上（见图 5-5）。不断扩大各项社会保险的覆盖面，实现了新型农村和城镇居民社会养老保险制度的全覆盖，1.3 亿 60 岁以上老人按月领取养老金。不断提高养老保险、医疗保险、失业保险、工伤保险的保障水平，2005 年起连续 9 年提高企业退休人员基本养老金，从 2004 年人均每月 700 元提高到现在的 1 800 多元。2013 年全国社会保险基金预算中，财政补贴 7 180 亿元。目前，中央确定的基础养老金标准为每人每月 55 元，中央财政对中西部地区按中央确定的基础养老金标准给予全额补助，对东部地区给予 50% 的补助。多次提高部分优抚对象等人员抚恤和生活补助标准。从 2010 年 10 月 1 日起，建立孤儿基本生活保障制度，为全国孤儿发放基本生活费。2012 年年末全国共有 2 142.5 万人纳入城市居民最低生活保障，5 340.9 万人纳入农村居民最低生活保障，545.9 万人纳入农村五保供养。新型社会救助体系基本形成，社会救助和保障标准与物价上涨挂钩的联动机制初步形成。

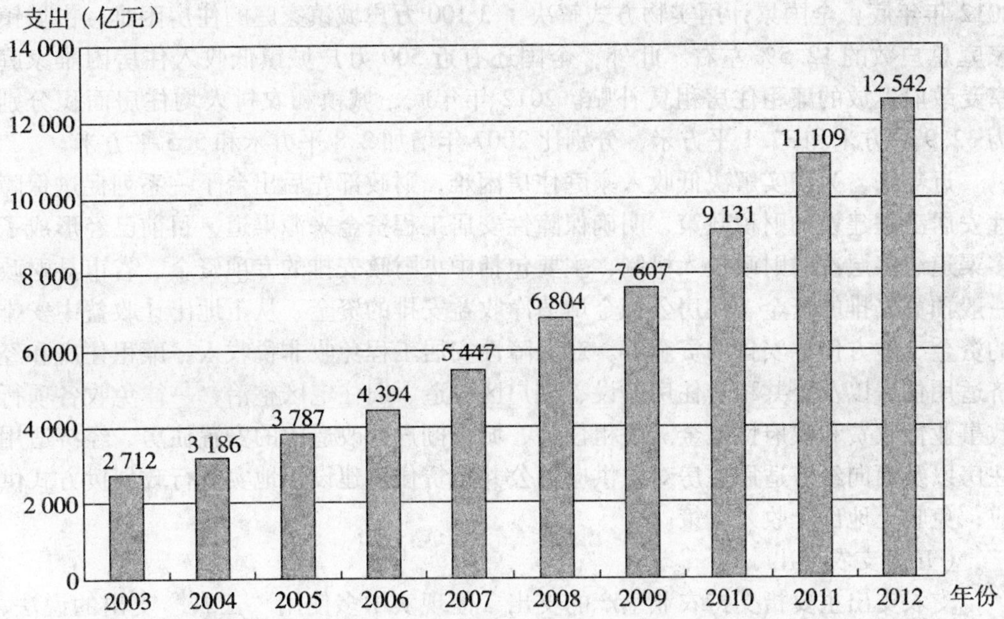

图 5-5　2003—2012 年全国财政社会保障和就业支出情况

注：2012 年数据来自《关于 2012 年中央和地方预算执行情况与 2013 年中央和地方预算草案的报告》。

实施更加积极的就业政策。完善促进就业的税收优惠和小额担保贷款贴息、职业培训补贴、职业技能鉴定补贴等扶持政策。继续实施针对就业困难人员的社会保险补贴、公益性岗位补贴等就业援助政策，以及减轻企业负担的“五缓四降三补贴”政策、特别职业培训计划等措施。积极扶持大学毕业生就业，建立和完善对困难高校毕业生的援助制度。加强就业指导和服务，重点帮助下岗、失业人员、农村转移劳动力增强就业能力。2008 年至 2012 年，累计投入就业专项资金 1 973 亿元，实现高校毕业生就业 2 800 万人，城镇就业困难人员就业 830 万人。

（四）保障性住房支出

2007 年我国开始启动大规模保障性住房建设以来，各地通过廉租房，基本实现了对住房困难的低保家庭应保尽保。随着公共租赁房制度得以确立并开始快速发展，我国多层次的住房保障体系基本形成——对低保家庭等城市最低收入的住房困难家庭，通过基本免租金的廉租房予以保障；向低收入住房困难家庭出售经济适用房；向中低收入和中等收入家庭出售限价商品房。在此基础上，对所有中低收入家庭提供公共租赁房，实现对各种“夹心层”的全覆盖。“十一五”时期，通过保障性安居工程建设，我国解决了 1 500 万户城镇低收入家庭住房困难问题。“十二五”时期，我国加快各类保障房建设，将新建各类保障性住房 3 600 万套。其中，2011 年全国建设城镇保障性住房 1 000 万套，中央财政补助资金 1 500 多亿元。在城镇保障性安居工程方面，2008 年至 2012 年新建各类保障性住房 1 800 多万套，棚户区改造住房 1 200 多万套，覆盖面提高到 12.5%，农村危房改造竣工 900 万户。到

2012 年年底，全国累计用实物方式解决了 3 100 万户城镇家庭的住房困难，占城镇家庭总户数的 12.5% 左右。此外，全国还有近 500 万户城镇低收入住房困难家庭享受政府发放的廉租住房租赁补贴。2012 年年底，城镇和农村人均住房面积分别为 32.9 平方米和 37.1 平方米，分别比 2007 年增加 2.8 平方米和 5.5 平方米。

近年来，为切实解决低收入家庭住房困难，财政部先后出台了一系列促进保障性安居工程建设的财税政策，明确保障性安居工程资金来源渠道，目前已经形成了多渠道、多层次的财政投入机制，主要包括中央财政安排的专项资金、省市县财政一般预算安排的资金、住房公积金增值净收益安排的资金、从土地出让收益中安排的资金、地方债券安排的资金等。对保障性安居工程免收非税收入，廉租住房和经济适用住房以及公共租赁住房建设、棚户区改造、旧住宅区整治，一律免收各项行政事业性收费和政府性基金。廉租住房、城市棚户区改造中的安置住房、经济适用住房以及面向经济适用住房对象供应的公共租赁住房建设用地实行行政划拨方式供应，免收土地出让收入政策。

（五）支农支出

支农支出主要指支持农业生产的支出，但现实中多使用“三农”支出的说法，包括财政对农业、农村、农民投入的总和，但没有单独的预算科目。

近年来，各级财政高度重视“三农”工作，不断加大财政对“三农”投入力度，建立健全“三农”投入稳定增长机制和强农惠农政策支持体系，有力地促进了农业生产、农民增收和农村社会事业全面发展。中央财政用于“三农”的支出 5 年累计 4.47 万亿元（见图 5-6），年均增长 23.5%，比上一个 5 年增加 2.92 万亿元，增强了城乡发展的协调性。

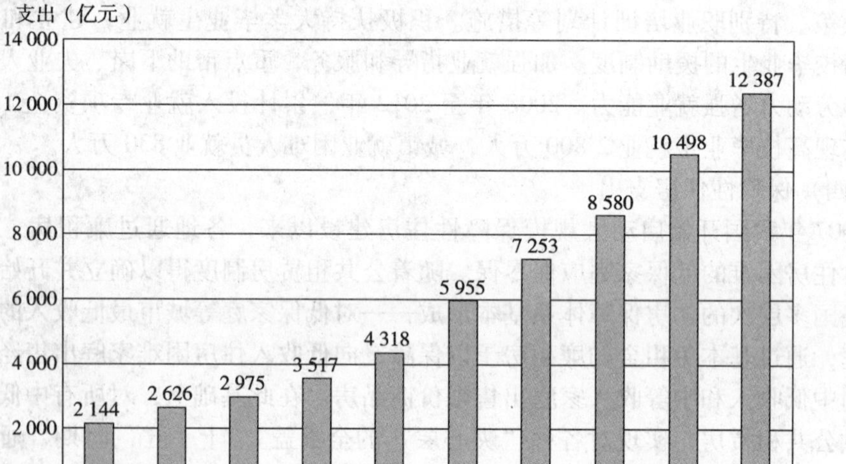

图 5-6　2003—2012 年中央财政支持“三农”投入情况

注：2012 年数据来自《关于 2012 年中央和地方预算执行情况与 2013 年中央和地方预算草案的报告》。

全国财政“三农”支出分为几个方面：一是农业生产支出，主要用于支持大中型和重点小型病险水库除险加固，加强农业综合开发，完善中央财政农业保险保费补贴政策；二是农村社会事业发展支出，主要用于逐步解决农村教育发展问题，完善农村社会保障制度；三是对农民的粮食直补、农资综合补贴、良种补贴和农机购置补贴支出。其中，水稻、小麦、玉米、棉花实现全覆盖，大豆实现东北地区全覆盖，油菜实现长江中下游流域全覆盖，新增花生和青稞良种补贴品种；农机购置补贴覆盖了全国所有农牧业县（场）；并按照“价补统筹、动态调整、只增不减”的原则，建立了农资综合补贴动态调整机制，更好地保护农民利益，调动农民种粮积极性。粮食产量连续9年保持增长，粮食安全得到巩固。

（六）小结

总而言之，改革开放以来，中国财政支出从总量、结构、效益等方面都发生了很大变化。总量上，伴随着经济总量的快速增长、政府公共服务范围的扩大，财政支出总额从千亿元到万亿元再到十万亿元，不断跃上新台阶；结构上，随着政府职能的转变、公共财政体系目标的确立，财政支出结构不断调整优化，由城市扩大到农村，由国有单位扩大到全体居民，由经济建设领域转向教育、文化、卫生等公共事业及社会保障；效益上，由只注重“分钱”转向重视“用好钱”，开展了财政支出绩效评价试点，加强了财政监督。上述转变，与财政管理的改革和完善是分不开的，财政管理的内容参见第十一章。

推荐阅读书目

[1] 费雪．州和地方财政学［M］．吴俊培，等，译．2版．北京：中国人民大学出版社，2000.

[2] 财政部．公共财政与百姓生活［M］．北京：中国财政经济出版社，2007.

[3] 林毅夫．名师大讲堂——中国经济专题［M］．北京：北京大学出版社，2008.

[4] 高培勇．财政与民生：中国财政政策报告2007—2008［M］．北京：中国财政经济出版社，2008.

[5] 杨志勇，杨之刚．中国财政制度改革30年［M］．北京：格致出版社，2008.

[6] 楼继伟，王水林．中国公共财政［M］．北京：中国财政经济出版社，2009.

[7] 张通．中国公共支出管理与改革［M］．北京：经济科学出版社，2010.

[8] 财政部．中国财政基本情况（2011）［M］．北京：经济科学出版社，2012.

[9] 沙安文．中国公共财政监测报告2012［M］．北京：经济科学出版社，2012.

阶段练习二

一、单项选择题

1. 在公共支出的理论中，政府活动扩张法则是由(　　)提出的。

A. 马斯格雷夫　　B. 鲍莫尔

C. 皮科克　　D. 瓦格纳

2. 认为“公共收入和公共支出总是同步增长”的支出理论是(　　)。

A. 替代—规模效应理论　　B. 瓦格纳法则

C. 公共支出增长发展模型　　D. 非均衡增长模型

3. 现代社会保障制度的核心内容是(　　)。

A. 社会保险　　B. 社会救济

C. 社会福利　　D. 社会优抚

4. 社会保障体系中保证居民基本生活需要的是(　　)。

A. 社会优抚　　B. 社会福利

C. 社会保险　　D. 社会救济

5. 为适应社会主义市场经济发展的要求，我国于(　　)年颁布了《失业保险条例》，建立起失业保险制度。

A. 1978　　B. 1995

C. 1999　　D. 2005

6. (　　)年，国务院作出《关于统一的企业职工基本养老保险制度的决定》，将全国各地的养老保险办法统一起来。

A. 2000　　B. 1995

C. 1997　　D. 2008

7. (　　)年12月，国务院下发了《关于建立城镇职工基本医疗保险制度的决定》，建立起我国现行的医疗保险制度。

A. 1980　　B. 1994

C. 1998　　D. 2002

8. 政府投资一般不应参与的领域(　　)。

A. 公益性项目　　B. 基础性项目

C. 国防项目　　D. 竞争性项目

二、多项选择题

1. 下列属于购买性支出的是(　　)。

A. 行政管理支出　　B. 外交支出

C. 补贴支出　　D. 教育支出

E. 对外援助支出

2. 政府的消费性支出包括(　　)。

A. 行政管理支出　　B. 文教卫生支出
C. 国防支出　　D. 支农支出
E. 基本建设支出

3. 下列属于转移性支出的是(　　)。
A. 行政支出　　B. 科技支出
C. 补贴支出　　D. 对外援助支出
E. 教育支出

4. 目前我国的社会保障项目主要包括(　　)。
A. 社会保险　　B. 商业保险
C. 社会优抚　　D. 社会救济
E. 社会福利

5. 目前，我国的法定社会保险包括(　　)。
A. 养老保险　　B. 生育保险
C. 医疗保险　　D. 工伤保险
E. 失业保险

6. 实行自助型社会保障制度的国家有(　　)。
A. 美国　　B. 新加坡
C. 马来西亚　　D. 瑞典
E. 印度尼西亚

三、判断题

1. 转移性支出具有一个共同点：政府一手付出了资金，另一手相应地购得了商品和服务。(　　)

2. 政府活动扩张法则是由德国的经济学家瓦格纳提出的。(　　)

3. 一般来说，发达国家转移性支出要比发展中国家的比重高。(　　)

4. 社会保险是最基本的社会保障项目，是现代社会保障制度的核心内容。(　　)

5. 对于收费与给付之间的时间间隔较长的养老保险，大多数国家采用现收现付制。(　　)

6. 目前我国已经建立了城镇职工基本医疗保险制度。(　　)

7. 一般来说，推行市场经济体制的国家，非政府投资额占社会投资总额中的比重较大；而实行计划经济体制的国家，政府部门投资所占的比重则较大。(　　)

8. 从各国社会经济发展来看，发达国家或地区中政府投资占社会总投资的比重较小；中等发达以下（尤其是欠发达）国家或地区中政府投资占社会总投资的比重较大。(　　)

9. 财政贴息是指国家财政在商品购销价格倒挂的情况下，对工商企业支付的补贴，或购销价格顺挂的情况下对消费者支付的提价补贴。(　　)

10. 社会保障资金的筹集方式中，现收现付制是指按财政收支年度平衡的原则，将所有参保单位及正在工作的人缴纳的社会保险费作为资金，全部支付给同一时期里另一部分接受社会保障给付的人。（　）

11. 税收支出是国家为了引导、扶持某些经济活动，刺激投资、消费或者补助某些特殊困难而制定的各种税收优惠措施。（　）

四、简答题

1. 按财政支出的经济性质分类有什么意义。
2. 简述瓦格纳法则的基本内容。
3. 简述财政支出的公平原则。
4. 简要叙述如何加强我国行政管理费的管理和约束。
5. 简述社会保险与商业保险的区别。
6. 简述社会保障资金筹集方式。

五、论述题

1. 论述影响财政支出规模的主要因素。
2. 论述政府投资的特点和必要性。
3. 论述各国政府对农业给予扶持的原因。

六、案例分析题（要求既要有理论依据，又要结合实际进行分析，提出自己的看法）

1. 国家有关部门决定将未就业的大学毕业生纳入最低生活保障范围，即毕业后暂时找不到工作的大学毕业生可以领取最低生活保障金。对此有人有不同看法，一种意见是建议对自主创业的大学毕业生给予就业补助，另一种意见认为国家花钱培养大学生，毕业后还要救济他们，属于资源浪费。请联系财政学中财政职能、社会保障支出、财政补贴等方面的知识谈谈你的看法。

2. 从理论上说，个人负担一部分社会保障费用是必要的。它可以有助于减少个人收入之间的差距，收入高的多交一些，低的少交一些，发挥了社会保障的收入调节作用，同时还可以促使人们多关心社会保障事业，减轻国家和企业的负担。2009 年 3 月 1 日，陕西省神木县开始实行全民免费医疗。其中，门诊每人每年可享受 100 元补贴。住院费用起付线以上予以报销，但每人每年累计报销医药费不超过 30 万元。据媒体报道，这项被称为“开国内先河”的医疗保障制度推行两个多月以来，让全体神木人民真正体会到了“看得起病”的前所未有的实惠，但也出现尴尬的局面：该县的 7 所定点医院病床全部爆满，有病的住不进去，治好了的不肯出院。请结合所学财政理论知识分析这一做法的利弊，谈谈自己的看法。

3. 据报道，湖北省当阳一位农民患有风湿性心脏病，往年家里收入的一大半都得花在看病吃药上。2005 年，她参加了新型农村合作医疗，并住院做了心脏手术。按照合作医疗的有关规定，她得到了最高报销额 2 万元的补偿。当年，中央财政安排资金 5.42 亿元，用于新型农村合作医疗试点补助。请运用财政学中财政职能、财政支出、财政政策等理论知识分析上述案例。

4. 在某省财政厅组织的外国政府贷款评审会上，一所市中医医院申请德国促进贷款，额度1 500 万欧元，分别用于医院住院大楼建设及相关设备购置。该医院目前仅有不足100 张病床，每年财政拨款600 万元左右。因此，评审专家对其还款能力提出质疑。公立医院住院大楼建设是否应当通过贷款筹资？公立医院能否盈利？如果不盈利，怎么偿还贷款？不妨根据财政职能、财政支出等理论知识分析，提出自己的看法。

第六章

财政收入形式与规模

知识结构图

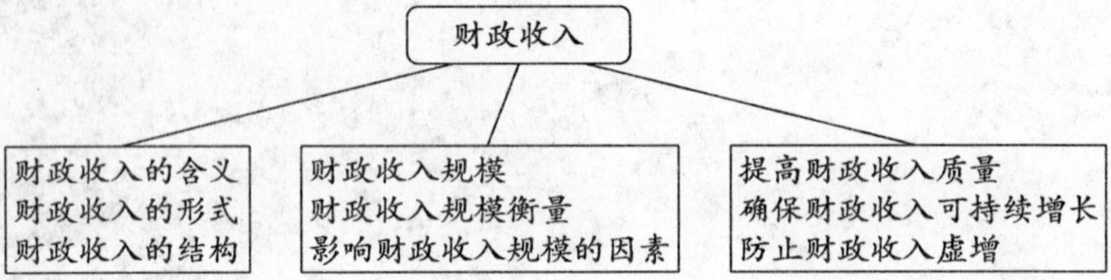

引 言

1994 年税制改革后，国有企业的税后利润全部归企业所有，不再向国家上缴利润。在 2007 年之前尚未建立国有资本收益收缴制度的情况下，企业拥有国有资本收益自由支配权。效益好的企业职工收入不断膨胀，而困难企业的职工却收入下降，由此产生了企业内部分配秩序混乱的弊端，导致社会分配日益不公，并积重难返。

进入 21 世纪，我国财政收入连续突破 2 万亿元、3 万亿元、4 万亿元、5 万亿元、6 万亿元、8 万亿元、10 万亿元大关。国家财政收入增加了固然是好事，可以让更多的人享受到公共财政的阳光。然而，也有纳税人产生疑问：财政收入多收，对我有什么好处？应不应该降低税负，降低纳税人负担呢？国家财政收入绝大部分来自税收。税收的增加与经济发展有关，更与税负有关。世界银行与普华永道 2006 年年底联合公布了全球纳税成本调查报告，中国以每年 872 小时的纳税时间、47 项需缴纳的税费、烦琐的税务条目和落后的纳税手段，在 175 个受调查的国家（地区）中纳税成本高居第八位。在国家财政收入连创新高的今天，我国是否应该按照简税制、宽税基、低税负、严征管的指导思想调整税收政策，如减少税种、降低税率、降低征税成本等，进一步减少纳税人的纳税负担。另一方面，社会上对财政收入主要是税收收入长时期高增长是否正常也展开了一场争论。这些问题都与财政收入政策有关，本章将与大家一起探讨财政收入形式、财政收入结构，财政收入的规模及其影响因素等问题。

第一节 财政收入的形式和结构

一、财政收入的含义

财政收入是政府提供公共产品的物质保证，也是为公众提供服务，实施有效管理的强大后盾。财政收入表现为政府部门在一定时期内（一般为一个财政年度）所取得的货币收入。财政收入是衡量一国政府财力的重要指标，政府在社会经济活动中提供公共物品和服务的范围和数量，取决于财政收入的充裕状况。财政就是为了满足社会公共需要，弥补市场失灵，以国家为主体参与的社会产品分配活动。它既是政府的集中性分配活动，又是国家进行宏观调控的重要工具。

财政收入通常有两个含义：在静态上，财政收入是一定数量的公共性质的货币资金，是国家通过一定形式和渠道集中掌握使用的货币资金；在动态上，财政收入又是一个过程，即组织收入，筹集资金的阶段，它是财政分配的第一阶段或基础环节。

从公共产品角度来看，财政收入就是政府筹集提供公共产品的资金。所以，政府组织财政收入的目的不是为了政府自身的需要，而是为了公共利益，是为所有居民提供公共产品。因此，财政收入的所有权不属于政府，而是属于全体居民。这也是现代民主的理念，是政府财政信息必须公开的根据。

与财政收入类似的名词还有政府收入、国家收入、预算收入等，虽然现在他们涉及的金额统计口径不一样，但是随着我国公共财政体制建设的完善，以后这种差别可以忽略。

二、财政收入的形式

财政收入形式是指政府取得财政收入的具体方式，即来自社会经济运行主体包括企业和个人的资源，通过什么方式上交给政府。

政府取得财政收入有多种形式，主要有如下几种：强制无偿形式（税收）、有偿自愿形式（公债）、近似“有偿服务”形式（非税收入）、产权收益形式（国有资产经营收益）、无偿转嫁形式（政府引致的通货膨胀）、自愿无偿形式（捐献收入）、机会分配形式（彩票收入）等。

（一）税收

税收是政府取得财政收入的最佳形式。税收是政府利用政治权力直接获得资源的方式，它是一种强制的、无偿的、固定的财政收入形式，政府不负偿还责任，可向管辖范围内的任何人、任何行为征税，只要国家足够大，政府就有充足的资金来源，它唯一的不足就是可能对经济产生副作用，还需要相当数额的征收实施成本。

但总的来说，税收还是最好的政府融资方法，是世界上绝大多数政府的最主要的财政收入形式。

中国古代社会财政收入的主要来源就是赋税，起源于禹，称为贡赋。唐代初期颁布租庸调法令，确立了田赋制度的完整内容，中唐时推行两税法，把租庸合并到户税、地税中，征税依据由人丁向财产转变。宋代的田赋沿袭唐代初期税法，其中已含丁税。元代财政收入以赋税为主。明代财政收入，以田赋为主，其次为人口税、工商税。

民国早期，京兆特区政府的财政收入来源由赋税收入、官业收入、官产收入和杂项收入四部分构成。赋税收入分别以税、捐、费、赋四种具体收入形式征收。民国后期，财政收入规模扩大，财政收入结构也发生变化，由过去的田赋为主转变为以税课为主。

目前，我国的税收收入已经占财政收入的90%以上，按照征税对象可以分为五类税，即流转税、所得税、财产税、资源税和行为税。具体税种有大家熟悉的增值税、消费税、营业税、关税、个人所得税等等，税收将我们的生活与政府的公共服务紧密联系起来，大家在缴税的同时，也在关心这些财政收入用到哪里去，用得是不是妥当，近几年要求公开“三公”经费的呼声越来越高，正反映了大家作为纳税人的权利意识不断增强。

（二）公债收入

公债收入是政府取得财政收入的特殊形式，因为需要通过日后的税收作为偿债基金的来源，所以也被称为“延期的税收”。公债是政府利用国家信用借入资金为政府支出融资，所以也称为债务融资。它是一种自愿的、有偿的、灵活的财政收入形式，可弥补税收的不足，是财政收入的重要调剂、补充形式。一旦政府不能用税收和非税收入弥补其全部支出的话，它就必须借入资金。换句话说，政府可以利用债务融资来推迟税收负担，比较适合为资本支出提供融资。公债的实施成本很小，它最大的不足就是债务负担问题。严格来说，公债不能称为一种财政收入，因为只有不需要偿还的资金才能称为收入，但习惯上还是把它归入收入来统计分析。

（三）各种非税收入

非税收入是指除税收以外，由各级政府、国家机关、事业单位、代行政府职能的社会团体及其他组织依法利用政府权力、政府信誉、国家资源、国有资产或提供特定公共服务、准公共服务取得的财政性资金，是政府财政收入的重要组成部分。政府非税收入管理范围主要包括：行政事业性收费、政府性基金、彩票公益金、国有资源有偿使用收入、国有资产有偿使用收入、国有资本经营收益、罚没收入、以政府名义接受的捐赠收入、主管部门集中收入、政府财政资金产生的利息收入等。

非税收入是政府参与国民收入初次分配和再分配的一种形式，属于财政资金范畴。广义地说，非税收入是指政府通过合法程序获得的除税收以外的一切收入。

三、财政收入的结构

财政收入结构主要是指财政收入的来源结构。财政收入结构大体可从项目结构、部门结构和地区结构几个方面加以考察。财政收入来源于多种收入形式、多个产业、多个部门，分析财政收入结构可以准确预测未来的财政收入，科学合理地确定财政收入目标任务，探求促使财政收入合理增长的途径。

1. 财政收入的项目结构

财政收入的项目结构是指国家财政收入由不同的筹集方式形成的结构，主要由税收、国有企业上缴利润、债务收入、公共收费收入、基金收入等组成。1984 年以前，财政收入的主要项目是税收和国有企业上缴利润。1983 年实行利改税以后，国有企业改为征税制，税收逐渐成为财政收入的基本形式。目前税收占财政收入的 90% 以上。分析财政收入各项目在总体结构中的比例及其变化，有利于确保财政收入的集中，有效地调节收入的合理分配。

案例讨论 6-1

财政收入结构

表 6-1 显示的是 1994—2012 年全国税收收入数据，从表中可以看到，自 1994 年税制改革以来，税收收入总额快速增长，每年增收额由 900 亿元上升到 10 000 亿元，税收在财政收入中的地位越来越重要。联系这 10 多年我国经济增长情况可以更深入地了解税收收入增长与经济发展的关系，分析税收收入在公共收入中的比重，对公共收入的结构将会有更清楚的认识。

表 6-1　**1994—2012 年全国税收收入及占财政收入的比重**　金额单位：亿元

年份	收入	比重（%）
1994	5 071	98.25
1995	5 974	96.73
1996	7 051	93.28
1997	8 226	95.18
1998	9 093	93.79
1999	10 315	93.35
2000	12 000	93.93
2001	15 166	93.38
2002	16 997	93.3
2003	20 466	92.18
2004	25 718	91.55
2005	30 865	90.93
2006	37 636	95.59
2007	45 622	88.9
2008	54 224	88.41
2009	59 522	86.87
2010	73 211	88.1
2011	89 738	86.39
2012	100 601	85.83

注：2007—2012 年数据来自财政部网站公布的各年全国公共财政收入决算表，比重依此计算。

自从1983年利改税等财税体制改革以来，税收已经成为财政收入的主要来源，且每年增长率都在20%左右。而国营（有）企业上缴利润一度成为历史，与此同时，出现了政府基金收入、行政事业性收费、国有资产转让或出租收入、国有土地使用权出让收入、彩票公益金等新的财政收入形式，在有些地方，国有土地使用权出让收入（即俗称卖地收入）甚至占了本级财政收入的一半左右，财政收入结构与改革开放前发生了很大变化。

讨论：

1. 除了税收外，其他非税收入占财政收入的比例高低与财政收入质量有何关系？

2. 如何看待有些地方国有土地使用权出让收入比例比较高这一现象，它会产生怎样的后果？

3. 了解你所在地的财政收入结构，分析其是否合理。

2. 财政收入的部门结构

财政收入的部门结构是指由工业、农业、商业、交通运输业、建筑业等部门提供的财政收入形成的收入结构。第一个五年计划时期（1953—1957），财政来自工业部门的收入占44.5%（轻工业占25.3%，重工业占19.2%），农业占14.9%，商业占22.5%，交通运输业占7.5%，建筑业占0.5%，其他占10.1%。到第六个五年计划时期（1981—1985），财政收入的部门结构随着经济的发展发生了较大的变化，其中工业占77.2%（轻工业占32.3%，重工业占44.9%），农业占4.4%，商业占0.1%，交通运输业占6.5%，建筑业占0.4%，其他占11.4%。工业部门成为财政收入的支柱部门。财政收入的部门结构也可按三次产业结构划分，即按第一产业（农业）、第二产业（工业、建筑业）和第三产业（服务、流通部门）划分，形成以产业部门为主的财政收入结构。对财政收入的部门结构进行分析，可以为培植财源、调整结构、提高效益、实现增产增收提供主攻方向的选择。

3. 财政收入的地区结构

财政收入的地区结构是指财政收入在中央和地方之间以及各地区之间的分布结构。

（1）国家集中的财政收入在中央和地方之间的分布。中央支配的财政收入比例，不但制约中央财政的宏观调控能力，而且直接影响地方积极性的发挥。1978—2002年，中央财政收入的比重总体是在提高的，起到了增强中央政府的宏观调控能力的作用，但2007年以来，这一比重明显呈现下降趋势，中央财政收入的增长速度慢于地方财政收入的增长（见表6-2）。

（2）财政收入在全国各个省、市、自治区的分布。一些经济较发达的地区，财政总收入和人均财政收入均高于经济较不发达地区。有些地区，特别是“老、少、边、山、穷”地区，财政收入的自给率低，还需中央财政补助。进行地区结构分析，有利于国家财政统筹规划、合理分工，使地区之间优势互补、协调发展、利益兼顾，走共同富裕之路。

表 6-2　　　　**中央和地方财政收入及比重**　　　　金额单位：亿元

年份	全国	绝对值		比重（%）	
		中央	地方	中央	地方
1978	1 132.26	175.77	956.49	15.5	84.5
1980	1 159.93	284.45	875.48	24.5	75.5
1985	2 004.82	769.63	1 235.19	38.4	61.6
1989	2 664.90	822.52	1 842.38	30.9	69.1
1990	2 937.10	992.42	1 944.68	33.8	66.2
1991	3 149.48	938.25	2 211.23	29.8	70.2
1992	3 483.37	979.51	2 503.86	28.1	71.9
1993	4 348.95	957.51	3 391.44	22.0	78.0
1994	5 218.10	2 906.50	2 311.60	55.7	44.3
1995	6 242.20	3 256.62	2 985.58	52.2	47.8
1996	7 407.99	3 661.07	3 746.92	49.4	50.6
1997	8 651.14	4 226.92	4 424.22	48.9	51.1
1998	9 875.95	4 892.00	4 983.95	49.5	50.5
1999	11 444.08	5 849.21	5 594.87	51.1	48.9
2000	13 395.23	6 989.17	6 406.06	52.2	47.8
2001	16 386.04	8 582.74	7 803.30	52.4	47.6
2002	18 903.64	10 388.64	8 515.00	55.0	45.0
2003	21 715.25	11 865.27	9 849.98	54.6	45.4
2004	26 396.47	14 503.10	11 893.37	54.9	45.1
2005	31 649.29	16 548.53	15 100.76	52.3	47.7
2006	38 760.20	20 456.62	18 303.58	52.8	47.2
2007	51 321.78	27 749.16	23 572.62	54.1	45.9
2008	61 330.35	32 680.56	28 649.79	53.3	46.7
2009	68 518.30	35 915.71	32 602.59	52.4	47.6
2010	83 101.51	42 488.47	40 613.04	51.1	48.9
2011	103 874.43	51 327.32	52 547.11	49.4	50.6
2012	117 209.75	56 132.42	61 077.33	47.9	52.1

注：①中央、地方财政收入均为本级收入。②本表数字不包括国内外债务收入。③2010、2011 年数据来自财政部网站公布的财政收入决算表，2012 年数据来自《关于 2012 年中央和地方预算执行情况与 2013 年中央和地方预算草案的报告》。

财政收入的结构和 GDP 的结构不完全一致，如增值税和工业增加值、商业增加值关系密切。2012 年全部工业增加值 199 860 亿元，比上年增长 7.9%，社会消费品零售总额 210 307 亿元，比上年增长 14.3%，扣除价格因素，实际增长 12.1%，同年增值税增长 8.9%。企业所得税的税基是企业利润总额，它主要是和

GDP 的运行效益相关的。总的来说，财政收入增长与经济的增长及企业的效益提高是关联在一起的，还受到其他很多因素的影响，具体请看第二节的分析。

第二节　财政收入规模

财政收入的规模是政府经济实力的表现，是政府实施宏观调控的物质保证，如果政府占有份额过小，就会影响政府各项职能的履行；它也是政府在社会总财富中占有份额的体现，如果政府占有份额过大，势必影响企业和个人占有的份额，影响其他经济主体从事生产经营及创造财富的积极性。因此，政府必须保持适度的财政收入的规模。

一、财政收入规模衡量

（一）财政收入规模的含义

财政收入规模是指一个国家或地区在一定时期内（通常为一个财政年度），各级公共部门从市场经济主体转移来的价值总量。财政收入规模具体包含两层含义：第一，是一个时间概念，通常为一定时期内的收入流量。第二，是一个空间概念，一般指一个国家的中央政府的财政收入，也可以指一个国家的某一级政府的财政收入。

（二）财政收入规模的衡量

财政收入规模有绝对量与相对量之别。

财政收入规模的绝对量是一定时期内财政收入的总量。例如从绝对量上看，我国财政收入在 1999 年突破 1 万亿元人民币大关，2011 年突破 10 万亿元。

财政收入规模的相对量则是在一定时期内财政收入与经济变量的比率。这类指标通常有两类：（1）财政收入占 GDP 的比重。财政收入占 GDP 的比重在发达国家与发展中国家之间的水平是不同的。20 世纪末，美国为 34%，法国为 46%，英国为 41%。而发展中国家却明显地低于这个水平，泰国为 21%，印度尼西亚为 20%。由此可以看出，发达国家财政收入规模最低维持在 GDP 的 1/3 左右，而发展中国家却只有 20% 上下。（2）财政收入增长弹性系数，即财政收入增长速度与 GDP 增长速度的比例。在税收政策和纳税环境稳定的情况下，财政收入增长弹性系数大于 1，说明财政收入增长快于 GDP 增长，对增加财政收入有利；财政收入增长弹性系数小于 1，说明财政收入增长慢于 GDP 增长，对于涵养税源有利。

在我国，财政收入有多个口径，需要弄清楚。这些口径分别是地方财政总收入、地方组织的财政收入、一般预算收入（公共预算收入），分别说明如下：

地方财政总收入是指一般预算收入范围内的有关收入项目，包括：地方一般预算收入，在当地缴纳的国内增值税中央分享收入、国内消费税、纳入分享范围的企业所得税和个人所得税中央分享收入。

地方组织的财政收入是指由本地区各级财政、国税、地税部门组织征收的各项财政收入。包括按照现行财政体制规定属于当地财政的收入和属于上级财政的收入，但不包括基金预算收入（如土地出让金）、国有资产收益。如某地级市组织的财政收入=全市一般预算收入+全市上划中央“两税”（增值税、消费税）收入+全市上划中央所得税收入+全市上划省级财政收入。

一般预算收入（公共预算收入）是指按照现行财政体制规定，本地区各级财政、国税、地税部门组织征收的财政收入中属于当地可自主支配的财政收入，也就是由国家支配的纳入预算管理的未指定用途的财政资金。

在会计核算中使用的是地方财政总收入，与地方组织的财政收入差别不大；地方组织的财政收入是新闻中经常出现的指标，如收入突破100亿元等，与一般预算收入的区别可以用下面的公式表示：

地方组织的财政收入=一般预算收入+上缴给上级的财政收入

对于初学者来说，弄清这几个指标不容易，详细内容请参阅第九章第二节预算体系的相关内容。

二、影响财政收入规模的因素

（一）经济发展水平

经济学原理告诉我们，经济决定财政，从根本上说，财政收入来源于国民经济的发展。没有经济的增长，财政就成了无源之水，无本之木。正所谓水涨船高，世界各国的发展无不证明了这一真理。从我国来说，改革开放以来，中国经济年均增长9%以上，也造就了同期财政收入的高速增长。以2011年为例，当年经济平稳较快增长。全年规模以上工业增加值增长13.9%（现价计算增长22%左右），固定资产投资增长23.8%，社会消费品零售总额增长17.1%，规模以上工业企业实现利润增长25.4%，全年一般贸易进口额增长31.0%。经济的平稳较快增长带动了国内流转税、企业所得税和进口环节税收等各主体税种收入的增长。①

根据上述原理，政府理财就不能仅就财政论财政，而必须着眼于经济全局，通过发展经济，拓宽财源，才能为财政提供源源不断的收入来源。

（二）经济政策

因为财政收入主要来源于企业的利润，而国家制定的企业成本核算方法，包括固定资产的折旧方法、成本费用列支项目及标准、工资标准、交纳所得税前的列支办法等影响着企业的利润水平，也就影响财政收入的多少。另外，国家制定的国有企业利润分配政策也影响国有资产收益的实现。下面以图6-1分析企业工资水平对财政收入的影响。

（三）经济发展阶段

不同的经济发展阶段，由于政府的职能范围不同、政府干预经济的程度不同、采取的财政政策不同，财政的集中度不一样，因此财政收入规模也不一样。

① 财政部税政司.2011年税收收入增长的结构性分析.［EB/OL］.（2012-02-14）.http://szs.mof.gov.cn/zhengwuxinxi/gongzuodongtai/201202/t20120214_628012.html.

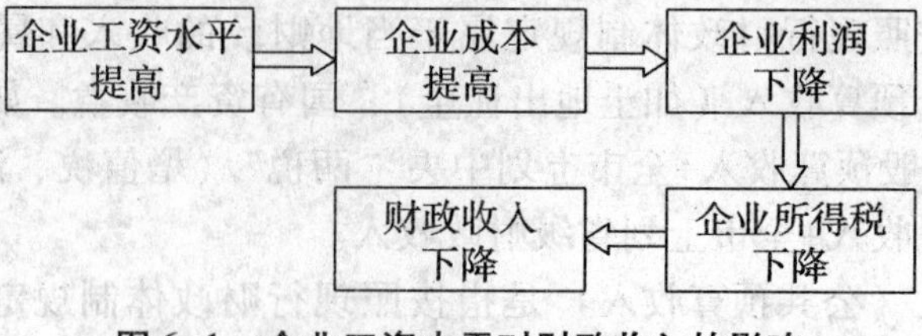

图 6-1　企业工资水平对财政收入的影响

首先，在自由竞争的资本主义时期，政府的职能仅限于保卫国家主权和领土完整、维护社会稳定，即所谓的“夜警国家”，相应地财政收入总额及其占国内生产总值的比例较低。而当资本主义进入垄断阶段，国家大规模地干预经济，同时社会福利和社会保障的开支大幅增加，财政收入规模也随之不断扩大。对于社会主义国家而言，在经济发展的初期，国家对经济和社会方方面面无所不包，无所不管，俨然一个“全能政府”，自然其财政收入规模相对较大；而当其进入工业化发展阶段，国家普遍放开对企业的直接管理，改为把生产经营自主权交给企业，减少指令性计划，实行指导性计划，逐步扩大企业自主权，使其逐渐摆脱高度集中僵化的经济管理机制，走向市场。这样企业的生产资金不再由财政供给，而是通过自身积累、银行贷款、发行股票等方式筹集，财政支出的需求减少，财政收入的规模相应缩小。

其次，当经济发展过热时，政府将会实施紧缩性的财政政策，采取增税等措施，相应地会扩大财政收入规模，提高财政收入占 GDP 的比重；而当经济发展萧条时，政府将会实施扩张性的财政政策，采取减税等措施，相应地会缩小财政收入规模，降低财政收入占 GDP 的比重。

（四）价格

财政收入是用货币来表示的，所以跟全社会的价格水平密切相关。当全社会的物价水平发生变动时，财政收入也会受到影响。用财政收入增长额除以上年的财政收入数，再乘以 100%，这样计算出来的财政收入增长率称为名义增长率，只有剔除物价上涨率，才能称为实际增长率。如果财政收入增长率低于物价上涨率，那么，财政收入实际是下降的。价格影响财政收入的原理可以用图 6-2 来表示。

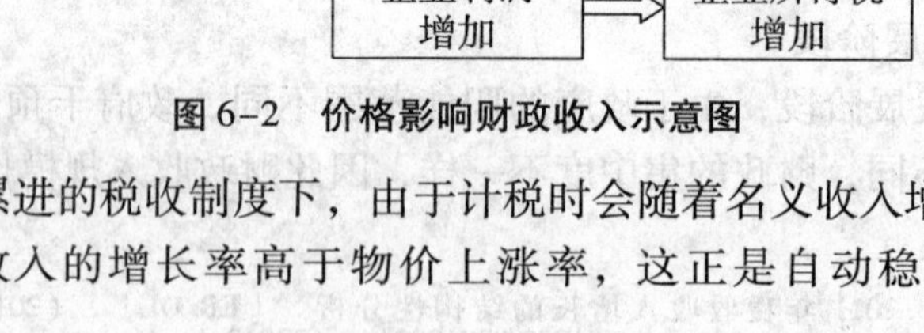

图 6-2　价格影响财政收入示意图

另一方面，累进的税收制度下，由于计税时会随着名义收入增长而适用更高的税率，将使财政收入的增长率高于物价上涨率，这正是自动稳定器作用的原理所在。

三、中国的财政收入规模

近年来，随着国民经济的快速发展，我国财政收入也保持较快增长势头，占国内生产总值（GDP）的比重逐步提高，政府公共保障能力进一步增强。但也要看到，与发达国家比较，我国财政收入绝对规模还比较小，占 GDP 比重明显低于世界平均水平，人均财力也跟发达国家有比较大的差距，还不能满足财政支出的需要，近几年财政赤字还在增加。

（一）我国财政收入规模基本情况

通常我国财政收入主要是指纳入公共财政预算管理，可以统筹安排用于民生支出、提供一般公共产品和服务的公共财政收入。近年来，我国公共财政收入仍然保持较快增长态势，占当年 GDP 比重为 20% 左右。其中，税收收入占 GDP 比重达到 18% 左右。2008 年以来全国公共财政收入及增长情况见图 6-3。

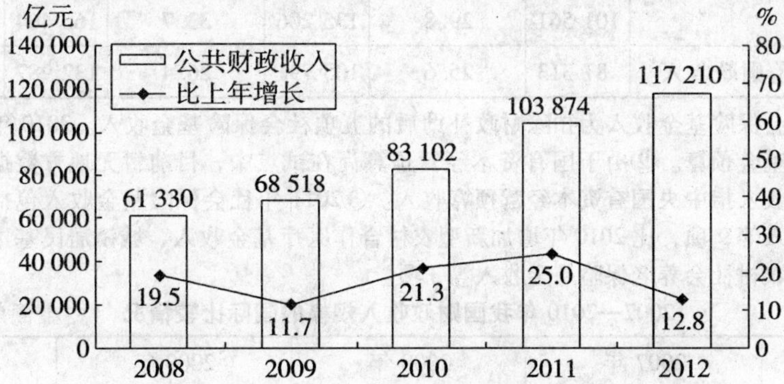

图 6-3　2008—2012 年中国公共财政收入及其增长速度

按照国际货币基金组织（以下简称 IMF）颁布的《政府财政统计手册 2001》的口径，政府财政收入包括税收、社会保障缴款、赠与和其他收入（其他收入主要指财产收入、出售商品和服务收入、罚金罚款和罚没收入以及其他杂项收入）。按这一国际可比口径，我国政府财政收入，除公共财政收入之外，还应包括政府性基金收入（不含国有土地使用权出让收入）、国有资本经营预算收入、社会保险基金收入。不包括国有土地使用权出让收入，是因为根据 IMF《政府财政统计手册 2001》的定义，国有土地出让行为是一种非生产性资产的交易，结果只是政府土地资产的减少和货币资金的增加，并不带来政府净资产的变化，不增加政府的权益，因而不计作财政收入。按此口径计算，2011 年我国与国际可比的政府财政收入为 132 987 亿元，占当年 GDP 比重为 28.2%（见表 6-3）。

（二）我国财政收入绝对规模的国际比较

从绝对规模看，我国政府财政收入规模位居世界前列。按国际可比口径，2010 年我国政府财政收入为 10.6 万亿元，按当年平均汇率折算为 1.6 万亿美元左右，大体相当于当年美国财政收入的 35.2%、日本财政收入的 87.2%，世界排名第三位（见表 6-4）。

表 6-3　　2009—2011 年我国政府收入及其占 GDP 比重　　金额单位：亿元

项目	2009 年		2010 年		2011 年	
	绝对额	占 GDP 比重（%）	绝对额	占 GDP 比重（%）	绝对额	占 GDP 比重（%）
一、公共财政收入	68 518	20.1	83 102	20.7	103 874	22.0
其中：税收收入	59 522	17.5	73 211	18.2	89 738	19.0
二、政府性基金收入	19 274	5.7	36 785	9.2	41 363	8.8
其中：土地出让收入	14 248	4.2	29 415	7.3	33 477	7.1
三、国有资本经营收入	989	0.3	559	0.1	765	0.2
四、社会保险基金收入	12 779	3.7	14 761	3.7	20 542	5.5
政府收入合计	101 561	29.8	135 206	33.7	166 464	35.3
IMF 口径的政府财政收入	87 313	25.6	105 791	26.4	132 987	28.2

注：①社会保险基金收入为扣除财政补助后的五项社会保险基金收入。2010 年我国已开始试编社会保险基金预算。②由于国有资本经营预算尚在试点中，目前暂无地方数据，表中国有资本经营预算收入指中央国有资本经营预算收入。③2011 年社会保险基金收入包括企业职工养老保险基金收入等 9 项，比 2010 年增加新型农村合作医疗基金收入、城镇居民基本医疗保险基金收入和新型农村社会养老保险基金收入等 3 项。

表 6-4　　2007—2010 年我国财政收入规模的国际比较情况　　金额单位：亿美元

国家	2007 年	2008 年	2009 年	2010 年
美国	47 686	46 532	42 880	44 347
日本	14 565	16 714	16 380	17 914
德国	14 602	16 057	14 836	14 107
法国	12 878	14 185	12 861	12 531
意大利	9 828	10 652	9 877	9 516
英国	11 602	11 379	8 806	9 015
中国	8 370	11 177	12 646	15 626

注：①除中国外，其他国家财政收入数据来源于国际货币基金组织《世界经济展望》数据库，其中 2010 年为预测数。②除美国外，其他国家财政收入数据按当年平均汇率折算为美元，汇率数据来源于 CEIC（环亚经济数据有限公司）数据库。

第三节　财政收入的质量

一、确保财政收入的可持续增长

财政收入是政府提供公共产品的物质基础，不能只关注数额的增长，必须有实实在在的质量，否则，就会影响全体居民的公共服务水平。现实生活中，存在为了做出政绩，片面追求GDP、财政收入增长，忽视质量，不顾环境资源的承受能力，竭泽而渔，最后必然影响经济社会发展的根基。

财政收入的可持续增长受到数字造假、财政收入来源单一、过分注重增长速度等因素的严峻挑战，在发展中国家显得特别突出。以我国为例，通过发展解决经济落后问题已经成为全国各地的共识和一致行动，但在经济高速增长的同时，人口、资源、环境、就业等的压力也不断加大，人与自然之间的矛盾不断加深，资源、能源、环境、技术瓶颈的制约更为突出，迫切需要由单纯注重数量、速度的增长转向更加注重高质量的增长，处理好经济建设、人口增长与资源利用、生态环境保护的关系，增强可持续发展的能力，推动整个社会走上生产发展、生活富裕、生态良好的文明发展道路。通俗地讲，就是“既要金山银山，也要绿水青山”。

首先，如何防止数字造假，提高财政收入的质量，已经成为社会各界关注的焦点。2000年以来，我国全国财政收入快速增长，迅速突破2万亿元、5万亿元、10万亿元大关，但社会上也担心，究竟这些收入真实性怎么样？有没有水分？有多少水分？从报道看，近些年来，地方政府在追求GDP的过程中虚增数字的现象屡见不鲜。各省的GDP之和超过国家统计局公布的全国GDP总量，各省的GDP增长率也远高于全国的平均增长率。从财政收入来看，税收收入由税务机关征收管理，相对比较规范，不容易做假，因此，税收收入占财政收入的比例越高，一般可以看做财政收入质量越好。相反，非税收入占财政收入比例越高，那么，财政收入质量越差。数据显示，有些地方非税收入占财政收入比例高达30%，越是经济发展迟缓，这一比例越高，值得高度重视。

其次，财政收入来源单一或过多地依赖某些不正常因素也是令人担忧的事情。国务院发展研究中心的一份调研报告显示，在一些地方政府，土地直接税收及城市扩张带来的间接税收占地方预算内收入的40%，而土地出让金净收入占政府预算外收入的60%以上。土地出让金以及与房地产行业相关的税收已经在不少区域成为地方政府的“金库”。如果房地产业难以保持快速发展势头，财政收入的增长就会受到大的影响。而一些地方财政收入及其增长主要依赖于烟酒等危害居民身体健康的行业，从近年来全国及各地公布的年度纳税百强排行榜来看，仍然是“油烟味”很浓，石油、烟草等企业占据了排行榜前列。

再次，过分注重增长速度也带来了不少消极影响。一些地方长期依赖于矿产开发，给生态环境造成严重破坏。美丽的草原留下了片片疤痕，草原退化、沙漠化现象有恶化趋势，昔日“风吹草低见牛羊”的美景已被无数大坑、地陷、雾霾、沙尘暴所代替；水源地受到破坏，饮用水质量下降、地下水被抽干、河流断流、空气污染加重，因环境污染而引发的疾病增多。尽管财政收入取得了短时间的快速增长，但却是以自然资源的透支、人类生活环境的恶化为代价的，牺牲了长远发展的基础，结果只能是得不偿失。

思考与讨论：近年来，厦门、宁波、昆明等地PX（对二甲苯）项目的上马建设引起当地居民对环境污染的担忧，地方政府关注经济发展、财政收入增加，而居民则更看重生活质量及个人收入的提高。同学们可以分组调查当地居民对化工等敏感项目的意见、当地财政收入与居民人均收入的数据，比较两者的增长速度，运用第一章第四节的相关分析方法作出判断。

此外，大家可以通过中国财政年鉴查找各年全国各省税收收入、非税收入占财政收入的比例，比较哪些地区非税收入占财政收入的比例较高，有什么规律，结合经济增长速度、经济周期等资料分析其原因，学习运用科学的分析方法探究经济社会现象中的深层问题，加深对所学财政知识的理解。

二、防止财政收入虚增

多年以来，如何正确对待财政收入任务，防止财政收入虚假成为各级财税部门比较头疼的事情。有的地方政府领导为了做大政绩，下达过高的脱离实际的财政收入任务，或者在年度中间未经同级人大批准调整预算收入任务，提出超额完成收入指标，然后层层分解任务，签订责任状，基层政府及其财税部门为了保住乌纱帽，只好通过各种手段虚增财政收入，影响了财政收入的真实性。

从深层次来看，财政收入虚增与政府偏好掌握更大财权有关。显然，政府希望拥有更多财政资金，从而可以做出更大政绩，提升自己的形象，以便连任或者提拔。如果没有严格的预算约束，那么，这种状况就会愈演愈烈。如何限制政府随意扩大收入、支出规模，同时又保障公共服务数量及质量，是政府预算制度建设的重要任务，具体将在第九章中加以讨论。

在实践中，虚增财政收入的常见做法有：

（1）寅吃卯粮，即采取预征、预借等手段将纳税人以后年度的应纳的税款提前移入本期入库。

（2）应退不退，即对那些享受国家税收优惠政策的纳税人先征后退的税收，采取暂不予退还或延期退还的办法，增加本期财政收入。

（3）异地入库，即将不属于本地区的税收人为地在本地区入库，突出地表现在相邻地区间争抢税源，严重扰乱税收秩序。

（4）财政收入“空转”，即通过银行贷款给企业，再由企业交税入库，然后财政拨款给企业偿还贷款。这样财政一收一支，实际可支配资金并不增加，但是总收入、总支出都增加了。或者干脆就在财政收入及财政支出项目中各列一笔子虚乌有的资金，增大收入及支出总额。

（5）在非税收入上做文章，虚增财政收入，由于非税收入多掌握在行政部门手上，本身就不是财政部门可以自由支配的资金，因此就容易出现虚假。

（6）借款交税，主要是乡镇政府为了完成财政收入任务，在财源没有或减少的情况下，通过银行、信用社贷款或向私人借款、用集体资金等垫交的方式暂时完成财政收入任务，最终形成政府债务。这种财政收入实际也是虚假的，因为它并没有经济增长作为后盾，没有财源作为支撑。

（7）以相互划转形成的虚假财政收入。由于大多数乡镇财政未设金库，收入考核由县级税务部门按税收报表确认。因而县税务部门在与乡镇达成默契之后，将县级收入以调整报表方式划入某个乡镇，从而虚增财政收入。

（8）以买进的形式形成的虚假财政收入，即以税款一定比例向外地税务部门支付“业务费”，将税收买进作为本地税收收入。

每年年中、年末，一些县、市为了确保财政收入“时间过半，任务过半”，便悄悄地玩起了“空手道”，即实行财政资金的“空转”，而且此等现象大有蔓延之势。所谓“空转”，一种是财政部门直接以“归还暂存款”、“其他支出”等名义将财政预算内资金拨给事业单位；企事业单位再将拨款以“其他收入”、“专款收入”或“其他行政性收费收入”等名目，同额同步缴入财政预算内存款户，虚增财政收入。另一种是企业本来没有创造利税，但为了实现“双过半”目标，主管部门就要求企业虚报一个利税数；根据这个虚报的数字，企业向银行或其他金融机构贷款，缴给当地财税机关；财税机关再通过种种渠道，把上交的贷款（名义上的“税收”）返还给企业；企业再把返还款还给金融机构。在上述过程中，尽管没有产生任何经济效益，即真正意义上的“税收”，但完成了一个虚拟意义上的资金循环。财政资金“空转”的危害颇多。其最直接的恶果是造成了一种虚假繁荣，使据此制定的经济决策发生偏差，严重地影响了社会经济生活的正常运转；同时，还会扰乱金融秩序，不利于中央银行宏观调控。不仅如此，它还使“数字出官、官出数字”成为可能，损害党和政府的形象，败坏社会风气。有关部门要大力提高税收收入占财政收入的比重，杜绝各种形式“空转”，减少财政收入中的“水分”，增强财政收入的真实性，切实提高财政收入质量。

除了虚增财政收入，也有的时候，出于某种考虑，人为地虚减财政收入，同样影响财政收入的真实性。比如，有税不收，人为地在年度之间调节税收收入，藏税于企业或藏税于民，买卖税款，其背后的根本原因是不正确的政绩观，个别乡镇为了追求财政收入的高速增长，不是在增收节支上下工夫，而是在数字上做文章，虚列收支、弄虚作假，使财政收入的水分不断加大，有的乡镇政府甚至实行“空转”。这种现象应引起高度重视，制定预算要切合实际，在确保应收尽收的同时，要规范财政、税收、国库之间的网络连接，切实掌握入库的真实情况，加强收入入库监督检查和财政决算审查，严格依法治税，推行办税公开的预决算结算公开制度，严肃查处预征预借，借款垫税，买税卖税等违规违纪行为，确保财政收入的真实性。

就我国来说，改革开放极大地焕发了市场的活力，调动了各行各业的积极性、创造性，经济发展突飞猛进，财政收入以两倍于经济增长的速度快速上升。但也存在增长模式不够科学合理的问题，进入21世纪之后，过分依赖投资拉动、出口拉动的增长模式暴露出了不少问题，地方政府热衷于上项目、争投资、铺摊子，大干快上，政绩工程屡见不鲜，极易引发通货膨胀，同时政府债务激增，风险加剧，影响了经济发展的可持续。当投资、出口难以保持高增长，税收收入下滑的时候，为保持财政收入较快的增长速度，只能在非税收入上打主意，乱收费等现象就会抬头，形成恶性循环。因此，引导经济发展方式转型，转向内需拉动，就成为下一步经济发展与财政增收的方向。

案例讨论 6-2

南京试点对工地征收扬尘费受质疑

对于南京主城区的空气，很多市民用两个词“灰蒙蒙”和“脏”来形容。工地扬尘多被认为是重要原因。“扬尘”不仅成为南京市民之苦，更是成为城市之痛。去年，由于南京一直持续无雨，城市灰尘越积越多。再加上城市主干道进行工程建设，导致扬尘增多，空气质量急剧下降。特别是当年10月16日至10月30日，南京就连续15天陷入污染天，这也创了十年来的脏天纪录，也是7年来蓝天计划首次“泡汤”。

从去年7月1日起，江苏决定对工地扬尘开征排污费，征收标准为0.24元/平方米·月，然后乘上达标削减系数。规定“如果施工单位措施到位，扬尘控制达标，达标削减系数为零，也就不用缴费。”南京和徐州是首批试点城市。某工地的负责人算了一笔账，按上面的标准，交扬尘费只要两三万，但如果落实路面硬化、建筑用料的覆盖、围挡等所有的降尘措施，可能需要20万元。这样一比，交费更划算。

开征“扬尘费”效果怎么样？抑制扬尘有没有更好的办法？市民对此提出质疑。

资料来源　宋南飞，王宏斌．“被试点”征扬尘费 一家也没收到［N］．扬子晚报，2010-01-18（A05）．

讨论：

1. 通过收费来调控市场行为是否可行？收费是为了增加财政收入还是为了引导人们的行为？分析一下这一做法的利与弊。

2. 与其他财政政策工具比较，收费作为政策工具有什么特点？结合本例说说自己的看法。

3. 对于各地出现的类似问题，你觉得有没有其他办法来解决问题？

推荐阅读书目

［1］王东京，李莉．与官员谈财政税收［M］．北京：中国青年出版社，2003.

［2］金雪军．公共经济学案例［M］．杭州：浙江大学出版社，2004.

［3］沙安文，沈春丽．地方政府与地方财政建设［M］．北京：中信出版社，2005.

［4］邓文勇等．财政学案例［M］．南宁：广西人民出版社，2007：案例67、70.

［5］斯凯恩．笑话中的经济学［M］．北京：电子工业出版社，2010.

［6］林毅夫．解读中国经济［M］．北京：北京大学出版社，2012.

第七章

税收原理

知识结构图

税收原理
- 税收的特征和职能
- 税制要素
- 税收原则
- 税收负担和税负转嫁
- 中国税收制度

引　言

“税收连着你我他，富民强国靠大家”。这句税收宣传月的口号拉近了不少民众与税收的距离，是啊，我们每天的生活都与税收有着密切关系。从根本上说，我们每个人都是纳税人，而且也都是税收的受益者。2006 年税收宣传月期间，国家税务总局与中央电视台联合制作 22 集大型税法宣传电视系列专题片《马斌说税》；总局办公厅、中国税务杂志社 4—7 月联合举办第二届全国税收 FLASH 作品比赛；北京市地税局参与拍摄电视情景喜剧《税务所的故事》，在中央电视台电视剧频道播出；重庆市国税局在重庆电视台“龙门阵”栏目录播“税收与信用”电视访谈节目；河南省国税局创作 22 集大型税法宣传系列动漫剧《大水和小水》，在河南电视台播出；重庆市地税局制作 11 集动漫剧《皮皮外传》，在重庆电视台、轻轨视频、公交视频上播出；广西区国税局、地税局联合广西新闻记者协会开展“老记看税收”税收宣传好新闻竞赛评选活动。从陌生到熟悉，从遥远到身边，税收离我们越来越近。当你对税收政策有什么疑问时，别忘了拨打税收咨询电话 12366，将会得到及时、权威的回答。通过本章学习将了解到税收的含义和特征、职能、存在的必要性，掌握税制要素、税收原则、税收负担及转嫁等基本理论知识，认识税制改革的历程。

第一节　税收的含义、特征、职能和必要性

一、税收的含义

税收是为了满足社会公共需要，由政府按照法律规定，强制、无偿地参与社会剩余产品分配，以取得财政收入的一种规范形式。曾有学者称“税收是文明的代价”，深刻地点明了征税过程中政府与纳税人之间的关系，也表明了税收在现代文明中的重要地位。

税收是一种分配。税收与工资分配（劳动者取得收入）、价格分配（商人取得收入）、利息分配（银行取得收入）等同属分配范畴，是国家取得收入的主要形式。国家征税只是转移这部分收入的所有权，使占有人改变，并不增加社会产品总量。

税收是以政府为主体，凭借政治权力进行的分配。税收是政府的主要财政收入来源，是政府活动的主要物质来源，而政府又是税收的征税主体及权力依托，从税务干部制服上的帽子国徽就可以看出这一点。征税是国家行使政治权力的体现，任何一个政府都必须通过一定方式取得财政收入，来满足其履行职能的需要，从这个意义上说，国家征税是必然的，西方国家有句名言：“只有死亡和纳税是不可避免的。”

按照马克思的观点，税收分配的对象为剩余产品价值，即社会产品价值中的M部分。社会产品价值可以分为三部分：补偿部分（即满足简单再生产需要部分C）、必要产品部分（即满足个人需要部分V）、剩余产品价值部分（即满足公共需要部分M）。征税的目的是为了满足公共需要，所以只能对M征税，如果对C、V征税，则影响社会再生产的进行。

国家征税的目的是为了满足社会公共需要，它区别于单个经济主体及个人，大体包括四个方面：保护国家主权和领土完整的需要（国防、外交），维护社会秩序的需要（公检法及行政管理），维护和扩大再生产活动（公共工程及经济管理），保障和提高人类自身发展的需要（文化、教育、科学、卫生及社会保障），这些只能由政府筹集资金来保证。

从公共产品的角度来看，居民缴纳税收，实际上是向政府让渡一部分财产权，为的是让政府提供公共产品。为了限制政府征税无度，必须通过立法来规定征哪些税、如何征税，也就是“无法则无税”的理念。

二、税收的特征

税收具有强制性、无偿性、固定性，这是它区别于其他分配形式的固有特征。

税收的强制性是指税收参与社会产品的分配是依据国家的政治权力，具体表现

在税收是以国家法律的形式规定的，税法作为国家法律的组成部分，任何单位和个人都必须遵守。

税收的无偿性是指在具体征税过程中，国家征税后税款即为国家所有，不再直接归还给纳税人。税收的无偿性是相对的，从财政活动的整体来看，税收最终通过政府提供公共产品等方式用之于纳税人。就某一具体的纳税人来说，其所缴纳的税款与其消费的公共产品中的价格并不一定是相等的。

税收的固定性是指税收是国家按照法律规定的标准向纳税人征收的，具有事前规定的特征，任何单位和个人都不能随意改变。

无偿性是由公共需要的性质决定的，因为它大部分是用于非物质生产部门，不可能偿还；进而就只能采取强制的方式取得；为保证税收收入的稳定，它通过法律来确定，因而具有固定性。这三者是相互联系的。

三、税收的职能

税收具有筹集财政收入、调控经济、调节收入分配的职能。

（一）筹集财政收入

税收收入是政府筹集公共产品资金来源的主要渠道，是政府取得财政收入的最稳定、最可靠形式。因为政府取得税收收入不需要出售商品，也不需要直接偿还，尽管成立征税机构需要付出一定成本，但相对于税收收入来说是值得的。这是税收的最主要功能。

（二）调控经济

税收是国家调控宏观经济的重要杠杆，原因是税收具有经济效应，包括收入效应、替代效应。税收的收入效应是指征税减少了纳税人可自由支配的收入，改变了纳税人的相对所得状况，引起纳税人对劳动、储蓄和投资等所作出的进一步反应，会改变经济的效率与状况；税收的替代效应是指当某种税影响相对价格或相对效益时，人们就选择某种消费或活动来代替另一种消费或活动。国家可以利用税收政策，调节产业结构、产品结构，鼓励或限制某些产业或产品的生产和发展。如对高新技术产业，安置就业和再就业的企业，节约能源、利用“三废”的项目，直接为农业生产和农民生活服务的产业等，给予低税率或减税、免税的优惠政策，就可以促进这些行业的发展；而对那些不符合国家产业政策，或污染严重、能耗高的产业，不予减税、免税，并可以通过提高税率等政策措施予以调节或限制，就可以抑制其发展。

税收效应一个最明显的例子是1747年英国开征的窗户税。政府开征这一税种的目的是取得财政收入，但大家为了不用缴税，就纷纷将自家的窗户堵起来。这样一来，政府的初衷没有达到，财政收入没有增加，相反却使居民因为将窗户封堵而影响了舒适度，生活质量下降了。

（三）调节收入分配

经济体制改革以来，随着收入分配政策的调整，居民的收入差距逐渐拉大。解决收入分配上存在的问题，需要多管齐下，综合治理。其中税收作为重要的调节手段，通过政策的调整和征管力度的加大，可以起到有效调节收入分配的作用。比如，我国通过提高个人所得税“工资薪金所得”的费用扣除标准，可以惠及广大中低收入群体。同时，通过对年所得超过 12 万元的个人实行自行申报等，加强对高收入群体的税收监管，都能在一定程度上加大对高收入者的税收调节力度，缩小各阶层收入分配差距。国家将征收来的税款，或用之于公众，或用之于老弱病残及失业等人群的社会保障，从而达到促进社会公平的目的。

四、税收存在的必要性

（一）政府提供公共产品需要税收作为价值补偿

公共产品一般是抽象的物品，不可分割，如保卫国家领土的安全、外交、维护公共治安、维护市场秩序、保护消费者权益、提供义务教育等等，它只能由政府免费提供，不能通过市场通过收费方式解决，政府提供这些物品或服务耗费了成本，需要通过税收来补偿，或者说以税收作为收入来源。如交警指挥交通，不可能向行人、驾驶员逐个收费，这样不符合公平与效率的原则，其目标是秩序和福利。

（二）实现经济稳定协调发展需要税收进行调节

国家调节经济的手段有多种，可以采取法律、行政、经济手段，经济手段又有计划、财政、金融三方面，三者的关系可形象地比喻为：“计委点菜、财政出钱、银行算账。”税收是财政参与宏观调控的重要工具，其调节功能体现在：一是调节经济总量，保持经济稳定。经济发展过程中难免出现起伏波动，而税收是国家干预经济，熨平经济波动的有效手段，这已为西方国家的实践所证明。二是促进结构调整。在经济发展中，国家可以充分发挥税收的调节职能，按国家的产业政策制定税收政策，对不同的产业鼓励或限制，使经济按国家的意图发展，形成良性循环。我国目前把产业分为鼓励发展的、允许发展的、限制发展的、禁止发展的四类，确定不同的税收政策。像农作物、家畜遗传基因工程及基因库建设、种（苗）脱毒技术开发、蔬菜、花卉无土栽培、汽车、电脑、软件、教育等采取免税或低税政策扶持，而对污染环境的、产品过剩的、工艺落后的、能耗太大的小煤矿、小炼钢厂、小造纸厂、汽油柴油摩托车、电视机及其他传统家电等则征重税。

（三）达到共同富裕需要税收对居民收入进行调整

这几年国家较大幅度提高工资，结果第三次提高时社会上反对声一浪高过一浪，这说明人们的收入相差太大，一旦超过一定界限就会激化矛盾。而调整个人所得税工资薪金所得费用扣除标准的讨论也一浪高过一浪，孔子有言道“只患寡而患不均”，当收入差距拉大时，会演化成一种社会矛盾，需要通过税收等手段来缩小过于悬殊的收入差距，缓解社会矛盾，维护社会稳定，实现社会公平。

（四）对外开放需要税收维护国家权益

搞开发区，引进外资，需要通过税收优惠吸引外国资本流向中国，但要防止外国资本钻空子，打一枪就走，或者利用“免二减三”这个政策，在办厂不满五年时关闭后重新注册一个新的企业，还要防止有些人慷国家之慨，放进个人腰包。同时对出口产品实行零税率，提高出口商品的价格竞争力，扩大出口，增加外汇收入。还要区别不同的进出口商品制定不同的税率，将“洋垃圾”（国外落后的产品）拒于国门之外，引进国内急需的关键技术及商品。

案例讨论 7-1

打个嗝儿也要交税！

新西兰政府决定，在2004年年中之前凡饲养牲畜的农场主都要为牲畜排放的臭气缴税，即家畜的“打嗝儿税”、“屁税”及“污物税”。新西兰政府认为，牛羊排放出的臭气中含有大量甲烷，而甲烷会损害地球臭氧层，由此会加速地球升温。新西兰总人口约400万，而饲养的羊数则为总人口的近10倍。新西兰能源部指出，家畜在消化饲料过程中所排放的甲烷和一氧化二氮是其排放的二氧化碳的21~310倍，其温室效应十分强烈。新西兰家畜排放的温室气体占该国内温室气体排放总量的55%，这一指标在发达国家名列前茅。开征此税，是为了减少温室气体排放。

按照新西兰政府出台的这项税收政策，“屁税”将按头计征，每只羊约为9新西兰分（1新西兰元相当于5.7元人民币），每头牛约为54~72新西兰分，鹿也在征税之列。但猪和其他家禽，如鸡、猫、鸭、狗一类因其“放屁”相对而言声小气短，得以幸免。每户畜牧农家的此项负担每年约为300新西兰元。此举每年可为政府筹集约840万新西兰元收入，税款将专项用于牲畜气体排放及减少温室气体排放的研究。

新西兰政府为出台这项税收政策在全国广泛地征求了意见，但仍旧遭到广大农场主和农牧业协会的反对。他们认为，征收牲畜“屁税”将使新西兰的农牧业产品在国际市场上失去竞争力，从而影响新西兰经济发展。有农牧业专家认为，因为减少牲畜气体排放有利于所有人，所以新西兰的每个公民都应承担研究费用。新西兰农民联合会主席拉姆比表示，这项决定再次表明，政府为了广泛的公众利益采取行动，却指望农民为他们的慷慨买单。

新西兰农业部长萨顿表示，温室气体引起的气候变化，是世界最大的环境问题，政府不得不对此有所行动。他认为，农民有责任保护环境，帮助开发对付牲畜臭气排放的新技术。

讨论：

1. 从上述案例中，你觉得税收能对环保起多大作用？
2. 征收这种所谓的“屁税”有何利弊？请分析并提出自己的看法。

第二节 税制要素

一、税制与税法

税收制度，简称税制，是指在一定课税权主体下，一个国家或地区的各种税收及其相关要素所组成的法律法规体系。

税法是税收制度的法律体现形式，它是国家法律、法规的重要组成部分，是规定国家与纳税人之间在税款征收和税款缴纳方面的权利、义务关系的法律规范。它既是税务机关向纳税单位和个人征税的法律依据和工作规程，也是纳税单位和个人履行纳税义务的法定准则。所以，税法是税收制度的核心。

二、税制要素

税收法律关系主体双方权利和义务的内容，主要体现在税收实体法中。一个具体的税收实体法，其主要内容是规定这种税对什么征、对谁征、征多少、什么时候征等等。这每一项内容都有相应的税收术语。因为这些内容是每一个税收实体法不可缺少的，故称之为税法构成要素，也称之为税制要素。国家的税收政策、原则，主要是通过正确设计税法的各个基本要素来具体体现的。具体包括：征税对象、纳税人、税率、减免税、纳税期限、法律责任等。

（一）征税对象

征税对象是指征税所指向的客体，是指对什么东西征税。它是税法最基本的要素。每一种税都有其特定的征税对象。征税对象反映了国家征收这种税的目的和意义，也决定了对谁征收以及如何征收等等。它是一种税区别于另一种税的主要标志，成为不同税种名称的由来。征税对象只是从大范围明确对什么征税，为了具体实施还必须对征税对象在内容上加以具体规定。在征税对象总的范围内具体规定的应当纳税的项目，叫做“税目”。比如消费税，顾名思义就是对消费品征收的一种税，但实际上并不是对所有的消费品征税，而是通过税目对列举的若干消费品征税。凡是列入税法规定税目中的商品或项目就要征税，凡没有列入税目的就不征税。规定税目的另一个重要作用在于区别不同的具体对象，规定高低不同的税率，以体现国家的税收政策。同一件应税商品从生产到消费，中间要经过许多流转环节，因此在对该商品流转额的征税中，还需要具体确定在哪个流转环节征纳税款。在商品流转过程中被确定应当缴纳税款的环节，叫做“纳税环节”。纳税环节的确定，从另一个角度使征税对象得以具体化。根据纳税环节的多少，税收可分为一次课征制、两次课征制和多次课征制。

（二）纳税人

纳税人，是纳税义务人的简称，是指税法规定直接负有纳税义务的单位和个人。纳税人也叫纳税主体。

纳税人包括自然人和法人。自然人是指独立享有法定权利，并承担法律义务的个人；法人是经国家认可，具有一定的组织机构，拥有能独立支配的财产，并能以自己的名义享受民事权利和承担民事义务的社会组织。简单地说，法人就是社会组织在法律上的人格化。法人和自然人是法律上的用语，通常则习惯称之为纳税单位和个人。

为有利于征收管理，有些税款由向纳税人取得收入或支付款项的单位代扣代缴。这些按税法规定负有扣缴税款义务的单位和个人，叫做“扣缴义务人”。

（三）税率

1. 税率的含义

税率，是应纳税数额与征税对象数量之间的法定比例，它是计算税额的尺度。在征税对象数量既定的条件下，税额的大小主要取决于税率的高低。税率的高低，反映了国家在一定时期的政策要求，直接关系到纳税人负担的轻重，关系到政府、生产经营单位和个人三者之间的经济利益，因此，它是税法的中心环节。

税率的高低，在一定程度上反映了纳税人负担的程度。一般地说，税率越高，纳税人的负担越重。但税率并不能完全反映纳税人的实际负担程度。反映纳税人实际负担程度的指标叫做“实际负担率”，它是纳税人缴纳的税额占他全部收入的比例。例如农业税，1958 年确定全国平均税率为 15.5%，但由于它的计税标准几年不变，这样随着农业产量的逐年提高，农民的实际负担率逐步下降。在 2005 年农业税取消前其实际负担率全国平均在 3% 以下。可见，对纳税人的负担程度，不能只看税率的高低，还要根据实际情况作具体分析。另一方面，虽然税率高意味着政府可以多收税，但税率提高超过一定限度，会打击人们工作劳动和投资的积极性，阻碍经济的发展，结果税收收入反而会减少。可见，税率的高低应有一个合理的度。

2. 税率的形式

税率的具体形式一般有三种：

比例税率。它是对同一征税对象或其税目、细目，只规定一个比例的税率，应纳税数额与征税对象的数额保持着等比关系。它不区分征税对象的量，但在具体运用上，可区分征税对象的质（比如，不同产品、同一产品的不同档次、不同地区、不同行业、不同投资项目等）而采取各种有差别的比例税率。

比例税率一般多运用于对商品的征税，不论商品流转额的大小，都按同一比例征税，有利于商品流通的扩大；对同一商品采用同一个税率，也有利于企业间在同等税负的基础上开展竞争；比例税率计算简便，且易为纳税人所掌握，但它不能较好地体现量能负担的原则。

定额税率。它是按照征税对象的一定的实物量，直接确定一个应缴税款的数额，故又称“固定税额”。定额税率的高低，也不受征税对象数量多少的影响，但可区分征税对象的质采用不同的差别税额。它可视为比例税率的一种特殊形式，它与比例税率的区别主要在于计税依据不同，比例税率一般适用于从价计征，定额税率则适用于从量计征。定额税率计算简便，税额不受物价变动的影响，但价格提高，税负相应减轻；价格降低，税负相应提高。在实行优质优价的条件下，它有利于鼓励企业提高产品质量，改进包装。定额税率一般只适用于价格稳定、质量和规格标准比较统一的产品，应用范围不广。

累进税率。它是按照征税对象数额的大小，划分为若干等级，每个等级由低到高规定不同的税率，征税对象数额越大，税率就越高。它对调节纳税人收入的作用比较直接、明显，而且适应性强、灵活性大，多适用于对所得额的征税。

累进税率按其累进依据不同，可分为依额累进（即按征税对象的绝对额累进）和依率累进（即按征税对象的相对数累进）；其累进方式也有两种：按征税对象的全部数量累进和只对征税对象超过一定量的部分累进。将不同的累进依据和不同的累进方式交叉组合，可形成全额累进、超额累进、全率累进、超率累进等多种累进税率。目前通常使用的是超额累进税率。

上述三种税率体现着不同的负担政策。比例税率体现等比政策，对收入水平不同的纳税人征收，实际税率相等，税额不等，纳税人之间税前收入和税后收入水平的差距比例不变。定额税率体现着等量负担政策，即税额相等，实际负担比率不等，单位数量收入越高负担比率越低，纳税人之间税后收入水平的差距比税前扩大。累进税率体现累进负担政策，税额不等，实际税率也不等，收入越高税率越高，纳税人之间税后收入水平的差距比税前缩小。

（四）减税、免税

减税、免税，是根据国家政策，对某些纳税人和征税对象通过减征部分税款或免于征税而给予鼓励和照顾的一种特殊规定。

为什么要规定减税、免税？这是因为，税法是根据经济发展的一般情况制定的，不可能完全适应经济发展千差万别的客观情况；同时，税法制定以后，要保持相当时期的稳定，不可能随着经济情况的不断变化而朝令夕改，这也就不能完全适应经济发展千变万化的客观情况。为了处理税法规定与经济发展不完全适应的特殊情况，就需要有减税、免税的规定，从而把税法的严肃性与必要的灵活性结合起来，把税法的统一性与因地、因时制宜的原则结合起来，以便更好地贯彻国家的税收政策。同时，减税、免税也是出于平等原则的要求，对于实际负担能力较弱的纳税人或征税对象自然应该减税、免税，以实现公平合理。

减税、免税是直接通过减少国家收入、增加纳税人的经济利益来发挥对经济的调节作用的，是一种用减少一部分税收来刺激生产经营的特殊手段。因此，它只适用于特定条件下的调节，不宜用于普遍性的调节，故需要严加控制。国家须高度集中减税、免税权，除税收法律法规规定的减税、免税项目外，各级政府及各部门都不能擅自决定减税、免税。这不仅是维护国家财政收入的需要，也是使税收实现法制化和规范化的需要，是贯彻产业政策、维护公平税负、促进竞争的需要。

（五）纳税期限

纳税期限是指纳税人在发生纳税义务后，按规定应向国家缴纳税款的期限。纳税期限有两层含义：一是结算应纳税款的期限，也称结算期限，是指结算一次应纳税额的时间跨度，如：按月结算、按年结算等；二是缴纳税款的期限，也称缴款期限，是指在结算应纳税款后在多少天内缴纳税款。如：次月 7 日之前缴纳、30 天之内缴纳。

（六）法律责任

法律责任，一般是指由于违法行为而应当承担的法律后果。违法行为是承担法律责任的前提，而法律制裁是追究法律责任的必然结果。法律制裁，习惯又称之为罚则或违章处理，是对纳税人违反税法的行为所采取的惩罚措施，它是税收强制性特征的具体体现。

纳税人的税务违法行为通常有偷税、抗税、骗税、欠税等。

偷税，是指纳税人伪造、变造、隐匿、擅自销毁账簿、记账凭证，或者在账簿上多列支出或者不列、少列收入，或者经税务机关通知申报而拒不申报或者进行虚假的纳税申报，不缴或者少缴应纳税款的行为。

抗税，是指纳税人以暴力、威胁方法拒不缴纳税款的行为。

骗税，是指纳税人利用假报出口等欺骗手段，骗取国家出口退税款的行为。

欠税，是指纳税人拖欠税款，不按规定期限缴纳税款的行为。

对纳税人税务违法行为必须依法予以行政处罚。构成犯罪的要由司法机关追究刑事责任。

第三节 税收原则

虽然政府是无偿地取得税收收入，但总需要通过一定的方式，依据一定的原则来征税，即政府征税应遵循一定的税收原则。

一、税收原则概述

税收原则，就是政府征税（包括税制的建立和税收政策的运用）所应遵循的基本准则。那么，政府征税究竟需要遵循什么原则呢？从税收发展史看，虽然在任何时期，人们对税收原则的看法都存在不同的看法，但总的来说，随着经济的发展、政府职能的拓展和人们认识的提高，税收原则也经历着一个不断发展、不断完善的过程，而且，这种过程仍将继续下去。

税收原则的思想萌芽可以追溯到很早以前。如在中国先秦时期，就已提出平均税负的朴素思想，按土地划分等级分别征税；春秋时代的政治家管仲则更明确提出“相地而衰征”的税收原则，按照土地的肥沃程度来确定税负的轻重。西方则在16、17世纪的重商主义时期就已提出了比较明确的税收原则，如重商主义后期的英国经济学家威廉·配第就初步提出了“公平、便利、节省”等税收原则。但一般认为，最先系统、明确提出的税收原则是亚当·斯密的“税收四原则”，即“公平、确实、便利、节省”原则。此后，税收原则的内容不断得到补充和发展，其中影响最大的当属集大成者阿道夫·瓦格纳提出的“税收四方面九原则”，即财政原则，包括充分原则和弹性原则；国民经济原则，包括税源的选择原则和税种的选择原则；社会公正原则，包括普遍原则和公平原则；税务行政原则，包括确实原则、便利原则、最少征收费原则即节省原则。而在现代西方财政学中，通常又把税收原则归结为“公平、效率、稳定经济”三原则。

实际上还有多种税收原则的提法，但要数上述三种影响最大。这三种税收原则理论，不仅代表和反映了三个不同时期对税收的认识，而且基本展示了税收原则理论发展和完善的脉络。根据上述各项税收原则的内容，结合税收理论和实践的发展，我们从社会、经济、财政、管理四个方面将新时期税收原则归纳为“公平、效率、适度和法治”四原则。

二、公平原则

税收公平原则，就是政府征税，包括税制的建立和税收政策的运用，应确保公平，遵循公平原则。

公平是税收的基本原则。在亚当·斯密的税收四原则中，公平原则列为首位。在我国历史上，也多有强调税收公平的论述。在现代社会，税收公平原则则更是各国政府完善税制所追求的目标之一。但税收怎样才算公平，在不同时期，往往标准不同，理解也不同。从历史发展过程看，税收公平经历了一个从绝对公平转变到相对公平，从社会公平拓展到经济公平的发展过程。

税收公平，首先是作为社会公平问题而受到重视的。“不患寡而患不均”，社会公平问题历来是影响政权稳固的重要因素之一。税收本来就是政府向纳税人的无偿征收，虽然有种种应该征税的理由，但从利益的角度看，征税毕竟是纳税人利益的直接减少，因此，在征税过程中，客观上存在利益的对立和抵触，纳税人对征税是否公平、合理，自然就分外关注。如果政府征税不公，则征税的阻力就会很大，偷逃税收严重时还会引起社会矛盾乃至政权更迭。

税收的社会公平，最早指的是税额的绝对公平，即要求每个纳税人都应缴纳相同数额的税。在税收实践上的反映，就是定额税和人头税的盛行（人头税和定额税即使现在也没有完全消失）。亚当·斯密所指的公平则是税负的绝对公平。它强调每个纳税人都应按同一比例纳税。这就是说，不同收入水平的纳税人，其缴纳的税收绝对额虽不同，但其承担的税负（或税率）是相同的。反映到税制上就是实行比例税率。亚当·斯密的公平原则，在强调按比例税率纳税的同时，还强调税收应对所有国民一视同仁，不应有免税特权的存在。这其实是针对在资本主义发展初期作为封建残余大量存在的贵族阶层享有免税特权而提出来的。从理论上说，绝对公平，无论是税额的绝对公平，还是税负的绝对公平，都要求普遍征税，正是从这种意义上考虑，瓦格纳在其社会公正原则中，首先提出普遍原则，即征税要普及每个人，不应存在享有免税的特权阶层。同时，瓦格纳将公平的标准从绝对公平发展到相对公平，即征税要考虑纳税人的纳税能力，纳税能力大的，应多纳税，纳税能力小的则少纳税。它要求税制应实行累进税率。如今，在理论上，相对公平又分为“横向公平”和“纵向公平”。所谓横向公平，简单地说，就是纳税能力相同的人应负担相同的税；而纵向公平，就是纳税能力不同的人，负担的税负则不应相同，纳税能力越强，其承担的税负应越重。那么，怎么判断纳税能力的大小呢？通常以纳税人所拥有的财富的多少、收入水平的高低或实际支付能力的大小等作为判断依据。现实税制中，财产税按财产、所得税按所得累进征收，对低收入者免税，允许家庭赡养扣除等都是这种公平观的反映。

以纳税能力作为公平标准，在理论上称为“能力说”。如何判断纳税能力，在理论上又有“客观说”和“主观说”之分。按照客观说，纳税能力应依据纳税人所拥有的财富、取得的收入或实际支付能力等客观指标来确定。而主观说则强调纳税人因纳税所感到的效用的牺牲或说效用的减少应相同，或者纳税后的边际效用相同。

公平标准，除“能力说”外，还有“受益说”，即以享受政府公共服务的多少作为衡量公平的标准。根据这种标准，从政府公共服务中享受相同利益的纳税人，意味着具有相同的福利水平，因此，应负担相同的税，以体现横向公平；享受到较多利益的纳税人，则具有较高的福利水平，因此，应负担较高的税，以实现纵向公平。现实中对公路的课税以及社会保障方面往往有所体现，但在许多情况下受益水平是不好衡量的。

税收的社会公平之所以重要，不仅是由于上面已提到的公众对其的关注和反应，而且是人类文明进步的一种反映。人类社会从尊卑贵贱、等级分明的社会发展到提倡人人平等的文明社会，公民的平等权得以确立和强化。反映到税收上来，也自然要求同等对待，即要求税收也要遵循公平原则，取消免税特权。而公平标准之所以从绝对公平过渡到相对公平，并强调纵向公平，则是因为，在资本主义经济发展过程中出现了贫富两极分化，这一方面激化了社会矛盾，使绝对公平失去了社会基础，要求富人多纳税的呼声日高；另一方面，两极分化也在客观上导致市场经济运行的结构性矛盾，不可避免地出现社会有效需求不足，需要政府通过税收来调节收入分配，以减少贫富差距，缓解社会矛盾和经济矛盾。同时，随政府职能的扩大，财政支出急剧增加，从而加大增税压力，而税收的分配对象是国民财富，要拓宽税源，提高税负，自然需要更多地依靠纳税能力较强的富裕阶层，即需要考虑按纳税能力征税。

在西方税收中，公平通常是指社会公平，瓦格纳就称之为社会公正原则。而在现实中，政府征税，不仅要遵循社会公平的要求，而且要做到经济上的公平，也就是说，在现代经济中，税收原则事实上不仅包括社会公平，还包括经济公平。税收的经济公平包括两个层次的内容：首先是要求税收保持中性，即对所有从事经营的纳税人，包括经营者和投资者，要一视同仁，同等对待，以便为经营者创造一个合理的税收环境，促进经营者进行公平竞争。增值税的盛行、公司税税率以比例税率为主等都是这种公平要求的反映。其次是对于客观上存在不公平的因素，如资源禀赋差异等，需要通过差别征税实施调节，以创造大体同等或者大体公平的客观的竞争环境。这两个层次，也相当于社会公平中的横向公平和纵向公平。

之所以强调税收的经济公平，是与经济的发展分不开的。经济的发展使公司、企业成为重要的纳税主体，它们与个人相比，要求经济方面的公平比社会公平更迫切、更现实。而且，经济公平也是税收效率原则的必然要求。税收效率原则也是税收的重要原则之一，而效率与公平是辩证统一的，特别是经济公平是以效率为目标的，要使税收有效率，就需要经济公平。

税收公平，特别是经济公平，对我国向市场经济体制转轨过程中的税制建设与完善具有重要的指导意义。因为，我国市场发育还相当不健全，存在不公平竞争的外部因素较多，同时，适应市场经济发展要求的税制体系也有待进一步完善，因此，如何使税制更具公平，以为市场经济发展创造一个公平合理的税收环境，是我国进一步税制改革的重要研究课题。

三、效率原则

税收效率原则，就是政府征税，包括税制的建立和税收政策的运用，应讲求效率，遵循效率原则。

税收不仅应是公平的，而且应是有效率的，这里的效率，通常有两层含义：一是行政效率，也就是征税过程本身的效率，它要求税收在征收和缴纳过程中耗费成本最小；二是经济效率，就是征税应有利于促进经济效率的提高，或者对经济效率的不利影响最小。

税收行政效率，可以税收成本率即税收的行政成本占税收收入的比率来反映，有效率就是要求以尽可能少的税收行政成本征收尽可能多的税收收入，即税收成本率越低越好。显然，税收行政成本，既包括政府为征税而花费的征收成本，也包括纳税人为纳税而耗费的缴纳成本，即西方所称的“奉行成本”。亚当·斯密和瓦格纳所称的“便利、节省”原则，实质上就是税收的行政效率原则。便利原则强调税制应使纳税人缴税方便，包括纳税的时间、方法、手续的简便易行。这无疑有利于节省缴纳成本，符合税收的行政效率要求。而节省原则，即亚当·斯密和瓦格纳所称的“最少征收费用原则”，它强调征税费用应尽可能少。亚当·斯密说得很清楚，“一切赋税的征收，须使国民付出的，尽可能等于国家所收入的。”这里的所谓费用，实际只限于政府的征收成本。需要指出的是，税收的征收成本和缴纳成本是密切相关的，有时甚至是可以相互转换的，一项税收政策的出台，可能有利于降低征收成本，但它可能是以纳税人的缴纳成本的增加为代价的，或者相反。这说明，税收的行政效率要对征收成本和缴纳成本进行综合考虑，才有真正意义。在现实中，如何提高税收的行政效率，是税收征管所要解决的重要目标。

税收的经济效率是税收效率原则的更高层次。经济决定税收，税收又反作用于经济。税收分配必然对经济的运行和资源的配置产生影响，这是必然的客观规律。但税收对经济的影响，究竟是积极的，还是消极的，影响的程度如何、范围多大，则是有争议的，在认识上也存在一个不断的发展过程。反映到税收的经济效率方面，则有不同层次的理解。首先是要求税收的“额外负担”最小。所谓税收的额外负担，简单地说就是征税所引起的资源配置效率的下降，它是税收行政成本以外的一种经济损失，即“额外负担”，因此，相对于税收行政成本，通常又将之称为税收的经济成本。亚当·斯密虽然没有提出税收的经济效率原则，也没有提出税收额外负担或税收经济成本的概念，但他认为，通过市场这只“看不见的手”进行自我调节的经济运行是最佳的，也就是说，通过市场配置资源的效率是最好的，任何税收的开征，都会对良好的经济运行产生不利的影响，导致资源配置的扭曲。因此，他主张自由放任政策，在税收上认为政府征税应越少越好。这实际上是以税收对经济的影响总是消极的，税收总是不利于经济发展的看法为立论前提的。因此，从逻辑上讲，在政府必然要征税的前提下，自然要求政府征税要尽量减少对经济行为的扭曲。再加上不同的征税方式，对经济的影响或说扭曲程度是不同的，因此，政府应选择合理的征税方式，以使税收的额外负担最小。那么，怎样的征税方式对经济的扭曲更小呢？通常认为，要保持税收中性。

税收经济效率的第二层次的要求是保护税本。瓦格纳对亚当·斯密的不干预政策提出了校正，认为税收具有促进经济发展的积极作用，政府征税应尽量避免税收对经济的不利影响，而发挥税收对经济的促进作用。基于此，他提出了税收的国民经济原则，包括税源选择原则和税种选择原则。认为，为保护和发展国民经济，使税收趋利避害，政府征税应慎重选择税源。原则上，税源应来自国民收入，而不应来自税本。税本，就是税收的本源。通常认为，国民生产是税本，国民收入是税源，原则上税收只能参与国民收入的分配，而不能伤及国民生产。这犹如树上摘果，果是源，树是本，我们只能摘果，而不能伤树。

税收经济税率的第三层次，也是最高层次，是要求通过税收分配来提高资源配置的效率。它基于对税收调控作用的积极认识。认为税收不只是消极地作用于经济，由于市场并没有如亚当·斯密等古曲经济学家所说的完美和有效，现实中存在市场失灵，因此，有必要政府进行干预，而税收分配就是政府干预经济的有效手段。从税收本身来说，不合理的税制固然会引起资源配置的扭曲，因而存在税收的经济成本，但若税制设计合理，税收政策运用得当，则不仅可以降低税收的经济成本，而且可以弥补市场的缺陷，提高经济的运行效率，使资源配置更加有效。这就是说，不适当的税收会产生额外负担，征税具有经济成本，具体表现为资源配置效率因征税而下降；而适当的、合理的税收，则会产生“额外收益”，征税具有经济效益，具体表现为资源配置效率因征税而提高。税收效率原则的高层次要求，就是要积极发挥税收的调控作用，以有效地促进经济的发展。西方现代税收理论中的税收稳定经济原则，实际上就属于这一层次的效率要求。它强调通过税收的内在稳定机制和税收政策的相机抉择来熨平经济波动，以实现经济的稳定增长。

从税收经济效率的不同层次可以看出，税收是否有效率，必须结合经济运行本身的效率来考察。如果经济运转本身是高效率的，则应以税收不干扰或少干扰经济运行视为有效率，即以税收的经济成本最小作为判断税收效率的依据；而当经济运行处于低效率甚至无效率状态，则税收效率应反映在对经济运行的有效干预。

总之，遵循行政效率是征税的最基本、最直接的要求，而追求经济效率，则是税收的高层次要求，它同时也反映了人们对税收调控作用的认识的提高。

四、适度原则

税收适度原则，就是政府征税，包括税制的建立和税收政策的运用，应兼顾需要与可能，做到取之有度。这里，“需要”是指财政的需要，“可能”则是指税收负担的可能，即经济的承受能力。遵循适度原则，要求税收负担适中，税收收入既能满足正常的财政支出需要，又能与经济发展保持协调和同步，并在此基础上，使宏观税收负担尽量从轻。可以形象地称为“拔鹅毛又不让鹅叫”。

知识之窗 7-1

“鹅叫最少”的税种

英国经济学家哥尔柏说过：“税收这种技术，就是拔最多的鹅毛，听最少的鹅叫。”印花税就是具有“听最少鹅叫”特色的税种。它的产生有深刻的政治经济根源，也具有一定的传奇色彩。

17世纪，随着资本主义经济的发展和海外殖民掠夺的加剧，荷兰国内的阶级矛盾也尖锐起来。国家和军队的巨额开支，都通过税收压在百姓的身上。为提高工资和改善劳动条件，工人多次与资本家展开斗争，而农民也不时掀起暴动。

公元1624年，荷兰政府陷入了严重的经济危机，财政十分困难。当时执掌政权的统治者摩里斯打算增税解决财政困难，但又怕遭到人民的反对，便要求大臣们出谋献策。众大臣议来议去，就是想不出两全其美的办法来。

万般无奈，荷兰统治者决定采用公开招标的办法，用重赏寻求新税的设计方案。方案中选的条件是：一是税源要可观，收入应基本能弥补财政缺口；二是要保证不至于引起民愤，出现难以控制的局面；三是要保证不会导致经济状况进一步恶化；四是手续简便易行，税收成本低廉。

荷兰政府从成千上万个应征者设计的方案中，筛选出一个“完美方案”——印花税。其设计方案可谓匠心独具：第一，考虑到人们在日常生活中经常使用契约、借贷凭证之类单据的事实，所以一旦征税，税源将很大；第二，顺应了人们的心理，人们认为在凭证、单据上由政府盖个印戳而成为合法凭证是理所当然的，在诉讼时可以有法律保障，因而也乐于缴纳印花税。

正是这样，印花税被誉为税负轻微、税源畅旺、手续简便、成本低廉的“良税”。因此，印花税在荷兰出现后，欧美各国竞相效法。丹麦在1660年、法国在1665年、美国在1671年、奥地利在1686年、英国在1694年先后开征了印花税。在不长的时间内，印花税就成为世界各国普遍采用的税种。

如果说公平原则和效率原则是从社会和经济角度考察税收所应遵循的原则，那么，适度原则则是从财政角度对税收的量的基本规定，是税收财政原则的根本体现。满足财政需要是税收的直接目标和首要职能，因此，不少学者都将满足财政需要作为税收的首要原则。如我国唐代理财家提出的“量出以制入”原则，就是根据国家财政支出的需要，来安排和筹集税收收入。瓦格纳则把税收的财政原则放在四大税收原则之首，内容包括充分原则和弹性原则两个方面。其中，充分原则要求税收应能满足政府财政开支的需要。因此，政府征税，选择的税源要充沛，收入要可靠；弹性原则则要求税收应具有良好的增收机制，以便在财政支出增加或其他非税收入减少时，确保税收收入能相应增加。显然，这些都只是单从财政需要方面来要求税收的，并没有考虑经济的现实可能。因此，作为对税收的原则性要求，是不够全面的。首先，财政支出本身具有刚性，具有存在无限扩张的动力，税收一味地以满足财政支出需要为目标，势必会助长财政支出的过度膨胀。其次，若单以满足财政需要为目标，则易引起增税压力，使税负过重。因此，科学的税收财政原则强调的不应只是收入充裕，而应是收入适度，也就是说，从财政角度看，税收应遵循适度原则。

其实，适度原则并不排斥收入充裕的要求。拉弗曲线就是反映了这一原理，即税收收入并不总是与税负成正比的，税负（率）越高，不等于收入越充裕，而可能是相反，即当税负（率）超过某个临界点后，实际所实现的税收收入可能反而下降，因为，税负过高会导致税源的萎缩。这说明，税负过高和过低都不好；税负过低，就不能满足政府的正常支出需要；税负过高，则不仅不会增加收入，反而会制约经济的发展。作为理论上的原则要求，从性质上说，适度就是兼顾财政的正常需要和经济的现实可能，从量上说，就是力求使宏观税负落在或接近拉弗曲线上的"最佳点"。

五、法治原则

税收的法治原则，就是政府征税，包括税制的建立和税收政策的运用，应以法律为依据，依法治税。法治原则的内容包括两个方面：税收的程序规范原则和征收内容明确原则。前者要求税收程序——包括税收的立法程序、执法程序和司法程序——法定；后者要求征税内容法定。税收的法治原则，是与税收法学中的"税收法定主义"相一致的。

在以前的税收原则理论中，虽没有明确提出法治原则，但对征税内容要求规定明确，则早已成为大家公认的税收原则。如我国西晋典农校尉傅玄提出了"有常"原则，即赋役的课征须有明确固定的制度。亚当·斯密则更将"确实"原则列为四项税收原则之一，认为征税日期、征税方法等征税内容应明确告诉纳税人，不得随意变更。确实原则作为税收重要原则一直为后人包括瓦格纳在内所接受。但要使征税内容"确实"，最有效的方式就是以法律形式加以规定。其实，不仅征税内容需要法定，更重要的是，征税程序也需要法定，即通过法律规定，来明确和规范整个税收分配行为。从税收实践看，税收与法律是密切相关的。税收分配的强制性、无偿性、固定性和规范性，都是以税收的法定为基础的。也就是说，税收法治原则，从根本上说，是由税收的性质决定的。因为，只有税收法定，以法律形式明确纳税义务，才能真正体现税收的"强制性"，实现税收的"无偿"征收，税收分配也才能做到规范、确定和具有可预测性。这对经济决策至关重要。因为，对经营者来说，税收是一种很重要的经营成本，税负的高低在很大程度上影响投资决策，因此，如果税收分配不规范、不确定，税收负担无法进行事前预测，那么，投资决策分析就难以正常进行。此外，法律的"公开、公正、公平"特性，也有助于税收的公平和有效率。税法的公开性和高透明度，无疑有利于提高税收的行政效率和正确引导资源流向，特别是在征纳关系中，相对于政府，纳税人客观上处于弱者地位，而政府本身又存在增收扩支的压力和冲动，因此，有必要通过法律规范来提高纳税人的法律地位，确保纳税人的权利。因此，强调税收的“法治”原则很重要，很有现实意义。

这一原则要求所有税收制度都必须严格遵循法律程序，而不能由政府自行决定。只有通过由居民代表组成的立法机关来制定税收法律，才能反映全体居民的意愿，确保公共利益不受侵犯。所以，就有了“无代表则无税”的现代民主理念。1765 年，英国向北美 13 个殖民地征收印花税，1773 年又征收茶叶税，但殖民地民众又没有代表参加英国议会，于是，一场要求独立的民族解放战争爆发了，最终以殖民地胜利结束，这样就有了今天的美国。

案例讨论 7-2

税收政策调控房地产市场有多大效果?

为抑制房地产市场价格的过快上涨，2005 年 5 月，国务院办公厅转发了建设部等部门关于做好稳定住房价格工作意见，其中包括调整住房转让环节营业税等政策。根据宏观调控需要，国家对营业税的优惠政策作了如下调整。

一是为了体现对商业性买卖和消费性买卖的区别，对个人购买住房不足两年转手交易的，销售时不再享受按售房收入减去购买房屋价款后的差额征收营业税的优惠政策，而恢复为按售房收入全额征收营业税。为了防止炒卖普通住宅，损害广大群众对普通住宅的消费性需求，对这种销售行为的营业税政策不再区别普通住宅和非普通住宅。

二是对于个人购买住房超过两年转手交易的，为了体现对普通住宅和非普通住宅的区别，凡普通住宅可以继续享受免征营业税的优惠政策，对非普通住宅则只能继续享受按售房收入减去购房价款后的差额征收营业税的优惠政策。特别需要说明的是，现行对个人销售住宅的优惠政策在这次调整中只调整了营业税。而契税、土地增值税、个人所得税的优惠政策仍继续执行，印花税目前对此没有优惠政策，这次调整中也维持不变。

楼市过热，房价奇高，北京、上海等大城市甚至达到每平方米 10 000 元，相当于一个普通职工一年的收入只能购买到一平方米的住房，出现“买房的不住，真正想住房的买不起”的局面。房地产过热问题一直是个争论不休的话题，但房价过高已是不争的事实，其中一些人炒卖二手房是一个不容忽视的原因。税收是一个能够调节居民收入的直接工具，无疑在宏观调控中扮演着重要角色。

讨论：

1. 出台上述政策体现税收具有什么职能？它与哪一项税收原则有关？

2. 你觉得房价过高的原因是什么？了解一下你所在地商品房的价格在国家宏观调控后有什么变化。

第四节　税收负担及转嫁

一、税收负担的含义及分类

税收负担是指纳税人因纳税而相应地减少了可支配的收入，从而对其造成经济利益的损失或使其承受的经济负担的程度加重。一般用政府征收的税款占纳税人的比重来反映。税收负担是税收制度的重要问题，是国家、企业和个人对国民收入分割份额确定及归属的问题。

可以依据不同的标准，对税收负担进行分类研究。按照税收负担的承受主体，可以分为宏观税收负担和微观税收负担。

（一）宏观税收负担

宏观税收负担是从整个社会或国民经济的角度来衡量的税收负担水平，具体指一国所有的纳税人或按不同标准划分的具有总体性质的纳税人所承担税收负担的总和。研究宏观税收负担，有助于解决税收在宏观方面促进资源合理配置、经济稳定增长和国民收入合理分配中带有全局性和整体性的问题。

衡量宏观税收负担的指标主要有国民生产总值税收负担率和国内生产总值税收负担率。

（1）国民生产总值负担率（T/GNP），是指一定时期内税收收入总额与国民生产总值的比率。国民生产总值是以一个国家的居民为依据计算的生产总值，包括居民在国境内外的全部最后产值和劳务总量，但不包括国境内非居民的这个部分。

国民生产总值负担率（T/GNP）= 税收收入总额÷GNP×100%

（2）国内生产总值负担率（T/GDP），是指一定时期内税收收入总额与国内生产总值的比率。其中，国内生产总值是以国土范围为依据计算的生产总值，包括国家领土范围内居民和非居民的全部最后产值和劳务总量，但不包括居民在国境外的这个部分。国内生产总值负担率的公式如下：

国内生产总值负担率（T/GDP）= 税收收入总额÷GDP×100%

（二）微观税收负担

微观税收负担指的是某个具体纳税人的税收负担，它表明某个纳税人在一定时期内所承受的税负总额。研究微观税收负担可以为政府制定税收政策，实施对微观经济活动的有效调控提供直接的依据。

微观税收负担按负税主体又可分为企业税收负担和个人税收负担。

1. 企业税收负担是指企业承受的税收

反映企业税收负担的指标可分为两大类，一类是企业整体税负率，一类是个别税种的税负率。通常采用以下指标反映企业整体税负率：

若从企业整体的角度考察企业税收负担水平，通常采用的指标是：

企业税收总负担率 = 各种纳税总额÷同期销售收入×100%

企业净产值税收负担率=各种纳税总额÷净产值×100%

若从税种的角度考察企业税收负担水平，通常采用的指标是：

企业流转税负担率=流转税总额÷同期销售收入×100%

企业所得负担率=所得税额÷（同期利润所得+其他所得额）×100%

2. 个人税收负担是指个人承受的税收

用于衡量个人税收负担的指标较多也比较分散，常见的是按税种来衡量，如个人所得税、消费税、财产税等税种的税收负担，这是显性负担；还有一些隐性负担，如在购买消费品时，还负担被转嫁的流转税，如增值税、消费税、营业税等。由于税负转嫁的大小、难易程度不同、个人消费行为不定、再加上统计资料的困难，个人真实的综合税收负担率是无法计算的。有实际意义的指标是个人所得税负担率（个人所得税÷同期个人所得总额×100%）。

案例讨论 7-3

税收负担一比高低

经济合作与发展组织（OECD）2005 年年末公布了其 2004 财年《年度财政收入统计》报告。报告显示，2004 财年 OECD 各国税收收入占 GDP 的比例有较大差异，反映了各国政府对国民经济参与程度的不同。报告显示，瑞典国民的税收负担继续位居 OECD 国家首位。

2004 年瑞典税收收入占 GDP 比例为 50.7%，在所有 OECD 国家中再次位居第一。丹麦位居第二，比利时、挪威排在第三、四位。墨西哥税收收入占 GDP 的比例最低，只有 18.5%。韩国倒数第二，该比例为 24.6%，美国倒数第三，为 25.4%。另据报道，瑞典平均每个工人的年收入为 15.6 万美元，但向国家上缴的税额占 53%，公司还要为雇员代扣代缴税款，税额占全部薪水的 37%，但由于居民的收入中有 40% 以上直接或间接从税收取得，所以居民都拥护国家的税收制度。

《年度财政收入统计》还对比了 30 年来 OECD 各国税收收入占 GDP 的比例情况。从中可以看出，最近几年 OECD 国家税收收入占 GDP 的比例有所降低，2000 年其未加权平均比例达到近年最高峰，为 37.1%，2002 年降低到 36.4%，2003 年进一步降为 36.3%，这是 OECD 的最新统计数字。荷兰是所有国家中税收占 GDP 比例降低最多的国家，从 1975 年的 41.3% 降低到 2004 年的 39.3%。相反，西班牙这一比例上升很快，从 1975 年的 18.2% 上升为 2004 年的 41.3%。

OECD《年度财政收入统计》报告认为，税收总收入占 GDP 的比例被广泛用于衡量一国政府对国民经济的参与程度。一般说来，税收占 GDP 比例高的国家倾向于从财政收入中拿出较多的钱来提供较多的公共服务，而公民要为此缴纳更多的税收。反之，税收占 GDP 比例较低的国家，政府提供的公共服务较少，则公民为此付出的代价也小。就税收负担而言，北欧国家最重，而美国则是税收负担最轻的国家之一。

税收负担是个热门话题，它直接关系到每一个人的切身利益，《福布斯》杂志每年都会推出“税负痛苦指数”这样的排名，2007年中国排名第三，仅次于法国和比利时。在该杂志2005年的排行榜上，中国更是排名第二，“税负痛苦指数”仅低于法国。2005年以来，中国整体税负到底高不高的问题一直吸引着大众的眼球。多少让中国人尴尬的是，过去的每一次争议都是因境外媒体或境外机构而起：2005年、2007年的美国《福布斯》杂志的全球税负痛苦指数排名引发争议；2006年年底世界银行和普华永道会计师事务所的联合调查显示，中国的纳税成本居世界第八；国际货币基金组织2005年的研究则认为，中国的整体税负水平与日本、马来西亚等亚洲国家持平，但略低于美国、德国，远低于瑞典等高福利国家。

讨论：

1. 对比本章我国宏观税负分析的内容，说说你的体会。
2. 税收负担的高低反映了什么？

二、税收负担转嫁与归宿的含义

税负转嫁是指在商品交换中，纳税人将其缴纳的税款通过种种途径转移给他人负担的过程。税负归宿是指税收负担的最终落脚点或税负转嫁的最后结果。税负转嫁与归宿是一个过程的两个方面，转嫁是行为过程，归宿是该行为的结果，是税负转嫁的最终落脚点。

税负转嫁是通过商品交易中的价格机制来实现的，脱离了商品交换中的供求关系和价格变化，税负是无法转嫁的。由此可知，能够发生税负转嫁的税种，主要是一些与商品流转及其供求价格密切相关的流转税税种。

税负转嫁是纳税人与负税人分离的过程。当纳税人同时就是负税人时，不存在税负转嫁；只有当纳税人在纳税后，再将税收负担转移给他人，或纳税人不承担全部税负时，才会发生税负转嫁。

税负转嫁的实质则是在宏观税收负担和税收收入一定的前提下，税负在纳税人与负税人之间通过商品交易实现的再分配，从整个社会来看，它既不会增加国家的税收总量，也不会减少国家的税收总量。

三、税负转嫁的形式

1. 前转

前转又称顺转，是指纳税人将其所纳税款沿着商品运动的方向，通过提高商品销售价格的办法，向前转移给购买者负担的一种转嫁形式。前转是税负转嫁的最典型和最普遍的形式，大都发生在对商品和劳务的课税上，它通过提高课税商品的价格来实现。

2. 后转

后转又称逆转，是指纳税人将其所纳税款逆商品运动方向，通过压低商品价格等方法向后转嫁给商品销售者负担的一种转嫁形式。商品课税后若提高销售价格，会阻碍商品交易，不利于商品出售。这种情况下，税负很难向前转嫁给消费者，只能采用压低进货价格的办法把税负逆转给批发商，批发商再逆转给生产商，生产商又通过压低原料价格、劳动力价格（工资）或延长工时等办法，把税负转嫁给原料供给者和工人等。

3. 混转

混转又称散转，是指纳税人同时采用前转和后转的一种税负转嫁形式，即对同一税款，一部分采用提高销价的方式向前转嫁，另一部分则采用压低进价的方式向后转嫁。

4. 辗转转嫁

辗转转嫁是指发生两次或两次以上的税负转移。

5. 税收资本化

税收资本化又称资本还原，是指在某些资本品（土地、房屋、股票）的交易中，商品的购买者将所购买的未来应纳税款，通过从购入价格中预先扣除（即压低商品的购买价格）的方法，转嫁给生产要素的出售者。这种情况多发生于土地买卖或其他收入来源较具永久性的财产（如有价证券）税负转嫁上。

征税导致的税负转嫁见图 7–1。

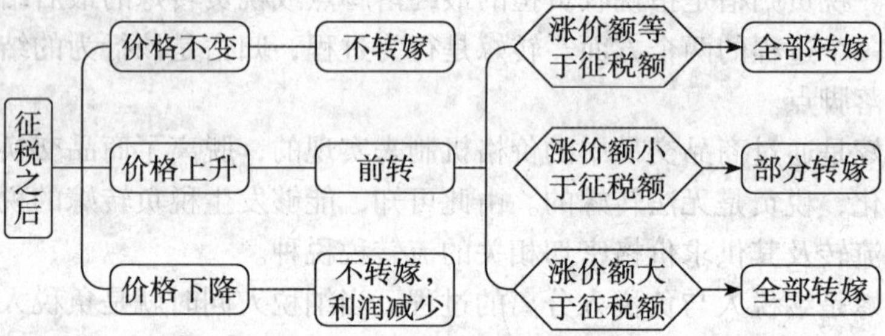

图 7–1　税负转嫁示意图

四、税负转嫁的影响因素

1. 商品供求弹性是决定税负转嫁能否转嫁的关键因素

纳税人税收负担能否转嫁、能够转嫁多少，主要取决于商品供求弹性的大小。一般来讲，需求弹性较大，供给弹性较小，税负很难转嫁（见图 7–2）；需求弹性较小，供给弹性较大，税负较容易转嫁。

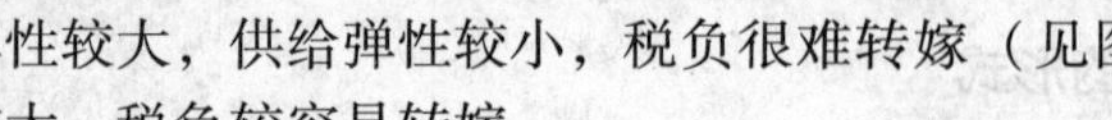

图 7–2　需求弹性对税负转嫁的影响

2. 商品价格形式对税负转嫁的影响

税负转嫁是通过税收改变被征税对象商品交易中的价格来实现的，因此税负能否转嫁，转嫁的程度与商品的价格形式密切相关。价格一般包括市场定价和计划定价。在市场定价下，价格受供求关系影响而发生变动，税负较易转嫁；在计划价格下，税收难以通过变动商品价格而发生税负转嫁。

3. 税种对税负转嫁的影响

一般认为，在商品流转过程中直接对商品征收的税，即流转税或间接税，其税负较容易转嫁；而在分配过程中对企业利润和个人收入征收的税，即所得税或直接税，其税负难以转嫁。流转税较易转嫁是因为课税必然引起价格提高，如果市场需求弹性小的话，税负转嫁就很容易转嫁出去。加之，商品课税是在销售者内部，以特定环节的流转额为课税对象的，其转嫁的隐蔽性较强且比较容易顺着商品流转方向，通过价格波动向前转嫁，所以客观上流转税容易转嫁。所得税属于企业利润和个人收入的分配范畴，不会直接影响到商品的价格，自然就不会通过价格变动来转嫁税负。

税收究竟是谁负担的问题，通过例子会看得更清楚。下面举个简单的例子来说明，假设：税法规定对销售矿泉水征税，销售者每出售一瓶矿泉水要交纳 0.2 元的税，在不征税时，每瓶矿泉水的售价是 1 元，那么，0.2 元的税是谁来承担呢？大致有以下几种情况：

（1）仍按 1 元的价格出售，不管卖给谁，0.2 元的税金将由销售者来承担；

（2）考虑到征税的因素，销售者将价格提高到 1.2 元，这时，0.2 元的税款就由购买者承担；

（3）如果价格提高到 1.1 元，这时买卖双方都承担一部分税款，即各负担 0.1 元。

通过这样一个简单的例子，我们看到，税款可能由纳税人承担，也可能由其他人来承担。也就是说，税收负担是可以转嫁的，纳税人与最终负担人并不一定一致。由此也产生了税收归宿的问题，研究这些问题有助于政府制定正确的税收政策，不仅要考虑税收政策调整对纳税人的影响，更要考虑对最终负税人的影响。

税负转嫁发生在商品交换过程中，纳税人通过提高销售价格或压低购进价格，将税负转嫁给购买者或供应者。正是因为存在税负转嫁现象，因此，法定纳税人与实际负税人不一定一致。税负转嫁是税收征收管理中的一个重要问题，西方国家政府在制定税收政策时非常重视研究税收负担的变化及生产者、消费者的税收负担，以避免出台的税收政策带来负面影响。

第五节 中国的税收制度

中华人民共和国成立 60 多年来，随着国家政治、经济形势的发展，税收制度的建立与发展经历了一个曲折的过程。从总体上来看，60 多年来我国税制改革的发展大致上经历了三个历史时期：第一个时期是从 1949 年新中国成立到 1957 年，即国民经济恢复和社会主义改造时期，这是新中国税制建立和巩固的时期。第二个时期是从 1958 年到 1978 年年底，这是我国税制曲折发展的时期。第三个时期是

1978 年之后的新时期，是我国税制建设得到全面加强，税制改革不断前进的时期。

在上述三个时期内，我国的税收制度先后进行了五次重大的改革：第一次是新中国成立之初的 1950 年，在总结老解放区税制建设的经验和全面清理旧中国税收制度的基础上建立了中华人民共和国的新税制。第二次是 1958 年税制改革，其主要内容是简化税制，以适应社会主义改造基本完成、经济管理体制改革之后的形势的要求。第三次是 1973 年税制改革，其主要内容仍然是简化税制，这是“文化大革命”的产物。第四次是 1984 年税制改革，其主要内容是普遍实行国有企业“利改税”和全面改革工商税收制度，以适应发展有计划社会主义商品经济的要求。第五次是 1994 年税制改革，其主要内容是全面改革工商税收制度，以适应建立社会主义市场经济体制的要求。

一、1978 年以前的税制状况

从 1949 年中华人民共和国成立到 1978 年的 29 年间，我国税制建设的发展历程十分坎坷。

新中国诞生后，立即着手建立新税制。1950 年 1 月 30 日，中央人民政府政务院发布《全国税政实施要则》，规定全国共设 14 种税收，即货物税、工商业税（包括营业税和所得税两个部分）、盐税、关税、薪给报酬所得税、存款利息所得税、印花税、遗产税、交易税、屠宰税、房产税、地产税、特种消费行为税和使用牌照税。此外，还有各地自行征收的一些税种，如农业税、牧业税等。

在执行中，税制作了一些调整。例如，将房产税和地产税合并为城市房地产税，将特种消费行为税并入文化娱乐税（新增）和营业税，增加契税和船舶吨税，试行商品流通税，农业税由全国人民代表大会常务委员会正式立法。薪给报酬所得税和遗产税始终未开征。

总的来说，从 1950 年到 1958 年，我国根据当时的政治、经济状况，在清理旧税制的基础上，建立了一套以多种税、多次征为特征的复合税制。由于党和国家的重视以及各方面的努力，这套新税制的建立和实施，对于保证革命战争的胜利，实现国家财政经济状况的根本好转，促进国民经济的恢复和发展，以及配合国家对于农业、手工业和资本主义工商业的社会主义改造，建立社会主义经济制度，发挥了重要的作用。

1958 年，我国进行了新中国成立以后第一次大规模的税制改革，其主要内容是简化工商税制，试行工商统一税，甚至一度在城市国有企业试行“税利合一”，在农村人民公社试行“财政包干”。至此，我国的工商税制共设 9 个税种，即工商统一税、工商所得税、盐税、屠宰税、利息所得税（1958 年停征）、城市房地产税、车船使用牌照税、文化娱乐税（1966 年停征）和牲畜交易税（无全国性统一法规）。1962 年，开征了集市交易税，1966 年以后各地基本停征。

1973 年，我国进行了新中国成立以后第二次大规模的税制改革，其核心仍然是简化工商税制。至此，我国的工商税制一共设有 7 种税，即工商税（包括盐税）、工商所得税、城市房地产税、车船使用牌照税、屠宰税、工商统一税和集市交易税。对国有企业只征收一道工商税，对集体企业只征收工商税和工商所得税两种税，城市房地产税、车船使用牌照税、屠宰税仅对个人和极少数单位征收，工商统一税仅对外适用。

总的来看，从生产资料私有制的社会主义改造基本完成到1978年的20多年间，由于“左”的指导思想的作用和苏联经济理论及财税制度的影响，我国的税制建设受到了极大的干扰。税制几经变革，走的都是一条片面简化的路子。同时，税务机构被大量撤并，大批税务人员被迫下放、改行。结果是，税种越来越少，税制越来越简单，从而大大缩小了税收在经济领域中的活动范围，严重地影响了税收职能作用的发挥。

二、1978年至1982年的税制改革

这一时期可以说是我国税制建设的恢复时期和税制改革的准备、起步时期，从思想上、理论上、组织上、税制上为后来的改革做了大量的准备工作，打下了坚实的基础。在此期间，我国的税制改革取得了改革开放以后的第一次全面重大突破。

从1980年9月到1981年12月，我国第五届全国人民代表大会先后通过并公布了中外合资经营所得税法、个人所得税法和外国企业所得税法。同时，对中外合资企业、外国企业和外国人继续征收工商统一税、城市房地产税和车船使用牌照税。这样，就初步形成了一套大体适用的涉外税收制度，适应了我国对外开放初期引进外资，开展对外经济技术合作的需要。

在建立涉外税制的同时，财税部门就改革工商税制和国有企业利润分配制度做了大量的调研工作，并在部分地区进行了试点。在此基础上，财政部于1981年8月向国务院报送了《关于改革工商税制的设想》并很快获得批准。

1982年11月，国务院向五届全国人大五次会议提交的《关于第六个五年计划的报告》提出了包括利改税在内的今后3年税制改革的任务，并获得会议批准。

在此期间，国务院还批准开征了烧油特别税，发布了牲畜交易税暂行条例。

三、1983年至1991年的税制改革

这一时期可以说是我国税制改革全面探索的时期，取得了改革开放以后税制改革的第二次重大突破。

作为企业改革和城市改革的一项重大措施，1983年，国务院决定在全国试行国有企业利改税，即将新中国成立以后实行了30多年的国有企业向国家上缴利润的制度改为缴纳企业所得税的制度，并取得了初步的成功。这一改革从理论上和实践上突破了国有企业只能向国家缴纳利润，国家不能向国有企业征收所得税的禁区。这是国家与企业分配关系改革的一个历史性转变。

为了加快城市经济体制改革的步伐，经第六届全国人民代表大会及其常委会批准，国务院决定从1984年10月起在全国实施第二步利改税和工商税制改革，发布了关于征收国有企业所得税、国有企业调节税、产品税、增值税、营业税、盐税、资源税的一系列行政法规。这是我国改革开放以后第一次、新中国成立以后第四次

大规模的税制改革。

此后，国务院又陆续发布了关于征收集体企业所得税、私营企业所得税、城乡个体工商业户所得税、个人收入调节税、城市维护建设税、奖金税（包括国有企业奖金税、集体企业奖金税和事业单位奖金税，其中国营企业奖金税暂行规定于1984年6月，1985年修订发布）、国有企业工资调节税、固定资产投资方向调节税（其前身为1983年开征的建筑税）、特别消费税、房产税、车船使用税、城镇土地使用税、印花税、筵席税等税收的法规。

1991年，第七届全国人民代表大会第四次会议将中外合资所得税法与外国企业所得税法合并为外商投资企业和外国企业所得税法。

至此，我国的工商税制共有32种税收，即产品税、增值税、营业税、资源税、盐税、城镇土地使用税、国有企业所得税、国有企业调节税、集体企业所得税、私营企业所得税、城乡个体工商业户所得税、个人收入调节税、国有企业奖金税、集体企业奖金税、事业单位奖金税、国有企业工资调节税、固定资产投资方向调节税、城市维护建设税、烧油特别税、筵席税、特别消费税、房产税、车船使用税、印花税、屠宰税、集市交易税、牲畜交易税、外商投资企业和外国企业所得税、个人所得税、工商统一税、城市房地产税和车船使用牌照税。

从1978年到1992年，随着经济的发展和改革的深入，我国的工商税制改革进行了全面的探索，改革逐步深入，取得了很大的进展，初步建成了一套内外有别的，以流转税和所得税为主体，其他税种相配合的新的税制体系，大体适应了我国经济体制改革起步阶段的经济状况，税收的职能作用得以全面加强，税收收入持续稳定增长，宏观调控作用明显增强，对于贯彻国家的经济政策及调节生产、分配和消费，起到了积极的促进作用。

这套税制的建立，在理论上、实践上突破了长期以来封闭型税制的约束，转向开放型税制；突破了统收统支的财力分配的关系，重新确立了国家与企业的分配关系；突破了以往税制改革片面强调简化税制的框子，注重多环节、多层次、多方面地发挥税收的经济杠杆作用，由单一税制转变为复合税制。这些突破使中国的税制建设开始进入健康发展的新轨道，与国家经济体制、财政体制改革的总体进程协调一致。

四、1994年以来工商税制的全面改革

党的十四大明确提出了建立社会主义市场经济体制的改革目标，把我国改革开放和现代化建设事业推进到又一个新的阶段。为适应建立和发展市场经济的客观要求，1994年以来我国对工商税制又进行了一次全面性和结构性的重大改革。这次工商税制改革的指导思想是：统一税法，公平税负，简化税制，合理分权。其主要内容是：

（一）改革流转税制

以推行规范化的增值税为核心，相应设置了消费税、营业税，建立起交叉征收、双层调节的新的流转税制格局；取消了对外资企业征收的工商统一税，内外资

企业统一实行新的流转税。

（二）改革所得税制

统一了内资企业所得税，取消了“国有企业调节税”以及对国有企业征收的“国家能源交通重点建设基金”和“国家预算调节基金”，改革承包企业所得税的做法，将原有的个人所得税、个人收入调节税和城乡个体工商业户所得税统一为个人所得税。

（三）开征和简并部分税种

开征土地增值税；改革资源税和城市维护建设税；简并盐税、烧油特别税；取消一些与形势发展不相适应的其他税种。

（四）规范减税免税

按照理顺分配关系，规范分配方式的原则，调整减税、免税的范围和内容：较大幅度地压缩了减免税项目，逐步取消对经营性亏损企业的减税照顾，对由于自然灾害等种种客观原因而导致生产经营困难的企业，对符合国家产业政策确实需要扶持的企业等，除严格按照税法规定办理减税、免税外，其他的原则上都由财政统筹考虑，通过财政支出的形式解决。

（五）强化税收管理

颁布并修订了《中华人民共和国税收征收管理法》及其《实施细则》，结束了税收征管法律法规不统一的历史，强化了税务机关的税收强制执法权，完善了对税务机关的执法制约制度和对纳税人合法权益的保护制度，健全了对税收违法行为的处罚制度，使税收征管工作全面纳入系统化、规范化、法制化的轨道。

五、我国当前的税制结构

税制结构，是指一个国家通过设置各种税种形成的一个相互协调配合的税收体系。它包括两个层次的含义：其一是设置哪些税种，其二是以哪些税种为主、哪些税种为辅，它们之间又如何组合，从而能更好地发挥作用。

我国改革后的工商税收，是以流转税为主体，所得税为发展重点的多税种、多次征、主次分明的复合税制体系。流转税类，已形成以增值税为核心，消费税、营业税协调配合，交叉征收、双层调节的格局，即在生产、批发、零售和进出口环节对所有货物和部分劳务普遍征收增值税，发挥普遍调节功能，侧重于保证财政收入的稳定增长，其税负呈中性。在普遍征收增值税的基础上，选择少量非生活必需的消费品，再征收一道消费税，以体现产业政策和消费政策，在调节消费结构、引导消费方向上发挥特殊调节作用。同时，对不实行增值税的劳务和第三产业普遍征收税负较轻的营业税。

所得税类，对企业征收的，目前暂按内外资企业分设企业所得税、外商投资企业和外国企业所得税两个税种，它们的税率和计算已基本趋于一致。2007 年 3 月召开的全国十届人大五次会议已经通过统一内外资企业所得税的决定，新的企业所得税将于 2008 年 1 月 1 日起施行；对个人征收的，已经统一为个人所得税。这两个所得税，加上有待开征的社会保障税，在调节企业利润，促进公平竞争，调节个人收入，缩小收入差距，落实效率优先、兼顾公平的收入分配制度方面正越来越多地发挥着积极作用。

除上述两类主要税种外，一些与之相配套的辅助税种有：属于工商税收的城镇土地使用税、资源税、土地增值税、房产税（城市房地产税）、车辆购置税、车船使用税、印花税、城市维护建设税，以及下放由省、直辖市、自治区地方政府决定开征与否的屠宰税和筵席税、待开征的证券交易税；属于海关负责征收的关税、船舶吨税；在实际工作中不列作工商税收的契税和耕地占用税。

目前，我国共有19个税种，其中17个税种由税务部门负责征收（其中固定资产投资方向调节税暂停征收），关税和船舶吨税由海关征收，进口环节的增值税、消费税由海关部门代征。

增值税，是对在我国境内销售货物或者提供加工、修理修配劳务以及进口货物的单位和个人征收的一种税。

消费税，是对在我国境内生产或销售、委托加工和进口应税消费品的单位和个人征收的一种税。

营业税，是对有偿提供应税劳务（包括交通运输业、建筑业、金融保险业等七个税目）、转让无形资产和销售不动产的单位和个人征收的一种税。

企业所得税，是对在我国境内的企业和其他取得收入的组织，对其生产、经营所得和其他所得依法征收的一种税。

个人所得税，是对个人（自然人）取得的各项应税所得（包括个人的工资、薪金所得，个体工商户的生产、经营所得等11个项目）征收的一种税。

资源税，是对在我国境内开采矿产品（包括原油、天然气、煤炭、其他非金属矿原矿、黑色金属矿原矿、有色金属矿原矿）和生产盐的单位和个人，依据其开采或生产上述应税产品的数量或价格征收的一种税。

城镇土地使用税，是以在城市、县城、建制镇和工矿区范围内的土地为征税对象，以纳税人实际占用的土地面积为计税依据，按规定税额对使用土地的单位和个人征收的一种税。

土地增值税，是对在我国境内转让国有土地使用权、地上建筑物（包括地上、地下的各种附属设施）及其附着物并取得收入的单位和个人，对其转让所取得的增值额征收的一种税。

房产税，是以城市、县城、建制镇和工矿区范围内的房屋为征税对象，按照房产原值一次减除10%～30%后的余值或房产租金收入向房产所有人或经营使用人征收的一种税。根据国务院常务会议精神和本地实际，上海、重庆自2011年1月28日开始，实施个人住房房产税改革试点。上海对本市居民家庭新购住房征收。重庆对个人拥有的独栋商品住房（包括存量住房）和新购高档住房，以及在重庆无户口、无工作、无投资的个人新购买的第二套及以上普通住房征收。为保障居民的基本居住需求，上海规定的免税面积是人均60平方米，重庆规定存量独栋商品住房免税面积为180平方米，新购独栋商品住房和高档住房免税面积为110平方米。

城市维护建设税，是以纳税人实际缴纳的增值税、消费税和营业税税额为计税依据所征收的一种税。

车辆购置税，是对购置汽车、摩托车、电车、挂车、农用运输车等应税车辆的单位和个人，按照应税车辆计税价格的一定比率征收的一种税。

车船税，是以在我国境内依法应当到车船管理部门登记的车辆、船舶为征税对象，向车辆、船舶的所有人或者管理人征收的一种税。

印花税，是对经济活动和经济交往中书立、领受应税经济凭证所征收的一种税。

契税，是以在我国境内转移的土地、房屋权属为征税对象，向取得土地使用权、房屋所有权的承受人征收的一种税。

耕地占用税，是对在我国境内占用耕地建房或从事非农业建设的单位和个人，就其实际占用的耕地面积征收的一种税。

烟叶税，是对收购烟叶（包括晾晒烟叶、烤烟叶）的单位，按照收购金额的一定比率征收的一种税。

关税，是以进出境的货物和物品为课税对象征收的一种税。

船舶吨税，是对在中国港口行驶的外国籍船舶和外商租用的中国籍船舶，以及中外合营企业使用的中外籍船舶（包括在港内行驶的上述船舶）征收的一种税。

固定资产投资方向调节税，从2000年起暂停征收。

案例讨论7–4

个人所得税改革

为适应经济体制改革和对外开放的需要，1980年9月第五届全国人大三次会议通过并颁布了《个人所得税法》，1993年10月第八届全国人大常委会第四次会议进行了第一次修订，统一了我国境内所有自然人应税所得的征税。1999年8月第九届全国人大常委会第三次会议进行了第二次修订，恢复对储蓄利息征税。

这些年来，城乡居民收入大幅提高，生活费用开支范围也扩大了，数量也增加了。1980年规定的工资薪金所得计税的费用扣除额800元已不适应当前社会经济状况，社会上要求修订征税办法、税率结构、费用扣除额的呼声日渐高涨。800元个税起征点为1980年所制定，当时很少人的收入能达到800元。然而，25年过去了，城市居民的人均收入增长数十倍，却仍沿用过去的标准，这显然是不合理的。国家统计局的调查数据显示，1992年，月收入在800元以下的就业者占就业者总人数的比例为99%；2002年，月收入者在800元以下降至47.2%。这样，大量以工薪收入为主的中低收入阶层被纳入了个人所得税的征税范围，并成为其纳税主体。国家税务总局局长谢旭人曾表示，2004年中国个人所得税收入为1 737.05亿元，其中65%来源于工薪阶层。

其中，来源于工资、薪金的税收占41%，利息、股利、红利、财产租赁等资本所得为35%。而在上海、北京、深圳、厦门等城市，工资薪金税收占总额的比例超过60%。2002年，北京市对工薪所得征收的个人所得税占整个个人所得税的比例高达88%。2004年广东省共征收个人所得税239.6亿元，其中约70%来自代扣代缴方式缴纳的工资薪金所得的个税纳税人，即我们通常所说的工薪阶层，个人所得税的结构呈现出“贫富倒挂”的现象。

个人所得税由于采用超额累进税率，能够较好地实现量能纳税的目的，因此，它是政府用以调节居民收入差距的主要工具。但是，这个工具能否达到其预想的目的还要看政府能否根据经济发展的实际情况来作出适时的调整，否则个人所得税将无法发挥其应有的作用。

讨论：

1. 个人所得税增长迅速，与国家政策、经济形势有何联系？谈谈你对其原因的理解。你觉得征收个人所得税有何作用？现在人们对个人所得税征收有很多怨言，是什么原因？

2. 我国个人所得税占税收收入的比例不高，你认为它能否真正起到调节居民收入差距的作用呢？

推荐阅读书目

[1] 邓文勇等．财政学案例[M]．南宁：广西人民出版社，2007：案例74–81.

[2] 财政部财政科学研究所．中国财经前沿问题讲稿[M]．北京：经济科学出版社，2006.

[3] 翁礼华．皇粮国税：解说税史四千年[M]．杭州：浙江古籍出版社，2006.

[4] 王东京，李莉．与官员谈财政税收[M]．北京：中国青年出版社，2003.

[5] 心言．听厉以宁讲经济学[M]．西安：陕西师范大学出版社，2008.

[6] 熊秉元．走进经济学[M]．太原：山西人民出版社，2008.

[7] 斯蒂芬·贝利．地方政府经济学：理论与实践[M]．左昌盛，周雪莲，常志霄，译．北京：北京大学出版社，2006.

[8] 杨斌．税收学原理[M]．北京：高等教育出版社，2008.

第八章

非税收入与公债

知识结构图

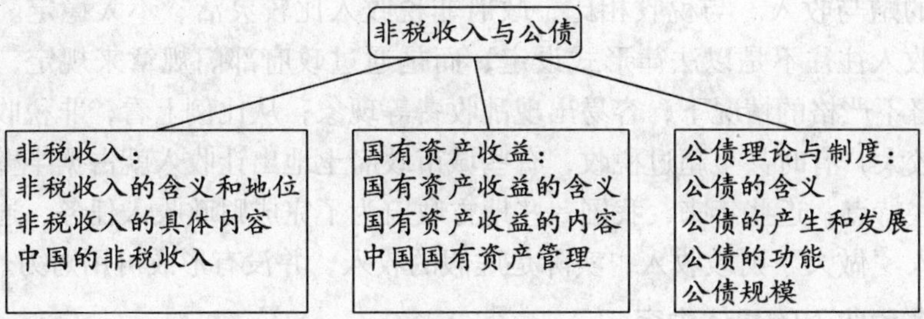

引　言

这些年来，人们对乱收费并不陌生，在日常生活中也有不少人对税与费分不清楚，甚至混为一谈。其实并不是所有的政府收费都是乱收费，我们只有搞清相关的管理规定，才能大胆抵制各种乱收费行为，缴费时真正缴得明明白白。而从政府管理的角度来说，如果收费项目过多，透明度不高，一是缴费的单位和居民个人就会有抵触情绪，社会上戏称“百费待举”就是一个表现；二是有些行政部门把收费收入作为养闲人的资金来源，偏离了政府“为人民服务”的根本宗旨，严重损坏了党和政府的形象，所以政府必须清理收费等非税收入项目，自觉接受人民监督。从本质上说，非税收入的超常规增长和无序膨胀是我国在体制转轨时期出现的一种特殊现象。适应市场经济的要求，加强对非税收入的规范化管理，建立合理的非税收入秩序，是构建公共财政框架的重要内容之一，同时也是整顿和规范财经秩序，从源头上、制度上防治腐败的重要举措。

第一节　非税收入的内容

一、非税收入的含义和地位

政府非税收入是指除税收以外其他财政收入的统称，也是政府财政收入的重要组成部分，是政府筹集公共产品资金来源的辅助形式。公债是需要偿还的，所以一般不计入非税收入。不同国家在不同历史时期非税收入的规模及在财政收入中的比例相差较大，但一般都控制规模与比例，以税收为主要财政收入来源。

国际上（包括世界银行和国际货币基金组织）通常将政府财政收入分为经常性收入、资本性收入和赠与收入三大类，其中，经常性收入又分为税收收入和政府非税收入。经常性非税收入是政府为公共目的而取得的无需偿还的收入，如罚款、管理费、政府财产经营收入等，以及政府以外的单位自愿和无偿地向政府支付的款项等。经常性政府非税收入不包括政府间拨款、借款、前期贷款收回以及固定资产、股票、土地、无形资产的售卖变现收入，也不包括来自非政府部门的以资本形成为目的的赠与收入。与税收相比，政府非税收入比较灵活、不太稳定。从管理上看，非税收入往往不是以法律形式设定，而是通过政府部门规章来规定，在法制不健全、监督不严格的情况下，容易出现乱收费等现象；从比例上看，非税收入在不同时期变化较大，有时甚至超过税收，有些城市政府土地出让收入就占据半壁江山。正是由于这些特点，近些年来，我国一些地方政府为了完成财政收入任务，通过人为调节非税收入“做大”财政收入，实际是虚假的收入，并没有形成可用财力。

二、非税收入的具体内容

根据世界银行的定义，狭义的非税收入是指政府为了公共利益而征收的所有非强制性、不需偿还的经常收入。在政府财政统计中，规范的非税收入包括下列内容①：

（一）经营性资产收入

这是来自公共企业的利润，如邮局、中央银行、彩票等收入；特许使用费、利息、股息、土地租金等财产收入。

（二）规费收入

如政府医院的收费、公办学校的学费、许可证费、驾驶执照费、法院收费等。

（三）罚没收入

罚没收入是指对违反法律法规的单位和个人收取的罚款、没收财产变价收入。

（四）社会保障缴款

社会保障缴款包括政府举办的养老保险、医疗保险、失业保险、工伤保险等收

---

① 许正中．公共经济［M］．北京：新华出版社，2004：140.

取的保险费。

（五）其他非税收入

如接受私人部门的捐款。

非税收入的构成要素包括：（1）征收主体是各级政府；（2）征收目的是实现公共利益；（3）征收范围和对象一般是受益人；（4）征收标准通常低于政府提供该项公共产品的成本；（5）必须依法管理，纳入政府预算。

部分国家中央政府财政收入中，税收收入、非税收入的构成见表8-1。简单地比较后，可以看到，欧洲国家社会保障缴费占有较高比重，而亚洲国家这一比重较低。

表8-1　**部分国家中央政府财政收入构成（%）**

国别	年份	货币单位	总收入	税收收入	社会保障	捐赠	其他收入
印度	2010	亿卢比	89 699	83.23	0.32	0.23	16.22
印度尼西亚*	2010	亿卢比	9 706 510	72.07	0.00	0.22	27.71
韩国	2010	亿韩圆	2 657 800	66.87	16.11	0.00	17.02
中国	2009	亿元	40 653	88.38	0.00	0.00	11.60
日本	2010	日元	551 980	79.86	0.83	1.95	17.37
新加坡	2010	亿新加坡元	549	76.20	0.00	0.00	23.80
埃及	2010	亿埃镑	3 033	56.20	0.00	1.43	42.37
南非	2010	亿兰特	7 650	90.31	1.73	0.41	7.55
加拿大	2010	亿加元	2 803	69.15	22.87	0.00	7.64
美国	2010	亿美元	25 847	60.36	34.92	0.00	4.72
巴西	2010	亿雷亚尔	9 879	58.26	22.61	0.00	19.12
希腊	2010	亿欧元	617	71.10	10.24	1.07	17.58
法国	2010	亿欧元	3 612	77.15	12.13	—	—
德国	2010	亿欧元	7 137	39.85	55.87	0.91	3.37
意大利	2010	亿欧元	5 911	59.34	35.78	0.67	4.20
荷兰	2010	亿欧元	2 441	55.18	34.80	0.47	9.55
西班牙	2010	亿欧元	2 745	43.24	50.74	3.41	2.61
英国	2010	亿英镑	5 324	73.52	22.35	0.60	3.53
波兰	2010	亿兹罗提	4 385	53.96	35.80	3.23	7.01
俄罗斯联邦	2010	亿卢布	123 653	48.87	20.29	2.43	28.42
新西兰	2010	亿新西兰元	656	82.71	0.00	0.00	17.26
澳大利亚	2010	亿澳元	3 038	87.94	0.00	0.20	11.86

注："*"指中央政府预算。

思考与讨论：从上面表格的数据中，能得出什么规律或结论？收集中国的财政收入及非税收入数据，与其他国家比较，看看有什么共同点与不同点。

三、中国的非税收入

政府非税收入是指除税收以外，由各级政府、国家机关、事业单位、代行政府职能的社会团体及其他依法利用政府权力、政府信誉、国家资源、国有资产或提供特定公共服务、准公共服务取得并用于满足社会公共需要或准公共需要的财政资金，是政府财政收入的重要组成部分，是政府参与国民收入和再分配的一种形式。

按照建立健全公共财政体制的要求，政府非税收入管理范围包括：行政事业性收费、政府性基金、国有资源有偿使用收入、国有资产有偿使用收入、国有资本经营收益、彩票公益金、罚没收入、以政府名义接受的捐赠收入、主管部门集中收入以及政府财政资金产生的利息收入等。社会保险基金、住房公积金不纳入政府非税收入管理范围。

行政事业性收费包括：行政管理类收费、资源补偿类收费、鉴定类收费、考试类收费、培训类收费等。

政府性基金收入是一项特殊的收入形式，各级政府及其所属部门根据法律、行政法规和中共中央、国务院有关文件规定，为支持某项公共事业发展，向公民、法人和其他组织征收的具有专项用途的财政资金。目前已经设立的基金有很多项，较大的基金项目有电力开发基金、铁路建设基金、公路建设基金、三峡工程基金、民航机场管理建设费、社会保障基金、医疗保险基金等。这些基金的管理一般单独制定财务规定，由特定的行政部门或基金理事会进行管理，并接受财政部门的监督、审计部门的定期审计。

除了上述收入形式外，在财政工作实践中还存在其他一些零星杂项收入，如国有土地出让金、彩票公益金、罚没收入、基本建设收入、利息收入、捐赠收入、国家资源管理收入、外事服务收入等。

国有土地出让金是指国家以土地所有者的身份将土地使用权在一定年限内受让给土地使用者时，由土地使用者向国家支付的一种土地使用费。土地出让金主要包括：（1）各级政府土地管理部门将土地使用权出让给土地使用者，按规定向受让人收取的土地出让的全部价款，即指土地出让的交易总额。（2）土地使用期满，土地使用者需要续期而缴纳的续期土地出让价款。（3）原通过行政划拨获得土地使用权的土地使用者，将土地使用权有偿转让、出租、抵押、作价入股和投资，按规定补缴的土地出让价款。（4）土地使用者经批准改变土地使用权出让合同指定的土地用途时，按规定补缴的土地出让价款。

彩票公益金是指从批准发行的彩票销售额中按规定比例提取的专项用于社会公益事业的资金，是社会公益金的重要组成部分。目前主要有体育彩票公益金和社会福利彩票公益金。

罚没收入是指工商、税务、海关、司法等国家机关和经济管理部门按规定依法处理的罚款和没收品收入，以及各部门、各单位依法处理追回的赃款和赃物变价款收入。

基本建设收入是指在基本建设过程中所形成的各项工程建设副产品变价净收入，负荷试车和试生产收入以及其他收入。

利息收入是指税收和非税收入专户中，按照中国人民银行规定计息产生的利息收入，统一纳入政府非税收入管理范围。

捐赠收入是指以各级政府、国家机关、实行公务员管理的事业单位、代行政府职能的社会团体以及其他组织名义接受的非定向捐赠货币收入，不包括定向捐赠货币收入、不代行政府职能的社会团体、企业、个人或者其他民间组织名义接受的捐赠收入。

国家资源管理收入，是指各单位经国家批准开采国家矿藏等资源，按规定向国家交纳的管理费，如矿山管理费、沙石管理费等。

外事服务收入是指国家机关及其所属事业单位在提供对外服务过程中取得的各项收入，具体包括：派往国际组织及其专门机构临时任职人员工资及劳务收入；派往国际组织驻京机构任职人员工资及劳务收入；派往国外的出国教师及其他人员的工资及劳务收入；同声传译的劳务收入；接待自费来华外宾、华侨、港澳台同胞所取得的各项收入；各部门代办护照、签证收取的手续费收入；办理护照、签证的加急费收入；出国举办展览的收入；其他外事服务收入。

案例讨论 8-1

猪行千里费相伴

湖北省随州市生猪发展有限公司的160头猪2007年8月2日晚上被赶上了货车，准备运到1 600公里外的深圳市清水河畜禽交易市场。

路经京珠高速公路湖北省赤壁收费站，赤壁市动物防疫监督检查站收取了25元消毒费，到了湖南临湘市羊楼司收费站，设在这里的动检站也收取了20元消毒费。往常，临湘动检站还以猪没打耳标为由罚款300元，但这一次很幸运，不知道什么原因没有收消毒费。宜章动检站还对每头死猪收取40元的处理费。

按照国家规定，生猪等鲜活农产品应当享受“绿色通道”，减免收费。但是一路上，这一运猪车只在湖北省内享受优惠，省际“绿色通道”并未打通。抵达京珠高速公路鄂南收费站时，车辆在高速路总行程已近300公里，电子计量秤上显示，总重29 380公斤，应收费654元，实收400元，折合每公里1.33元过路费。因为，根据湖北省交通厅、农业厅相关文件规定，整车鲜活农产品过路费优惠40%。但这一优惠政策到了湖南和广东就享受不到了，湖南宜章收费站每公里过路费达到1.83元。省际“绿色通道”在湖南、广东都还停留在文件上。从随州到深圳仅过路费一项就达2 150元，这还不算湖北优惠的254元。

资料来源　邓洪涛，何红卫. 记者1 600公里押猪记［N］. 农村新报，2007-08-10（1）. 有删节。

讨论：

1. 政府收费与其他收费有什么不同？上面的收费属于政府收费吗？说说你的理由。

2. 哪些是合理的收费？哪些是不合理的收费？它们为什么存在？结合本例和生活实际说说自己的看法。

3. 近年来，农产品价格上涨成为大家热议的话题，与长途运输收费等有没有关系？农民是否受益？

第二节　国有资产收益

一、国有资产收益的含义

国有资产收益是国有资产产生的收益，是国家通过财产所有权取得的财政收入。在不同国家中，国有经济在经济中的比重不一，一般实行经济国有化政策的国家，国有经济比重较大，其国有资产收益也较多，在财政收入中的比重也较大，反之则较小。

与税收收入相比，国有资产体现了国家对经济的直接控制，其收益不是政府提供公共产品的补偿。而税收收入则是弥补政府提供公共产品成本的手段，是国家政治权力的体现。不同经济学派对于政府控制经济的态度截然相反，自由主义经济学派反对国家干预经济，主张自由竞争，充分发挥市场自身的调节作用，因此，政府财政收入应主要来源于税收。如果政府直接举办国有企业，一是因缺乏竞争导致效率下降，二是政府集“运动员”与“裁判员”于一身，不符合公平竞争原则。而凯恩斯主义经济学派则主张国家干预经济，要求国家控制关键行业和经济部门，由此取得的国有资产收益也就成为政府财政收入的重要组成部分。如果完全由私人部门经营，将难以保证公共利益。在实践中，如何把握国有经济在整个经济体系中的比重，哪些部门应当由国家直接控制，始终存在争议。

二、国有资产收益的内容

从形式上看，国有资产收益包括利润收入、股利、股息收入、产权转让收入、清算收入等。从来源上看，包括公有财产收入（国有土地收入、国有森林收入、国有矿山收入等）、公有企业收入。

国有土地收入，这一部分与土地所有权归属有密切关系，西方国家对于土地占有问题一直有着针锋相对的两种主张。一种以亚当·斯密为代表，主张废除土地国有化，认为国家除了保留公园、林圃的所有权外，应把其他土地都出售给私人，由此取得的收入用于偿还国债，可以减轻财政负担；而且，由于私人经营能够更有效地利用土地增加社会财富，促进经济发展，提高全社会整体福利水平，进而又增加税收收入。另一种以 19 世纪的德国经济学家劳氏为代表，主张实行土地国有化，认为这可以使国家取得可靠的财政收入，而且不会引起人民的不满，只要改善经营方法，也可以提高使用效率，避免了增加税收招致民怨。

公有企业收入是由国家出资举办的公有企业上缴财政的收入。实行公有制的社会主义国家中，公有企业的范围较大，比重较高；资本主义国家倾向于由私人部门投资，政府一般不直接举办和经营企业，但对于投资额大、周期长、经济效益不明显的邮政、公共交通、水利、自来水、铁路等公用事业，则由政府投资兴办。①

对于不同的企业究竟公营好还是私营好，一直处于公说公有理、婆说婆有理的争议之中。有学者认为，之所以存在公共企业或公有企业，原因有几个方面：(1) 提供公共产品。由于存在免费搭车问题，单纯依靠市场无法充分提供社会所需的公共产品，需要通过建立公共企业来直接提供公共产品。(2) 对大规模或战略性项目进行投资。如对私人部门不愿投资的、风险大、回收期长的钢铁、石化、电信、生物工程等行业直接投资，对军事工业、飞机制造、自然资源开发、银行、航空等关系国计民生的关键行业直接投资，保障国民经济的安全稳定。(3) 控制自然垄断行业以保护公众利益。如自来水供应、电力供应等。(4) 增加财政收入。通过垄断经营那些需求弹性小、利润高的行业来直接获取财政收入，如烟草行业、酒业、博彩业。(5) 挽救亏损企业。政府为了避免造成大规模失业或社会震荡，对面临倒闭的私人企业进行接管。20 世纪 30 年代初的经济大萧条时期，许多欧洲国家政府就对汽车、钢铁、造船等私营企业实行公共化，1978 年法国政府对两个大型私营钢铁公司采取拯救行动。(6) 控制金融机构。由于金融体系对一个国家的稳定发展至关重要，所以不少国家设立公共金融机构，增强政府对金融的控制能力，保障金融体系的正常运转。②

三、中国国有资产管理

我国在改革开放过程中，对国有资产管理体制进行了大刀阔斧的改革。期间经历了放权让利、政企分开、所有权与经营权相分离、使企业真正成为相对独立的经济实体、承包制、建立现代企业制度、股份制改造、国有企业战略性改组与国有经济布局调整等历史进程（见表 8-2）。接着又提出推进国有经济战略性调整，健全国有资本有进有退、合理流动机制，优化国有资本战略布局。继续推进国有企业公司制股份制改革，加快建立现代企业制度。健全国有资本经营预算与收益分享制度，提高国有资本收益用于社会公共支出的比重。2007 年国有资本经营预算制度开始施行，最初确立的资源类企业上交比例为 10%，竞争类企业上交比例为 5%，军工科研类企业上交比例为 5%、暂缓 3 年上缴。2011 年资源类企业上交比例由 10% 提高到 15%，竞争类企业上交比例由 5% 提高到 10%，军工科研类企业维持上交 5%，烟草行业上缴比例由 15% 提高到 20%；5 个中央部门（单位）和 2 个企业集团所属共 1 631 户企业纳入中央国有资本经营预算实施范围。

自 2009 年 5 月 1 日起施行的《中华人民共和国企业国有资产法》规定：国家建立健全国有资本经营预算制度，对取得的国有资本收入及其支出实行预算管理。国家取得的下列国有资本收入，以及下列收入的支出，应当编制国有资本经营预算：一是从国家出资企业分得的利润；二是国有资产转让收入；三是从国家出资企业取得的清算收入；四是其他国有资本收入。

---

① 付伯颖. 外国财政［M］. 北京：经济科学出版社，2003：100-102.
② 邓子基，林致远. 财政学［M］. 北京：清华大学出版社，2005：289-291.

表 8-2　　我国国有企业利润分配制度变迁历程

时期	制度	具体内容
1949—1978 年	统收统支	国有企业利润全额上缴（期间曾两次实行企业留用少部分奖励基金制度）
1978—1982 年	利润留成	在放权让利的背景下，允许企业留成少部分利润，其余上缴财政
1983—1987 年	利改税	将国有企业向国家上缴利润改为缴纳所得税、调节税
1988—1992 年	税利分流	国有企业缴纳所得税后上缴利润（期间实行承包制）
1993—2006 年	利润留存	国有企业缴纳所得税，税后利润暂不上缴
2007 年至今	收益分类上缴	按不同类型企业上缴一定比例的国有资产收益

该法明确规定：国有资本经营预算按年度单独编制，纳入本级人民政府预算，报本级人民代表大会批准。

案例讨论 8-2

非税收入的加减法

据“中国之声”《全国新闻联播》2009 年 10 月 25 日报道，兰州市民政局将首次对 14 条道路冠名权进行公开拍卖，出让年限为 15 年，这一做法在兰州引起人们的热议。这是继 2007 年兰州市有偿出让过街天桥冠名权后，又一次创新举动。有人认为这一公共资源不应当商业化，而应首先考虑老百姓的利益。也有人担心道路名称拍卖会使地名不断变化，影响人们的生活。更有人担心这些拍卖收入的去向，能否用于公共服务。据介绍，该市已经制定了《兰州市政府非税收入管理暂行办法》，明确规定了道路及桥梁冠名权拍卖等所有城市资产的经营权收入都要纳入非税收入管理。

其实，其他城市也在政府管理的无形资产经营方面尝试进行改革，其直接原因是地方政府的收入难以满足日益增长的支出需要。而按照现行体制，主要税种的税收收入都要在中央与地方各级政府间进行分配。有报道称，2003 年 12 月，白银市就曾对“经六路”的冠名权进行公开拍卖，起拍价为 60 万元。最终，白银市城市信用社以 70 万元竞价，成功拍得“经六路”永久性冠名权和该路段 10 年广告区位经营权。随后，该路段被命名为“诚信大道”。

近几年来，国家对行政事业性收费等非税收入多次进行清理，目的是治理日益严重的乱收费现象。2008 年，财政部又决定在全国停征或取消 100 项行政事业性收费项目。在非税收入上进行的一加一减蕴含着怎样的政策思路，确实值得好好思索。

讨论：

1. 怎么样做大地方政府的财政蛋糕，结合本案例提出自己的观点。

2. 税收与非税收入在地方政府的财政收入中应当占有什么样的地位？哪种情况下可以对政府服务收费？

第三节 公债理论与制度

公债是当代各国财政融资的重要方式，更是弥补财政赤字的首选方式，还是调控经济的有效工具。

一、公债的含义

公债是指政府以有偿方式筹集财政收入的形式。其中，中央政府举借的公债称为国债，而地方政府举借的公债称为地方公债。我国《预算法》第二十八条规定，除法律和国务院另有规定外，地方政府不得发行地方政府债券。所以，公债通常也称为国债。2009 年，为应对全球金融危机，国务院同意地方发行 2 000 亿元债券，由财政部代理发行，列入省级预算管理。

公债与税收相比，具有自愿性、有偿性、灵活性的特点。一般说来，人们是否认购公债、认购多少，完全由认购人决定；公债发行必须遵循信用原则，到期不仅要还本，而且要支付利息；公债是弥补财政收支缺口的一种方式，不是主要的财政收入来源，发行数量、期限、利率、对象是根据当时的具体情况灵活决定的。

二、公债的产生和发展

（一）公债的产生

借债与税收一样可以成为政府筹集财政收入的手段。但公债与税收等收入形式不同的是，它具有自愿、有偿、灵活的特点。公债与公司债券、金融债券都属于债券。

公债的产生有着悠久的历史，其产生之初多出于国家为应付战争、灾害等紧急情况的目的。早期公债的发行大多凭借的是国家的强制权力，而公债发展到今天已成为国家经济实力的晴雨表。一个公家发行公债一方面是由于正常的财政收入无法满足财政支出的需要，另一方面要有足够的应债来源。

公债的产生条件有两个：财政收不抵支提供了必要性，而存在闲置资本则提供了可能性。

知识之窗 8-1

历史故事中的经济学

据《汉书》记载，战国时代，公元前315年周慎靓（jìng）王驾崩，第二年，姬延嗣位，史称赧（nǎn）王，即周朝的最后一位天子。公元前257年，秦昭王会大将蒙骜率秦军30万伐赵。魏公子信陵君窃得兵符，引精悍魏军10万驰援邯郸。经过几番激战，秦军兵溃。楚考烈王十分仇视秦国，得到赵魏联军大败秦兵的消息分外振奋。他决心抓住良机，联合各诸侯国，由自己任主将，一举并吞秦国，为楚国报仇雪耻。考烈王自认为威望不足以号令诸侯，就派人请求赧王以天子的名义命令各诸侯联合起来，由楚考烈王为主将讨伐秦国。赧王早就觉察到，构成对天子宝座的最大威胁来自秦国，他更想趁此良机重振天子的权威，于是很高兴地同意了楚国的请求，同时还决定集中周朝的部队，由西周公统领参与对秦作战。很长一段时间各诸侯国就断绝了对周天子的朝供，周朝衰微，天子的经费非常拮据，要调兵就需要备粮秣，赧王被迫无奈，决定向豪门富户借债。富户们经过慎重协商，同意贷款给赧王。但是要求赧王立下字据，保证在打败秦国之后，将本息一次还清，赧王觉得富户们的要求合情合理便同意了。周兵集结之后，由西周公率领，浩浩荡荡从河南向陕西进发，准备沿途与各国诸侯的兵马汇合。当初，主意是楚考烈王出的，自然楚国发兵比较积极．燕国也很讲信义，派出了部队。待到三万部队汇合在一起时，却不见其他国家的动静，他们只好将人马驻扎下来，一直等了三个月，还是不见其他国家的一兵一卒。楚考烈王无计可施，只得下令撤兵，各归本国。周兵虽然没有打仗，但军费却用个精光。赧王见用兵无功而返，心情十分沉重，他不知从何处筹措款项来还债。当时借债给赧王的富户见周兵已经回朝，纷纷带上借据向赧王讨债。赧王无钱可还，只得严令手下的卫士将债主们一律挡在宫外。债主不甘心，在门外吵吵闹闹，声音传进深宫，弄得赧王心神不定，寝食不安。后来，他只好躲进深宫的一座高台上，来躲避讨债声。周王宫门外的混乱吵闹引起了卫士的不满，他们请求赧王将债权人轰走。赧王情绪低沉地说；“欠钱不还已经不好意思了，还不让人出出气也太霸道了，让他们闹去吧。”事情就这样不了了之。后人称此台为“逃债之台”。

这就是“债台高筑”的故事，说的正是公债产生的史实。当然，周赧王借债是无可奈何，并不是主动运用公债这一手段拉动经济增长，其目的只是发动战争。

（二）公债的发展

尽管公债早已产生，但只有到了资本主义社会才得到迅猛发展。公债作为政府筹集财政资金的重要形式以及发展经济的重要杠杆，已经成为当今世界各国财政体系中不可缺少的组成部分。近年来，美国公债余额不断创新高，而欧洲国家债务危机又敲响了警钟，警示各国注意防范债务风险。

大家可能都听说过美国老太太和中国老太太的故事，说的是中国人观念落后，怕背负债务，消极地对待信用业务，而不是积极地利用借款，用明天的钱办今天的事。企业财务管理提倡积极地利用财务杠杆筹措资金，现如今也有不少人通过贷款来买房买车，那么国家能不能通过借债来筹集财政收入呢？20 世纪 30 年代后，凯恩斯提出的扩张性财政政策等主张为美国政府所采纳，举债成为重要措施之一，之后为世界各国所青睐。其实，公债除了弥补财政赤字的功能外，还可以作为政府筹集建设资金、调控经济运行的有效手段，是中央银行开展公开市场业务，实施宏观调控的重要前提。今天，我们不再以“无债之国”而自豪，相反，积极地运用公债激活社会投资，加快经济发展，并且成为理论研究的热点问题之一。

案例讨论 8–3

现实故事中的经济学

版本 1：来自中国和美国的两个老太太相遇。中国老太太说：“我积攒了 30 年的辛苦钱，现在终于买了一套房子。”美国老太太说：“我住了 30 年的房子，现在终于还清银行贷款了。”

版本 2：在天堂门口，一位中国老太太和一位美国老太太相遇。上帝让她们各自说出自己一生最高兴的事情。

中国老太太首先说：“我攒了一辈子的钱，终于买到新房子了，这一辈子也算值了。”

美国老太太则高兴地说：“我住了一辈子的房子，来这里之前终于把贷款还清了。”

上帝纳闷地问中国老太太：“你怎么不通过贷款买房先享受呢？”

中国老太太回答道：“我们当然想呀！但是贷款利息太高了，更何况贷款条件苛刻，手续也很复杂，我这样的收入水平哪里贷得到款啊！”

上帝转过头来问美国老太太：“那你是怎么贷到款的呢？”

美国老太太回答说：“我这样的中低收入家庭可以申请无息贷款，也就是说贷款买房子是不用付利息的。”

上帝感叹地说：“你真幸运啊！”

版本 3：天堂养老院里，一位美国老太太正在闲坐，这时，门口走过一个乞丐，看起来眼熟得很，原来是以前遇到过的那位中国老太太，于是，两人就攀谈起来。中国老太太很惊异美国老太太怎么住到养老院里来，得到的回答是：原来住的那套房子比较小，我就将它卖掉，另外办了抵押贷款买一套更大的房子，何曾想过了没几年房价哗啦啦就跌了下来，继续还贷款就划不来了，就只好把房子退给银行了，现在只能靠政府的养老金到这养老院来度日。

美国老太太反过来又问：你不是攒够钱买了一套房吗，怎么端起饭碗讨饭来了？中国老太太长吁短叹说：说来话长啊。我那独生儿子谈了个女朋友，准备结婚了，但女方一定要先在城市里买了房子才能结婚。我没办法，只好把县城里那套房子卖掉，打算帮儿子在城里买房。但这几年房价涨得太快，这点钱勉强够支付城里买房的首付，又借了些钱总算是安了个家。儿子、媳妇收入都不高，每月还了房贷所剩无几，成了月光族兼房奴，更顾不上我了，所以就只好讨钱过日子了。

讨论：

1. 怎么看待债务？政府负债与企业、个人负债有区别吗？有什么区别？

2. 政府用什么来偿还债务？对经济和社会有什么影响？

新中国成立以来，我国政府先后多次发行公债：1950 年发行了人民胜利折实公债；1954—1958 年连续五年发行国家经济建设公债；1981 年至今每年都发行公债。图 8-1 为 1997 年发行的国库券。

图 8-1　1997 年发行的国库券票样

三、公债的功能

公债是一个重要的经济杠杆。在当今世界各国，公债的作用已不仅仅是局限于平衡预算、弥补财政赤字，它还是政府调节经济、实行宏观调控、促进经济的稳定和发展的一个重要的经济杠杆。公债的载体——公债债券还是一种重要的金融商品，是金融市场的重要组成部分，公债的发行、流通、偿还以及公债的期限、价格和利率都会对金融市场产生影响，是政府实现货币政策的重要工具。

（一）弥补财政赤字

公债产生之初就是为了弥补财政赤字，因此公债的首要功能就是弥补财政赤字。当国家出现财政赤字时，可以通过运用上年财政结余、发行公债、向中央银行透支等方式解决。但实际情况是，以前年度并没有财政结余，向中央银行透支容易导致超过经济发展的需要发行货币，从而引发通货膨胀。因此，相比之下，发行公债是一种比较好的弥补财政赤字的方式。

（二）筹集建设资金

在市场经济条件下，融资的手段有多种，发行建设公债筹集财政资金也是一种可行的方式。1998 年开始，我国通过发行长期建设公债，筹集了几千亿元的财政资金，主要用于在建的公债建设项目、西部开发项目、重点企业技术改造，以及南水北调、京津水资源保护工程、农村基础设施和教育、公检法司等方面设施的建设。由于居民储蓄存款增加较多，银行资金比较充裕，利率水平较低，市场价格稳定，公债余额占国内生产总值的比重仍在安全线以内，发行长期建设公债还有一定的空间，不会有大的风险。用公债投资进行重要的和社会急需项目的建设，不仅有利于促进经济增长和培植财源，而且有利于集中力量办大事，充分发挥各方面资金的使用效益，还可以引导和鼓励社会投资，带动固定资产投资较快增长。

（三）调节经济运行

在市场经济条件下，公债除具有弥补财政赤字、筹集建设资金等基本功能之外，还具有以下几方面重要作用：（1）形成市场基准利率：利率是整个金融市场的核心价格，对股票市场、期货市场、外汇市场等市场上金融工具的定价均产生重要影响。公债是一种收入稳定、风险极低的投资工具，这一特性使得公债利率处于整个利率体系的核心环节，成为其他金融工具定价的基础。公债的发行与交易有助于形成市场基准利率。公债的发行将影响金融市场上的资金供求状况，从而引起利率的升降。在公债市场充分发展的条件下，某种期限公债发行时的票面利率就代表了当时市场利率的预期水平，而公债在二级市场上交易价格的变化又能够及时地反映出市场对未来利率预期的变化。（2）作为财政政策和货币政策配合的结合点：首先，扩大公债的发行规模是国家实施积极财政政策的主要手段。其次，公债，特别是短期公债是央行进行公开市场操作唯一合适的工具。公债的总量、结构对公开市场操作的效果有重要的影响。如果公债规模过小，央行在公开市场上的操作对货币供应量的控制能力就非常有限，不足以使利率水平的变化达到央行的要求；如果公债品种单一，持有者结构不合理，中小投资者持有公债比例过大，公开市场操作就很难进行。图 8-2 反映了公开市场操作的原理。（3）作为机构投资者短期融资的工具：公债的信用风险极低，机构投资者之间可以利用公债这种信誉度最高的标准化证券进行回购交易来达到调节短期资金的余缺、套期保值和加强资产管理的目的。

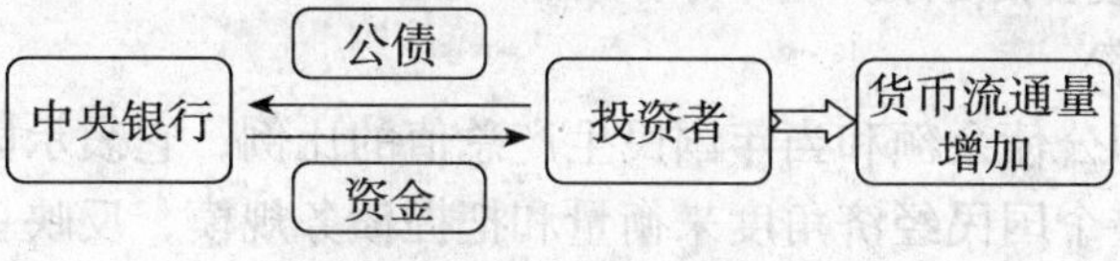

①买进债券，投放资金

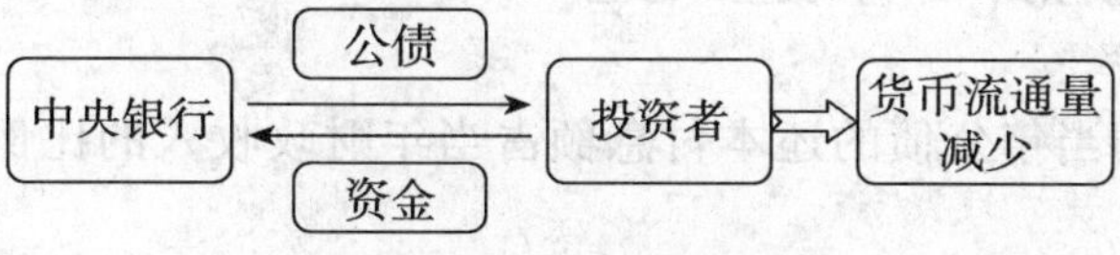

②卖出债券，回笼资金

图 8-2 公开市场操作示意图

公债发行对经济社会发展有着多方面影响。一是它需要用政府未来的财政资金来偿还，是一种负担；二是政府举债意味着将私人部门的一部分资源转移到公共部门，影响经济中积累与消费的关系；三是影响资金市场的供求，进而影响市场利率。因此，政府可以运用公债作为宏观调控的杠杆，有意识地对宏观经济实施调节和控制，使之朝着健康的方向发展。近几年来，我国及不少西方国家的财政政策实践已经充分地证明了这一点，读者可以结合相关材料进行思考和分析，体会不同时期政府运用公债手段对经济生活实施干预的技巧。

四、公债规模

（一）公债负担与限度

公债虽然可以给政府带来一定的收入，并且公债也具有多方面的经济和社会功能，但公债本身是需要还本付息的，又体现一定的财政支出。所以公债负担是指由于公债的偿还引起的税收增加、财政还本付息支出增加而导致社会公众可支配的收入减少和其他财政支出减少等影响。公债不仅形成一种当前的社会负担，而且在一定条件下还会向后推移。如果公债使用不当，造成效率低下，就会形成这一代人借的债由下一代甚至几代人来负担的问题。所以，一国政府举借公债要受到社会政治经济多方面的制约，并不是越多越好。也就是说，政府借债是必要的，但并不是没有限度的，如果一国的公债发行过多，还本付息的负担超过了该国实际的偿还能力，那么就意味着公债的负担过重，这就要求控制公债的规模，否则就会陷入偿债的困境，甚至发生债务危机。

（二）衡量一国公债规模的指标

一般认为，对公债规模的衡量应该依据公债的相对规模，而不是绝对规模，目前国际上通用的基本的衡量指标主要有：公债依存度、公债负担率和公债偿债率。

1. 公债依存度

公债依存度即当年的公债发行额占当年财政支出的比例，它表示财政收入对于公债的依存程度。国际上公认的安全线是15%～20%。用公式可以表示为：

公债依存度＝年度公债发行额÷当年财政支出

2. 公债负担率

公债负担率即公债余额和当年国民生产总值的比例，它表示国民负担公债的情况。其特点是从整个国民经济角度来衡量和把握债务规模，反映一国整体经济对债务的承受能力。发达国家公认的安全线为20%～60%。用公式可以表示为：

公债负担率＝公债余额÷当年国民生产总值

3. 公债偿债率

公债偿债率即当年公债的还本付息额占当年财政收入的比例。用公式可以表示为：

公债偿债率＝当年公债还本付息额÷当年财政收入

目前国际上没有明确的安全界限，我国学者主张控制在8%～10%。

从世界各国实际公债发行情况分析，由于经济发展水平、经济结构、金融结构和法律制度等的不同，各国的这些基本指标值都有较大的差异，所以在运用这些指标进行分析时必须考虑实际的经济背景和含义。并且，由于各项基本指标只反映公债规模的一个侧面，实际运用的时候应该将各个指标综合分析。

我国2001年以来中央财政国债余额占GDP的比重见图8-3。2007年，国债余额达到最高峰21.1%，此后逐步下降，总体上处于安全范围内，但中央财政的国债依存度较高，1999年高达62.49%，是国际警戒线的两倍多，也是美国、日本、英国等发达国家的3～10倍。

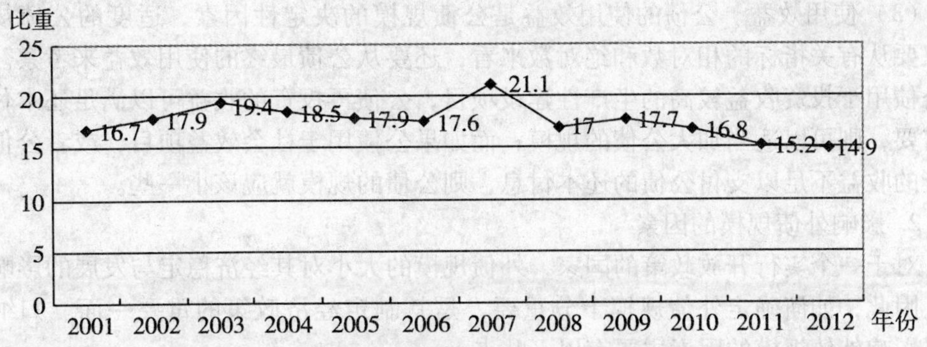

图 8-3　我国中央财政国债余额占 GDP 的比重（%）

资料来源　2012 年数据来自《关于 2012 年中央和地方预算执行情况与 2013 年中央和地方预算草案的报告》。

在国际上通用的衡量外债规模大小的控制指标主要有以下三个：

1. 偿债率

它是当年中长期外债还本付息额加上短期外债付息额后，与当年货物和服务项下外汇收入之比，其国际标准安全线为 20%。

2. 负债率

它是指当年外债余额与国内生产总值之比。外债余额是债务国已经借入而尚未偿还的外债数额，将其与国民生产总值相比较，可以在一定程度上反映债务国的生产量对外债的负担程度。其国际标准安全线为 20%。

3. 债务率

它是当年外债余额与当年货物和服务项下外汇收入之比，反映了债务国在偿债资金来源方面对外债所能承受的程度。其国际标准安全线为 100%。

此外，短期外债与外汇储备之比的国际标准安全线为 100%。

（三）影响公债规模因素分析

1. 影响内债规模的因素

（1）应债能力。社会中应债机构和个人的资金水平是制约公债规模的重要因素。它包括两个方面；一是应债客体，是指承购公债的资金来源，可以用一国国内生产总值或者国民收入来表示；国民收入越多，应债能力越强，但是这主要取决于一国的经济发展水平和发展速度；二是应债主体，是指承购公债的企业、机构和城乡居民。应债主体的承担能力直接制约着公债的规模。一般说来，发达国家收入水平较高，收入中生产和生活必需品的投入相对比例较低，承购公债的能力相对较高，发展中国家则相反。

（2）偿债能力。公债的使用都是有偿的，因此偿债能力也是影响公债发行规模的重要因素。公债的偿还最终都要依靠增加税收，依靠增加财政收入，而财政收入的增加又依赖于国民收入的增加。所以，偿债能力是一个多种因素决定的综合指标，最终取决于一国的经济发展水平。

（3）使用效益。公债的使用效益是公债规模的决定性因素，适度的公债规模不仅要从有关指标的相对数和绝对数来看，还要从公债最终的使用效益来考察。如果公债用于投资收益较高的生产性建设项目，公债再投资的收益可以满足还本付息的需要，则可以适当加大公债的规模；而如果公债用于社会效益项目，或者公债再投资的收益不足以支付公债的还本付息，则公债的规模就应该小一些。

2. 影响外债规模的因素

对于一个实行开放政策的国家，外债规模的大小对其经济稳定与发展的影响较大，因此，如何确定外债规模十分重要，是其制定经济政策的重要一面。归纳起来，影响外债规模的因素主要有以下几点：

（1）国内经济发展对外债资金的需要量。一国经济发展需要不断的资金投入，其筹集可以来自国内，也可以来自国外。如果国内储蓄不足，不能形成足够的投资资金来源，就有利用外资、举借外债的需要。这里的储蓄不足，也称为储蓄缺口，它是现代国家举借外债的基本依据之一。

（2）国内对外债资金运用的配套能力。举借外债要取得好的效果，并不是单纯地依靠国外资金的运用。当一个国家以借入的外债进行经济建设时，往往是把外债资金用于引进关键的机器设备和先进技术。在这种情况下，对于外债的运作就需要国内各方面的协力配合。如果国内对于外债资金运用的配套能力强，则就可以容纳较大量的外债。

（3）外债使用的经济效益。外债使用的经济效益有直接的也有间接的，有宏观的也有微观的。如果外债使用的经济效益高，就可以适当扩大外债规模；反之则不能随意扩大外债规模。从理论上分析，外债数量会受到成本效益关系的制约，即当外债运用产生的效益大于举借债务的成本时，外债的数量还可以进一步扩大；反之，就不能扩大外债的数量了。

（4）一国对于外债的偿还能力。偿还外债的能力，具体表现在偿还外债的资金来源方面。从根源上考察，偿债资金的来源应该是使用外债而提高经济效益并带来的国民经济增量的价值，这是偿债资金来源的本质。而从现象上考察，偿债资金的来源反映为出口值的增加，因为偿还外债需要外汇，而一般情况下，外汇主要来自于出口贸易。当然，这两方面也是有联系的。使用外债得当，可以提高经济效益，产值增加，其中出口的部分也有望同时增加，于是偿债能力增强。

（5）国际上外债资金的供给情况。这是从债权人角度考虑的，一般情况下，主要受国际上资金供求关系的制约，同时国内投资环境也对其产生一定的影响。

推荐阅读书目

[1] 王东京．经济学笔谭［M］．北京：中共中央党校出版社，2005.

[2] 葛文芳，等．财政与税收［M］．北京：清华大学出版社，2006.

[3] 邓文勇，等．财政学案例［M］．南宁：广西人民出版社，2007：案例96、99.

［4］梁小民．小民经济观察：系列3［M］．北京：北京大学出版社，2007.
［5］刘铭达．巧做少米之炊——地方政府理财的思与行［M］．北京：中国财政经济出版社，2007：143.
［6］白宇飞．我国政府非税收入研究［M］．北京：经济科学出版社，2008.

阶段练习三

一、单项选择题

1. 财政收入中最基本、最主要的形式是(　　)。
A. 国有资产收入　B. 公债收入　C. 收费收入　D. 税收收入
2. 目前，我国财政收入的绝大部分直接来自(　　)。
A. 第一产业　B. 第二产业　C. 第三产业　D. 服务业
3. 政府以债务人的身份，依据信用原则取得的财政收入是(　　)。
A. 税收　B. 政府收费　C. 公债收入　D. 国有资产收入
4. 税收的强制性源自于国家征税依据——(　　)。
A. 财产权利　B. 所有权　C. 政治权力　D. 收益权
5. 在税制要素中，作为一种税区别于另一种税的根本标志的是(　　)。
A. 纳税人　B. 征税对象　C. 税率　D. 纳税环节
6. 下列税负较易转嫁的是(　　)。
A. 增值税　B. 个人所得税　C. 企业所得税　D. 财产税
7. (　　)是应纳税额与征税对象数额之间的比例，是税收制度的中心环节。
A. 税率　B. 纳税环节　C. 纳税人　D. 征税对象
8. 税收的(　　)是指税收政策要有利于一国经济的有效运行，使税收超额负担最小。
A. 收入效应　B. 替代效应　C. 经济效率　D. 行政效率
9. 公债负担率是公债余额和当年国民生产总值的比例，发达国家的标准为(　　)。
A. 5%～10%　B. 15%～20%　C. 20%～60%　D. 20%～25%
10. 公债依存度表示财政收入对于公债的依存程度，国际上公认的安全线是(　　)。
A. 10%～15%　B. 20%～60%　C. 15%～20%　D. 8%～10%
11. 对于内债来说，年度公债发行额÷当年财政支出称为(　　)。
A. 公债偿债率　B. 公债依存度　C. 公债负担率　D. 债务率

二、多项选择题

1. 财政收入的形式主要包括(　　)。
A. 税收　B. 债务收入　C. 专项收入
D. 收费　E. 国有资产收入

2. 财政收入的影响因素主要包括(   )。

A. 经济发展水平　　B. 国家政体　　C. 政府职能范围

D. 价格变动　　E. 经济政策

3. 税收的形式特征是(   )。

A. 强制性　　B. 无偿性　　C. 固定性

D. 有偿性　　E. 自愿性

4. 以课税对象为标准，税收可以分为(   )。

A. 流转课税　　B. 所得课税　　C. 资源课税

D. 财产课税　　E. 行为课税

5. 公债产生的两个条件是(   )。

A. 财政收不抵支　　B. 有闲置资本　　C. 政府破产

D. 市场经济　　E. 经济衰退

三、判断题

1. 1994 年以来，我国中央财政收入在全国财政收入中的比重呈上升态势。(   )

2. 专项收入是国家凭借所拥有的资产取得的收入。(   )

3. 我国现行规章规定，各级人民政府都可以审批行政事业性收费项目。(   )

4. 税收收入是国家凭借所拥有的资产取得的收入。(   )

5. 当纳税人同时就是负税人时，不存在税负转嫁。(   )

6. 税率是税法的中心环节。(   )

7. 税收公平原则是指以尽量小的税收成本取得尽量大的税收收益。(   )

8. 一般来讲，需求弹性较大，税负容易转嫁。(   )

9. 1994 年的税制改革，进一步完善了我国的财税体制，建立了较完善的税收制度，奠定了税收在我国财政收入中的主导地位。(   )

10. 政府收费的多少同准公共产品外部性的大小成正比。(   )

11. 公债偿债率是公债余额与当年国民生产总值的比例。(   )

四、简答题

1. 简述财政收入的主要影响因素。

2. 简述非税收入的含义和内容。

3. 简述税收的特征。

4. 简述税收的职能、原则。

5. 简述税制有哪些要素。

6. 简要叙述税负转嫁的影响因素。

7. 简述公债产生的条件。

8. 简述公债的功能。

9. 如何看待公债的利与弊?

五、论述题

1. 论述税负转嫁的形式及影响因素。

2. 论述税收的公平原则。

六、案例分析题（要求既要有理论依据，又要结合实际进行分析，提出自己的看法）

1. 最近中央电视台报道，浙江某地一位牛肉摊主由于一名顾客不相信他卖的是真牛肉，就自费拿肉去政府部门设立的检验机构检验，结果花费了2 000多元检验费，最后证明自己的牛肉确实是真家伙。请从政府职能转变、行政事业性收费角度分析，并提出自己的看法。

2. 在春晚小品《开锁》中，演员黄宏一口气说出身份证、结婚证、房产证、独生子女证、煤气证、摩托车证、汽车驾驶证、下岗证、上岗培训证、医疗保险证等十几个证时，台下掌声如雷。2009年1月8日，一名政协委员提交提案，建议减少证件种类和数量。请结合实际，联系所学的财政收入结构、政府收费、公共产品理论等知识，分析其原因与实质，提出自己的看法。

第九章

政府预算

知识结构图

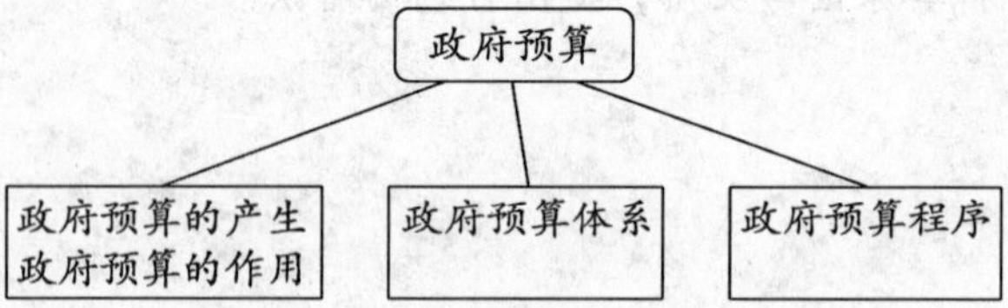

引　言

预算是政府工作的真实写照，政府年度的所有开支和收入都毫不保留的在预算中反映出来。当政府预算真正做到真实、明晰、充分、透明、公开，公众就能够很方便地行使其对政府的监督权。预算也是纳税人监督政府的窗口，要充分发挥纳税人的监督权，就必须保证这个窗口是透明的、开放的，否则纳税人的监督权只能成为空谈。近年来，我国提出要建设“阳光财政”，其主旨就是要通过预算的公开，使公众能够了解政府的工作。在此基础上，相信公众监督政府的权利将能够得到更充分的体现。政府预算是政府的年度财政收支计划，反映了政府的活动范围和内容，体现了一定时期政府的施政方针和要达到的政治、经济和社会发展目标。本章将介绍政府预算的概念、原则、分类和体系，阐明预算程序等问题。

第一节　政府预算的产生与作用

一、政府预算的含义

政府预算是指政府在每一财政年度经立法程序批准的全部公共收支计划。一位学者通俗地说：预算是政府为所有人实现一个更好的生活的一个执行方案，它规定了人们应该缴纳多少税收，政府如何花钱，要实现什么目标。它是所有政府政策的概括。①

从形式上看，政府预算就是按一定标准将财政收入和支出分门别类地列入特定的表格，可以使人们清楚地了解政府的收支活动，成为反映政府财政活动的一面镜子。

从实际经济内容来看，政府预算的编制是政府对财政收支的计划安排，预算的执行是财政资金的筹措和使用过程，决算则是政府预算执行的总结。

从更深的层次上说，政府预算反映的是政府活动的范围、方向和政策，同时，由于政府预算要通过国家权力机关的审批方才生效，因而又是国家的重要立法文件，体现了国家权力机构和全体公民对政府活动的制约和监督。

二、政府预算的分类

第一，按照不同的政府级别，政府预算可分为中央政府预算和地方政府预算。中央政府预算由中央各部门（含直属单位）的预算组成，包括地方向中央上解的收入数额和中央对地方转移支付的数额。地方政府预算是经过法定程序批准的地方各级政府的财政收支计划的统称，包括省级及省级以下的预算，在预算管理体系中居于基础地位。

在我国，地方预算由各省、自治区、直辖市总预算组成。预算法规定，实行一级政府一级预算，设立中央、省（自治区、直辖市）、设区的市（自治州、盟）、县（自治县、旗、市辖区、不设区的市）、乡（镇、民族乡）五级预算。

第二，按照不同的编制形式，政府预算可分为单式预算和复式预算。单式预算是指在预算年度内，将全部财政收入与支出汇集编入一个统一的预算表之中，而不去区分各项或各种财政收支的经济性质的预算形式。其优点是把年度内政府的全部财政收支分列于一个预算表格中，单一汇集平衡，这就从整体上反映了政府年度内总的财政收支情况，整体性强，便于立法机关审批和社会公众对国家预算的了解，但不利于经济分析和有选择地进行宏观经济控制。复式预算是把预算年度内全部财政收支按收入来源和支出性质的不同，分别汇集编入两个或两个以上的收支对照表，从而编制成两个或两个以上的预算。其优点是科学、严谨，便于政府对财政活动进行分析，有利于对财政收支的控制，但整体性较差，编制和审批比较复杂。

第三，按照不同的预算作用时间，政府预算可分为年度预算和中长期预算。

第四，按照不同的收支管理范围，政府预算可分为总预算和单位预算。总预算是指各级政府的预算，由本级政府预算和汇总的下一级政府总预算汇编而成。单位预算是指列入部门预算的国家机关、社会团体和其他单位的收支预算。单位预算是由行政事业单位根据行政任务和事业发展计划编制的，并经过规定程序审核批准的年度财务收支计划，是各级总预算的基本构成单位。

---

① 安·布莱博格．政府预算：实现权利的一个关键工具［M］//天则经济研究所．权利与公共政策［M］．2005（6）：2.

三、政府预算的产生

预算是一种制度，它以复杂的技术、精确的数据告诉人民，他们的政府打算做什么、正在做什么，以及做了些什么。正是通过数据与图表，预算界定了政府活动的范围，确定了政府与社会之间的界限，进而划定了公共领域与私人领域的边界。现代预算制度由美国的威廉·艾伦（Allen）、亨利·布鲁埃尔（Bruere）、弗雷德里克·克里夫兰（Cleveland）组成著名的“ABC三人组”，引领了美国最早的市政预算改革运动。①

预算的产生是英国资产阶级革命的成果之一，是人类文明进步的成果。几百年来，世界各国都建立健全预算制度，目的是使政府的财政资金收支成为“玻璃缸里的金鱼”。政府的权力来自人民，财政的资金取之于民，因此，其使用及政府权力运行必须置于广大人民群众的严格监督之下。只有这样，才能减少和杜绝各种贪污腐败现象的发生，使财政资金真正用于提供公共产品，真正为广大群众服务。

权力的监督不能单靠内部机制，必须有来自外部、社会公众的舆论监督。同时，要分散权力，权力过于集中也必然导致腐败。政府财政预算的钱就是广大纳税人的血汗钱，是提供公共产品的经济基础，是实现经济发展和社会进步的重要支撑。只有人人关心预算，人人了解预算，人人讨论预算，才能使预算更深入人心，预算公开才更有意义，预算改革步伐才会更加快速，其成效也才惠及咱们自己。

预算内容事关政府工作的方方面面，预算程序关乎民主，预算方法关乎科学，预算改革涉及多方面制度，把改革和完善预算制度作为抓手，必然能够有效地完善各项管理机制，为和谐社会的构建、全面建设小康社会的实现打下坚实基础。

四、政府预算的作用

有人把预算的作用归纳为控制、管理、计划三方面，而不同时期也大不一样。随着社会的发展，预算的地位和作用越来越受到重视，已经不是一个简单的技术问题，而是一个国家的政治问题，政府预算过程被认为是政治过程，成为了现代国家治国的基本制度之一。

（一）规划政府的资金，把公共资金用好

简单地说，预算过程就是平衡社会大众的公共产品需求与政府的公共资源供给，最大限度地满足公众的公共需要。换句话说，就是搞清楚公众需要哪些公共产品，政府现在能够提供哪些公共产品，确定需要做哪些事，然后通过税收等方式筹集到足够的资金，从而保证这些事情能够完成。

要想搞清楚社会公众需要哪些公共产品或服务，说起来容易，做起来难。因为一个国家、一个地区人数众多，意愿多样，他们的风俗习惯、民族传统、文化程度、兴趣爱好、收入水平、法律意识、道德水准等等千差万别，特别是需要一个科学民主、简便易行的表达机制，使政府能够全面、及时、准确地了解大家的真实想

---

① 乔纳森·卡恩．预算民主——美国的国家建设和公民权（1890-1928）［M］．叶娟丽，等，译．北京：格致出版社，2008：译序．

法、需要的公共产品种类及数量，这样，才能根据政府手头的钱来盘算能够满足到什么程度、首先供应哪些公共产品。这个过程是通过预算制度来实现的，对于政府来说，就是制定公共政策（确定办哪些事情）、掂量自己的钱袋子（确定钱怎么用）的过程。

（二）建立一个科学、民主的公共选择机制

前面第一步了解到每一个居民的公共产品需求，那么，在财政资源不足，即资源稀缺的情况下，只能满足一部分需求。那么，如何决定优先满足哪些公共产品需求、满足多少呢？这也是预算所要做、所能做的事情，这个过程就是第三章讨论的公共选择过程，是一个取舍的过程，简单地通过投票、少数服从多数的办法并不能解决所有问题。

在实践中，各国总结和形成了多种多样的预算程序，目的都是为了让更多的人满意，让财政的钱用得更好。从这个角度来说，政府预算绝不仅仅是政府本身的事情，而是所有居民的事情，不能由政府中的少数人自行决定，也不能由少数居民决定，必须通过科学、民主的预算程序，最大限度地保障大家的利益，实现社会整体福利的改善。

（三）形成一个监督政府的有效机制

财政问责是现代公共预算的重要原则之一，要求政府对人民负责，在财政资金使用上必须受到人民的严格而有效的限制。限制的手段就是按照现代预算制度建立监督机制，由具有广泛代表性的立法机关审查批准。政府作为公共管理的实施主体之一，肩负着提供公共服务的责任。只有建立起公共利益表达机制，才能确保公众利益得到切实保障。这就要求必须建立预算公开制度，保障公民的预算知情权、质询权、参与权、监督权、评价权。对于老百姓来说，预算过程就是监督政府怎么用好钱的过程，是委托—代理的过程，大家把一部分资金委托政府来管理，用于公共事务，提高社会整体的福利水平。

预算改革的进程也表明其监督作用不断得到加强，既顺应了人民要求民主的客观要求，也体现了社会的进步。其实，政府预算从产生到现在都是为了限制政府的权力，因为公权力的行使将可能影响公众的利益，包括税收的征收、收费的收取、支出用途的决定等等。只有通过有民众参与的预算制度，才能确保政府财政资金真正用于为公众提供公共服务，避免少数官员滥用职权，以权谋私，损害公众利益。

我们不妨看看以下几件事情：

2012 年 7 月 29 日，南京市城管局市政综合管理处发布消息称，将利用三年时间对全市路牌逐步规范统一。目前已经更换 326 块，投资 98 万元人民币，平均一块路牌花费 3 000 元左右。有人计算了一下，据统计，南京市共有道路 7 265 条，共需规范设置路牌 30 792 块，南京市计划在 2014 年青奥会之前将路牌规范设置逐步完善到位。如果按照已经公布的第一批路牌的造价，全部更换的费用接近一亿元人民币。这些钱花得值不值，事先有没有编入预算，都引起社会广泛关注。

据《第一财经日报》2011 年 2 月报道，香港特首曾荫权在过去四年外出访问

40 次，费用不足百万港元，大约 80 多万元人民币，也就是说每次访问只花费 2 万多元人民币。这种对公款花费的节俭，令人敬佩。曾荫权的外出访问成本之所以如此低，从表面上看是因为曾荫权个人的品格。据悉曾荫权的外出活动都是“直奔主题”，平均在每个地方停留时间不超过三天，有些是当天就回到香港，甚至他在休假期间办公事都自掏差旅费，这些做法节约了支出成本。但从深层的原因来看，是因为香港建立了一套严格的财政预算支出制度，这种制度确保了官员的廉洁和节约。作为全球最重要金融中心之一的香港，一直以来以其政府的廉洁与高效而闻名。香港的廉洁和高效首先就体现在财政透明上。香港特区审计署 2012 年 5 月 31 日专门就行政长官离港职务访问的酒店住宿安排发表报告，指出有些职务访问超出标准膳宿津贴额，要求对行政长官职务访问的酒店住宿安排作出改进。

通过比较，我们一方面对近几年来我国预算改革的进步感到欣慰，另一方面期望着更进一步的改革和完善，特别是每一位普通人都应当关心预算、主动监督预算，这样，我们的公共服务才会越来越完善。

财政的钱怎么用，由谁来决定，这就是预算权问题。我们是先把钱用于建公园呢，还是建幼儿园、小学，或者把路修得更宽敞呢，不同的人有不同的愿望。退休的人希望先建公园，小孩还在读书的人希望优先建学校，有汽车的人希望把钱用于修路。在古代，“君权神授”的观念统治着大家，国家的大权掌握在皇帝手里，老百姓根本没有权参与。现代人观念不同了，民主的思想深入人心，政府是人们为公共事务组建起来的公共组织。因为有些事情每个人或者每个家庭自己做不了，需要大家凑钱来做，比如建学校、菜市场、医院等等。那么，大家要交多少钱，这么多钱用来做什么，当然应当由大伙来决定。

在人数少的时候，这些事情可以由大家协商、投票来决定。但是，一个国家人数众多，每件事都投票决定显然不可能。于是，大家就选出代表来协商决定，也就是由政府官员来决策。他们是不是真正按照咱们的想法来做决定呢，这就需要监督了。预算就是大家监督政府的一种手段，政府的钱怎么收、收多少、怎么用，先做一个计划，然后交给大家讨论，大伙同意后才能执行。这个计划就叫预算。

有人说：政府太自由，老百姓的自由就难以保障；政府不自由，老百姓才自由。确实有道理。预算就是老百姓监督政府的重要渠道和有力工具。

估计大家还记得 2011 年中央电视台春晚有一个“玻璃缸里的金鱼”的魔术表演节目，用来比喻人民监督政府是最恰当不过的了。第一是比喻政府工作，包括财政资金分配必须公开、透明，让人民群众看得真真切切；第二是政府活动就像金鱼一样只能在鱼缸里游动，不能到处乱串，受到有效约束；第三是在魔术师的指挥下，金鱼整齐划一地游动，其寓意是政府听从人民的意志行事，真正是老百姓的公仆，各种公共事务由广大群众作主。

我们可以想象，如果没有严格的监督，在利益驱动下，很可能出现这样的事情：只要有钱，就巧设名目来用钱，比如开会、考察交流、开展各项评比、购置高档办公设备，或者以发放出差补贴、会议劳务费、咨询费、加班费等名义把公家钱转化为个人福利等等。有人说得好，这样做的结果是老实人吃亏，“聪明”的人就能想出各种办法来圈钱、花钱，而老实人只能眼巴巴看别人享受。

为了加强监督，我国《预算法》规定：财政部门应当在每年人民代表大会会议举行的一个月前，将预算草案的主要内容提交人民代表大会财政经济委员会进行初步审查。1999 年出台的《全国人民代表大会常务委员会关于加强中央预算审查监督的决定》对预算监督作出了更详细的规定。

案例讨论 9-1

美国加利福尼亚州明星州长遭遇财政危机

在美国新一个财政年度（2009 年 7 月—2010 年 6 月）开始的时候，加利福尼亚州政府因为财政预算案没能得到议会通过而宣布进入“财政紧急状态”。该州州长施瓦辛格是著名电影演员，上任以来仕途并不平坦。据透露，在新的财政年度中，加利福尼亚州预算缺口达到 263 亿美元。在迫不得已的情况下，施瓦辛格为首的州政府被迫决定压缩支出，筛选民怨较少的公共机构，每月关闭 3 次；从 7 月份开始，对 23.5 万名公务员采取无薪休假制的方式削减 14% 的公务员薪资。从 7 月 2 日起，直到新预算案通过为止，发放被称为“白条支票”的州政府借据（IOU）。预计 7 月份打出的白条金额约 33.6 亿美元，覆盖面包括学生补助、纳税人退税、州立医院、州政府雇员工资等等。

预算法案未能通过的背后是美国两党的政治斗争。在财政赤字解决方案问题上，民主党和共和党立场对立。掌控议会的民主党主张上调税收，但共和党提出削减政府支出的相反主张。

受到 2008 年以来日趋严重的金融危机的影响，美国多个州面临自 1929 年大萧条之后最糟糕的经济状况，房价暴跌、税收下滑等导致这些州政府金库见底。据统计，美国各州政府在新一个财政年度的预算总缺口达到 1 210 亿美元，比上一财政年度增加了 18%。在这种情况下，先后有亚利桑那州、加利福尼亚州、伊利诺伊州、俄亥俄州、北卡罗来纳州、宾夕法尼亚州等 6 个州未能在新财政年度开始前通过预算案。

对于加利福尼亚州来说，财政危机在 2003 年 7 月就曾经上演。由于州议会未能在规定时间内通过州政府的预算案，这一美国最富裕、人口最多的州陷入“破产”境地。原因是共和党和民主党两党意见不一，共和党反对任何加税计划，而民主党则坚持必须增加税收、减少花费。当时加利福尼亚州的财政赤字高达 382 亿美元左右，超过美国其他各州的总和。为此，州政府不得不大幅削减开支，并停止支付给政府部门、医疗机构和私人公司的 10 亿多美元。加州一些大学已向政府发出告急的信号。在拥有 13 万注册学生的洛杉矶大学区，已有一些大学由于财政困难，解雇了一些老师，并削减了部分课程；一些学校正准备将学费提高 50%。

讨论：

1. 结合上述案例，谈谈你对预算作用的认识。
2. 如何通过预算改革促进财政管理向民主化和科学化方向发展？

第二节　政府预算体系

预算体系是指预算包括哪些部分，正像前面分类提到的单式预算和复式预算，大多数国家将不同性质的预算收支分别编制，形成多个预算。下面列举一些国家的预算体系。

日本的预算体系见图 9–1。

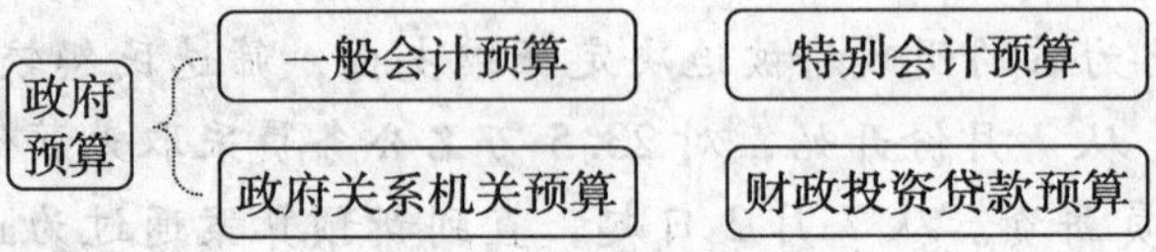

图 9–1　日本的预算体系

美国的预算体系包括一般预算、基金预算两大部分，具体见图 9–2。

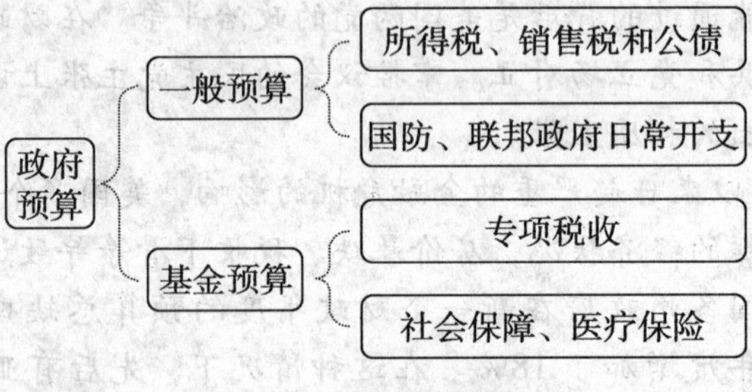

图 9–2　美国的预算体系

就我国来说，预算体系告诉我们财政的钱有哪些部分。财政的钱包括哪几块，有很多人不太清楚，出现不少误解。比如，广西南宁市 2010 年组织的财政收入 300 亿元，同年的土地出让金收入是 148 亿元，有人说“卖地”的钱占了差不多一半，其实，土地出让金收入属于政府性基金，不包括在前面 300 亿的财政收入里面。

从纵向来看，有一级政府就有一级预算，我国现在有五级政府，所以就有五级预算。从内容来看，我们国家的预算包括公共预算、政府性基金预算、国有资本经营预算、社会保障预算几个部分组成（见图 9–3）。

政府预算体系的范围反映了一个国家政府规模有多大，管的事有多少。自由资本主义时期，经济学家主张限制政府权力，压缩政府开支，实行小政府、大社会，也被形象地称为“夜警政府”、“廉价政府”，当然，预算体系就比较简单。而 20

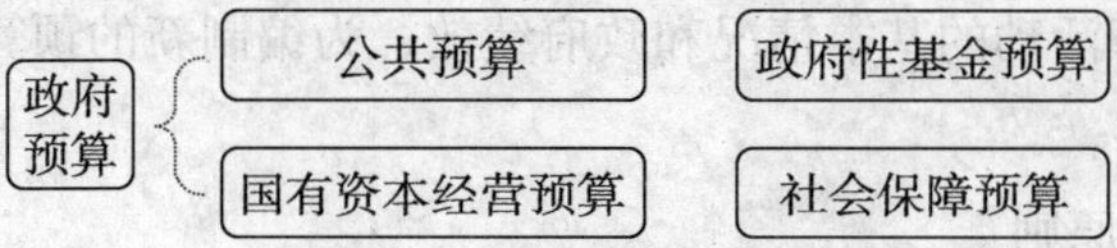

图 9-3 中国的预算体系

世纪 30 年代之后，随着政府对经济社会生活的强力干预，政府管的事情越来越多，财政支出越来越大，支出类别也越来越复杂，这样，就根据需要分为两种、三种甚至更多的预算，以不同的收入来保障不同的支出。其中，社会保障由于其特殊性、重要性，往往单独编制及管理，因为涉及每一个公民的切身利益，涉及社会的稳定，受到各国的普遍重视。

我国在改革开放之后，一直在积极探索适合自己国情的预算体系。20 世纪 90 年代，在借鉴发达国家经验的基础上，提出了复式预算的基本框架，将经常性开支与建设性开支分开，或者通俗地说是把吃饭的钱与建设的钱分开，分别通过不同的方式来筹集收入，分别平衡，目的是保证经常性开支得到切实保障，同时确保财政平衡。具体见图 9-4。

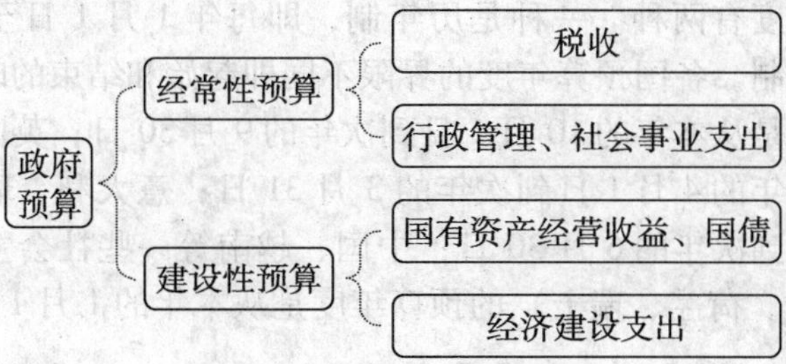

图 9-4 中国的复式预算

从监督的角度来说，原来我国仅把少部分核心预算收支纳入预算，并提交立法机关审议，而预算外资金、国有企业的公共资金、公共资源收益等长期游荡于预算之外。进入 21 世纪之后，顺应人民的期待，纳入预算的财政资金范围逐步扩大。2011 年起，全面取消预算外资金，全部纳入预算，中央财政也开始试编国有资本经营预算并报送人大，一些地方也开始做准备。这使预算的完整性得以增强，预算监督范围扩大到各部门的所有预算资金，包括各个行政事业单位收取的收费收入、经营性收支及由此产生的投资收益、非财政拨款等也全部进入预算编制范围，为预算监督的落实提供了前提条件。

第二节 政府预算程序

政府预算的过程分为预算编制、预算执行和决算。预算编制是对未来一段时间内公共部门收支进行测算和计划的活动，预算执行由本级财政部门负责，包括收入执行、支出资金拨付和预算调整三个环节，决算是对预算结果的总结和评价，目的是为了集中反映预算活动的基本情况和政府绩效，为编制新的预算提供参考。

一、预算编制

（一）预算编制原则

大家对预算编制原则比较一致的是：

1. 完整性原则

国家预算必须包括政府的所有财政收支。

2. 准确性原则

财政收支数字应进行科学的测算。每一科目应严格按统一的口径、程序计算和填列，不得编造。机构、人员、资产等基础数据要按实际情况填报。

3. 合法性原则

预算的编制应符合《中华人民共和国预算法》和其他法律法规的条文。不得擅自增加收费项目和提高征收比例。

4. 年度性原则

任何一个国家的预算编制，都必须有时间的界定，通常为一年。目前世界各国普遍采用的预算年度有两种。一种是历年制，即每年 1 月 1 日至同年 12 月 31 日止。另一种是跨年制。各国预算年度的界限不同即起始和结束的时间不尽相同。例如美国的预算年度是从本年的 10 月 1 日到次年的 9 月 30 日；英国、加拿大和日本的预算年度是从本年的 4 月 1 日到次年的 3 月 31 日；意大利、瑞典的预算年度是从本年的 7 月 1 日到次年的 6 月 30 日；中国、越南等一些社会主义国家及西欧国家（法国、比利时、荷兰、瑞士）的预算年度是从本年的 1 月 1 日到同年的 12 月 31 日。

（二）预算编制职责划分

各国预算编制机构的设置不尽相同，有的国家设置独立于财政部门之外的预算编制机构，如美国设立了直接受总统领导的预算编制局，而我国则由财政部门负责预算的具体编制。我国预算法规定了相关机构的预算管理权。

1. 各级政府的职权

确定预算管理体制具体办法；组织编制本级编制本级预算草案，向本级人民代表大会做关于本级总预算草案的报告；组织本级总预算的执行；决定本级政府预备费动用；编制本级预算调整方案；监督本级各部门和下一级政府的预算执行；改变或撤销本级政府和下一级政府关于预算、决算的不恰当决议；向本级人民代表大会报告本级总预算执行情况；组织编制本级决算草案。

2. 各级政府财政部门的职权

具体编制本级预算草案；具体组织本级总预算的执行；提出本级预备费动用方案；具体编制本级预算的调整方案；定期向本级人民政府和上一级财政部门报告本级预算的执行情况；具体编制本级决算草案。

3. 各部门的职权

编制本部门预算草案；组织和监督本部门预算的执行；定期向本级财政部门报

告预算的执行情况；编制本部门决算草案。

4. 各单位的职权

编制本单位的预算、决算草案；按规定上缴预算收入、安排预算支出；接受国家有关部门的监督。

（三）预算编制程序

预算程序反映的就是财政的钱是怎么分配的。2005 年起，浙江省温岭市新河镇在人民代表大会期间，让不是人大代表的村民参与预算草案的讨论，向镇长们质询，政府按照大家的意见对预算草案修改后再给大家讨论，直到大家满意为止。这种做法被称为“参与式预算”，开创了基层民主的新路子。

从预算总的流程来看，每一年的政府预算都要走过编制—审批—执行—决算这样的流程。美国的预算程序比较特别，图 9-5 反映了总统、国会及预算局、财政部、国会专门委员会的各自职责及基本流程。

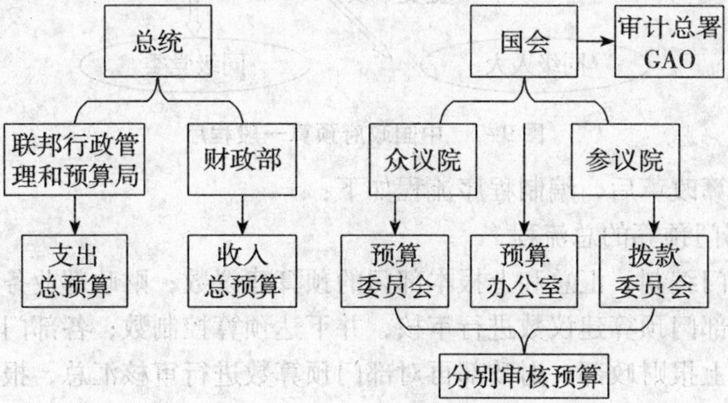

图 9-5　美国的预算流程

我国政府预算编制的组织程序按“两上两下”即“自下而上、自上而下、两上两下、上下结合”的方式进行，大致过程如下：（1）单位、部门提出概算；（2）下达预算收支指标；（3）编制汇总预算；（4）审批预算。我们看看下面的图就比较清楚了（见图 9-6）。

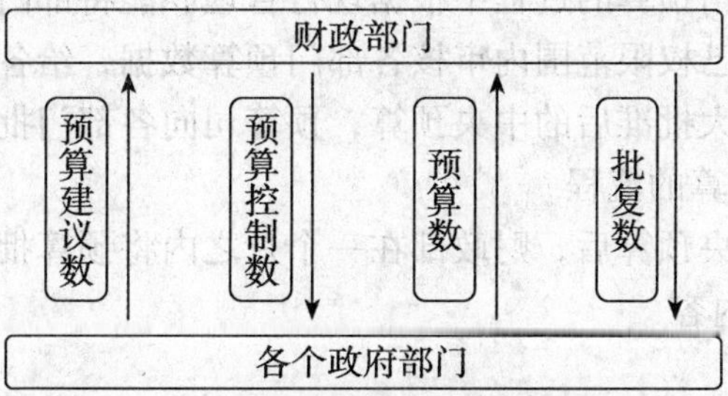

图 9-6　中国的预算编制组织程序

国务院于每年 7 月份左右向省、自治区、直辖市政府和中央各部门下达编制下一年度预算草案的指示，提出编制预算草案的原则和要求。

预算法规定：中央预算草案经全国人民代表大会批准后，为当年中央预算。财政部应当自全国人民代表大会批准中央预算之日起30日内，批复中央各部门预算，中央各部门应当自财政部批复本部门预算之日起15日内，批复所属各单位预算。地方各级政府预算草案经本级人民代表大会批准后，为当年本级政府预算。县级以上地方各级政府财政部门应当自本级人民代表大会批准本级政府预算之日起30日内，批复本级各部门预算。地方各部门应当自本级财政部门批复本部门预算之日起15日内，批复所属各单位预算。各级预算的一般程序见图9-7。

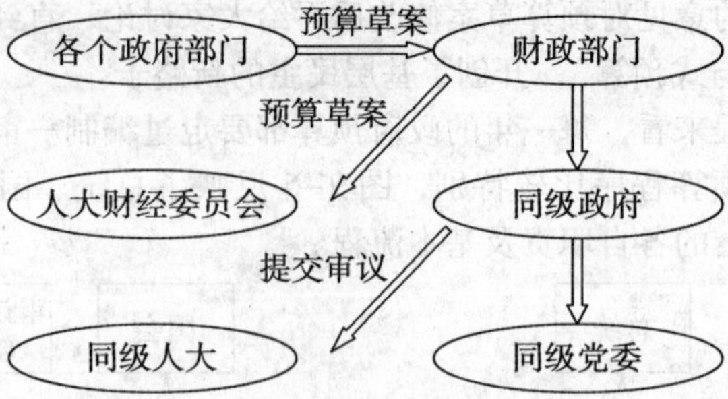

图9-7　中国政府预算一般程序

在部门预算改革后，编制程序流程如下：

1. 中央部门预算的总流程

中央各部门编制、汇总和上报本部门的预算建议数；财政部业务司局按照其管理职能分别对部门预算建议数进行审核，并下达预算控制数；各部门根据预算控制数编制预算，上报财政部；财政部再对部门预算数进行审核汇总，报送国务院审定后报送全国人大批准；根据全国人大批准的预算，由财政部统一批复给各部门。

2. 部门编报预算的流程

部门或单位在编报预算的过程中通过利用“中央部门预算编报子系统”，编制和上报部门预算建议数，根据预算控制数编制和上报部门预算数。

3. 财政部审核和上报预算的流程

财政部在管理部门预算的过程中根据现行管理职能将部门预算拆分给各业务司局；各业务司局在自己权限范围内审核各部门预算数据，给各部门下达部门预算控制限额；根据全国人大批准后的中央预算，预算司向各部门批复预算。

4. 财政部批复预算的流程

全国人大批准中央预算后，财政部在一个月之内将预算批复到各部门。

（四）预算编制内容

1. 预算收支内容

政府预算由预算收入和预算支出组成。预算收入包括：税收收入；依照规定应当上缴的国有资产收益；专项收入；其他收入。预算支出包括：经济建设支出；教育、科学、文化、卫生、体育等事业发展支出；国家管理费用支出；国防支出；各项补贴支出；其他支出。

2. 中央预算和地方预算的编制内容

中央预算的编制内容包括：本级预算收入和支出；上一年度结余用于本年度安排的支出；返还或者补助地方的支出；地方上解的收入。中央财政本年度举借的国内外债务和还本付息数额应当在本级预算中单独列示。

地方各级政府预算的编制内容包括：本级预算收入和支出；上一年度结余用于本年度安排的支出；上级返还或者补助的收入；返还或者补助下级的支出；上解上级的支出；下级上解的收入。

案例讨论 9-2

财政的钱该怎么花？

2011 年 12 月，属于国定贫困县的云南省富宁县政府采购中心准备为即将召开的县"两会"代表、委员采购 978 只上海牌手表作为纪念品，总计将花掉 60 万元。这件事引发网友热议，也让人们对财政资金如此乱用感到担忧。在舆论压力下，富宁县政府决定，"两会"不购买、不发放任何纪念品，会后将向社会公开"两会"经费，接受社会监督，对违规工作人员启动问责程序进行行政问责。从这件事我们可以看出，如果严格遵守预算程序的话，是不应该出现这个问题的。首先是预算编制的时候如果出现这样的项目，人大审查不能通过；其次是没有编制这样的采购预算，执行的时候不能把钱花出去；再次是决算审查的时候通不过。我们无法知道富宁县 2011 年的政府预算有没有这样的项目，但是知道预算这个工具可以避免政府乱花钱。

讨论：

1. 预算是否应当保密？预算是政府领导的私事，还是老百姓的公共事务？

2. 构建什么样的预算程序才能保证老百姓当家做主？关键环节是什么？

二、预算执行

(一) 预算执行机构

预算执行是预算程序的第二个阶段，也是整个预算工作程序中最重要的环节。负责预算执行的组织领导机构是国务院及地方各级人民政府，而各级政府财政部门是国家预算执行的具体负责和管理机构。财政部门负责指导和监督政府所属预算单位具体执行收支预算。政府预算收入执行工作，由财政部门统一负责组织，并按各项预算收入的性质和征收办法，分别由财政部门和各主管收入的专职机构负责组织管理和征收，包括税务机关、海关及有行政事业性收费权的行政单位和事业单位。政府预算支出执行工作由财政部门管理。此外，国家金库（简称国库）是管理预算收入的收纳、划分、留解和库款支拨以及报告国家预算执行情况的专门机构。我国 1995 年出台的《中华人民共和国中国人民银行法》从法律上明确了经理国库是中国人民银行的职责。

（二）预算执行的主要任务和原则

1. 预算执行的主要任务

政府财政部门负责预算执行的具体工作，主要任务是：

（1）研究落实财政税收政策的措施，支持经济和社会的健康发展；

（2）制定组织预算收入和管理预算支出的制度和办法；

（3）督促各预算收入征收部门、各预算缴款单位完成预算收入任务；

（4）根据年度支出预算和季度用款计划，合理调度、拨付预算资金，监督检查各部门、各单位管好用好预算资金，节减开支，提高效率；

（5）指导和监督各部门、各单位建立健全财务制度和会计核算体系，按照规定使用预算资金；

（6）编报、汇总分期的预算收支执行数字，分析预算收支执行情况，定期向本级政府和上一级政府财政部门报告预算执行情况，并提出增收节支的建议；

（7）协调预算收入征收部门、国库和其他有关部门的业务工作。

2. 预算执行的原则

政府财政部门应当加强对预算拨款的管理，并遵循下列原则：

（1）按照预算拨款，即按照批准的年度预算和用款计划拨款，不得办理无预算、无用款计划、超预算、超计划的拨款，不得擅自改变支出用途；

（2）按照规定的预算级次和程序拨款，即根据用款单位的申请，按照用款单位的预算级次和审定的用款计划，按期核拨，不得越级办理预算拨款；

（3）按照进度拨款，即根据各用款单位的实际用款进度和国库库款情况拨付资金。

（三）预算执行程序

1. 财政支出方式及程序

在国库集中收付制度改革后，财政支出方式及程序是：

（1）财政直接支付。财政直接支付由财政部门开具支付令，通过国库单一账户体系，直接将财政资金支付到收款人（商品和劳务供应者）或用款单位账户。

在支付程序上，预算单位按照批复的部门预算和资金使用计划，向财政国库支付执行机构提出支付申请，财政国库支付执行机构根据批复的部门预算和资金使用计划及相关要求，对支付申请审核无误后，向代理行发出支付令，并通知中国人民银行国库部门，通过代理银行进入全国银行清算系统实时清算，财政资金从国库单一账户划拨到收款人的银行账户。财政直接支付主要通过银行转账方式进行，也可以采取“国库支票”方式支付。

（2）财政授权支付。财政授权支付是预算单位根据财政授权，自行开具支付令，通过国库单一账户体系将资金支付到收款人账户。实行财政授权支付的支出包括未实行财政直接支付的购买支出和零星支出。

在支付程序上，预算单位按照批复的部门预算和资金使用计划，向财政国库支付机构申请授权支付的月度用款额度，财政国库支付机构将批准后的限额通知代理银行和预算单位，并通知中国人民银行国库部门。预算单位在月度用款限额内，自行开具支付令，通过财政国库支付机构转由代理银行向收款人付款，并与国库单一账户体系清算。

2. 财政收入方式及程序

(1) 直接缴库。直接缴库是由缴款单位或缴款人按有关法律规定，直接将应缴收入缴入国库单一账户或预算外资金专户。

在程序上，直接缴库的税收收入，由纳税人或税务代理人提出纳税申报，经征收机关审核无误后，由纳税人通过开户银行将税款缴入国库单一账户。直接缴库的其他收入，比照上述程序缴入国库单一账户或预算外资金财政专户。

(2) 集中汇缴。集中汇缴是由征收机关（有关法定单位）按有关法律规定，将所收的应缴收入汇总缴入国库单一账户或预算外资金财政专户。

在程序上，小额零散税收和法律另有规定的应缴收入，由征收机关于收缴收入的当日汇总缴入国库单一账户。非税收入中的现金缴款，比照本程序缴入国库单一账户或预算外资金财政专户。

(四) 预算执行中的调整

预算调整是指经过批准的各级预算，在执行中因特殊情况需要增加支出或减少收入，使总支出超过总收入或使原举借债务的数额增加部分的变更。按调整幅度的不同可分为全局调整和局部调整。

全局调整是指国家对原定国民经济和社会发展计划作较大调整时，政府预算也相应对预算收支的总盘子进行大调整，涉及面广，工作量大，实际上等于重新编制预算。

局部调整是指对预算作局部的变动。在预算执行中，为了适应客观情况的变化，重新组织预算收支平衡，是经常发生的。局部调整的方法主要有以下几种情况：

1. 动用预备费

在预算执行中，如果发生较大的自然灾害或经济上的重大变革，发生原来预算没有列入而又必须解决的临时性开支等情况，可以动用预备费。预备费是预算编制时预留的机动资金，动用时须报同级政府批准。

2. 预算追加、追减

预算追加、追减是指在原定预算收支总数不变情况下，追加、追减预算收入或支出数额。各部门、各单位需要追加、追减收支时，均应编制追加、追减预算，按规定程序报经主管部门或财政部门批准后，财政部门审核并提交各级政府或转报上级政府审定通过后执行。财政部门办理追加、追减预算时须经同级人大常委会批准，方可执行。

3. 经费流用

经费流用又称“科目流用”，是在不突破原定预算支出总额的情况下，由于预算科目之间调入、调出和改变资金使用用途而形成的资金再分配，然后对不同的支出科目具体支出数额进行调整。

4. 预算划转

由于行政区划或单位隶属关系改变，在改变财务关系的同时，相应办理预算划转，将其全部预算划归新接管地区或部门。预算的划转应报经上级财政部门批准，一律按预算年度划转全面预算。

三、政府决算

（一）政府决算的含义及目的

政府决算是经法定程序批准的年度预算执行结果的会计报告。财政部应在每年的第四季度编制决算草案的原则、要求、方法和报送期限，制发中央各部门决算、地方决算及其他有关决算的报表格式。进行政府决算的目的是总结和评价全年的预算收支活动，为下一年预算收支的执行和管理提供信息。

（二）政府决算的程序

中国政府决算管理主要由以下几个环节构成：（1）政府决算的部署；（2）年终清理和结转；（3）政府决算的编制；（4）政府决算的审查和批准。

根据预算法规定，政府财政部门、各部门、各单位在每一预算年度终了时，应当清理核实全年预算收入、支出数字和往来款项，做好决算数字的对账工作。不得把本年度的收入和支出转为下年度的收入和支出，不得把下年度的收入和支出列为本年度的收入和支出；不得把预算内收入和支出转为预算之外，不得随意把预算外收入和支出转为预算之内。决算各项数字应当以经核实的基层单位汇总的会计数字为准，不得以估计数字替代，不得弄虚作假。

各单位应当按照主管部门的布置，认真编制本单位决算草案，在规定期限内上报。各部门在审核汇总所属各单位决算草案基础上，连同本部门自身的决算收入和支出数字，汇编成本部门决算草案并附决算草案详细说明，经部门行政领导签章后，在规定期限内报本级政府财政部门审核。

财政部应当根据中央各部门决算草案汇总编制中央决算草案，报国务院审定后，由国务院提请全国人民代表大会常务委员会审查和批准。全国人大常委会一般在每年6月底的例会上审议中央决算草案。县级以上各级政府决算草案经本级人民代表大会常务委员会批准后，本级政府财政部门应当自批准之日起20日内向本级各部门批复决算。各部门应当自本级政府财政部门批复本部门决算之日起15日内向所属各单位批复决算。县级以上地方各级政府应当自本级人民代表大会常务委员会批准本级政府决算之日起30日内，将本级政府决算及下一级政府上报备案的决算汇总，报上一级政府备案。

案例讨论 9-3

预算权力在谁手里?

中国香港特区立法会财务委员会 2011 年 1 月 14 日以 14 票赞成、40 票反对否决了申办 2023 年亚运会的拨款。反对的议员认为，香港申办的时机未成熟，而且担心 60 亿港元的预算可能超支，造成负担，影响香港其他方面的发展。

中央电视台 2002 年“让世界了解中国”节目中，中国威海市市长与美国雷特蒙德市长互相邀请对方来访。美国雷特蒙德市长“吝啬”地表示她没有访华的费用，并解释她的办公费用来自于市民的纳税钱，每一笔开支必须要对她的市民负责，访华的费用将是一笔额外开支，不在她的办公费用之列，需要先向企业募捐，获得赞助之后才能安排访华的行程。而威海市市长则立刻“慷慨”地表示他将支付艾文市长访华的一切费用。

讨论：

1. 为什么财政预算需要经过立法机关审查批准？我国在保证公众预算监督权方面取得了哪些进展？

2. 预算各个环节中，哪些环节容易产生漏洞？原因是什么？

推荐阅读书目

[1] 外国政府预算编制研究课题组．美国政府预算编制［M］．北京：中国财政经济出版社，2002.

[2] 刘铭达．财经拾穗［M］．北京：中国财政经济出版社，2004.

[3] 王东京．中国经济观察：2004 年卷第 3 辑［M］．北京：中共中央党校出版社，2004.

[4] 方宁．中部地区乡镇财政研究［M］．北京：清华大学出版社，2004.

[5] 于国安．财政理论与实践［M］．北京：经济科学出版社，2004.

[6] 中国发展研究基金会．公共预算读本［M］．北京：中国发展出版社，2008.

[7] 赵雯．地方人大预算审查监督简明读本［M］．上海：复旦大学出版社，2008.

[8] 杨君昌，等．公共预算：政府改革的钥匙［M］．北京：中国财政经济出版社，2008.

[9] 张献勇．预算权研究［M］．北京：中国民主法制出版社，2008.

[10] 马骏，等．公共预算：比较研究［M］．北京：中央编译出版社，2011.

第十章

政府间财政关系

知识结构图

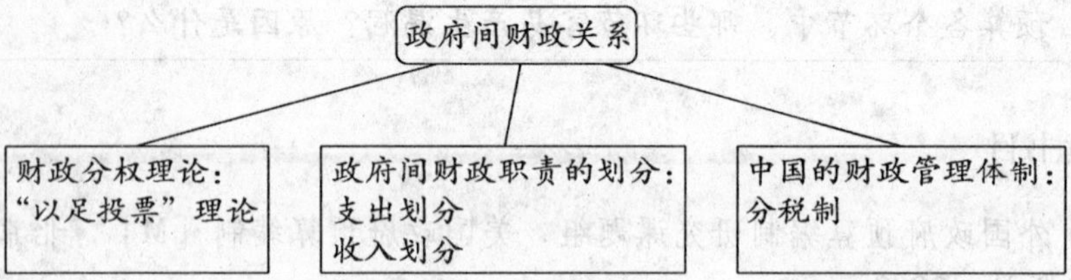

引　言

财政（预算）管理体制是处理政府间财政关系的基本制度。也就是怎么样划分中央和地方各级政府的财力和管理权限。简单地说，就是中央集权还是地方分权的问题，是政府内部切蛋糕的问题。

财政管理体制是国家管理、规范财政分配关系，在中央和地方政府、地方各级政府之间划分财权和财力的根本制度。包括三个方面的内容：财政管理权责的划分、财政收支划分（核心内容）、政府间的转移支付制度。

广西武鸣县1991年财政收入突破1亿元，是广西第一个亿元县。但时间转到2004年，该县财政收入排到了全广西第57位。一个重要原因是它的两大支柱财源——烟、糖中的烟没有了，2000年将武鸣卷烟厂与南宁卷烟厂合并，原来武鸣卷烟厂每年为武鸣县提供财政收入1.3亿元，而后来只得到0.1亿元的补助。而该县2004年的财政收入为3亿元。这与财政管理体制有着密切关系。近年来，中央对地方的补助越来越多，2012年已经达到4万多亿元之巨，如何分配和使用，也引起社会各方的热切关注，要求提高地方分享财政收入比例的呼声也很高。有的人认为县乡财政所有的钱都是上面拨下来的，对上下级财政的关系搞不清楚。这些问题都需要了解政府间财政关系的相关知识，结合实际进行分析。

第一节　财政分权理论

一、政府间为什么需要分权?

世界上绝大多数国家都是由多级政府来共同管理的，同时，地方政府拥有相对独立的财政“裁量权”和行政管理权，而不是充当中央政府派出机构的角色，他们能够根据地方纳税人的公共诉求，提供相应的公共政策组合。马斯格雷夫（Masgrave，1939）和萨缪尔森（Samuelson，1954）所提出的公共产品理论认为，由中央政府提供公共产品是有效的，即不存在类似于私人竞争市场（“market type”）的方式来决定公共支出的层级，其暗含的假设是纳税人都真实地向政府表达其偏好参数，同时政府也能准确地作出回应。这也就意味着一个国家只需要一个政府，没有必要出现多级政府。然而，在现实中地方政府不仅存在，而且在众多公共领域中发挥着非常重要的作用。那么，为什么一个国家不能由中央政府来统一管理呢?

（一）纳税人也具有经济人的特征

公共产品具有非排他性特征，这意味着居民即使不纳税或少纳税也能够消费公共产品，同时由于公共产品的供给要经由集体共同决策，理性的消费者会“打折扣”的表达其偏好，这样既能够享受公共产品同时又避免缴纳太多的税款，中央政府无法有效率的获得纳税人的需求信息。

（二）地方政府有信息优势

通过“以手投票”的方式选择领导人或决定公共事务，是地方选民“自下而上”表达公共偏好信息的有效机制，地方政府在地理和政治距离上更接近于选民，他们能够更有效率的获得纳税人的偏好信息，同时，选民也能更有效的对政府实施监督。

（三）地方居民对公共需求表现出异质性特征

正如同消费者在市场上选择商品一样，每一类不同的消费者的私人需求偏好都会有所差异，纳税人对公共产品的需求也会表现出这种异质性的特征，如年老者更偏好于高税收与高福利的政策组合，而单身汉更倾向于政府提供低税收和低福利的组合。由中央政府“一刀切”式的提供统一的公共政策组合显然难以充分匹配各种不同人群的公共需求。

二、“以足投票”理论

（一）“以足投票”理论基本内容

美国经济学家蒂鲍特（Tiebout），在1956年发表的《地方支出的纯粹理论》中，提出了“以足投票”理论。他认为，人们愿意在地方政府周围是由于他们想在全国寻找地方财政支出与税收的一种精确组合，使自己的效用最大化，人们之所以在某一区域工作和居住，接受当地政府的管辖，是因为政府服务与税收符合自己效用最大化的原则。该理论设定了几个严格的假设：

（1）具有消费者和投票者双重身份的居民能够充分流动，将流向那些能够最好满足其公共产品偏好的地区——居民想到哪生活都行。

（2）居民能够充分掌握各地区税收与公共产品供给的政策信息——居民知道所有相关信息。

（3）有足够多的社区可以供居民选择——每个居民都能找到合适自己的地方生活。

（4）不考虑各地对就业机会的限制，所有的人都靠股息来维持生活——居民不需要重新找工作。

（5）各地区提供的公共产品不存在外部性——各地政府提供的公共服务完全受益于当地居民。

（6）每一种社区服务模式都是由城市管理者根据该社区原有住户的偏好来设定的——同一个地区的居民对公共服务的需求完全一样。

（7）为降低平均成本，没有达到最优规模的社区会试图通过优化其公共政策组合以吸引新的居民，超过最优规模的社区会产生拥挤、高税负等问题，原有居民会流出该社区，处于最优规模的社区则力图保持其人口数量不变——每个地区都维持最优规模。

根据上述假设，居民以选择居住地的方式表达了对地方公共产品的需求，类似于在市场上的选择行为，能够实现各地区公共产品的供求均衡，并使资源配置达到帕累托最优。

（二）"以足投票"理论的缺陷

"以足投票"理论的假设条件过于严格，现实中难以同时满足：

（1）居民迁移完全自由的假定与现实差距较大。在很多国家，劳动力的流动并不是完全自由的，如中国的户籍制度极大限制了劳动力自由流动。

（2）由于"以足投票"理论以居民迁移作为其表达需求偏好最有效的途径，因此假设居民迁移必须以寻求提供最符合其偏好的公共政策组合的社区作为迁移的唯一动机。然而事实上，影响居民迁移决策变量不仅包括公共需求偏好因素，还包括其他经济和社会因素，如就业、收入，特别是在发展中国家，地区间收入差异才是关键因素，更好的就业机会和更高的劳动报酬才是这些国家劳动力流动的主要因素。

（3）居民以追求公共需求最大化为目标的迁移必须是无障碍的，这样才能够确保居民能够及时地对地方公共政策组合变动作出反应，从而进一步保证"以足投票"机制能够完全、有效且不打折扣的反应居民的公共需求。因此该理论假设迁移是无成本的，否则迁移就是不充分的，就无法真实、完全的反映纳税人的公共需求信息。显然，迁移无成本是不现实的，居民的迁移不但涉及经济成本，还包括人文、情感等非经济成本，如怀旧情结、人际关系网、亲情等，这些非经济成本对居民迁移的影响有时甚至要大于经济因素。

(4) 存在足够多的社区提供差异化的公共政策组合，以保证每一个居民都能够找到最符合自己偏好的公共政策组合社区。

(5) 各社区之间，不存在外部经济或外部不经济，即地方公共产品不存在外部效应假定，否则按照边际收益等于边际成本提供的公共产品就会因为外部性而失去最佳提供数量，正外部性的地方公共产品提供不足，而负外部性的产品却会供给过剩。

(6) 居民必须拥有关于社区间公共政策组合差异的完全信息，且不存在获取信息的成本。

(7) 以所辖区域足够小假定为前提。

显然，地方政府特别是最基层政府比中央政府或高层级政府更了解居民的公共产品需求，因此，分权会比集权更有效率。但在实践中又受到政治体制、政府层级、历史传统、经济发展水平等因素的限制，只能在分权与集权之间寻求一个合适的度。

尽管蒂鲍特模型的假设与现实有较大差异，但将地方性公共产品的提供设想为人们在市场上自由选购商品一样，哪个地方的公共产品符合自己的愿望，就搬到哪里去居住，通过交纳税收来购买当地提供的公共产品（服务），各地区政府之间形成一种竞争态势。这一理想状态为人们分析和研究财政体制提供了一种新思路，引起了学术界的普遍关注。

第二节　政府间财政职责的划分

一、财政支出责任的区分

财政支出责任的区分是建立中央与地方政府财政关系的基础，它要解决中央与地方在财政的资源配置、收入分配和经济稳定三大职能之间的分工问题。

（一）资源配置职能的分工

政府存在的主要任务是提供公共产品。根据公共产品受益范围的大小，可以将之分为全国性公共产品和地方性公共产品。根据收益与成本对称的原则，全国性公共产品应由中央政府提供，而地方性公共产品要由地方政府提供。这样做有助于提高公共部门经济活动的效率。

全国性公共产品应由中央政府来提供有两个理由：

一是可以降低公共品的供给成本，一些公共品具有规模经济效应，如国防，它的供给成本会随着消费人数的增加而下降；

二是全国性公共品相对于地方政府来说有较强的收益外溢性，如大江、大河的治理。

地方性公共品由地方政府来供给也有其理由，一是地方政府能够以低成本来获取纳税人对公共品的需求信息，如通过投票机制；二是地方政府能够根据本地经济发展状况来提供相应的公共品，如道路。

（二）收入分配的分工

收入分配职能的目标是实现社会公平。在多级政府制度中，这一职能应由中央政府（联邦政府）承担。

在市场经济条件下，一个国家的市场是统一的，具备流动性（mobile）特征的劳动和其他要素能够在全国范围内自由流动。这样，如果由地方政府来履行收入分配职能，那么地方政府之间采取的不同做法可能扭曲资源的配置。

假设有两个不同的地区甲和乙，两地政府在促进社会公平上的举措是不一样的，假设甲更偏好公平，而乙地区偏好效率，那么甲地区将实行更多的收入再分配，即对高收入者征收更高的累进税率，对低收入者给予更多的补贴，那么高收入者就会大量的向乙地区迁移，而低收入者可能为此所吸引，会从乙地区大量涌入甲地区，最终，即使是想推行高福利公平计划的甲地区政府也会因融资困难而难以有所作为。而且，富人迁出和穷人迁入的同时进行，将直接导致地区间出现更大的不公平，甲地区会越来越贫困，而乙地区将会越来越富裕。实行高福利计划的地方政府，也将面临资本的流出和外地资本不愿进入的问题，最终可能因此导致该地经济停滞，出现任何一个政府管理者都不愿看到的结果。基于此，各个地方政府最优的选择是不推行公平计划，这样，收入分配职能就无法得到实现。相反地，如果由中央政府履行收入分配职能，就不会产生流动性要素在地区间的流动带来任何负面影响。

（三）经济稳定职能的分工

与收入分配职能一样，市场经济下稳定职能也只能归中央政府。理由如下：稳定职能即政府的宏观经济调控职能一般涉及总需求和总供给调节问题。如果由某个地方单独行使宏观调控权，以期实现当地的稳定目标，但这一目标很可能难以达到。这是因为，政府作用于经济，必然牵涉资本和商品劳务的流动，而在一个统一的国家，资本和商品劳务是自由流动的，因此，一地为扩大本地区总需求政策的好处往往为国内其他地区所获得，或其他地区的竞争使地方政府的宏观经济调控能力大打折扣。如果某一地方政府如广西想要单独地使用扩张性财政政策，通过减税或增加政府开支来刺激本地区经济的发展，在没有其他地区政策配合的情况下，最终它只会发现新增的购买力大量地用于对其他地区的商品和劳务的购买上了，好处可能为浙江、广东、江西等周边省份甚至全国其他地区获得，形成了大量的贸易漏损，这样，广西的积极财政政策对本地区的收入和就业影响就要大打折扣，反而为周边省份创造了新的就业机会和经济增长点。但是若是中央政府统一实行的财政政策，就不会有地区间贸易漏损问题的出现，财政政策的目标可以更好地得以实现。此外，考虑到财政政策与货币政策的协调性，也应将经济稳定职能归于中央政府。

二、财政收入权限的划分

（一）收入划分的基本问题

各级政府要实现其职能，就应有相应的财政收入，即应遵循“财权与事权相适应”的原则。为此，必须在不同级别的政府间划分财政收入。从理论上说，财政收入应该满足财政支出的需要，但在实际中，一般都是从收入本身的特性（如商品课税与所得课税是保证生产要素自由流动的两大税种，完全由地方政府征收会有碍于商品和劳动力的自由流动）以及政府的其他目标（如实现中央政府对地方政府的控制等方面），着手划分政府收入。通常这样划分的后果是：地方财政收入是不足以满足地方财政支出需要的。与此同时，中央政府收远大于支。这样，地方财政支出的不足部分很大程度上要依靠中央政府的转移支付得以解决。当然，如果地方收入与支出差距过大，也会影响到地方获得财政收入的积极性。

要在中央和地方政府间进行合理的分税并不容易。原因在于，如果由地方政府对在地区间流动的商品和生产要素课税，这带来的税收效率和负担问题要比由中央政府课税复杂得多。例如，对劳动力供给来说，如果由地方政府来征收所得税，那么各地方政府就会围绕着争夺劳动力的问题展开税收竞争，它们可能会纷纷选择降低高档次的所得税率，由此具有较强再分配性质的所得税就难以达到其目的。就资本供给来说，作为一个整体的国家而言，资本供给几乎没有弹性，即资本的供给几乎不会受到税收的影响。因此，中央政府对资本课税只会带来较少的效率损失，而如果由地方政府课税，资本可能被配置到边际产出较低的地方。就商品流动来说，即使是对地方销售税而言，也可能带来同样的问题，税收差异可能促使人们花大量时间和精力到外地购买本地可以买到的商品。

（二）税收划分的两种基本思路

从理论上说，税收分权方法大致可以分为两大类：

一是根据税种本身属性在中央政府和地方政府之间划分税收，美国经济学家塞利格曼三原则要求税权的划分应根据效率、适应和恰当的原则进行。效率原则即为哪级政府征税效率高，就由该级政府征税；适应原则以税基大小为划分标准，税基大的归中央，小的属地方；恰当原则以税收负担公平为划分标准，若为公平目标而设的税，归中央征收。另外，迪尤就税权的划分提出了效率原则和经济利益原则二原则。前者与塞利格曼相同；后者则以增进经济利益为标准，税收的划分应以归属何级政府更为有利于经济发展，不减少经济收益为标准。

二是根据受益原则确定税权，就是要求各级政府应根据支出的需要课征收入，并且税收应与公共支出相对应。

发达国家的收入划分与支出划分并没有一个统一的模式，各国有时相差很大。表 10–1、表 10–2 分别显示了美国、澳大利亚各级政府收支划分情况，读者可以检索更多国家的资料，结合上述知识进行归纳比较，寻找其中有没有什么共同点与不同点。

表 10-1 **美国各级政府收支划分**

级次	收入	支出
联邦	个人所得税和公司所得税	联邦级行政、国防、外交、征税、借款和货币发行，对州与地方政府的补助
州	销售税	高等教育、社会保障、医疗卫生、公路建设以及自然资源
地方政府	财产税	治安、消防、环卫、小学和初中教育、图书馆、医疗、卫生、航空、水运等

表 10-2 **澳大利亚各级政府收支划分**

级次	收入	支出
联邦	个人所得税、经营税、物料和服务税	社会服务、国防、外交、海外贸易、邮电、广播、跨国产业关系、规范经济活动、国际运输
州	财产税、工资税、博彩税、特许经营税、房地产税、车辆税	教育、卫生、警察、监狱、司法、交通、住房、农业、矿业、森林、基本服务（电力等）、国家公园
地方政府	财产税	防火、地方紧急和安全服务设施、废品搜集和处理、教育、福利、计划和土地利用、财产服务、文化和娱乐服务设施、道路

资料来源　全国人民代表大会常务委员会预算工作委员会调研室．中外专家论财政转移支付［C］．北京：中国财政经济出版社，2003：355-356.

案例讨论 10-1

乡村图书馆的多与少

据有关资料，在美国开车，随时可以看到路边竖立着公共图书馆的标志。在小城镇里，公共图书馆的建筑规模通常都明显大于市政厅的建筑规模。一个国家的文明程度，往往不在于有多少高楼大厦，而是在于国民的教育程度和生存质量，而图书馆系统的发达程度往往直接影响着国民的启蒙和教化。

统计数据显示，美国国内共有近 12 万个各类图书馆，其中公共图书馆（大部分在社区乡镇）有 9 445 个。有时一所大学就有几十个图书馆。按照美国三亿人口计算，平均 2 500 人就拥有一个图书馆。调查表明，每年至少有 11 亿人次光顾过公共图书馆。在美国，公共图书馆主要由财政税收支持，设立管理委员会，对所有人免费开放和提供服务。

在中国的广大中小城镇、农村和边远地区，基本上看不到图书馆的影子，与世界发达国家相比，差距很大。近年来，我国设立了“全民读书日”，期望能够不断改善上述状况。

资料来源　周大伟．被改变的小环境［EB/OL］．（2012-10-23）．http：//viewpoint.

inewsweek. cn/columns/columns-2444. html.

讨论：

1. 乡村公共图书馆的经费来源是什么？查找相关资料，分析上述现象的背后反映什么问题。

2. 基层公共服务的数量与质量跟财政体制有没有联系？结合身边实际分析为什么我国乡村公共服务与城市相差较大。

三、政府间的转移支付

（一）政府间转移支付的必要性

1. 弥补各级政府财政缺口

按以上税权划分的原则分税，通常无法保证地方财政获得足够的收入满足自身支出的需要。在现实中，转移支付的具体做法有两种。一是纵向转移支付，即上级政府向下级政府转移支付，促进纵向财政平衡；二是同级政府之间的转移的支付，即比较富裕的地方政府向比较穷的地方进行转移支付，达到横向财政平衡。现实中以前者为主。

2. 财政均等化

转移支付还有助于地方财政均等化目标的实现。地区之间用自有财源满足支出需求的能力不同，可能存在较大差异，因而财政能力差的地区应获得较多的中央政府的补助。

3. 跨地区公共产品投资

中央政府向地方转移支付还有助于推动一些具有外溢性的地方公共项目的投资。比如，跨地区的道路、通讯设施和一些使外地受益的环保项目，某一地的政府往往由于低估其整体效益而不愿投资或投入低于最佳投资额的数量。因此，中央政府应进行直接投资，或给予一部分补贴以鼓励地方政府投资。

4. 加强对地方的控制

中央对地方的转移还是中央控制地方的一种办法。财政的相对独立，客观上也需要控制，保证国家的统一。

（二）转移支付的种类

按照转移支付是否附加条件，可以将之分为有条件转移支付和无条件转移支付。

1. 有条件转移支付

有条件转移支付有时又称分类转移支付，有条件转移支付包括配套转移支付、封顶配套转移支付和无配套转移支付。配套转移支付要求接受转移支付的地方要有配套资金。例如，地方在教育上投了一元钱，中央才会有相应的转移支付。配套转移支付可以用于解决正外溢性问题。地方政府与个人和企业一样，当存在边际上的正外溢性时，恰当的补贴可以提高效率。从理论上说，这要求中央政府能够评估外溢性的实际规模。封顶配套转移支付，就是捐款人（例如中央政府）可以规定转移支付的最高数额。无配套拨款不要求地方政府为某一公共支出项目提供配套资金，而只是要求将款项用于约定项目，专款专用。

2. 无条件转移支付

无条件转移支付不对款项的具体使用项目作出规定。此类转移支付通常可用于收入分配目的，但这里存在争议，因为一个地区，既有穷人，又有富人。如果中央政府要帮助穷人，它可以直接把钱给穷人，而且穷人消费更大数量的公共产品（如教育）。

不同的转移支付形式会对地方政府的行为带来不同的影响。无条件转移支付给地方较大的选择权，有条件转移支付会约束地方的行为。因此地方政府更偏好于无条件的补助。在无条件的拨款补助的情况下，地方政府在追求地方利益最大化的目标上有着充分的选择自由，因为这种拨款在增加地方财源的同时又不影响地方本身的开支格局。这样，地方政府就能使它的福利最大化。

四、案例分析

下面，我们把目光转向现实生活。在我国，在不同的地区间、城市的不同地段间存在教学质量、社会声誉差别较大的中小学校，有不少家长将孩子送到非户籍所在地的学校读书，为此，要交纳高额的赞助费。对此，赞同、反对的声音都有，尽管政府禁止这种做法，但似乎没有改变这些现象。我们不妨用公共产品理论、财政管理体制的知识来分析一下。

第一，从供给来说，好学校总是供不应求的。即使政府不断增加财政投入，好学校不断扩招，但人们的需求上升得更快，对优质教育的需要远远超过现实的供给量。于是，好学校的入学门槛就会提高，收钱就成了顺理成章的事情，这符合供求原理。

第二，中小学校是由地方政府举办的，在城市是由市、城区财政出资提供的准公共产品，属于地方性公共产品。自然首先满足本地或本地段的纳税人，可以免费或部分免费。而对外地或其他地段的居民，就要收费或提高收费标准。如果学费标准不能提高，自然就会以赞助费或建校费等名目收取，以合法或不合法的方式出现。美国州立大学对本州学生同样收取较低廉的费用，而对本州以外的学生则收取高得多的学费。这恐怕是赞助费等教育乱收费行为屡禁不止的经济原因。

第三，从财政管理体制看，地方政府的财政收入一大部分来源于本地纳税人，相应用于为本地纳税人提供教育、医疗卫生、治安、交通设施等公共服务。如果为外地居民服务，就会产生外部效应，应当由中央或上级财政给予补助，即通过转移支付来弥补提供这些额外公共产品的成本。如图 10-1 所示，S_1 是中央或上级财政补助前的供给曲线，当学费标准为 P 时，供给的优质教育数量为 Q_1。中央或上级财政补助后，弥补了部分教育成本，所以，供给曲线下移，变为 S_2，同样学费标准对应的优质教育数量为 Q_2，比 Q_1 增加了。

近几年热议的高考移民或异地高考问题也是类似道理。由于在哪里参加高

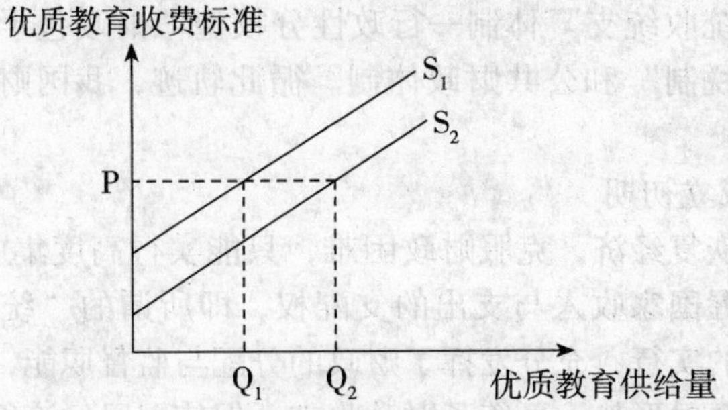

图 10-1　转移支付对优质教育供给量的影响

考就要占用当地的招生指标，在招生指标确定的情况下，外地考生增加，就会将本地考生的录取机会挤掉。或者说，对一个地方而言，到名牌大学受教育的机会就相当于一种公共产品或准公共产品，当然应当由本地居民享受。特别是对于名牌大学林立的北京、上海、广州等发达地区，原来分得的名牌大学招生指标很多，当然不愿意让外地考生来分享。但从另一个角度看，这些地区的不少名牌大学，如清华大学、北京大学、复旦大学、中山大学等主要由中央财政提供经费，全国各地的居民都有平等的受教育机会，不应当仅由这些省份或城市的考生独享。

思考与讨论：大家也可以运用所学过的经济及财政专业知识思考、分析一些学校收取的借读费、赞助费问题，并与老师、同学分享自己的看法。

知识之窗 10-1

切蛋糕的艺术

老张和老李切蛋糕的故事形象地说明了制度的重要性：老张和老李一人出一百块钱买了一个蛋糕，老张说我来切，老李怕他切得不公平，就找了三个朋友，第一个是从事政治思想工作的，他教育老张要提高道德素质，不以权谋私；第二个是搞技术的，他让老李好好把面积测定一下，再考虑这个蛋糕的均匀度，通过优化计算，选择切入的面；第三个是从事制度经济学研究的，他提出了一个办法，就是老张切，切完以后，老李先挑，这样就能保证不管谁来切，都能尽量切得公平。

第三节　中国的财政管理体制

一、1994 年以前的财政管理体制

我国财政管理体制自 1949 年以来，伴随各时期经济形势的发展变化，也相应发生了变化。从 1949 年新中国成立开始到 1993 年实行分税制，其变化轨迹可描述

为由中央集权型“统收统支”体制—行政性分权型“财政包干”体制—与国际惯例接轨分权型“分税制”和公共财政体制。循此轨迹，我国财政管理体制基本经历了七个发展阶段：

（一）新中国成立初期

为发展生产，恢复经济，克服财政困难，只能实行高度集中的财政管理体制。由中央政府集中掌握国家收入与支出的支配权，即所谓的“统收统支”的财政管理制度。这一制度的实行，充分发挥了财政的分配与监督职能，有效制止了通货膨胀，稳定了全国的金融形势，平衡了财政收支，促使国民经济很快走上了恢复性发展的道路。

（二）“一五”时期（1953—1957 年）

1953 年，我国国民经济由恢复转向有计划地开展大规模建设，与之相适应，实行中央、省和县三级管理财政。具体是把地方收入划分三类：地方固定收入、固定比例分成收入、调剂收入，至于支出，基本按照企业、事业和行政单位的隶属关系，划分各级财政的支出范围。三级管理的结果，使地方财政有了比较稳定的收入来源。实践证明，这一财政管理体制有力地促进了第一个五年计划的完成。

（三）“大跃进”时期（1958—1959 年）

从 1958 年开始，我国进入第二个五年计划时期。这时国家的经济体制有较大改革，着力于扩大地方权限，财政自然也相应作了改革。中央部分企业下放地方，收入归地方，支出也随之下放，实行“以收定支”确定收支比例，五年不变。结果，由于大跃进的干扰破坏，这一改革只实行了一年即告中止。当时由于下放过多，造成财力过于分散，又由于浮夸风造成财政收入的虚假，这样，原来确立的“以收定支”难以为继，只好改成“总额分成”。

（四）国民经济调整时期（1961—1966 年）

这一时期，国家对经济进行调整，经济管理权集中于中央、中央派出的各大区局和省三级，但主要集中于中央和中央局。与此相适应的，财政管理也实行集中方式，要求各级财政预算坚持做到“当年收支平衡，略有结余”。由于加强了财政集中统一管理，有力地保证了国民经济三年调整任务的顺利完成。

（五）“文革”时期

1970 年，国务院提出第四个五年计划《纲要》，对经济体制进行改革。1971 年开始实行企业下放，财政收支搞“大包干”，过度地下放给地方，结果没有达到预期效果。

（六）国民经济第二次调整时期（1980—1984 年）

在财政上，1980 年开始实行“划分收支，分级包干（即分灶吃饭）”的财政管理体制：明确划分中央和地方财政的收支范围，分成比例或补助数额确定后，原则上五年不变。后来中央根据实际情况又将“划分收支，分级包干”的办法逐步改为“总额分成比例包干”的办法，即按地方收入总额同支出基数，求出一个分成比例，按此比例，划分中央和地方收入。

（七）我国建立社会主义市场经济体制起步时期（1985—1993 年）

在大部分省、自治区、直辖市实行“划分税种、核定收支、分级包干”的财政管理体制，即地方财政包干体制。这一体制在搞活地方经济建设上，确实起了很大作用。不过也有一些问题，主要是那些收入较多而上缴比例大的地区，积极性不高，个别地区因此出现收入下降趋势。为此，国务院决定，从 1994 年 1 月 1 日起，改革地方财政包干制度，对各省、自治区、直辖市和计划单列市实行“分税制”的财政管理体制。

二、1994 年后的财政管理体制改革

（一）分税制改革的必要性

分税制是分级税财政管理体制的简称，意指按税种划分中央与地方政府的财政收入，同时，划分各级政府支出范围。

原有的预算包干体制虽经过多次改革或修正，但未打破包干的格局；尽管打破了财权高度集中或基本高度集中的“统收统支”体制，增加了地方经济的活力，也支持配合了工资、物价等其他方面的改革，但由于各种因素的影响，这些改革又不可避免地带有某些局限性。随着形势的发展，特别是在我国确定以建立社会主义市场经济为其改革的目标模式以后，市场在资源配置中的作用不断扩大，原体制的弊端越益明显。表现在：国家财力偏于分散，削弱了国家宏观调控的能力；不能体现公平和效率的原则，地方之间苦乐不均，不利于缩小经济发展的差距；助长地方发展税高利大的产业，不利于国家产业政策的贯彻和产业结构的合理调整，也会助长地区保护和封锁，不利于全国统一市场的形成；财政与事权不衔接，在一定程度上降低了财政资金的使用效益；财政体制与税收体制不配套，造成了有些地方政府越权减免税收，使国家财政收入流失严重。

（二）分税制改革的指导思想

第一，正确处理中央与地方的分配关系，调动两个积极性，促进国家财政收入合理增长，逐步提高中央财政收入的比重。

第二，合理调节地区之间财力分配。既要有利于经济发达地区继续保持较快的发展势头，又要通过中央财政对地方的税收返还和转移支付制度，扶持经济不发达地区的发展和老工业基地的改造。

第三，坚持统一政策与分级管理相结合的原则。划分税种不仅要考虑中央与地方的收入分配，还必须考虑税收对经济发展和社会分配的调节作用。

第四，坚持整体设计与逐步推进相结合的原则。分税制改革既要借鉴国外经验，又要从本国实际出发。在明确改革目标的基础上，想办法力求规范化，但必须抓住重点，分步实施，逐步完善。

（三）分税制的具体内容

1. 中央与地方的事权和支出划分

根据现在中央政府与地方政府事权的划分，中央财政主要承担国家安全和中央

国家机关运转所需经费，调整国民经济结构、协调地区发展、实施宏观调控所必需的支出以及由中央直接管理的事业发展支出，具体包括中央统管的基本建设投资，中央直属企业的技术改造和新产品试制费，地质勘探费，由中央财政安排的支农支出，国防费，武警经费，外交和援外支出，中央级行政管理费，由中央负担的国内外债务的还本付息支出，以及中央本级负担的公检法支出和文化、教育、卫生、科学等各项事业费支出。地方财政主要承担本地区政权机关运转所需支出以及本地区经济、事业发展所需支出，包括地方统筹的基本建设投资，地方企业的技术改造和新产品试制经费，支农支出，城市维护和建设经费，地方文化、教育、卫生等各项事业费和行政管理费，公检法支出，部分武警经费、民兵事业费，价格补贴支出以及其他支出。具体见表10–3。

表10–3 **现行支出划分**

中央财政支出范围	地方财政支出范围
国家安全、外交事务	本地区政权机关运转
中央国家机关运转	本地区经济发展
调整国民经济结构	本地区事业发展
协调地区发展	
实施宏观调控	
中央直接管理的事业发展支出	

2. 中央和地方的收入划分

根据中央和地方的事权，按税种划分中央与地方的收入。将维护国家权益，实施宏观调控所必需的税种划为中央税；将同经济发展直接相关的主要税种划为中央与地方共享税；将适合地方征管的税种划为地方税，充实地方税税种，增加地方税收入。中央固定收入包括：关税，海关代征消费税和增值税，消费税，中央企业所得税，地方银行和外贸银行及非银行金融企业所得税，铁道部门、各银行总行、各保险总公司等部门集中交纳的收入（包括营业税、所得税、利润和城市维护建设税），中央企业再上缴利润等。外贸企业出口退税，除地方1993年已经负担的20%部分外，以后发生的出口退税全部由中央财政负担。地方固定收入包括：营业税（不含铁道部门、各银行总行、保险总公司集中交纳的营业税），地方企业所得税（不含上述地方银行和外资银行及非银行金融企业所得税），地方企业上缴利润，个人所得税，城镇土地使用税，固定资产投资方向调节税，城市维护建设税（不含铁道部门、银行总行、保险总公司集中交纳的部分），房产税，车船税，印花税，屠宰税，筵席税，农（牧）业税，耕地占用税，契税，遗产税，土地增值税，国有土地有偿使用收入等。中央与地方共享收入包括：增值税、资源税、证券交易税。增值税中央分享75%，地方分享25%。资源税按不同的资源品种划分，大部分资源税作为地方收入，海洋石油资源税作为中央收入。证券交易税，中央地方各分享50%（2000年对分享比例进行了调整）。具体见表10–4。

表 10-4　　　　　　　　　　　**现行财政收入划分**

中央固定收入	中央地方共享收入	地方固定收入
①关税。 ②海关代征的消费税和增值税。 ③消费税。 ④铁道、银行总行、保险公司等集中缴纳的收入（包括营业税、所得税利润和城市维护建设税）。 ⑤中央企业上缴利润。 ⑥车辆购置税	①增值税。中央 75%，地方 25%。 ②资源税。海洋石油资源税归中央，其余归地方。 ③证券交易（印花）税。中央 97%，地方（上海、深圳）3%。 ④企业所得税、个人所得税。中央 60%，地方 40%	①营业税（不含铁道部等集中缴纳部分）。 ②城镇土地使用税。 ③固定资产投资方向调节税。 ④城乡维护建设税（不含铁道部等集中缴纳部分）。 ⑤房产税。 ⑥车船税。 ⑦其他印花税。 ⑧耕地占用税。 ⑨契税。 ⑩土地增值税。 ⑪国有土地有偿使用收入

注：1994 年后，先后对部分税种的分享作了调整。

3. 中央财政对地方的转移支付制度

实行分税制体制后，中央通过分税直接组织的财政收入增加，占全国财政收入的比重将有一定程度的提高。中央在保证本级基本支出需要的同时，将一部分收入通过不同的形式和条件转给地方，由地方具体使用。这就是中央对地方的转移支付。中央对地方的转移支付主要包括中央对地方的税收返还和专项拨款等。建立和完善中央税收返还和转移支付制度，不仅有利于保证地方基本支出需要，更重要的意义还在于，通过按客观因素和客观条件确定中央对地方的财力流向和流量，充分发挥财政的宏观调控职能，促进社会资源的优化闲置、产业结构的合理调整和地区间的均衡发展。

4. 中央财政对地方税收返还的确定

为了保持地方既得利益格局，逐步达到改革的目标，中央财政对地方税收返还数额以 1993 年为基期年核定。按照 1993 年地方实际收入以及税制改革和中央地方收入划分情况，核定 1993 年中央从地方净上划的收入数额（即消费税加 75% 的增值税减中央下划收入）。1993 年中央净上划收入，全部返还地方，保证地方原有的既得利益，并以此作为以后中央对地方税收返还基数。1994 年以后税收返还额在 1993 年基数上逐年递增，递增率按全国增值税和消费税的平均增长率的 1 ∶ 0.3 系数确定，即上述两税全国平均增长率每增长 1%，中央财政对地方的税收返还增长 0.3%。1994 年 9 月初召开的全国财政会议将此规定改为同本省增值税和消费税的增长率挂钩，即 1994 年以后税收返还额在 1993 年基数上逐年递增，递增率按本省增值税和消费税增长率的 1 ∶ 0.3 系数确定，即上述两税本省增长率每增长 1%，中央财政对地方的税收返还增长 0.3%。如果 1994 年以后上划中央收入达不到1993年基数的，相应扣减税收返还基数。表10-5反映了2013年中央对地方税收返还和转移支付预算的情况。

表10-5　　**2013年中央对地方税收返还和转移支付预算表**　　金额单位：亿元

项目	2012年执行数	2013年预算数	预算数为上年执行数的百分比
一、中央对地方转移支付	40 262.70	43 804.21	108.8
（一）一般性转移支付	21 471.18	24 538.35	114.3
均衡性转移支付	8 582.62	9 812.25	114.3
其中：重点生态功能区转移支付	371.00	423.00	114.0
产粮大县奖励资金	276.62	318.25	115.0
县级基本财力保障机制奖补资金	1 075.00	1 525.00	141.9
革命老区、民族和边境地区转移支付	559.31	621.90	111.2
调整工资转移支付	2 361.55	2 451.22	103.8
农村税费改革转移支付	752.60	752.60	100.0
资源枯竭城市转移支付	160.00	194.00	121.3
成品油税费改革转移支付	610.00	714.00	117.0
体制结算补助	1 220.81	1 274.46	104.4
工商部门停征两费转移支付	80.00	80.00	100.0
基层公检法司转移支付	466.74	494.60	106.0
义务教育等转移支付	1 605.68	1 821.19	113.4
基本养老保险和低保等转移支付	3 762.94	4 342.51	115.4
新型农村合作医疗等转移支付	1 063.30	1 662.31	156.3
村级公益事业奖补等转移支付	245.63	317.31	129.2
（二）专项转移支付	1 8791.52	19 265.86	102.5
一般公共服务	251.97	259.50	103.0
国防	24.64	24.39	99.0
公共安全	229.80	244.88	106.6
教育	1 074.39	1 189.61	110.7
科学技术	81.06	68.15	84.1
文化体育与传媒	301.12	303.65	100.8
社会保障和就业	1 405.11	1 581.69	112.6
医疗卫生	910.62	858.92	94.3

续表

项目	2012 年 执行数	2013 年 预算数	预算数为上年 执行数的百分比
节能环保	1 934.78	2 007.57	103.8
城乡社区事务	427.24	188.00	44.0
农林水事务	5 247.86	5 406.70	103.0
交通运输	3 105.65	3 487.42	112.3
资源勘探电力信息等事务	484.30	515.40	106.4
商业服务业等事务	450.76	474.91	105.4
金融监管等事务支出	46.80	—	—
地震灾后恢复重建支出	46.87	—	—
国土资源气象等事务	179.53	181.36	101.0
住房保障支出	2 190.69	1 859.68	84.9
粮油物资储备事务	345.17	380.99	110.4
其他支出	53.16	233.04	438.4
二、中央对地方税收返还	5 120.77	5 052.79	98.7
增值税和消费税返还	3 888.14	3 967.00	102.0
所得税基数返还	910.19	910.19	100.0
成品油税费改革税收返还	1 531.10	1 531.10	100.0
地方上解	1 208.66	1 355.50	112.1
中央对地方税收返还和转移支付	45 383.47	48 857.00	107.7

（四）分税制的进一步完善

1. 深化分税制改革的内容

我国实行分税制的目的是实现政府间分配关系的规范化、公正化、公开化，对由经济发展不平衡所造成的地区间行政能力进行必要调节，使各地方政府的基本行政能力大体均衡，主要是在现行分税制改革的基础上，进一步理顺关系，完善制度，规范责权利，清除旧体制遗留下的弊端，把转移支付制度进一步规范化，并按照客观、科学、规范的要求，破除原有不合理的利益格局，使之真正达到彻底分税制的要求。具体来说主要是：（1）事权、财政的界定明确、合理，符合政治体制改革的要求和权力、义务对等的原则；（2）中央财力的主导地位的确立和巩固，转移支付制度的完善，宏观调控体系的健全，适应社会主义市场经济运行机制的要求；（3）进一步完善税制，健全和强化中央和地方税收征管体系，各级主体税源的形成与发展，适应财政管理的需要；（4）预算硬约束机制的建立，符合各级自主理财的要求。

2. 1994 年以来分税制体制的调整

近年来，根据分税制运行情况和宏观调控的需要，对分税制财政管理体制进行了必要的调整：改革了出口退税中央与地方财政的承担比例；调整所得税分成办法。从 2002 年开始，改革原来按企业的行政隶属关系划分所得税收入的办法，对企业所得税和个人所得税实行中央和地方按比例分享；证券交易税和其他一些收入的调整。1997 年以后，对证券交易税的分享比例曾进行几次调整。1997 年调整为中央分享 80%，地方 20%；1997 年将证券交易税由 3% 调高为 5%，其中调高税率所增加的收入全部归中央，由此分享比例折算为中央 88%，地方 12%。2000 年决定将证券交易税的分享比例分三年最终调整为中央分享 97%，地方分享 3%。

3. 转移支付制度的构建和完善

分税制平稳运行后，迫切需要实施规范的转移支付制度，这不仅是完善分税制财政体制的需要，而且也是地方财政运行的现实要求。但是，由于受中央财力等因素的制约，转移支付制度的规范化建设只能采取“总体设计、分步实施”的战略。在此背景下，1995 年出台了过渡时期转移支付办法。

过渡时期转移支付办法是在不触动地方既得利益条件下，由中央财政安排一部分资金，按照相对规范的办法，用于对边远的少数民族地区和贫困地区的转移支付，并向民族地区适度倾斜，调节这些地区的最低公共服务水平。中国于 1995 年起实行过渡时期转移支付办法，随后又在 2002 年改为一般性转移支付，以基本公共服务均等化为目标，按照各地标准财政收入和标准财政支出差额以及转移支付系数计算转移支付额，逐渐建立起一套适合我国国情的转移支付制度。随后，调整了企业所得税和个人所得税的分享办法，但基本没有触及支出划分、地方税收立法权等重大问题，并且在收入划分上也更多地偏向于中央，各级地方政府仍然没有自己的“主体税种”。引起争议的是，1994 年后的财政体制改革走向财政集权化，地方财政收入占全国财政收入的比重总体上呈下降趋势。

1996、1997 年，改进了客观性转移支付的计算方法，以“标准收入”替代“财力”因素。标准收入测算范围包括增值税、营业税、农业特产税、资源税、土地使用税，同时，标准财政收支的测算方式得到进一步改进。标准收入的测算方法尽可能向“经济税基”（平均有效税率）的规范做法靠近，标准支出测算方法则尽可能考虑客观因素（如寒冷程度）的影响。

1998 年，在保持过渡时期转移支付办法总体框架的情况下，标准化收支项目的测算面进一步扩大，并针对财政数据口径的变化，对部分项目的测算方法作了改进，使标准收支测算结果更趋合理。1999 年调整居民收入分配，改革中央对地方的补助；2000 年起为配合西部大开发战略的实施，加大对民族地区（包括民族省区和非民族省区的民族自治州）的转移支付力度；此外为配合西部大开发，保护和改善生态环境，还对天然林保护、退耕还林还草造成的财政减收等进行转移支付；2001 年调整机关事业单位职工工资，调整中央对地方的补助等项目，也都采用了过渡时期转移支付的办法。

从2002年起，过渡时期转移支付的概念不再沿用，其资金合并到中央财政因所得税分享改革增加的收入中分配，统称为一般性转移支付。同时，2002年继续对民族地区实施民族地区转移支付政策。

三、财政省管县改革

2002年之后，出于缓解县乡财政困难的考虑，鉴于我国政府层级较多，行政支出庞大的实际情况，有学者提出了“财政省管县”的改革思路。这一构想是：由省级财政直接管理县级财政，避免地级市对县级财政的截留抽提，赋予县级政府更大的管理权限，以利于发展县域经济。随后，浙江、湖北、安徽等地陆续开展了试点，形成了多种模式。2009年6月22日，财政部发出《关于推进省直接管理县财政改革的意见》（财预［2009］78号），明确提出改革的总体目标是：2012年年底前，力争全国除民族自治地区外全面推进省直接管理县财政改革，近期首先将粮食、油料、棉花、生猪生产大县全部纳入改革范围。

实行省直接管理县财政改革，就是在政府间收支划分、转移支付、资金往来、预决算、年终结算等方面，省财政与市、县财政直接联系，开展相关业务工作。

（一）收支划分

在进一步理顺省与市、县支出责任的基础上，确定市、县财政各自的支出范围，市、县不得要求对方分担应属自身事权范围内的支出责任。按照规范的办法，合理划分省与市、县的收入范围。

（二）转移支付

转移支付、税收返还、所得税返还等由省直接核定并补助到市、县；专项拨款补助，由各市、县直接向省级财政等有关部门申请，由省级财政部门直接下达市、县。市级财政可通过省级财政继续对县给予转移支付。

（三）财政预决算

市、县统一按照省级财政部门有关要求，各自编制本级财政收支预算和年终决算。市级财政部门要按规定汇总市本级、所属各区及有关县预算，并报市人大常委会备案。

（四）资金往来

建立省与市、县之间的财政资金直接往来关系，取消市与县之间日常的资金往来关系。省级财政直接确定各市、县的资金留解比例。各市、县金库按规定直接向省级金库报解财政库款。

（五）财政结算

年终各类结算事项一律由省级财政与各市、县财政直接办理，市、县之间如有结算事项，必须通过省级财政办理。各市、县举借国际金融组织贷款、外国政府贷款、国债转贷资金等，直接向省级财政部门申请转贷及承诺偿还，未能按规定偿还的由省财政直接对市、县进行扣款。

案例讨论 10-2

谁为生态成本"买单"？

据 2007 年 4 月 7 日新闻联播报道：生态建设要投入成本，而受益者也要为好的生态环境"买单"，从 2003 年开始，福建省选择 10 个水库进行生态补偿机制的探索，用水费提留对周边林农进行补偿，取得了明显的生态效益，现在试点区域的水质均达到二类标准。在此基础上，2007 年 3 月，福建省在全国率先出台了《江河下游地区对上游地区森林生态效益补偿方案》。根据这一方案，下游城市以每年工业和生活的用水量为依据，按每吨水 5 分到 1 毛钱的标准，从财政中支出补偿资金，上缴省财政专户，统一标准对上游地区的林农进行补偿。加上配套资金，福建省今年可收取 3 亿多元的补偿金，平均每亩生态林可补偿 7 块钱。这种由江河下游城市向上游林农进行生态补偿的新机制，能够用经济杠杆激活生态治理的积极性。

据了解，过去很多林农都愿意种商品林，而生态林由于不能采伐，无利可图，许多林农不愿意投入，疏于管理，现在有了补偿金的支持，林农开始争着和林业部门签订"生态林管护责任书"。上下游联动，补偿到个人的新机制让困扰福建多年的生态林可持续发展难题迎刃而解。

讨论：

1. 上下游地区的利益与财政体制有什么关系？通过上述例子结合本章知识进行分析。

2. 同样道理，下游喝到干净的河水是否应当以财政转移支付的方式向上游支付费用？上游要保障水源清洁是否付出成本？谈谈自己的看法。

3. 查找德国横向转移支付体制的相关资料，分析其对我国有没有借鉴意义。

推荐阅读书目

[1] 蒙丽珍．转移支付分析比较及选择［M］．大连：东北财经大学出版社，1996.

[2] 沙安文，沈春丽．财政联邦制与财政管理：中外专家论政府间财政体制［M］．北京：中信出版社，2005.

[3] 李萍．中国政府间财政关系图解［M］．北京：中国财政经济出版社，2006.

[4] 沙安文，乔宝云．政府间财政关系国际经验评述［M］．北京：人民出版社，2006.

[5] 卢中原．财政转移支付和政府间事权财权关系研究［M］．北京：中国财政经济出版社，2007.

[6] 李萍．财政体制简明图解［M］．北京：中国财政经济出版社，2010.

第十一章

财政管理制度

知识结构图

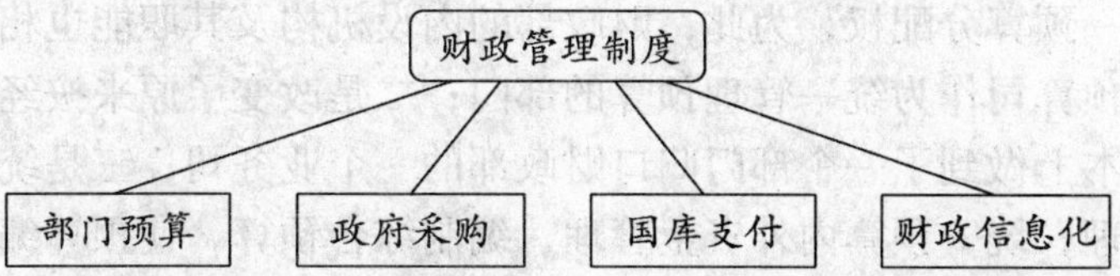

引　言

大体来说，所有财政工作都可以说是财政管理

现代管理学认为一个和尚没水吃，三个和尚水多得吃不完。第一个庙里的三个和尚经过商量决定三个人分段接力挑水，这样比一个人挑水轻松，很容易就把水缸挑满了。这是制度创新。第二个庙里的老和尚立下了新规矩：谁挑的水最多晚上吃饭的时候给谁加一个菜，谁挑的少晚上吃饭的时候只有白饭。于是三个小和尚你追我赶，不一会儿也把水缸挑满了。这是管理创新。第三个庙里的三个和尚把山上的竹子砍下来做成一个水槽，在山下河边上装一个辘轳，一个和尚在山下摇辘轳把水桶送到山上，另一个和尚在山上把水倒入水槽，水就顺着水槽流到庙里去了，第三个和尚再把水灌到缸里。这是技术创新。[①] 这个故事说明管理是个大学问，奥妙不少，财政管理也是如此，如何把财政资金管好，把财政的职能发挥好，这些都需要讲究技巧，这也正是财政改革所追求的目标之一。

① 张勇．厉以宁教授讲故事［M］．北京：京华出版社，2005：128.

第一节　部门预算

一、部门预算的含义与特点

（一）部门预算的含义

部门预算是指与财政部门直接发生预算缴款、拨款关系的国家机关、社会团体和其他单位，依据国家有关法律、法规规定及其履行职能的需要编制的本部门年度收支计划。通俗地说，就是一个部门一本账。

新中国成立以来，一直编制传统的政府预算，也称为功能预算。自2000年起，预算改革迈出了重要一步——部门预算改革。

（二）部门预算的特点

部门预算相对于传统的功能预算而言，发生了诸多变化，具有以下特点：（1）扩大了预算的编制范围，有利于提高预算的综合性。（2）一个部门一个预算。（3）克服了代编预算的方式，提高了准确性。（4）建立新预算管理机制。编制部门预算要求统一预算分配权，为此，财政部的内设机构及其职能也相应进行了重新设计。一是由预算司作为统一管理预算的部门；二是改变了原来按经费性质设置机构的做法，基本上做到了一个部门归口财政部的一个业务司；三是统一了国有企业资产和财务管理，统一预算内外资金管理，编制综合预算，使预算编制、执行和监督相对分离，初步建立起了分工合理、责任明确、相互制约的运行机制。（5）调整了预算批复的主体，由财政部预算司统一批复预算。（6）有利于及时批复预算。

二、部门预算改革的背景和意义

（一）部门预算改革的背景

实践证明，预算编制环节存在的缺陷，不可避免地对后续的预算管理过程产生巨大冲击。长期以来，我国的预算编制质量较低，预算编制的质量影响了预算执行的质量和预算资金使用的效率。预算编制过程中存在的问题主要体现在以下方面：

1. 预算编制粗糙，内容简单

多年来各级政府向同级人大提交的预算报告，支出一般只列到类的预算数，没有细化到具体部门和单位，人大代表无法判定预算支出安排是否合理。这给预算的审核批准、预算的执行、预算的监督、预算业绩考核都带来了很大的困难。

2. 预算编制的时间晚，预算编制周期短

按照多年来形成的习惯，地方政府都是在年初人民代表大会开会之前，按大类确定一个粗糙的收支盘子报人大审批通过，粗略的财政预算报告人大通过以后，整个预算编制过程只有短短的1~2个月，预算编制质量不高是肯定的，而且年初几个月根本没有预算可以执行。

3. 预算编制不科学造成资金分配上的不公平

长期以来预算编制方法主要是采用“基数法”，在上年度支出基数的基础上加上一定的增长比例，就成为本年度支出的预算数额。其最大弊端是保护各部门的既得利益，不管原来的决策是否错误，原来的分配是否公平，原来的支出结构、支出方向、支出比例是否合理，都难以进行适当的调整，如若调整势必受到来自各方面的阻碍。长期如此，各部门、单位之间分配上的苦乐不均难以消除，一些支出项目呈现刚性增长居高不下，导致财政分配不能对有限资源进行合理配置。

4. 支出分配的透明度不够，有失于公平原则

由于年初预算资金分配粗糙，“切块”后财政对有关部门后续的分配就失去了有效的监督和控制，严重的是有部分主管部门根本不让财政部门参与后续的分配。

（二）部门预算改革的重要意义

第一，部门预算改革是从源头上预防和治理腐败的一项重要举措。推进和深化部门预算改革既是从管理机制上促进廉政建设的需要，也是堵塞管理漏洞、加强内部控制的一项重要措施。

第二，部门预算改革有助于建立适应社会主义市场经济的财政管理运行机制，促进公共财政框架的建立。部门预算改革在整体框架设计上遵循法制、科学、规范的原则，实现预算编制与执行的相对分离，推动预算编制的科学化、规范化，使财政对预算执行的控制和监督职能得到强化，有利于提高公共资源配置效率和使用效益，有利于集中部门财力，统筹安排财政资金，提高资金保障程度，减少部门之间贫富不均现象。

第三，部门预算改革有助于规范政府、财政及部门行为，推进依法理财、民主理财，减少资金分配的随意性和预算执行的频繁调整，按部门发展需要和轻重缓急安排资金，政府对预算的审议和批准做到具体化，使政府决策接受来自更多方面的监督，有利于严格财政收支管理，强化预算约束机制，做到依法行政、依法理财，防止挤占挪用资金行为。

（三）改革进程

建设服务型政府对预算管理提出了新的要求：把促进公共利益作为服务目标，把民生作为服务内容，服务成本节约高效，服务过程公开透明。与之相对应，预算管理应当实现：预算内容详尽受控、预算过程公开透明、预算效果科学评价、预算管理严格问责。

1999 年 9 月 20 日财政部下发了《关于改进 2000 年中央预算编制的通知》，从 2000 年起选择农业部、科技部、教育部、劳动与社会保障部四个部门，作为报送部门预算的试点单位，拉开了部门预算改革的序幕。从 2001 年起，各地方也开始在一些部门试点编制部门预算。到 2004 年，全国各省级部门基本上都实行了部门预算。

总的来说，这项跟百姓息息相关的改革，要解决的问题就是原来预算编制粗

糙、内容简单，预算编制不能反映真实需求，财政资金分配不够透明，不够公平等等。现在，每年人大开会的时候，每一个政府部门都要将一本厚厚的预算交给人大代表审议。以前，一个地方的政府预算才几页纸，现在有的部门的预算超过一千页，很详细，这就是进步。近两年，中央各部门、很多省级政府部门都把年度部门预算、决算公布在网站上、公告栏里，接受大家的监督，这也是很大的进步。财政的钱怎么用不再是少数几个官员来决定，而是由每一个百姓来参与讨论决定，用到大家真正需要的地方去。

河南省焦作市从2000年以来在财政改革上走出了可喜的步伐，以前有句社会流行语叫“公家的钱，不捞白不捞，白捞谁不捞？能捞咋不捞？所以都去捞”。焦作公共财政改革的目标之一就是切断政府性资金腐败的运作链条。在焦作市“财经沙盘”里，有焦作市政府的年度预算与年度决算，有各行政事业单位的部门预算与预算执行情况、资产与财务情况，还有全市所有行政事业单位人员的统发工资以及惠民补贴……你可以在这里看到政府全年的财政收支，可以找到每一个公务员的工资收入，也可以查到某单位的公款招待、公车维修以及出国费用明细。

事实告诉我们，严格预算监督离不开细化和透明。第一要把预算编制得尽可能详细，把每一项收入怎么来的、支出用到哪里去、怎么测算的、支出标准是什么，这些都说得清清楚楚。财政部门、立法机关、审计机关才能在审核的时候判断合不合适、可不可行，最后执行的时候才有根有据。第二是透明，只有公开透明，老百姓才可能监督，才可能使每一分财政的钱都用到公共服务中去。预算公开就是让政府做的事、花的钱都暴露在阳光下。近几年在这两方面都取得了进步。比如，四川省巴中市白庙乡人民政府推行“透明财政”制度，透过多种形式对财政支出明细进行公示。点开巴中市白庙乡政府网站，各种财务收支明细报表赫然在目。大至数万元的优抚金发放，小到购买一元钱的信纸纸杯，每一笔财政支出的金额、事由、时间、经办人等明细信息都一览无余。这一事件被称为“乡政府全裸”，引发了全国的关注。这确实是历史的进步。

2008年国务院出台了《政府信息公开条例》，明确要求将政府预算、决算向全社会公开。中央各部委这几年先后公开了年度预算的几张主要表格、“三公经费”的数据、决算的主要数据，迈出了历史性的步伐。预算改革绝对称得上是政府的一场革命，尤其是预算透明度改革，既有民间志愿者在孜孜以求地推动，也有专家学者潜心研究，一些地方政府及其财政部门也在谨慎探索。以前，这是改革的一个禁区，也是盲区，坚冰渐消融，禁区被打破，这是民主的胜利，是历史的进步。它预示着政府与人民共同期望的财政管理民主化正在逐步变为现实，是一次制度上的有秩变迁。它意味着以前只有少数人掌握的公共资金分配权力正在受到全社会的有力监督，向着最终由全体公民共同掌握转变。这是财政管理的质变，是具有里程碑意义的事件。

案例讨论 11-1

美国进步时代的历史经验

美国 1880—1920 年在历史上被称作进步时代。此前，美国面临着腐败横行、假冒伪劣商品充斥市场、安全生产形势严峻、社会矛盾尖锐等严重问题，于是美国进行了一系列深刻的制度变革，建立起一个高效的现代化国家机器，逐步崛起为全球霸主。其中，在财政制度方面，美国引入了个人所得税和公司所得税，形成了简洁高效的税收制度；改革了财政预算制度，细化了预算项目；加强了预算监督，提高了政府活动的透明度，缓和了社会矛盾，也提高了政府运作效率，加强了民主制度建设，赢得了公众信任，促进了社会稳定。

可以说，在未来改革的清单中，在继续前进的行程表上，少不了财政这一重要角色，它是密切政府与人民关系的纽带，是加强政府能力建设的抓手，是促进社会和谐的杠杆，是协调社会关系的手段。以前被作为秘密深居闺中的政府部门详细经费开支、少数人暗箱操作的财政资金分配、猫腻甚多的政府采购等政府行为将呈现在阳光下，每一个城乡居民都有权参与、有权监督，行使自己的神圣权力。

讨论：

1. 具体了解美国预算改革的过程，谈谈自己的认识。

2. 结合实际说说预算改革对于加强财政监督的重要性。

三、配套改革

（一）政府收支分类改革

政府预算收支分类是预算管理的一项基础性工作，涉及预算编制、执行、决算、监督等各个环节，同时也涉及众多的政府收支管理部门。对政府收支进行科学分类，是全面、准确地反映政府活动的基本前提，也是预算管理工作的基础。它对编制预算和组织预算执行，进行会计核算，加强宏观经济管理与分析都具有十分重要的意义。

1. 政府收支分类改革的必要性

中国现行政府预算收支科目的基本框架，是新中国成立初期为适应计划经济体制管理要求建立的。几十年来，根据不同时期财政经济运行情况和特点，政府收支分类虽作过一些调整，但基本框架一直没有大的变化。现行预算支出科目的缺陷有：一是分类体系混乱，口径复杂，科目内容重复交叉多，造成多头管理。二是科目粗，给审查和批复预算造成困难。随着改革的不断深入，社会主义市场经济体制的逐步确立和公共财政管理体制的逐步建立，以及对外开放和国际交流的不断发展，现行政府收支分类已越来越不能适应财政管理与改革的需要，缺点和局限性日益突出，严重影响重大财政预算改革的顺利推进，甚至影响到公共财政体系的逐步建立。近年来，在实行部门预算，建立国库集中收付制度和政府采购制度的过程中，由于部分预算收支项目分类较粗，不利于细化预算编制和强化预算约束，特别是现行政府收支分类体系不够科学、结构不够合理，影响了各项改革的顺利推进。

2. 政府收支分类改革方案

政府收支分类改革方案的设计工作始于1999年年底，2006年进入全面实施阶段。这次改革是新中国成立以来财政分类统计体系最为重大的一次调整，是中国预算管理制度的一次深刻变革。它直接关系到政府预算的公开透明，关系到政府职能的合理转换，关系到公共财政体系的建立和完善，而且对从源头上防治腐败具有重大意义。

政府收支分类是财政预算管理的一项重要基础工作，直接关系到财政预算管理的透明度，关系到财政预算管理的科学化和规范化，是公共财政体制建设的一个重要环节。随着社会主义市场经济体制的完善和各项财政改革的深入，现行政府收支分类管理中存在的问题越来越突出。通过改革，建立一套科学、规范、完整的政府收支分类体系，有利于全面促进部门预算、收支两条线、国库集中收付、政府采购等其他方面的改革，进一步提高财政管理水平和财政资金使用效益；有利于逐步完善与社会主义市场经济相适应的公共财政管理框架；有利于从源头上建立反腐倡廉机制，推进政务公开，引导社会各界共同关注和监督政府预算，促进社会主义民主政治建设；有利于增进国际交流，加深各方面对我国社会主义市场经济体制的认识。

新的政府收支分类体系以“体系完善、反映全面、分类明细、口径可比、便于操作”为具体改革目标，主要包括以下三方面内容：一是收入分类。按照全面、规范、细致地反映政府各项收入的要求，对政府收入进行统一分类。将原一般预算收入、基金预算收入、社会保障基金收入和预算外收入等都统一纳入政府收入分类体系，使政府的各项收入来源都能得到清晰的反映。二是支出功能分类。就是按照政府的职能和活动设置支出科目。通过支出功能分类可以清楚地了解政府的各项支出都具体做了些什么事。三是支出经济分类。主要是反映各项支出的具体经济构成，反映政府的每一笔钱具体是怎么花的，它是财政预算管理和财务经济分析的重要工具和手段。改革完全到位后，结合财政收支的部门属性，通过财政信息管理系统，可对任何一项财政收支进行“多维”定位，清楚地说明政府的钱是怎么来的，做了什么事，谁做的，怎么做的，为预算管理、统计分析、宏观决策和财政监督等提供全面、真实、准确的经济信息。

（二）财政支出绩效评价试点工作

财政支出绩效评价是指运用科学、规范的评价方法，按照一定的指标体系和评价标准，对财政支出行为过程及其结果的合理性、有效性进行综合分析和评判。

开展财政支出绩效评价是财政管理发展到一定阶段，进一步加强公共支出管理，提高财政资金有效性的客观选择。它不仅是财政管理方法的一种创新，而且是财政管理理念的一次革命。绩效评价将财政资金的管理建立在可衡量的绩效基础上，强调的是“结果导向”，或者说强调的是责任和效率，增强了财政资源分配与使用部门绩效之间的联系，有助于提高财政支出的有效性。对于政府部门，公众对政府机构提供公共服务的质量与成本的关注，有助于促进政府决策程序规范化和民主化。

开展财政支出绩效评价，有利于规范财政资金支出管理，有利于加强对财政部门权力的约束，有利于增强资金使用部门的责任感。使资金使用部门从花大量时间、精力争项目、争资金转变为切实关注项目的可行性和如何用好资金。

为缩减政府成本，各国都进行财政支出绩效评价的探索。包括美国、加拿大、澳大利亚、英国、德国等国先后开始了这方面的实践。较早进行改革的新西兰，由于实施了大刀阔斧的改革，成功地消灭了严重的财政赤字。美国也进行了有益的探索，积累了较多的成功经验。中国借鉴美国等国家的实践经验，在2005年提出了开展财政支出绩效评价工作，并制定了相关规定，开始了试点工作。财政部于2005年5月25日以财预［2005］86号文公布了《中央部门预算支出绩效考评管理办法（试行）》，同年9月9日又印发了《中央级教科文部门项目绩效考评管理办法》，其目的是通过对部门绩效目标的综合考评，合理配置资源，优化支出结构，规范预算资金分配，提高预算资金使用效益和效率。

中国开展财政支出绩效评价改革取得了较大成效：（1）从关注预算执行过程到关注预算执行结果，深化了财政支出管理改革。（2）从收支核算到成本核算，降低了财政运行成本。（3）更好地调动了各部门的积极性。（4）以客观公正的绩效评估体系代替了传统的考核方式，强化了财政监督。

第二节　政府采购

一、政府采购的由来及发展

政府采购是指各级国家机关、事业单位和团体组织，使用财政性资金采购依法制定的集中采购目录以内的或者采购限额标准以上的货物、工程和服务的行为。它是伴随着国际贸易一体化的形成而逐步发展起来的。1979年东京多边贸易谈判在日内瓦签订了《政府采购守则》，初步形成了政府采购制度，随后，欧共体分别于1989年、1992年、1993年颁布了有关政府采购各领域的“委员会指令”，世界银行于1985年颁布了《国际复兴开发银行贷款和国际开发协会贷款采购指南》，联合国于1994年通过了《关于货物、工程及服务示范法》，这四部有关政府采购规则代表了国际政府采购的标准规范。1996年1月1日生效的《政府采购协议》则是在乌拉圭回合谈判中形成的，越来越多的国家建立了政府采购制度。政府采购制度与过去实行的“供给制”和“控购制”不同。在政府采购制度下，财政部门只是监督商品的采购过程，商品的使用者不仅要参与采购过程，而且是采购商品的主体。

政府采购制度起源于18世纪70年代的欧洲，1782年，英国首先在政府内设立了文具公用局，负责政府部门办公用品的采购工作。美国1761年颁布《联邦采购法》，1949年出台《联邦财产和行政服务法》。美国设立了专门的政府采购监督管理机构有联邦会计总署（GAO）和联邦政府采购政策办公室（OFPP），但不存在与采购机构相对应的监督管理机构。采购机构由行政机关设立，属于行政机关的一部分，专门的采购机构——美国联邦政府总务管理局（General Service Administration）有权制定和颁布联邦政府采购条例，也有权为几乎所有的联邦政府机构进行采购。这一机构设置有利于美国联邦政府采购在法律法规的规范下有效运作。

国际通行的采购方式有公开招标、选择性招标、两阶段谈判、询价、竞争性谈判、单一来源采购等。其中，WTO（世界贸易组织）的《政府采购协议》规定了公开招标、选择性招标、限制性招标三种方式；联合国国际贸易委员会制定的《货物、工程和服务采购示范法》规定了公开招标、两阶段谈判、征求意见书、竞争性谈判、限制性招标、征求报价、单一来源采购等七种采购方式；欧共体公共采购指令规定了公开程序、限制性程序、谈判程序三种采购方式；中国《政府采购法》规定了公开招标、邀请招标、竞争性谈判、询价、单一来源等方式。①

发达国家在市场经济及信息化背景下，较早推行政府采购制度。澳大利亚维多利亚州是最早实施政府采购管理、建设政府采购系统的一个州，其开发使用的政府采购电子商务项目（Electronic Commerce for Procurement）是一个独立的采购电子交易平台，负责政府采购的招投标事宜。具体见图11-1。

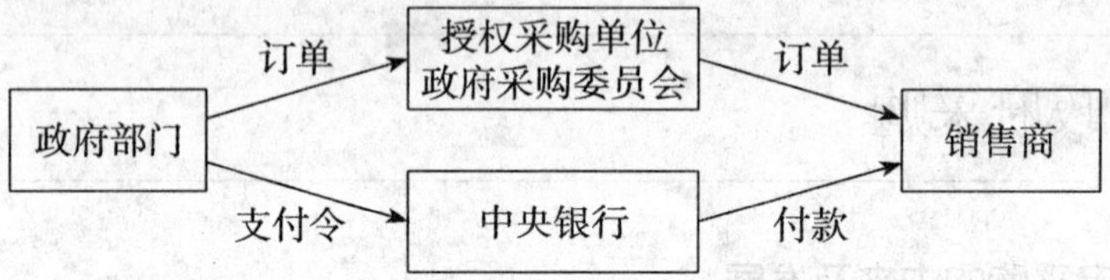

图11-1　澳大利亚维多利亚州政府采购流程

二、政府采购制度改革

（一）政府采购制度改革的意义

在原来分散采购形式下，财政部门每年根据预算和各预算单位的用款进度层层下拨经费，各支出单位根据需要自行购买。这与传统计划经济体制相适应，其中政府对财政资金的使用管理，体现在严格的物资审批中。但在社会主义市场经济体制下，这种传统的政府采购行为方式与整体改革环境严重脱节。一方面，社会主义市场经济蓬勃发展，买方市场逐步成长壮大，各购买实体的自主权明显扩大，政府采购牵涉的范围更加广泛；另一方面，适应市场经济的政府支出管理制度并未建立，财政资金使用的监督管理机制不力。实际运行中不可避免地造成采购行为不规范，财政支出资金使用效益低下，采购过程以部门或小集团利益为重，并引发不同程度

① 施锦明．政府采购［M］．北京：经济科学出版社，2010：106.

的“暗箱操作”和腐败行为，弱化政府、财政的宏观调控能力。

为此，我国在 20 世纪 90 年代开始探索政府采购制度改革，其意义在于：

1. 建立政府采购制度是社会主义市场经济条件下强化政府宏观调控的需要

政府采购制度是财政政策的重要组成部分。由于政府采购的数量、品种和频率，影响着财政支出的总量和结构，起到调控国民经济总量和结构的作用。同时，政府采购还是政府体现政策意图，达到一定政策目标的手段。如：政府以市场为纽带通过带有政策倾向的政府购买，支持民族产业发展，平衡地区差距，吞吐存货、平抑物价、维护生产者和消费者利益等。

2. 建立政府采购制度是社会主义市场经济条件下加强财政支出管理的客观要求

我国经济体制由计划向市场转轨，引入了市场机制和价值规律，追求资金使用效益最大化和规范化要求。政府采购制度以一系列制度的规定，加强了政府对财政资金由价值形态向实物形态转变过程的影响、监督和管理，有效地制约和规范了政府购买行为，对于节约财政资金，提高资金使用效益有重要意义，是健全和完善我国财政政策的重要举措。

3. 建立政府采购制度是我国开拓国际、国内两大市场，壮大民族经济的必然选择

随着现代市场经济的发展，国际经济一体化明朗。我国政府于 1996 年向亚太经合组织提交的单边行动计划中明确表示最迟于 2020 年向各亚太经合组织成员对等开放政府采购市场。因此，建立和推行我国的政府采购制度时不可待。它有助于我国从国际市场中获得物美价廉的产品和服务，实现国际贸易中的“比较优势”。同时也有助于利用从现在到正式开放政府采购市场的时间差锻炼和培训国内企业，逐步适应国际惯例，以开放的姿态迎接国际挑战。

4. 推行政府采购制度是防腐倡廉，整顿财经秩序的重要配套措施

政府采购制度有利于建立一种反腐倡廉机制，使政府采购行为置身于财政、审计、供应商和社会公众等全方位监督的机制当中，以公开、公正、透明的环境运作，有效抑制公共采购当中的各种腐败现象，有利于维护政府信誉，维护政府官员廉洁奉公的良好形象。

（二）改革历程

随着市场经济体制改革的深化，我国从 20 世纪 90 年代中期开始，一些省市开展了政府采购的试点，随后很快在全国范围内展开，取得了明显成效。财政部于 1999 年以财预字［1999］139 号文件公布了《政府采购管理暂行办法》。中华人民共和国第九届全国人民代表大会常务委员会第二十八次会议于 2002 年 6 月 29 日审议通过了《中华人民共和国政府采购法》，自 2003 年 1 月 1 日起施行。之后，政府采购工作进入依法采购时期，开创了政府采购工作的新局面。2005 年政府采购规模占当年财政支出的 8.7%，占全国 GDP 的比重为 1.6%。实施政府采购改革以来，全国政府采购规模年平均增长 77.9%。总的来说，政府采购的实践工作发展

很快，中央把政府采购作为宏观调控的一种手段，正在发挥积极的作用。

改革前后的资金流向分别见图 11–2、图 11–3。

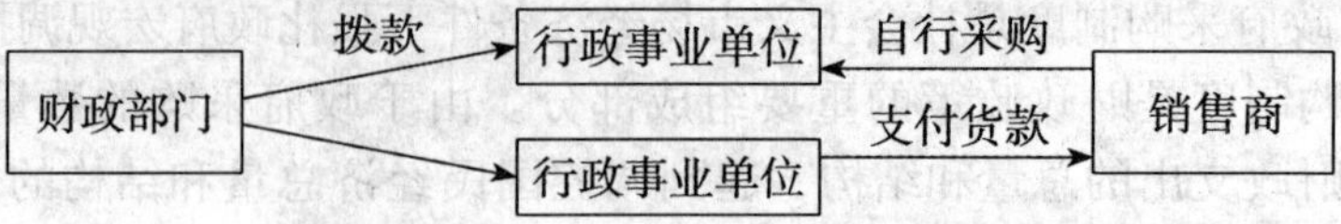

图 11–2　分散采购（改革前）示意图

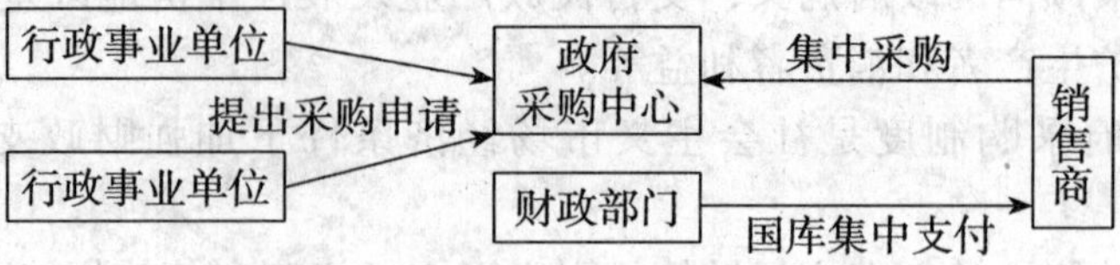

图 11–3　集中采购（改革后）示意图

案例讨论 11–2

财政部被诉采购监管职责案

历经七年、一波三折的“政府采购第一案”终于有了结果：北京市高级人民法院于 2012 年 11 月 21 日作出终审判决，驳回上诉，维持一审判决。

2003 年 9 月，国务院批准了国家发改委、卫生部编制的《突发公共卫生事件医疗救治体系建设规划》。2003 年 10 月，国家发改委、卫生部委托两家采购代理机构——国信招标有限责任公司和中国远东国际贸易总公司，分别对医疗救治体系项目进行公开招标，采购相关仪器设备。北京现代沃尔经贸有限责任公司（以下简称北京现代沃尔公司）分别参加了两家采购代理机构组织的各一个包的投标，但都未中标。

北京现代沃尔公司认为，这次招投标的组织不合法，于 2004 年 12 月 21 日向财政部投诉。财政部受理后，将投诉信及相关材料转交国家发改委稽查办处理，并要求其在处理后将结果抄送财政部。财政部因为没有收到国家发改委的处理结果，所以在规定期限内没有对投诉给予答复。

2005 年 3 月 23 日，北京现代沃尔公司以财政部未履行对政府采购行为的监管职责和未对其投诉事项予以处理和答复为由，向北京市第一中级人民法院提起行政诉讼，请求判令财政部在一定期限内履行其法定职责，作出具体行政行为。由于这一诉讼是《政府采购法》2003 年 1 月 1 日起正式实施后的第一例状告财政部的政府采购案件，所以被称为“政府采购第一案”，引起各方关注。

2006 年 12 月 8 日，北京市第一中级人民法院判决认定，本案涉及的招投标采购内容为突发公共卫生事件医疗救治体系项目中的 286 台血气分析仪属于货物采购。北京现代沃尔公司向财政部投诉的是采购代理机构在以招投标方式采购上述货物过程中，招投标的组织不合法问题，根据相关法律及相关规范性文件的规定，属于财政部的监督管理权限范围。财政部未按《中华人民共和国政府采购法》第五十六条的规定，在收到该投诉材料后三十个工作日内，对投诉事项予以回复，应属于未履行法定职责。据此，判决财政部对北京现代沃尔公司就招投标的组织不合法问题所进行的投诉予以处理和答复。财政部不服一审判决，提出上诉。

北京市高级人民法院认为，根据《政府采购法》第五十六条、财政部2004年第20号令《政府采购供应商投诉处理办法》第二十条的规定，北京现代沃尔公司以相关招投标的组织不合法为由向财政部投诉，尽管财政部受理后将投诉信及相关材料转交发改委稽查办处理，并要求将结果抄送财政部，但财政部未将上述情况书面通知北京现代沃尔公司。上述事实表明，财政部就北京现代沃尔公司的投诉事项未履行相关的法定职责。因此，财政部关于对北京现代沃尔公司的投诉已履行了法定职责的诉讼主张，缺乏事实和法律根据，不予支持。一审法院判决并无不当，应予维持，故而驳回上诉，维持一审判决。

资料来源　曾亮亮．财政部终审败诉“政府采购第一案”须履行职责［EB/OL］．(2012-11-22)．http：//politics. people. com. cn.

讨论：

1. 本案为什么出现争议？反映出目前政府采购领域存在什么法律冲突？

2. 如何保证政府采购的公正性？列出管理中的关键环节并结合实际说说自己的看法。

第三节　国库支付

一、国库有什么用

（一）国库及功能

国库是办理预算收入的收纳、划分、留解和支拨财政资金的专门机构。通常被称为政府的出纳。

1. 国库功能

国库的功能因国家的不同而有差异，卢洪友（2005）认为有以下方面：现金出纳管理与国库单一账户功能、管理政府的银行账目功能、制定现金计划功能、债务管理功能。

2. 国库类型

独立国库制，即单独设置国库，与财政、银行平列，专司财政资金收付、管理业务。这样做的问题是运行成本高，所以只有芬兰等极少数国家采用。

委托国库制，即财政部门委托中央银行代理国库业务。这样做的好处是降低运行成本，能够充分发挥银行网点分布广泛的优势，可以快捷方便地处理国库收付业务，所以为大多数国家采用。

银行制，即由财政部门在各商业银行直接开设账户，用于办理财政资金的收付业务，采用这种做法的有美国的州及地方财政部门、蒙古国。

（二）国库单一账户制度

国库单一账户制度（Treasury Single Accound System）。国库单一账户是指将政府所有财政性资金集中在国库指定的代理银行开设账户，同时，所有的财政支出均通过这一账户进行拨付，以便实现财政资金的直收和直支。国库单一账户是国家普遍采用的政府财政资金管理办法。

国库制度是财政制度的重要组成部分，是预算执行的重要手段和基本工具。现代国库制度的基本特征，国际货币基金组织确定为：效益、透明、监控。为此，首先必须减少账户层层设置，采取最直接、最简便的资金收付办法，避免财政资金在周转中环节过多，停留时间过长，给截留、挪用、贪污以可乘之机，应尽量依托银行发达的清算系统，提高资金的使用效率；其次，财政部门及审计等监督机构能够及时、清晰地掌握、控制财政资金拨付、使用的全过程，立法机关、社会公众也能够通过信息公开系统了解财政资金的分配、使用、公共产品供给状况等情况，行使知情权、监督权；再次，财政部门等监管机关能够实时监督、控制每一笔资金的流向，防止政府部门违反预算使用公共资金，从而确保公共利益。在实践中，逐步形成了符合上述三点要求的国库单一账户制度，为各国所普遍采用。

二、各国的国库制度

各个国家的国库制度与政治体制、行政管理模式、金融体系、经济管理水平有关，没有一个统一的模式。

从机构设置看，经济合作与发展组织（OECD）的国家国库机构的设置大致有两种类型：一种是在财政部门以外独立设置国库机构，加拿大、意大利、澳大利亚等国采取这种做法；第二种类型是国库机构设置在财政部内，为财政部下属的一个司局或处，如美国、日本、英国、法国。国库不仅负责财政收入的入库、支出的拨付，还负责政府预算的测算、编制、财务报告的编写和报送、国库现金的管理，有的还负责国债的发行。

国库制度随着科学技术的发展、政府宏观调控的加强不断改革完善。为了加强财政资金支出全过程的控制，充分发挥政府的调节、导向作用，西方发达国家逐步建立起高效运行的国库体系、科学合理的国库单一账户制度、快捷安全的支付流程，他们的经验表明，与以往的分散支付相比，国库集中支付能够有效地掌握财政资金的流向，最大限度地发挥财政资金的使用效益，并能及时了解国库资金的余额，根据需要通过定期存款、购回国债、发行短期国债等方式调剂余缺。由于20世纪50年代以来计算机及网络系统的迅猛发展，上述制度的优势越来越明显，财政管理与监督得到加强与完善。意大利1976年起实行国库单一账户制度，挪威1990年起实行国库单一账户制度。澳大利亚国库部1976年从财政部分离出来，主要负责财政收入预算的编制，制定政府税收政策，财政收入的征管，经济预测分析等。各国国库的职能随着国家干预程度的加深也不断扩展，从单纯的财政资金收纳、拨付，拓展到政府预算的测算与编制、国债的发行与管理、宏观经济的预测、财政运行的监控等等。

苏联解体后，俄罗斯联邦也推行国库单一账户改革，因为当时为缓解经济困难向国际货币基金组织申请贷款，在国际压力下实行这一制度。俄罗斯联邦国库1993年成立，设在财政部内，雇员超过25 000人。它的职责包括：一是负责联邦预算的执行、财政收入和支出的管理；二是向立法机构和政府报告财政运行状况；三是管理政府债务；四是负责财政状况预测和分析，同时负责国库现金管理；五是核算联邦政府财产等等。

英国国库的具体支付程序见图11–4。

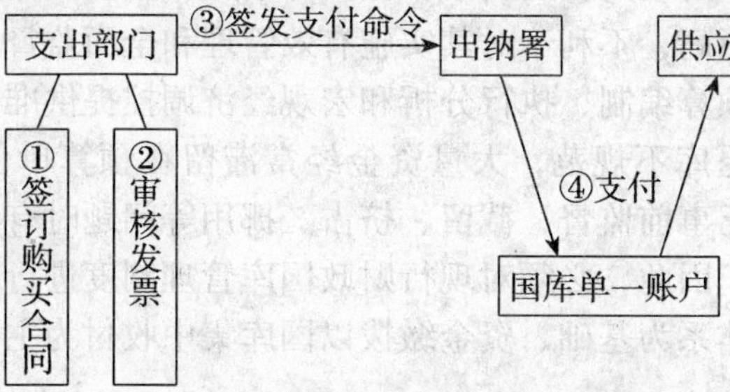

图11–4　英国国库的具体支付程序

资料来源　翟钢．现代国库制度研究［M］．北京：中国宇航出版社，2006：263. 编者根据相关资料绘制。

知识之窗11–1

特色鲜明的美国国库局

美国国库局的建立比美国的建立还早，这恐怕是世界各国中绝无仅有的，也是大家都想不到的。

1775年7月，美国独立革命风起云涌，位于费城的大陆议会任命了乔治·克莱默和米切尔·海勒格斯两人为国库员。安排给他们的任务就是为独立革命筹集经费，这跟现在的国库大不一样，但这却标志着美国国库局的诞生。1777年9月6日，美国国库局正式建立，初期的主要任务是打击假币。20世纪40年代至80年代，国库局还负责联邦政府各种专项资金的管理，目前，国库局掌管着美国纸币的印刷和硬币的铸造、发行，政府黄金储备和联邦政府国债的管理。

见过美元的人可能会注意到每张纸币上都印有“INCODWETRUST”字样，大意是“以上帝的名义，我们信任这张纸币”，同时，钞票的正面还有美国财政部长和国库局局长的签名，这也许跟上面的历史有关。

值得注意的是，1949年以来，美国国库局局长都是女性担任。至今已经有13位妇女担任这一职务，在世界各国也是罕见的。

三、国库集中收付制度改革

国库集中收付制度也称为国库单一账户制度，是由财政部门代表政府开设国库单一账户体系，所有的财政性资金均纳入国库单一账户体系，进行收缴、支付和管理。收入通过国库单一账户体系，直接缴入国库，不设立过渡性存款账户；支出通过国库单一账户体系，以财政直接支付或财政授权预算单位支付的方式，将资金直接支付到商品及劳务供应者或用款单位，即预算单位使用资金但见不到资金；未支用的资金余额均保留在国库单一账户，由财政部门代表政府进行管理运作，降低政府筹资成本。

在改革前，中国的财政性资金缴库和拨付方式，是通过征收机关和预算单位设立多重账户分散进行的。这种在传统体制下形成的运作方式，越来越不适应社会主义市场经济体制下公共财政的发展要求。主要弊端是：重复和分散设置账户，导致财政资金活动透明度不高，不利于对其实施有效管理和全面监督；财政收支信息反馈迟缓，难以及时为预算编制、执行分析和宏观经济调控提供准确依据；财政资金入库时间延滞，收入退库不规范，大量资金经常滞留在预算单位，降低了使用效率；财政资金使用缺乏事前监督，截留、挤占、挪用等问题时有发生，甚至出现腐败现象（见图 11–5）。因此，必须对现行财政国库管理制度进行改革，逐步建立和完善以国库单一账户体系为基础、资金缴拨以国库集中收付为主要形式的财政国库管理制度。

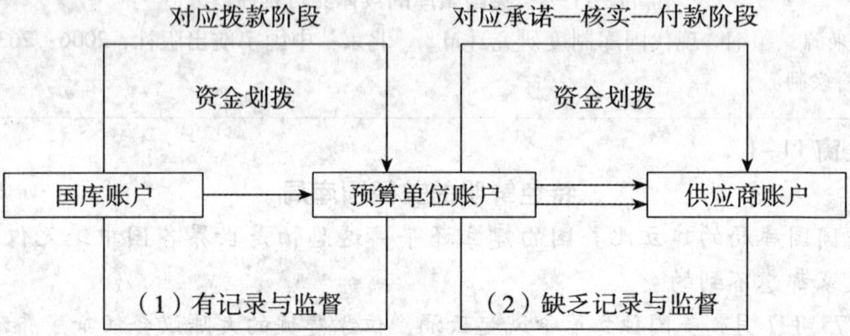

图 11–5　分散支付示意图

资料来源　王雍君．政府预算会计问题研究［M］．北京：经济科学出版社，2004：133.

财政国库管理制度改革的指导思想是：按照社会主义市场经济体制下公共财政的发展要求，借鉴国际通行做法和成功经验，结合中国具体国情，建立和完善以国库单一账户体系为基础、资金缴拨以国库集中收付为主要形式的财政国库管理制度，进一步加强财政监督，提高资金使用效益，更好地发挥财政在宏观调控中的作用。通俗地说，财政管理不仅要反映钱用完没有，用到哪里，还要反映用好没有，也就是提供了哪些公共服务，其数量和质量如何。

财政国库管理制度改革的主要内容是：按照财政国库管理制度的基本发展要求，建立国库单一账户体系，所有财政性资金都纳入国库单一账户体系管理，收入直接缴入国库或财政专户，支出通过国库单一账户体系支付到商品和劳务供应者或用款单位。国库单一账户体系（见图 11-6）包括：财政部门在中国人民银行开设的国库单一账户，按资金使用性质在商业银行开设的零余额账户，在商业银行为预算单位开设的零余额账户，在商业银行开设的预算外资金财政专户，在商业银行为预算单位开设的小额现金账户，特殊过渡性专户。建立国库单一账户体系后，相应取消各类收入过渡性账户。预算单位的财政性资金逐步全部纳入国库单一账户管理。在建立健全现代化银行支付系统和财政管理信息系统的基础上，逐步实现由国库单一账户核算所有财政性资金的收入和支出，并通过各部门在商业银行的零余额账户处理日常支付和清算业务。

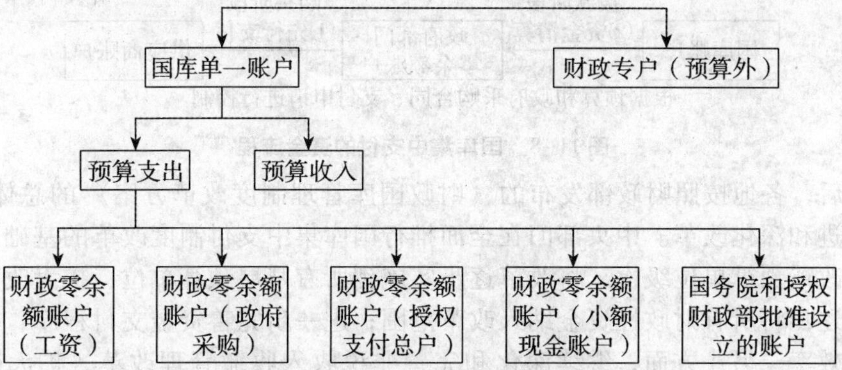

图 11-6　国库单一账户体系示意图

在规范财政性账户开设的同时，规范收入收缴程序，将财政收入的收缴分为直接缴库和集中汇缴。规范支出拨付程序，财政支出总体上分为购买性支出和转移性支出。根据支付管理需要，具体分为：工资支出，即预算单位的工资性支出；购买支出，即预算单位除工资支出、零星支出之外购买服务、货物、工程项目等支出；零星支出，即预算单位购买支出中的日常小额部分，除《政府采购品目分类表》所列品目以外的支出，或列入《政府采购品目分类表》所列品目，但未达到规定数额的支出；转移支出，即拨付给预算单位或下级财政部门，未指明具体用途的支出，包括拨付企业补贴和未指明具体用途的资金、中央对地方的一般性转移支付等。按照不同的支付主体，对不同类型的支出，分别实行财政直接支付和财政授权支付。

为逐步建立以国库单一账户体系为基础、资金缴拨以国库集中收付为主要形式的财政国库管理制度，加强财政管理监督，提高资金使用效益，2001 年，中国政府批准了财政部等部门制定的《财政国库管理制度改革方案》，要求在“十五”期间全面推行财政国库管理制度改革。

按照这一要求，中央部门于 2001 年 8 月开始实施改革，至 2004 年年底，140 个中央部门实行了国库集中支付改革，47 个中央部门纳入了非税收入收缴改革实施范围。而地方上，国库集中收付制度改革的力度也在不断加大，推进速度明显加快，绝大多数省本级迅速实施了改革，并将改革向地市县推进。分散支付与集中支付的资金流程分别见图 11–7 和图 11–8。

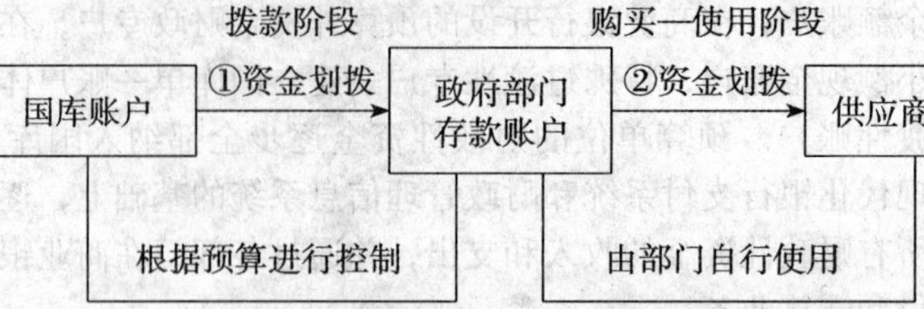

图 11–7　国库分散支付的资金流程

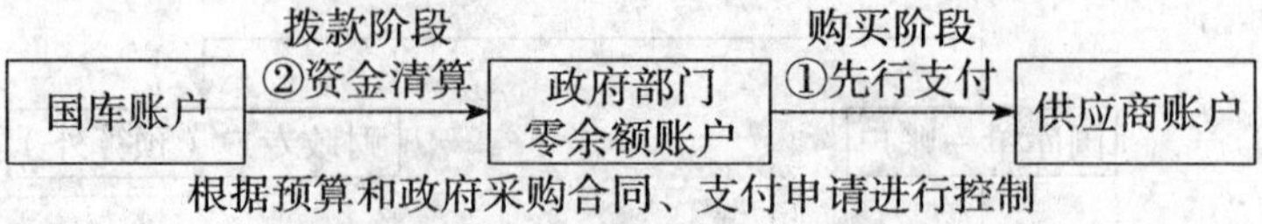

图 11–8　国库集中支付的资金流程

此后，各地按照财政部发布的《财政国库管理制度改革方案》的总体部署，继续推进和深化改革。中央部门在全面推行国库集中支付制度改革的基础上，深化实施改革预算单位级次，将改革逐步实施到所有基层预算单位；扩大改革资金范围，逐步将所有财政性资金纳入改革范围；进一步完善资金支付程序，提高资金支付效率。另一方面，继续深化和完善非税收入收缴管理改革，扩大改革范围，完善资金收入收缴程序，强化票据监管体系。逐步将行政事业性收费、政府性基金、国有资源有偿使用收入、国有资产有偿使用收入、国有资本经营收益、彩票公益金、罚没收入、以政府名义接受的捐赠收入、主管部门集中收入以及政府财政资金产生的利息收入等所有非税收入纳入改革实施范围。广西南宁市的国库支付程序见图 11–9。

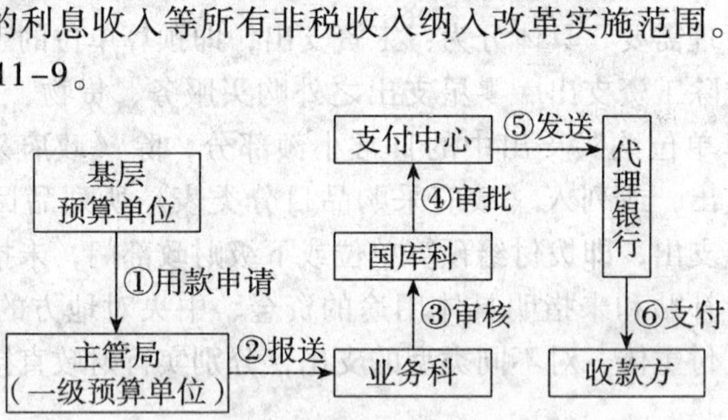

图 11–9　南宁市的国库支付程序

案例讨论 11–3

政府花钱谁做主

了解财政发展史的人都知道，政府预算改革是在革自己的命，难度可想而知，阻力也异常地大。近十年来，河南焦作市在预算改革上积极探索，迈出了可喜的步伐。《瞭望东方周刊》2009 年 2 月 10 日对此作了详细报道。现在，当地的市民在市财政信息服务大厅的查询机上可以很容易查阅行政审批、财政预算、政府采购、公物拍卖、会计委派等公共财政事务信息，包括市主要领导的工资。由于揭去神秘的面纱，在焦作财政综合信息网，我们可以看到 2013 年 5 月该市市委书记、人大常委会主任、市长月工资分别为 6 322.00 元、5 910.00 元、6 283.00 元。这一变化是预算改革的一个缩影，是财政管理民主化的重要体现。

不仅如此，在政府花钱谁做主这个大问题上，预算改革带来了重大变化。近几年来，会计委派制度、部门预算、政府采购、国库集中支付、非税收入统一管理、强化财税监督等财政改革在焦作市逐步展开，随后又陆续在全国推开。改革的成效可以从焦作的事例略见一斑：推行会计委派制几个月后，焦作市市直单位共清理出闲置沉淀资金 2 亿多元，相当于 2 000 年焦作市本级财政资金的 1/3。2007 年年末，开始编制 2008 年财政预算的时候，焦作市尝试将申请财政拨款的 60 个备选项目挂在网络上让全体市民投票，并根据得票多少筛选出前 10 项列入政府预算给以拨款。这一做法称为“参与式预算”，最早在巴西推行，被认为是财政决策民主化的重要试验，是提高财政支出效益的有效手段。从 2002 年开始，焦作市探索建立起一套完整的政府性债务预算编制体系，将政府性债务余额、收支、偿还等情况全部纳入预算强化管理，在全国开了一个好头。而其他地方政府债务不断增加，但并没有反映到预算数字中，也没有接受立法机关监督，很容易引致大的问题。

讨论：

1. 怎么样让城乡居民当家做主，参与财政决策，结合本案例谈谈自己的观点。

2. 预算改革在财政管理乃至政府管理中有着怎样的意义？为什么如此受关注？

第四节 财政信息化

一、财政信息化的含义

财政信息化是指在财政工作各方面应用电子信息技术以达到提高财政管理水平和工作效率的目的。

政府财政管理信息系统（Government Financial Manage Information System, GFMIS），是利用先进的信息技术，支撑以预算编制、国库集中支付和宏观经济预测分析为核心应用的政府财政管理综合信息系统，是财政系统信息化建设目标和规划的统称。

政府财政管理信息系统建设目标由两大部分构成，一是包括预算管理、国库集中支付、政府采购、工资发放、基本建设项目、债务管理等核心财政业务的管理系统和宏观经济预测系统，即财政业务应用系统；二是覆盖各级财政管理部门的信息网络系统，包括纵向上多级政府的多级骨干网及延伸到基层的财政内部网络；横向上的连接财政部门与税务部门等具有国家财政收入职能的部门、国库、承担代理的商业银行及主要预算单位间的专项网络，以及计算机及操作系统软硬件平台、数据库平台和安全保障体系。

二、财政信息化的作用

（一）加强财政管理

随着经济的发展和财政资金总量的不断增加，财政业务信息量日益增大，对财政信息处理手段的要求越来越高。财政信息化已经成为推动改革进程、提高工作效率和树立政府形象必不可少的重要条件。财政管理手段的改革可以提高工作效率和质量，促进财政业务的科学化和规范化管理，而且强化对财政资金运行的监督，有利于从制度和机制上促进政府廉政建设。

在过去，面对丰富的财政运行数据，财政部门工作人员忙于处理各项业务，难以抽出时间对数据进行深入分析，及时发现潜在问题，剖析深层原因，预见财政风险。而借助财政信息化这一顺风耳、千里眼，则可以建立财政风险预警系统，对财政经济的运行情况及发展趋势提前作出预测，并相应作出反应，提高财政决策的前瞻性，避免财政决策失误造成损失，从而提高财政运行的稳定性。

（二）强化财政监督

信息化建设滞后，难以应付日益繁重的监督任务。不管是各级立法机关还是审计机关、财政监督机构，都因为机构编制有限，人手不够，且行政事务繁多，列入监督范围的事项越来越多，依靠自身力量去检查就像大海捞针，很难发现财政违法违规行为，或者只能是蜻蜓点水，发现一些表面性的问题，无法深入。如果重复建立监督机构就会使监督成本提高，而且相互间职责划分不清，影响财政监督工作的有效开展。由于财政资金运行信息的采集与分析手段落后，财政监督的效果很不理想。

现代信息技术的发展为财政监控提供了便利条件，通过建立财政信息共享机制，可以降低监督成本，实现实时监控。信息系统应全面追踪监测财政资金运行的全过程，逐步建立从财政收入的征收到预算支出的申报、拨付、使用的全程跟踪监督机制。

（三）提高财政透明度

现代社会要求财政工作遵循公共性、民主性的原则。政府的任务就是提供公共服务，财政收入、支出及管理的内容都与社会公众利益密切相关，必须公开透明，这就需要借助信息手段，使公众的知情权、表达权、监督权、参与决策权得到落实。随着经济发展，人们的收入水平提高，在实现温饱之后，社会公众要求公开、透明及参与财政管理的愿望越来越强烈。财政信息化可以使财政的法规、部门规章、政策、收入支出数据、资金分配办法、过程及结果全面、及时、准确地向社会公开，满足纳税人关注税收使用方向、分配公平状况的需求，保障纳税人权利与义务的一致。

三、金财工程

"金财工程"是利用先进的信息技术，支撑以预算编制、国库集中支付和宏观经济预测分析为核心应用的政府财政管理综合信息系统，是财政系统信息化建设目标和规划的统称。它是在总结中国财政信息化工作实践，借鉴其他国家财政信息化管理先进理念和成功经验的基础上，提出的与中国建立公共财政体制框架目标相适应的一套先进信息管理系统，是中国正在实施的电子政务战略工程建设的重要组成部分。

"金财工程"由两大部分构成，一是财政业务应用系统，二是覆盖全国各级财政管理部门和财政资金使用部门的信息网络系统。财政业务应用系统，主要由预算编制审核系统、国库支付管理系统、现金管理系统、工资集中发放系统、收入管理系统、国债管理系统、政府采购管理系统、固定资产管理系统、宏观经济预测分析系统、标准代码库系统和与其他部门连接的接口系统等 11 个分系统组成。覆盖全国各级财政管理部门和财政资金使用部门的信息网络系统，包括四个组成部分：一是网络通信平台。它是政府财政管理信息系统运行的基础，支撑着各级财政部门以部门预算编制和国库集中收付为核心的主体财政业务应用，是覆盖全国的国库集中收付的通信和支付网络，同时也为各级财政部门的内部管理和办公自动化服务。二是计算机系统硬件和操作系统软件平台。采用集中化的数据处理中心运行模式，即在各省（市、区）财政厅（局）和有条件的骨干城市设立相对集中的数据处理中心，周边市（地）数据处理服务器以托管方式相对集中运行管理。三是数据库平台。建立统一的数据库平台，以保证财政核心业务应用系统的统一。四是安全体系。包括认证中心、加密体系和安全管理体系。

中国自 1999 年下半年开始着手规划建立"政府财政管理信息系统"，并于 2000 年成立了专门工作小组。工作小组在考察了主要发达市场经济国家和东欧转型国家政府财政管理信息系统运行模式和建设经验的基础上，于 2001 年年初完成初步设计，下半年开始试点。2002 年年初，国务院决定将财政部规划建立的"政府财政管理信息系统"定名为"金财工程"，并把"金财工程"列为国家电子政务十二个重点工程之一。财政业务应用系统主要指预算管理系统、国库支付管理系统、总账管理系统、现金管理系统、工资发放管理系统、国债管理系统、政府采购管理系统、固定资产管理系统、收入管理系统、财政经济景气分析系统、标准代码系统和外部接口系统共 12 个业务管理系统（见图 11-10）。

金税工程也是财税领域信息化的一个重要改革。金税工程是指利用防伪税控系统对增值税专用发票的开具、抵扣等使用情况进行全面监控的系统，是增值税乃至新税制的"生命线"，是打击偷骗税的"杀手锏"。按照要求，到 2003 年年底，全

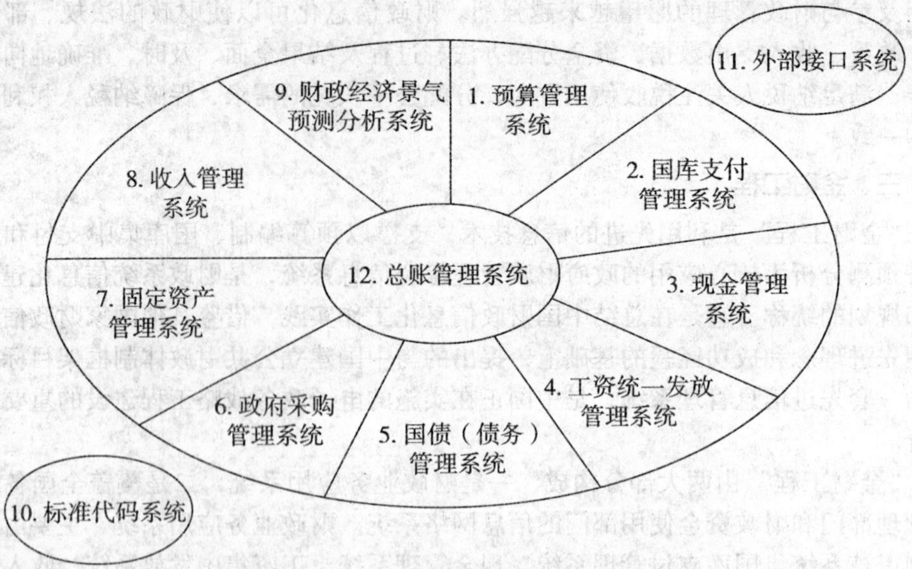

图 11-10　政府财政管理信息系统构成

国增值税一般纳税人都必须使用防伪税控机，纳入金税工程的管理。金税工程由“报税系统”、“认证系统”、“稽核系统”和“协查系统”组成，“报税系统”是指增值税一般纳税人将其通过防伪税控机开具增值税专用发票的销项数据（包括购销双方的名称纳税人识别码、开票日期、金额、税控等 7 项内容）通过 IC 卡和报税软盘（I 型机为黑匣子），抄入税局的抄税机中。“认证系统”是指税局通过认证扫描机将增值税一般纳税人收到的应于本期抵扣的通过防伪税控机开具增值税专用发票的抵扣联进行认证采集增值税专用发票抵扣联的数据。经认证相符的增值税专用发票的抵扣联才能给予抵扣，对“密码有误”、“认证不符”的将交稽查部门查处。“稽核系统”是指税务机关的稽核中心将“报税系统”采集的增值税专用发票的销项发票与进项发票的有关数据进行交叉稽核、查出缺申报票。“协查系统”是指税务机关的稽查部门对有问题的增值税专用发票进行查处。

案例讨论 11-4

预算为什么要公开？

2006 年 4 月 3 日，湖南省一位农民蒋石林，以纳税人的身份，状告常宁市财政局，理由是“财政局超预算、超编制购买豪华轿车”。当时，有人觉得他是多管闲事，但随着时间推移，越来越多的人明白，社会需要更多像蒋石林这样热心公共事务、勇于监督政府部门的人。2012 年 4 月，上海交通大学 25 岁的研究生雷闯向卫生部等 53 个中央部门，提交信息公开申请，要求公布各部门部长 2011 年全年工资总额和工资构成情况。2012 年 9 月 1 日，湖北省三峡大学大二学生刘艳峰向陕西省财政厅递交申请，希望公开陕西省安监局局长杨达才2011年度工资。其实，早在21世纪初，就有一些有心人关注政府预算，深圳市吴君亮等人专门建设了一个名为“中国预算网”的网站，收集并公布各地政府部门的预算。上海财经大学的课题组近几年发布了财政透明度报告，总体都不理想，没有一个省和中央部门得分超过50分。

讨论：

1. 预算由不公开到公开说明了什么？

2. 从近几年网络反腐中，你觉得预算对于保障老百姓的利益有没有作用？有什么作用？

推荐阅读书目

［1］项怀诚．中国财政管理［M］．北京：中国财政经济出版社，2001.

［2］王东京，李莉．与官员谈财政税收［M］．北京：中国青年出版社，2003：107-112.

［3］韩秀云．宏观经济学教程［M］．北京：中国发展出版社，2004.

［4］课题组．财政国库集中收付制度研究［M］．北京：经济科学出版社，2004.

［5］张勇．听厉以宁教授讲故事［M］．北京：京华出版社，2005.

［6］施锦明．政府采购［M］．北京：经济科学出版社，2010.

［7］财政部．中国财政基本情况：2011［M］．北京：经济科学出版社，2012.

第十二章

财政政策

知识结构图

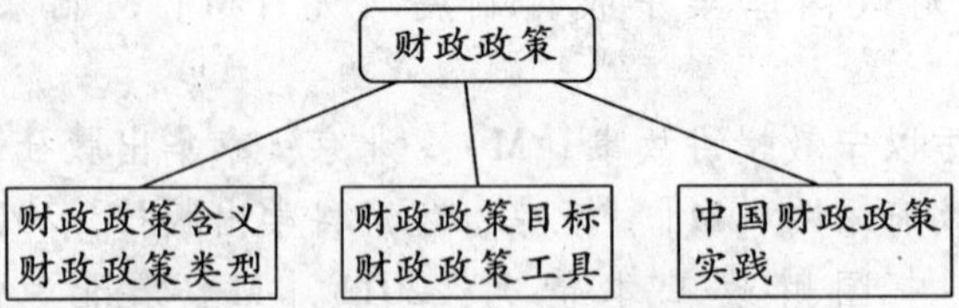

引　言

财政政策在近几年来出现频率之高前所未有，尤其是它与和谐社会、关注民生紧紧地联系在一起，成为和谐大合唱中美妙的音符。20 世纪 30 年代以前，自由主义经济学说以“自由市场、自由经营、自由竞争、自动调节、自动均衡”五大原则为基础，核心是“自动均衡”理论。认为在自由竞争的条件下，经济能通过价格机制自动达到均衡；商品的价格波动能使商品供求均衡；资本的价格——利率的变动能使储蓄与投资趋于均衡；劳动力的价格——工资的涨跌能使劳工市场供求平衡，实现充分就业。因此，一切人为的干预，特别是政府干预都是多余的，什么也不管的政府是最好的政府，应该信守自由竞争、自动调节、自由放任的经济原则，政府对经济的干预只会破坏这种自动调节机制，反而引起经济的动荡或失衡。“凯恩斯革命”颠覆了上述观点，主张政府干预经济，通过财政政策、货币政策实现供求关系的平衡，促进经济增长。改革开放以来，我国运用财政政策进行宏观调控取得了诸多成就，积累了丰富的经验，其影响已超出了财政范畴。特别是中央提出构建和谐社会以来，财政部在“公共财政的阳光照遍每一片土地”的主旋律下奏响了激动人心的乐曲，从决策层不断传出让城乡居民高兴的好消息。

第一节　财政政策及类型

一、财政政策的概念

财政政策是国家以一定的财政经济理论为依据，为实现预定的目标而规定的综合运用各种财政手段的基本规则。这一定义表明：（1）财政政策是国家为实现特定的目标而制定的。（2）财政政策包括多种财政政策手段的综合运用。（3）财政政策是为实现特定目标而规定的运用财政政策手段的基本规则，而不是任何一项运用政策手段的决策。（4）财政政策是以一定的财政经济理论为依据的。财政政策目标和财政政策手段是构成财政政策的两大基本要素。

二、财政政策的基本功能

财政政策作为国家或政府的经济管理手段，主要有四个方面的功能。

（一）导向功能

财政政策的导向功能主要是对个人和企业的经济行为以及国民经济的发展方向具有引导作用：第一，配合国民经济总体政策和各部门、各行业政策，提出明确的调节目标。第二，财政政策不仅规定什么应该做，什么不应该做，同时还通过利益机制，告诉人们怎样做更好。

（二）协调功能

财政政策的协调功能主要表现在对社会经济发展过程中的某些失衡状态的制约、调节能力。其目的是实现国民经济和社会发展的协调发展、综合平衡。

（三）控制功能

财政政策的控制功能是指国家或政府通过财政政策对人们的经济行为和宏观经济运行的制约与促进，实现对整个国民经济发展的控制。

（四）稳定功能

财政政策的稳定功能是指政府通过财政政策，调整总支出水平，使货币支出水平恒等于产出水平，实现国民经济的稳定发展。

三、财政政策的主要类型

按照财政政策对经济的影响，分为扩张性财政政策、紧缩性财政政策、中性财政政策。扩张性财政政策是指通过减税或扩大财政支出，扩大赤字刺激需求，从而拉动经济增长，紧缩性财政政策是指通过增税或减少财政支出从而抑制需求；中性财政政策是指保持财政收支平衡，对经济发展起中性作用。

按照财政政策手段，财政政策可分为税收政策、公债政策、投资政策、补贴政策、公共支出政策、预算政策等。

根据财政政策具有调节经济周期的作用来划分，它包括自动稳定的和相机抉择的财政政策。自动稳定的财政政策是指财政的某些制度性安排能够自动促进总需求和总供给的平衡，如累进个人所得税、失业救济金、社会救助计划等。这些财政政策都遵照法律规定的收入和支出制度自动执行，财政收支的升降自动由经济周期的波动所决定。相机抉择的财政政策是指政府根据总需求和总供给的现实情况，灵活改变税收和财政支出，以达到实现总供求、熨平经济波动的目标。

按照财政政策作用的不同方面，即将财政政策本身的内容与对经济运行状态的影响结合起来进行分析，可将其分为总量调节政策、结构调节政策。

知识之窗 12-1

凯恩斯——划时代的经济学家

约翰·梅纳德·凯恩斯（John Maynard Keynes）是现代西方经济学最有影响的经济学家之一，他创立的宏观经济学与弗洛伊德所创的精神分析法和爱因斯坦发现的相对论一起并称为“20世纪人类知识界的三大革命”。他以财政政策和货币政策为核心的思想后来成为整个宏观经济学的核心，被称为“宏观经济学之父”。他首次提出国家干预经济的主张，曾被视为资本主义的救星。

凯恩斯1883年6月5日生于英格兰的剑桥，父亲也是一名经济学家和逻辑学家。14岁进入伊顿公学（Eton College）主修数学，之后跻身剑桥大学国王学院，获剑桥文学硕士学位。此后师从马歇尔和庇古攻读经济学，1906年以第二名成绩通过文官考试，入选印度事务部。1908年回剑桥任经济学讲师至1915年。第一次世界大战爆发不久，任职英国财政部。1919年年初作为英国财政部首席代表出席巴黎和会。1936年其代表作《就业、利息和货币通论》（The General Theory of Employment，Interest and Money，简称《通论》）出版。这本书和亚当·斯密的《国富论》、马歇尔的《经济学原理》一起并称为经济学思想史上最重要的三部著作。该书批判了古典经济学派充分就业、萨伊定律等假说，提出了不确定性的思想、有效需求理论及消费倾向递减、资本边际效率下降、流动性偏好三大心理法则，形成不确定性-预期-三大心理规律-有效需求不足-非自愿失业的理论体系，打破了价值论与货币论隔绝的传统。

1940年出任财政部顾问，参与战时各项财政金融问题的决策。1944年7月率英国政府代表团出席布雷顿森林会议，并成为国际货币基金组织和国际复兴与开发银行（世界银行）的英国理事，在1946年3月召开的这两个组织的第一次会议上，当选世界银行第一任总裁。1946年4月逝世。

第二节　财政政策目标及工具

财政政策目标包括经济发展、物价稳定、充分就业、国际收支平衡、收入公平分配、经济结构优化等。政策工具包括预算、税收、公共支出、投资、国债、财政补贴等，其中主要是预算、税收、投资等。不同国家、不同历史时期的财政政策目标会有差异。财政政策是与当时的经济形势、经济发展水平相适应的，在不同历史发展时期采取不同的财政政策。

一、财政政策目标

财政政策目标是指国家通过运用财政政策工具所要实现的目的。它构成财政政策的核心内容，是财政政策中的主导方面。资本主义国家的财政政策目标经历了一个由财政目标到经济目标，由单一内容到多元内容的变化过程。

我国的财政政策目标主要是由经济和社会发展的要求来决定的，可分为最终目标和中间目标。

（一）财政政策最终目标

社会主义经济是以生产资料公有制为基础的，这就决定了社会主义经济活动的最终目的必然是在不断运用先进科学技术提高社会生产力水平的基础上，满足人民日益增长的物质和文化生活的需要。

（二）财政政策中间目标

（1）物价相对稳定，也就是避免过度的通货膨胀或通货紧缩。

（2）收入的合理分配。收入分配既要有利于充分调动社会成员的劳动积极性，同时又要防止过分贫富悬殊，因此，在政策的导向上存在着公平与效率的协调问题。

（3）经济适度增长。既要避免经济长期低迷不振，又要防止经济过热。

二、财政政策工具

财政政策工具，也称为财政政策手段，是指国家为实现一定财政政策目标而采取的措施。财政政策工具包括政府预算、税收、公债、财政投资、财政补贴、财政支出等。其各自的作用方式如下：

1. 政府预算

政府预算是通过预算形式加以运用的财政政策工具。运用政府预算实现财政政策目标是通过以下几方面进行的：（1）确定预算收支规模和收支差额。（2）调整和变动预算支出结构。（3）预算本身的设计与编制方式，如复式预算较之单式预算更能明确反映和贯彻财政政策目标，更具有政策工具的特征。具体见图 12–1。

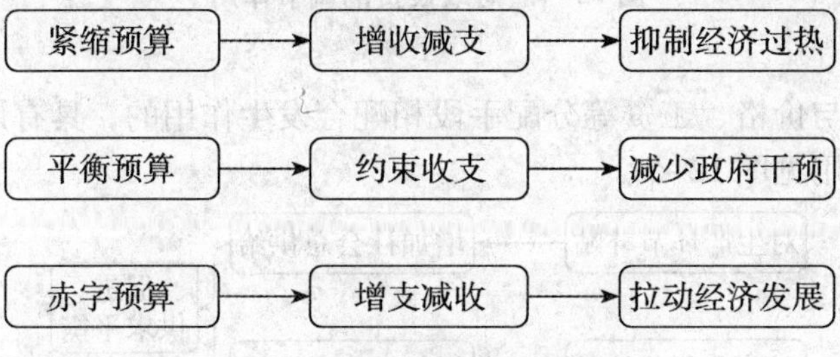

图 12–1　政府预算的调节作用

2. 税收

税收调节具有广泛性、整体性等特点。其调节可以通过调整税种、征税范围、税率、税收优惠措施等等，从而影响生产者或消费者改变生产或消费行为。图 12-2 具体反映了税收调节经济的具体措施及影响。

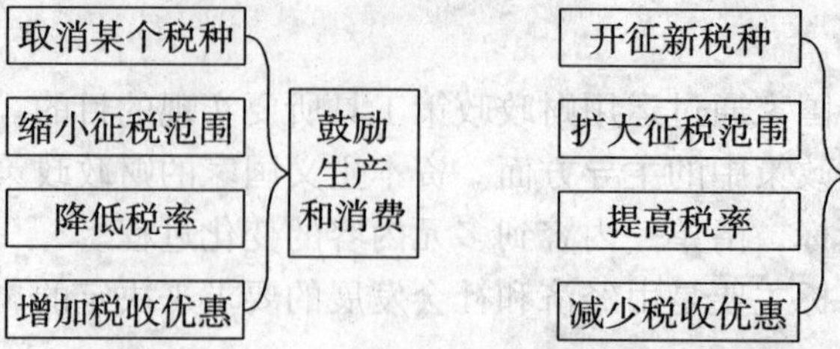

图 12-2　税收调节经济的具体措施及影响

3. 公债

公债作为组织财政收入的一种辅助手段，其“金边债务”的特点使得其在调节经济活动、实现政策目标方面起着其他手段不能替代的作用，可以调节经济发展速度（见图 12-3）及流通中的货币量。

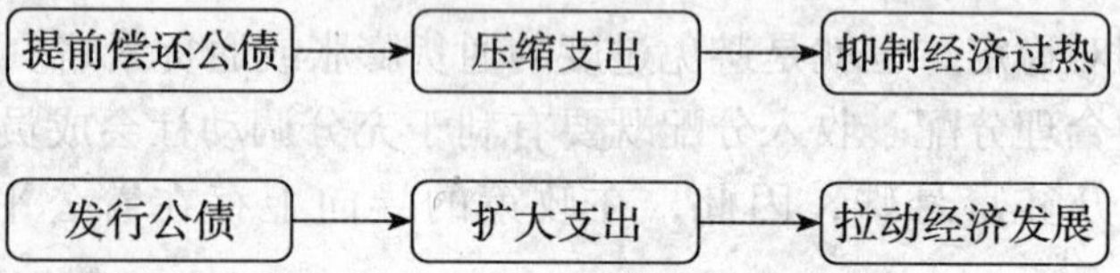

图 12-3　公债的调节作用

4. 财政投资

国家安排的财政预算内投资具有针对性强、作用直接、政策性强等特点。财政投资在国民收入分配格局已发生重大变化，投资主体多元化、投资决策分散化的条件下，对协调全社会的资金使用、提高资金的总体使用效益具有特别重要的意义，将直接增加社会总需求，影响产业结构（见图 12-4）。

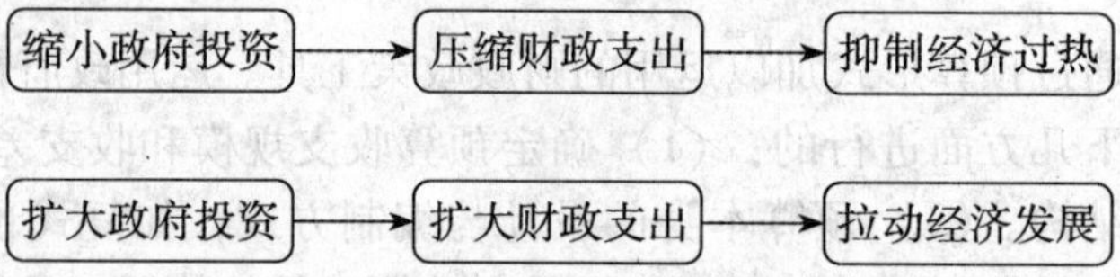

图 12-4　财政投资的调节作用

5. 财政补贴

财政补贴是与价格、工资等分配手段相配合发生作用的，具有调节灵活的显著特点。其调节作用见图 12-5。

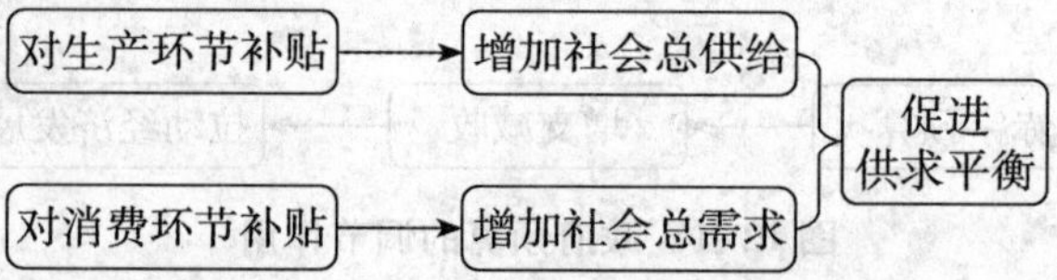

图 12-5　财政补贴的调节作用

6. 财政支出

财政支出是国家在预算中安排的行政、国防、社会事业等支出的总称。财政支出对国民经济和社会发展有着长期的、潜在的重要作用且支出刚性较强，可以调节生产和消费、产业结构、收入分配等，对经济和社会全局构成重大影响（见图 12-6）。

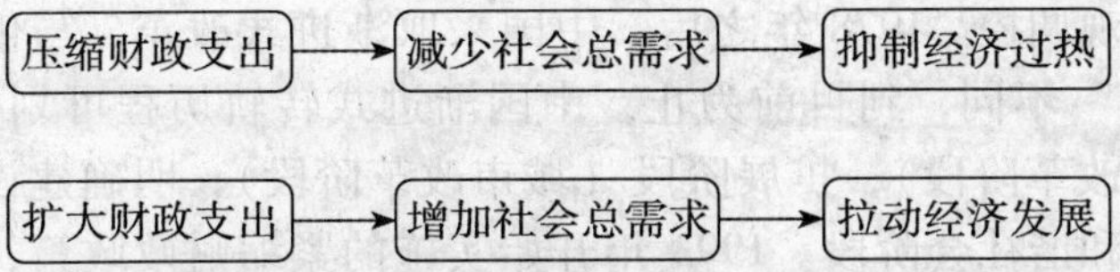

图 12-6　财政支出的调节作用

案例讨论 12-1

世界各国增税与减税引争议

增税还是减税常常成为世界各国政治斗争中的重要议题，也是财政政策中一个绕不过去的内容。

日本 2008 年年底对于“烟草增税”方案就存在争论，日本政府一直希望能实现增税以用作社会保障费用部分来源，但阻力很大。反对者认为增税会减少烟草消费，从而使税收减少。早在 20 世纪 90 年代，人口老龄化带来的福利支出增加压力就迫使日本政府考虑增税来筹集更多的财政收入，以平衡日趋紧张的财政收支缺口，压缩庞大的财政赤字。

与此不同的是，2005 年 8 月，印度尼西亚总统打算减少公司和个人所得税，从而吸引更多的海外投资。2008 年 3 月，梅德韦杰夫当选俄罗斯总统，其施政纲领中就有减税的内容。

面对 2001 年起逐渐走入低谷的美国经济，布什总统秉承共和党减税的传统，于 2003 年年初提出了总额为 7 260 亿美元的一揽子减税计划，引发了激烈的争论。反对者认为在国防和安全支出大幅增加的情况下，大规模减税将加剧美国的赤字问题；而且减税计划过于侧重富人阶层的利益，取消股息税等举措只会使富人更加富有，减税过多带来的财政困难只能通过削减公共福利来消化，从而使普通百姓的利益受到损害。经过半年多的讨价还价，参、众两院最后通过了总额为 3 500 亿美元的减税计划。

讨论：

1　从博弈论角度谈谈你对增税及减税之争的看法，同时结合财政政策工具的知识进行分析。

2. 从税收制度改革反映出经济与政治之间有着怎样的关系，由此分析财政政策在国家经济政策中的地位？

第三节　中国财政政策实践

改革开放以前，国家主要通过计划对经济活动进行调节和控制，没有主动运用财政政策进行宏观调控。1978 年之后，中国采取渐进式改革，与俄罗斯、东欧国家的“休克疗法”不同，到目前为止，中国渐进式转轨历程可划分为四个阶段：起点阶段（农村改革阶段）；扩展阶段（城市改革阶段）；明确建设社会主义市场经济阶段；建设和谐社会阶段。1993 年开始实施的紧缩财政政策，是改革开放以来我国政府第一次明确将财政政策作为宏观调控的主要工具，是宏观经济管理由以行政手段的直接管理方式转变为以经济政策工具为主的间接管理方式的重要标志。

一、改革开放初期

改革是一个利益的重新调整与分配的过程。中国的财政改革先是围绕调整国家与企业、中央与地方的分配关系，分为两个阶段进行的一种渐进式改革：1979 年至 1992 年是以放权让利为特征的改革探索阶段；党的十四大到现在是以建立社会主义市场经济体制为目标的创新阶段。中国城市经济体制改革是从财政放权让利开始的，并把财政体制改革作为整个经济体制改革的突破口。

与渐进式改革相适应，财政政策也逐步地、分阶段进行改革，首先自 1980 年起推行“分灶吃饭”预算管理体制，向地方政府、国有企业放权让利。从 1980 年起，国家对各省、市试行“收支挂钩，全额留成，比例包干，三年不变”的财政管理办法。1980 年 8 月，国家经委决定选择一两个国营工业企业进行“独立核算，国家征税，自负盈亏”的试点。8 月 30 日—9 月 10 日，五届人大三次会议审议通过《中外合资经营企业所得税法》、《个人所得税法》，国家决定从 1981 年起，对企业实行固定资产和流动资金有偿占用。1981 年 3 月 10 日，财政部发出《关于国营工业企业试行以税代利的几项规定》，试点企业原向国家交纳的利润，改为征收资源税、收入调节税、所得税、固定资产占用费和流动资金占用费。这一时期财政政策主要是适应经济体制改革的要求，对国企放权让利、追求收支平衡、推行“分灶吃饭”预算管理体制，给地方分权，开征个人所得税，执行的是相对从紧的财政政策。减税让利，为改革承担了很大的成本。这一时期的财政改革，主要有以下六个方面：一是实行利改税改革，合理调节国家与企业的收入分配关系，改革工商税制，加强税收经济杠杆的调节作用，建立起一个适应有计划的商品经济发展的、多税种、多环节、多层次的税收调节体系；二是改革财政体制，扩大地方财权，发挥中央和地方两个积极性；三是改革企业财务体制，放宽政策，扩大企业自主权，增强企业活力；四是对基本建设投资实行由拨款改为贷款的办法，促进提高投资的经济效益；五是改革行政事业单位财务制度，调动各级行政事业单位和职工当家理财的积极性，改革科技经费拨款制度，促进科技管理体制改革。财政部决定从 1980 年起对文教科学卫生事业单位和行政机关的财务管理试行预算包干的办法。

9月17日—26日，财政部在北京召开全国文教行政财务工作会议，强调全面推行“预算包干”，认为是财务管理制度的重要改革；六是配合对外开放政策的贯彻执行，本着税制从简、税负从轻、减免从宽的原则，财政税收上采取了优惠措施，鼓励引进外资和国外先进技术。

中国进入转轨时期的时候，经济发展水平在全世界属于低收入国家，人均GDP排在100位以后，加上由于十年动乱使国民经济到了崩溃的边缘，经济体制极其僵化，贫困人口比重高，城市化水平很低，生产、流通、分配、消费都离不开国家计划来安排，自由市场、商品经济基本上绝迹了，人均财政收入仅为100元左右，财政赤字占财政收入的比重约为10%，中西部地区群众生活极为艰苦，在这样的条件下，财政政策提倡过几年紧日子，采取从紧的财政政策，压缩支出，努力增加收入，由于国有企业利润分配制度还未改革，财政收入来源主要靠国有企业上缴利润，税收仅仅是个配角，居于次要地位。

从1978年到1992年的14年，中国改革开放和现代化建设取得了举世瞩目的成就，现代化建设的第一步战略目标已经实现，国家经济实力显著增强，城乡人民的生活明显改善。14年间，中国国民生产总值和城乡居民收入翻了一番还多，成为新中国成立以来国家经济实力增长最快、人民得到实惠最多的时期。

二、明确社会主义市场经济目标后的时期

这一时期实行的是紧缩的财政政策。

中国共产党第十四次全国代表大会明确了经济体制改革的总目标后，改革进入了攻坚阶段，经过十几年的发展，经济总量大大提升，财政收入大幅增加，国家实力大为增强，为进一步保持国民经济较快增长，财政政策逐步转变为鼓励消费，带动社会投资，吸引外资，民间资本逐步从竞争性领域退出。

1993—1996年，中国宏观调控的着力点是控制通货膨胀。国民经济的总体运行态势主要表现为以下三个方面。一是四个“热”：房地产热，开发区热，集资热，股票热；二是四个“紧张”：交通运输紧张，能源紧张，原材料紧张，资金紧张；三是一个“乱”：经济秩序混乱，特别是金融秩序混乱。为了确保经济的健康发展，1993年6月24日，中央下发了6号文件，决定通过实行适度从紧的财政政策和货币政策，对当时出现的经济过热现象进行治理整顿，其中，财政政策是主要调控手段。具体财政调控措施是：一是通过适当压缩财政开支逐步减少财政赤字，控制固定资产投资规模和社会集团购买力，采取有效措施促进增加有效供给，缩小社会供求总量的差额；二是通过税制改革，调整税种结构和税率，严格控制税收减免，清理到期的税收优惠政策，进一步规范分配秩序；三是实行分税制预算管理体制改革，提高中央财政收入占全国财政收入的比重，增强中央财政的宏观调控能力；四是整顿财经秩序，健全规章制度，强化财税监管，加大执法力度，大力打击逃税骗税和设“小金库”等违法违纪行为，加强对预算外资金使用情况的监督检查；五是支持汇率改革，实行以市场供求为基础的、单一的、有管理的浮动汇率制，完善出口退税制度，促进外贸出口增长。在货币政策的配合下，1996年国民

经济成功实现了“软着陆”，既有效地抑制了通货膨胀，挤压了过热经济的泡沫成分，又保持了经济的快速增长，1996 年国内生产总值增长 9.6%，物价指数比上年增长 6.1%，形成了“高增长，低通胀”的良好局面。对此，国际上的评价是非常高的，说中国避免了一次经济灾难。这一时期财政投资和税收是财政调控的重要杠杆。

三、应对亚洲金融危机的特定时期

这一时期实行积极的财政政策，在类型上属于扩张性的财政政策。

自 1997 年 7 月起，爆发了一场始于泰国、后迅速扩散到整个东南亚并波及世界的东南亚金融危机，使许多东南亚国家和地区的汇市、股市轮番暴跌，金融系统乃至整个社会经济受到严重创伤。1997 年 7 月至 1998 年 1 月仅半年时间，东南亚绝大多数国家和地区的货币贬值幅度高达 30% ~50%，最高的印尼盾贬值达 70% 以上。同期，这些国家和地区的股市跌幅达 30% ~60%。据估算，在这次金融危机中，仅汇市、股市下跌给东南亚国家和地区造成的经济损失就达 1 000 亿美元以上。受汇市、股市暴跌影响，这些国家和地区出现了严重的经济衰退。

1998 年，由于亚洲金融危机的影响，加上国内商品供求矛盾逐步由卖方市场转向买方市场，需求不足的问题成为主要矛盾。经济增长明显受到需求不足的制约。当时的提法叫做“出现了‘通货紧缩的趋势’”，实际上就是通货紧缩。1997 年以前，中国经济面临的最大问题是通货膨胀，没有治理通货紧缩的经验。在国际上，也是治理通货膨胀的经验比较多，一般都是采取“关水龙头”的做法，包括控制银行货币投放量、提高利率、控制财政支出等。对于治理通货紧缩，最关键的是扩大需求，使社会总供给与社会总需求趋向平衡。为此，中国政府果断决策，及时调整宏观调控政策，由“适度从紧”、“稳中求进”转向了“扩大内需”，实施了积极的财政政策，实质上就是扩张的财政政策，主要是通过发行长期建设国债、增加财政赤字、扩大政府支出，特别是增加投资性支出等来扩大需求，拉动经济增长。这其中，国债和税收、投资是财政调控的重要杠杆。主要措施包括：

一是发行长期建设国债，带动全社会固定资产投资。1998—2004 年累计发行了 9 100 亿元的长期建设国债（见表 12-1），集中力量建成了一批关系国民经济发展全局的重大基础设施项目，同时带动了社会投资特别是民间资本的跟进。

表 12-1　　**1998—2004 年长期建设国债发行情况表**　　金额单位：亿元

年份	1998	1999	2000	2001	2002	2003	2004
发行额	1 000	1 100	1 500	1 500	1 500	1 400	1 100
债务余额	7 765.7	10 606.85	13 674	15 618	19 366.1	23 935.1	25 777.6
债务余额占 GDP 的比重（%）	9.9	12.9	15.3	16	18.5	20.5	18.8

资料来源　高培勇．中国财税体制改革 30 年研究［M］．北京：经济管理出版社，2008：134。

二是调整税收政策，刺激需求增长。对涉及投资、消费及进出口的税收政策及时作了相应的调整，分别实行了对符合国家产业政策的技术改造项目国产设备投资按40%的比例抵免企业所得税、对国家鼓励发展的外商投资项目和国内投资项目的进口设备在规定的范围内免征关税和进口环节增值税、停征固定资产投资方向调节税、恢复征收居民储蓄存款利息个人所得税、分三年将金融保险企业营业税税率由8%降至5%，以及多次提高出口货物增值税退税率等政策措施。

三是调整收入分配政策，改善居民消费心理预期。连续四次调整机关事业单位职工工资，建立艰苦边远地区津贴制度，实施机关事业单位年终奖金制度。同时，增加社会保障投入，提高社会保障水平。

四是规范收费制度，减轻社会负担，推动扩大消费。1998年以来，取消行政事业收费项目1 805项，共减轻社会负担1 417亿元。农村税费改革不断深化，农民负担明显减轻。

五是支持国民经济战略性调整，促进国有企业改革和产业结构优化。

在稳健的货币政策的配合下，积极的财政政策基本完成了预期的宏观调控目标：加强了基础设施建设，调整了经济结构，促进了企业技术改造，提高了居民的收入，更重要的是拉动了经济增长，国债投资每年拉动GDP增长1.5~2个百分点，平均每年拉动1.8个百分点，从单一的投资拉动到扩大投资和刺激消费并重，使我们掌握和积累了应对通货紧缩趋势的经验。这一时期，中国经济增长速度基本上保持在7%~9%之间，又一次实现了国民经济“软着陆”，从而避免了中国经济的大起大落。

四、解决“五个不协调”，建设和谐社会的新时期

进入21世纪，经过20年的改革开放，20世纪末，中国国内生产总值首次突破1万亿美元，人均GDP超过800美元，人民生活总体上达到小康水平，顺利实现了社会主义现代化建设“三步走”战略的前两步目标。2001年，中国人均GDP再上新台阶，突破900美元。至此，中国进入全面建设小康社会、加快推进社会主义现代化的新的发展阶段，并加速实现“第三步”战略目标。1998年开始提出了公共财政理念，把财政分配范围定位为提供公共产品，解决以前存在的缺位、越位、错位问题。

2005年实施稳健的财政政策，是中央根据经济形势变化作出的一项重大决策。1998年以来，中国连续实施了7年的积极财政政策，为应对亚洲金融危机影响和国内需求不足的问题，促进经济稳定增长，发挥了重大的作用。到2005年，中国经济供求关系已发生了变化，经济结构调整任务突出。一方面，农业、教科文卫、环境保护、社会保障、基础设施等需要加强；另一方面，一些行业投资增长过快、重复建设严重的现象比较突出。目前全社会投资规模已经很大，社会资金增加较多，通货膨胀压力依然存在。这些情况充分说明，有必要也有条件由扩张性的积极财政政策转向松紧适度的稳健财政政策，主要体现为适当减少财政赤字，适当减少长期建设国债发行规模，并着力调整财政支出结构和国债资金投向结构。2005年

预算安排中央财政赤字3 000亿元，比上年预算减少198.3亿元；安排长期建设国债800亿元，比上年减少300亿元；同时增加中央预算内经常性建设投资100亿元。保持上述规模的赤字和长期建设国债，主要是为了全面落实科学发展观，按照“五个统筹”的要求，加强农业、教科文卫、社会保障、环境保护和生态建设等薄弱环节，特别是粮食增产和农民增收的长效机制尚不完善，需要财政加大支持力度；相当规模的在建国债项目，仍需国债资金继续支持；西部大开发、振兴东北地区等老工业基地，促进中部崛起，推动区域协调发展，也需要国债项目资金的支持；国内外形势还存在不少不确定因素，需要我们加快发展，并留有必要的财力准备。另外，随着经济发展和国内生产总值的增长，2005年预算赤字占国内生产总值的比重由2004年的2.5%下降到2%，降低0.5个百分点。按照实施稳健财政政策的要求，2005年中央财政支出安排，着力协调，着眼长远，有促有控，向经济社会事业发展薄弱环节倾斜，促进经济结构优化；向困难地区、困难群体和困难基层倾斜，促进构建和谐社会；向改革创新倾斜，促进经济增长方式转变。

随着财政政策由“积极”向“稳健”的转变，财政在经济社会协调发展中的职能作用将发挥得更加积极。稳健（中性）财政政策的主要内容概括起来，就是四句话，十六个字：控制赤字、推进改革、调整结构、增收节支。控制赤字就是适当减少中央财政赤字，但又不明显缩小，松紧适度，重在传递调控导向信号，既防止通货膨胀苗头的继续扩大，又防止通货紧缩趋势的重新出现，体现加强和改善宏观调控、巩固和发展宏观调控成果的要求。具体来说，就是中央财政赤字在2005年3 000亿元的基础上，保持稳定或逐步缩小，随着经济发展和GDP的不断增长，财政赤字占GDP的比重会不断下降（2003年实际为2.7%；2004年预算为2.5%，2005年预算为2%）。这样做既便于保持一定的财政赤字规模，集中必要资源，有效支持发展是执政兴国第一要务战略的实施，又便于保持一定的调控力度，促进经济“软着陆”，体现财政收支的增量平衡取向，体现按照财政可持续发展要求积极防范和化解财政及经济风险取向。

五、2008年国际金融危机及我国的财政政策

（一）背景

自2007年4月美国发生次贷危机以来，世界各国经济增长速度逐步减缓。此后，国际金融危机不断蔓延，已从局部发展到全球，从发达国家传导到新兴市场国家，从金融领域扩散到实体经济领域，给世界各国经济发展和人民生活带来了严重影响，形势十分严峻。

2008年9月，国际金融形势急转直下。随着金融危机扩散和蔓延，中国经济发展遇到的困难日益显现，主要反映在出口增速开始下滑，工业生产和企业效益受到不同程度影响，房地产市场低迷，企业产品价格下跌，股市大幅下跌，财政收入增长放缓，就业形势不容乐观。形势要求我国政府必须采取扩张性财政政策阻止经济继续下滑，拉动国内需求，帮助企业渡过难关。

（二）政策措施

针对上述情况，为了保持经济稳定发展，中国政府及时加强宏观调控，2008年11月5日，国务院决定，我国的财政政策由“稳健”转向“积极”，货币政策由“从紧”转向“适度宽松”。这是1998年之后第二次实行积极财政政策，也是第一次采用适度宽松的货币政策。通过增值税转型、提高出口退税率、降低证券交易印花税、下调住房交易税费、停征100项行政事业性收费等措施减轻企业和居民税收负担，刺激消费和经济增长。为提振经济活力，中国政府出台了有力的扩大国内需求措施，决定2008年中央财政增加投资1 000亿元人民币，用于加快民生工程、基础设施、生态环境建设和地震灾区灾后重建，预计可带动社会总投资规模4 000亿元人民币。从2008年第四季度到2010年年底，中国用于这些领域的投资将增加4万亿元人民币。为弥补财政收支缺口，将增加发行地方债券2 000亿元。

2009年年初，中国政府又采取了“家电下乡”补贴、对节能高效产品给予补贴、补贴汽车家电以旧换新等措施扩大消费，通过就业补贴、扶持中小劳动密集型企业等措施增加就业，通过降低出口退税率稳定出口。

应对国际金融危机的一揽子计划的内涵：

一是加大财政投入，全面扩大内需，重点加强民生工程、基础设施、生态环保项目建设，实行结构性减税，增强消费需求对经济增长的拉动力，使中国经济向更加均衡、可持续的发展方式转变。

二是实施适度宽松的货币政策，保持市场流动性合理充裕，着重调整信贷结构，提高信贷质量和效益，加强对农业、中小企业等薄弱环节的支持，努力增强信贷对经济社会发展支持的均衡性和可持续性。

三是大范围实施产业振兴规划，全面推进产业结构调整和优化升级。实行兼并重组，淘汰落后产能，防止重复建设，发展先进生产力。

四是大力推进科技进步和创新，加快实施国家中长期科学和技术发展规划，突破一批核心技术和关键共性技术，加快企业技术改造，为可持续发展提供科技支撑。

五是大幅度提高社会保障水平。继续提高企业退休人员基本养老金、失业保险金和工伤保险金标准，提高城乡低保和农村五保等保障水平，在全国开展新农保试点，积极推进医药卫生体制改革。实施更加积极的就业政策，重点解决高校毕业生和农民工就业问题。

新一次积极财政政策的内容包括：

减税。这次减税属于结构性减税，不是全面的降低税率，而是有选择地对部分税种、部分征税对象实行调整税基、征税项目、征税办法。具体是：通过实施增值税转型，由生产型增值税改革为消费型增值税，允许企业将新购入的机器设备所含的增值税税款实施抵扣，减轻企业负担，促进企业增加投资，推进技术改造、技术创新；实施成品油税费改革，公平税费负担，推动节能减排，取消和停征100项行政事业性收费；提高个人所得税工薪所得减除费用标准，暂免征收个人储蓄存款和证券交易结算资金利息个人所得税，提高居民购买力；较大幅度地提高了部分产品的出口退税，取消和降低了部分产品的出口关税，鼓励企业出口；降低证券交易印花税税率，并且改为单边征收，增强证券市场活力；降低住房交易环节契税、印花税以及营业税，保持房地产市场的平稳发展；减征车辆购置税，降低汽车消费税率，拉动汽车消费。实施这些结构性税收减免政策，估计将减轻企业和居民负担约5 500亿元。

扩大财政支出。主要是扩大财政投资，具体投资方向见表12-2。2008年四季度至2010年新增4万亿扩大内需投资中，新增中央政府公共投资1.18万亿。在1.18万亿元投资中，2008年四季度、2009年和2010年分别安排新增投资1 040亿元、4 875亿元、5 885亿元。

表12-2 **中央扩大内需4万亿元投资投向构成** 金额单位：亿元

重点投向	资金测算
总　计	40 000
廉租住房、棚户区改造等保障性住房	4 000
农村水电路气房等民生工程和基础设施	3 700
铁路、公路等重大基建和城市电网改造	15 000
医疗卫生、教育文化等社会事业发展	1 500
节能减排和生态建设工程	2 100
自主创新和产业结构调整	3 700
汶川地震灾后恢复重建	10 000

资料来源　根据相关新闻报道编制。

赤字预算及举债。为弥补财政减收增支形成的缺口，拟安排中央财政赤字7 500亿元，比上年增加5 700亿元，同时国务院同意地方发行2 000亿元债券，由财政部代理发行，列入省级预算管理。全国财政赤字合计9 500亿元，占国内生产总值比重在3%以内，虽然当年赤字增加较多，但由于前几年连续减少赤字，发债空间较大，累计国债余额占国内生产总值比重20%左右。相应增加国债发行规模，2009年中央财政国债余额限额62 708.35亿元（2008年年末中央财政国债余额53 270.76亿元）。

增加消费性补贴。出台鼓励消费的政策措施，积极发展消费信贷。做好“家电下乡”、“农机下乡”、“汽车、摩托车下乡”等工作，中央财政拨付400亿元补贴资金予以支持。中央财政增加的投资主要用于保障性住房、教育、卫生、文化等民生工程建设，节能环保和生态建设，技术改造与科技创新，农田水利、铁路、高速公路等重点基础设施建设和地震灾后恢复重建。社会保障方面，提高新型农村合作医疗补助标准，开展农村养老保险试点，继续推进城镇居民基本医疗保险工作。一些地方政府出台了消费券措施，对低收入群体予以救助。

在货币政策方面，多次降低存贷款利率，下调存款准备金率，下调中央银行再贷款、再贴现利率，鼓励银行业金融机构加大信贷支持；取消对商业银行的信贷规模限制，合理扩大信贷规模，加大对重点工程、“三农”、中小企业和技术改造、兼并重组的信贷支持，有针对性地培育和巩固消费信贷增长点。

（三）成效

采取上述措施后，全国工业生产呈现加快增长势头，企业及投资者信心逐步恢复，城乡消费不断扩大，需求结构明显改善，内需对经济增长的拉动作用显著增强。经济总体上保持增速平稳较快、物价相对稳定、就业持续增加、国际收支趋于平衡的良好态势，国内生产总值年均增速显著高于同期全球和新兴经济体的增速，通货膨胀率远低于其他新兴经济体。与此同时，经济结构调整受到重视，清洁能源、节能环保、新一代信息技术、生物医药、高端装备制造等一批战略性新兴产业快速发展，“三农”工作得到巩固和加强。但也要看到，经济增长下行压力和产能相对过剩的矛盾有所加剧，企业生产经营成本上升和创新能力不足问题并存，财政收入增速放缓和政府刚性支出增加的矛盾突出，政府债务潜在风险较大，产业结构不合理，农业基础依然薄弱，经济发展与资源环境的矛盾日趋尖锐。因而，宏观调控仍然面临严峻挑战。

（四）评价

这一应对措施的特点是：是以扩大内需为主、消费与投资拉动相结合的计划，是当前和长远相结合、保增长与调结构相统一的计划，是政府与市场作用相统一、发展与改革相促进的计划，是既保增长、又惠民生的计划。

从财政政策与货币政策的配合来看，1998 年实行的是积极财政政策与稳健（中性）的货币政策搭配，这次是双松的政策搭配。这次财政政策的地位更加突出，担当了主力军的角色。从政策工具看，1998 年没有出台大的减税措施，而这一次出台了大规模的减税措施，涉及增值税、消费税、个人所得税等主要税种。

与此同时，世界主要经济体也采取大规模的经济刺激措施。2008 年 9 月 20 日，美国政府提出 7 000 亿美元的金融救援计划；10 月 30 日，日本政府公布约 2 730亿美元的一揽子经济刺激方案；11 月 26 日，欧盟出台总额达 2 000 亿欧元的大规模经济刺激计划；2009 年 2 月 17 日，美国总统奥巴马签署了总额为 7 870 亿美元的经济刺激计划；3 月 3 日，美国公布了一项总额为 2 000 亿美元的刺激消费信贷计划；4 月 10 日，日本政府宣布了总额为 56. 8 万亿日元的经济刺激新方案。此外，各国还采取了降低利率等措施，将财政政策与货币政策结合使用，增加市场资金供应量，增强市场投资和消费信心。

总而言之，从 20 世纪以来，财政政策逐步成为政府实施宏观调控的重要手段，发挥着越来越大的作用，人们对它的认识也更为清晰，对财政的研究日益重视。

思考与讨论：陕西省靖边县东坑乡农民牛玉琴从 1985 年起以家庭承包形式在毛乌素沙漠南部沙区自费种草种树，治沙绿化，从“一棵树”到 2 700 万棵，从 11 万亩茫茫荒沙到林草覆盖率达 80%，把沙漠真正建成绿色家园，价值数千万元。

但由于2004年起政府开始实施禁伐政策，财政补贴又少，贷款难以偿还，她曾经被迫外出躲债。结合所学的公共产品、财政支出、财政政策等专业知识，运用第一章第四节提到的分析方法，思考并相互讨论，形成自己的看法。

案例讨论 12-2

政府直接下达香烟消费数量是否妥当

湖北省公安县通过政府文件规定全年公务用烟数量，并规定完不成任务将受到扣减财政拨款的处罚。按照一些乡镇的公务用烟考核管理办法，几所学校的任务为140条。据了解，出台文件的原因是烟草税收流失大，目的是引导公务人员为本地经济做贡献。有人粗算一下，按全县一年计划购烟23 000条、每条烟170元的标准，全县此项支出将近400万元，相应使县卷烟厂得到一笔固定收入。无独有偶，武穴市政府2001年7月发文要求一律用某指定品牌啤酒作为招待用酒，并对所有财政供给人员和事业单位工作人员下达了购买啤酒的任务；2006年3月，该省汉川市也发文要求公务接待使用指定品牌酒，而且下达了销售额；相邻的孝昌县则倡导公务接待消费省产烟。2010年3月，河南省邓州市以整顿市场的名义，力推当地产啤酒。类似现象在其他地方也不鲜见，这些做法引起社会的质疑。

资料来源　刘俊华．公安县“红头文件”要求一年计划抽烟23 000条［N］．(2009-05-03)．荆楚网．

讨论：

1. 你怎么看待上述现象？结合财政政策的知识进行分析。

2. 政府在市场经济发展中应当充当什么角色？什么时候应当干预市场？用什么手段干预比较合适？怎么衡量政府干预是否妥当？

推荐阅读书目

［1］中共中央党校报告编辑部．中共中央党校报告精选：第一辑［M］．北京：中共中央党校出版社，2003：201-214.

［2］金人庆．中国科学发展与财政政策［M］．北京：中国财政经济出版社，2006.

［3］邓文勇等．财政学案例［M］．南宁：广西人民出版社，2007：案例130、132、133.

［4］贾康，赵全厚．中国经济改革30年（1978—2008）：财政税收卷［M］．重庆：重庆大学出版社，2008.

［5］韩秀云．看不懂的中国经济［M］．北京：中信出版社，2008.

［6］韩秀云．推开宏观之窗［M］．2版．北京：经济日报出版社，2008.

第十三章

国际财政关系

知识结构图

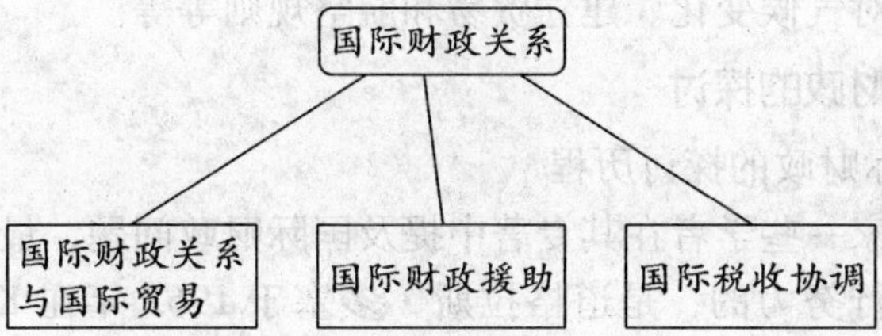

引 言

《北京人在纽约》、《上海人在东京》两部影视剧曾在全国热播，其背景是人在国际间的流动在加快，相应涉及跨国投资和贸易等问题。如果北京人在美国纽约做生意，那么中国、美国两国政府都有权对其收入征税，而如果他在中国做生意，则仅需向中国政府交税，税收负担没有那么重，这样一来，人们就不会积极地到国外投资和做生意，国际资本流动就会受到阻碍，国际间的资源配置就得不到优化。此外，为了吸引外国资本进来投资，一些国家制定了税收优惠政策，这样就产生了国家之间的财政分配关系。于是，就需要相关国家坐下来耐心地进行协调。世界性或局部的战争和武装冲突不断发生，仅靠一个国家已经无法制止，联合国成立后，成为了重要的协调组织，通过派出维和部队制止冲突，提供全球性公共产品，其经费是由联合国各成员国分摊的，这也是国际财政关系的重要内容。

第一节　国际财政关系及国际贸易

一、国际财政关系的含义

（一）关于国际财政关系的概念

国际财政关系是指国家之间的财政分配关系，包括税收的分配、国家间的政府资金的转移、国际公共产品的提供等。

（二）研究国际财政关系的意义

在以前，人们一般认为，财政都是与国家紧密联系起来的，财政就是国家财政。但从20世纪80年代开始，西方国家的一些学者提出了国际财政关系及其理论问题，为财政问题研究开拓了新的领域。一个尚存争议的问题是是否存在全球性公共产品，它是国际财政存在的重要前提。更多的学者讨论的是国与国之间的财政关系，它涉及国际税收协调、国际财政援助等等。有人倾向于将一些需要各国共同努力才能解决的问题都归属为国际公共产品，如控制传染病的扩散、保持生物多样性、遏制腐败、应对气候变化、建立贸易和航空规则等等。

二、关于国际财政的探讨

（一）关于国际财政的探讨历程

首先是西方国家一些学者在其专著中提及国际财政问题，最早并较为认真地在国际财政理论上进行努力的，是道格拉斯·多塞于1963年在Kyklos（德国期刊）上发表的一篇短文。他试图将一国公共财政的资源配置、稳定和再分配功能理论运用于国际领域，但分析尚不深入。他认为，像世界卫生组织、北大西洋公约组织等提供的集体服务是资源配置功能的体现；而国际货币基金组织的作用在于稳定；世界银行集团和“联合国技术援助”的作用在于收入再分配。之后，门德兹、马斯格雷夫、罗森等人也研究了国际财政问题。门德兹在专著《国际财政学》中认为，国际财政体系的建立和运用是一个新的有潜力的争论问题，但这一时代已经来临，需要建立国际财政体系，是因为世界正处于前所未有的关键时刻。贫困和疾病吞噬了整个世界，源于土地遗弃和其他形式土地的减少、庄稼收成不好以及长期的饥荒，较不发达国家由于人口增加，经济和人类生活质量继续停滞，国家财富分布达到前所未有的不平衡，国际性的环境恶化威胁到人类的生存，地球资源面临匮乏的危机。他认为，国际财政同样具有国家财政的三大功能。就资源配置功能而言，国际上同样有市场失效问题存在，如全球性公共产品的存在，国际范围的外溢性的存在等，都需要国际财政来解决。就收入分配而言，国际上的不平等比一国内部的不平等还要严重，而这是一国内部所无法解决的，同样需要国际财政来解决。就稳定功能而言，多年来世界经济及其主要组成因素都曾经历了经济周期及其相关问题，也需要国际间的协调解决。马斯格雷夫主要研究了税收协调问题，分析了税收政策从一国范围扩展到国际环境后产生的国家间公平的新问题。罗森指出，开放的贸易制度、航海自由、环境污染的治理、国际贸易的反垄断等问题仅靠一个国家难以解决，但由于不存在一个世界政府，因而没有一个权威机关可以运用可能是恰当的课税和支出政策。虽然像联合国和国际货币基金组织这样的机构在这方面能起到一定作用，但由于这些机构不能强制其成员交纳资金，因而它们的作用受到严重限制。他还讨论了国际所得税和产品课税问题。

（二）关于国际财政的理解

一种意见认为凡是国家之间的财政分配关系都属于国际财政问题，另一种意见认为存在全球性公共产品，其提供需要依赖高于国家的国际组织或其他机构来进行。那么争议就随之而来，究竟是否存在高于国家的权力实体，一般说来，联合国只是一个协调组织，还没有凌驾于国家的权力，它通过的决议多是依靠各个成员国自觉遵守的，并不具有强制性，也就是说，联合国还没有具备国家的所有政治权力，但现实中确定出现一些全球性的，具有公共产品的部分特性的社会公共需要，比如，国家间的武装冲突需要联合国维和部队介入，那么联合国提供的就是世界和平或大区域和平这种国际公共产品。同样的，应对全球性气候变化及与之联系的国际间环境保护合作行动提供的是全球性良好生活环境，国际货币基金组织提供的是国际金融稳定，世界贸易组织提供的是良好的国际贸易环境，这些都可以看做是全球性公共产品。从这个意义上说，研究国际财政具有重大的现实意义。

三、国际贸易的发展

伴随世界经济较快增长和经济全球化的深入发展，当前国际贸易增长明显加速，已经进入新一轮增长期。2004 年，全球货物贸易名义增长 21%，达到 25 年来的最高水平。在世界经济强劲增长和国际市场对能源、原材料商品需求旺盛的带动及美元贬值因素的影响下，全球货物和服务贸易总量 2004 年近 11 万亿美元，增速达到 20%，保持高速增长态势。全球贸易的高速增长是科技进步、生产力提高、国际分工深化的共同结果，同时它又促进了世界生产。90 年代以来，国际贸易的增长率连续超过世界生产的增长率，导致世界各国的外贸依存度均有不同程度的上升。

2006 年 1 月 5 日中国社会科学院发布了世界经济黄皮书《2005—2006：世界经济形势分析与预测》，就公众关心的世界热点问题进行了分析和阐释，对 2006 年国际贸易形势进行了预测，就影响因素进行了介绍。该书预测，2006 年的世界经济增长速度将略高于 2005 年，美国、欧盟和日本的经济增长都将好于 2005 年。经济的增长必然带动生产和需求的增长，从而促进国际贸易的发展。如果不出意外的话，2006 年的国际贸易增长将继续维持在较高的增长水平，预计 2006 年的国际贸易增长速度与 2005 年相当，增长率在 6% ~7% 左右。

各国为了保护本国利益，纷纷采取关税和非关税壁垒的措施实施贸易保护政策，特别是发展中国家出口初级产品和劳动密集型产品在对外贸易中已越来越不占优势，并且贸易条件日趋恶化。在这种情况下，发展中国家与发达国家之间进行自由贸易，最终受害的必然是发展中国家。墨西哥 1994 年 12 月爆发的金融危机就是一个例证。墨西哥属于北美发展中国家，它为了加入由美国和加拿大发达国家所倡导的北美经济圈，使自己进入经合组织，取得发达国家成员的资格，主动放弃了在关税减让方面发展中国家应有的优惠待遇，把进口关税降到平均 10 个百分点以下，敞开了国内市场的大门。1992 年墨西哥的外贸赤字随着美国商品和劳务的滚滚涌入，比 1991 年增长了 1.27 倍。1994 年 1 月北美经济圈正式运转，墨西哥同美国的贸易形势不但没有好转，反而进一步恶化，外贸赤字竟达到 280 亿美元，最后终于爆发了比索汇率危机。比索汇率危机给其他发展中国家敲响了警钟，告诫发展中国家如果盲目对发达国家开放市场，很可能得不偿失。对于发展中国家来说，为了保护本国企业不受发达国家经济势力的侵害，也为了发挥本国的潜在优势，保护本国的民族工业，在一定时期内实行贸易保护政策不失为一项明智的选择。

为了促进自由贸易的发展，各国、各地区之间通过各种贸易安排减少各种贸易障碍，提高贸易增长率，促进世界增长。最主要的做法是建立自由贸易区，在一定区域内降低乃至取消关税及各种非关税壁垒，相互开放市场，使各国的商品、资金、服务能够在更大的范围内流动。目前最主要的自由贸易区是欧洲自由贸易区、北美自由贸易区、中国—东盟自由贸易区。

四、关税政策的国际协调

贸易的发展呼唤关税的降低或取消，为此，各国在地缘经济的基础上自愿组成区域间的经济组织，并通过谈判签订各种诸如建立自由贸易区、关税同盟、自由港等税收特区、签订税收协定等办法协调相互间的财政关系，构建新的财政利益格局。关税政策的国际协调是维护世界经济秩序和完善各国税制的重要环节。如果关税政策各行其是，不进行国际间协调，实践证明将造成下述后果：削弱关税政策的有效性；扭曲国际竞争，扰乱经济秩序；制约国内税收政策的执行。

（一）关税政策国际协调的主要内容

由于税率是税收利益的集中体现，所以关税政策的国际协调，实质往往是税率协调。而税收减免具有灵活性，在国际协调中可以起到各国税收利益调整和补充的作用。

关税协调政策的核心是优惠关税协调，即各国之间经过税收协调，根据不同的国际关系，制定出不同的关税优惠待遇，以体现互惠互利原则，促进共同利益的发展。优惠关税有三种形式：第一，特定优惠关税是一种指定享受国的关税。最有影响的特定优惠关税是洛美协定国家之间的特惠制，它是欧共体向参加协定的非洲、加勒比和太平洋地区的发展中国家单方面提供的特定优惠关税。第二，普遍优惠制是发达国家对从发展中国家或地区输入的产品，特别是制成品和半制成品，普遍给予优惠关税待遇的一种制度。第三，最惠国待遇是缔约国中的一方现在和将来给予任何第三国的优惠待遇自动适用于另一方。

（二）关税政策国际协调的一般模式

关税政策国际协调按其协调程度的高低，一般可分为三种模式，即协商模式、趋同模式和一体化模式。

1. 协商模式

协商模式是指在各协调国不改变其本国的税收基本制度前提下，仅就各国的税收征收方法和税收优惠进行协商以达成共识。协商模式的基本特点是不触动各缔约国的税收制度，缔约国可在相当程度上保留各自的财政主权，自主决定各自税收制度的基本要素，如税基、税率，不必要求各缔约国限制其税收制度之间的差异特征。由于协商模式允许各国保留其税收制度的差异，故易为国际社会所接受。协商模式的主要形式是国际税收协定。

2. 趋同模式

趋同模式是指各有关国家通过某些共同规则或国际惯例的约束作用，使各自的税收制度具备某些相同或相似的特征。趋同模式的特点是税制模式的统一性和税收征管的相似性。可见，趋同模式的协调程度要比协商模式高一些，因为协商模式不要求消除或减少各国间税制的差异，只要求协商解决由这些差异引起的冲突；趋同模式则要求在某些方面消除这些差异，如要求各国制定税率和计税方法以及税收优惠等方面大致相似的税收政策。世界贸易组织即是一个致力于促进税收趋同的机构，比如在税收优惠方面，该组织的成员国均需按规定去给予和享受既定形式和程度的税收优惠。

3. 一体化模式

一体化模式是税制国际化协调的最高级形式。这种模式的严格形式要求各有关国家之间的税收制度框架完全相同，不存在任何差别。

现行的关税政策国际协调途径有三个，即国际税收协定、区域税收同盟和世界贸易组织。

国际税收协定是主权国家为了协调相互之间的税收关系和处理税务方面的问题，按照对等原则，通过谈判所缔结的一种协议或条约。国际税收协定是国际间税收协调的重要组成部分，其基本出发点是协调缔约国之间的税收利益分配关系，减轻跨国纳税人的税收负担，增进国际经济交流。

区域税收同盟是指区域经济集团成员国相互协调其税收政策，用以促进各成员国的经济发展和贸易水平。区域经济集团按其层次可分为五类，即自由贸易区、关税同盟、共同市场、货币同盟和经济政治同盟。

世界贸易组织作为一种多边贸易协调机制，从全球范围内对各国的税收政策加以协调。世界贸易组织所确定的多边贸易规则现已成为国际社会广为接受的共同规则，世界贸易组织所涉及的税收优惠政策国际协调问题主要表现在三个方面：第一，最惠国待遇和国民待遇原则。最惠国待遇原则要求一国对特定的外国产品在进出口方面的税收待遇一视同仁；国民待遇原则要求一国内部的税收优惠待遇自动地由外国纳税人同等享受。第二，关税减让规定。关贸总协定要求缔约方通过谈判达成关税减让。第三，出口产品税收减让。关贸总协定规定国际贸易货物进入别国市场的价格应是无税价格。

案例讨论 13-1

中国调整关税税率

经国务院批准，国务院关税税则委员会决定自 2005 年 7 月 20 日起对文莱、印度尼西亚、马来西亚、缅甸、新加坡、泰国等 6 个国家（简称六国）实施中国-东盟自由贸易区协定税率（含现行对六国实施的“早期收获”商品协定税率）。

对六国实施协定税率后，共有 3 408 种商品的协定税率低于相应的最惠国税率（包括 37 种从量税及复合税商品），其余商品的协定税率与相应的 2005 年最惠国税率持平。2005 年 7 月 20 日后我国对六国平均关税税率为 8.1%，与最惠国平均税率水平 9.9% 相比低 1.8 个百分点。

这次中国及东盟决定对原产对方的部分商品给予优惠关税待遇即是落实《中国-东盟全面经济合作框架协议货物贸易协议》的具体步骤，标志着中国-东盟自由贸易区的逐步实现。它不仅对中国与东盟关系的进一步发展具有重大意义，有力地促进了亚洲的区域经济合作，而且在为中国企业提供了更多走出去的选择，加强了中国对外贸易多样化的同时，也为东盟各国带来了更多发展的契机。这将使东南亚地区与中国的互惠互利关系更加密切。中国与东盟各国在经济结构上存在某些差异，这为双方建立自由贸易区进行经济合作提供了有利条件。东盟目前是中国的第四大贸易伙伴，仅次于日本、美国和欧盟。据调查预测，在中国—东盟自由贸易区建成后，东盟出口到中国的数额将增长 48%，东盟的国内生产总值也会提高 0.9%。同时中国也将受惠，预计将使中国的国内生产总值提升 0.3%。从长远看，还将有利于东亚的经济发展和政治稳定，促进该地区的和平与安宁。

讨论：

1. 谈谈关税调整与自由贸易区建设的关系。
2. 中国—东盟自由贸易区建设涉及哪些国际财政关系？

第二节　国际财政援助

国际援助是一国或国家集团对另外一国或国家集团提供无偿或优惠的有偿货物或资金，用以解决受援国所面临的政治经济困难或问题，或达到援助国家特定目标的一种手段。国际援助一般以主权民族国家为基本行为主体，从总体构成来看，官方援助仍在国际援助中占据着绝对的优势。因此，国际援助主要是指官方发展援助（ODA），国际援助体系目前由 150 多个多边机构，33 个双边机构（其中 22 个国家为经济合作与发展组织发展援助委员会即 OECD/DAC 的成员），至少 10 个提供了大量 ODA 但非 DAC 成员的政府和正在迅速成长的全球纵向基金会组成。其中，双边援助机构提供了总援助支出的 70%，而多边援助机构提供了其余 30%，近年来新的基金也有所增加，最新的包括对抗艾滋病、结核、疟疾的全球基金和千年挑战团体等。

一、开展国际援助的必要性

（一）国家间发展不平衡

世界的发展是不平衡的。全球 60 多亿人口中，有 10 亿人获得了全球 80% 的收入，还有十多亿人每天的生活费不足 1 美元。发达国家每年的国防支出是 6 000 亿美元，农业补贴达 3 000 亿美元，但他们每年仅提供 560 亿美元来援助发展中国家。世界上的所有国家是通过贸易、金融、环境、毒品、犯罪、移民、疾病（流行病）等联系起来的。一国的国内问题不可避免的会影响到其他国家。比如，一个国家的内部冲突会产生许多国际问题：疾病的传播，流亡的难民，贸易被中断。贫穷的发展中国家的人口增长比发达国家快得多，全球 60 亿人口中，10 亿人生活在发达国家，50 亿人生活在发展中国家，在未来的 25 年中，将新增 20 亿人口，其中大部分在发展中国家，然而，发达国家控制全球约 80% 的资源，世界 5/6 的人口只拥有剩下的 20% 的资源。国家必须得到充分发展，每个人才能生活在稳定和平的环境中。

联合国贸易和发展会议 2004 年 9 月 22 日在日内瓦发表的《2004 年世界投资报告》指出，非洲大陆从世界经济恢复中的获益少于其他发展中区域。非洲经济有所增长，是因为初级商品价格有所提高。北非经济大幅度增长的主要原因是，天气条件有所改善、石油价格上涨以及旅游再度兴旺。但是，在撒哈拉以南非洲地区，贫困和缺乏社会照顾仍是最大的危害之源，实际国内生产总值的增长仍然滞缓，这意味着人均收入进一步停滞。鉴于多数撒哈拉以南经济体面临严重的融资制约，投资率始终太低，不能达到必要的多样化程度，无法生产增值较高和在国际市场中活力较大的产品，而有了这种多样化才能更迅速地融入世界经济，并降低本区域一直在外部冲击面前的脆弱性。依赖国内储蓄和私人资本流入不能使公共和私人投资水平实现必要的增长。减免债务和以赠款形式提供更多的官方发展援助，对于在这些国家减轻贫困和改善社会状况是必不可少的。鉴于人均收入增长持续不佳，现在撒哈拉以南非洲地区似乎越来越没有可能实现千年发展目标，特别是到 2015 年贫困减半的目标。对于多数国家来说，增长必须翻番并持续十年以上才能实现这些目标。

一些国家需要外来的帮助发展经济基础，实现公平贸易。很多国家没有足够的资源、知识、专业技能或资金来独立发展。比如，一个国家可能有桥梁工程师但缺乏资金，另一个国家可能有资金，但没有桥梁工程师。可能还有一个国家既需要资金又需要技术，有些国家可能需要帮助以设立培训项目来培养未来的桥梁工程师。发展需要各国的共同合作和努力：贫困国家的政府尽他们的最大努力来改善国内条件，通过像世界银行国际货币基金组织、美国发展银行等多边机构为国家的发展提供资金和规划。大多数发达国家政府直接为贫困的发展中国家提供资金和援助。世界慈善机构和基金也在各国开展项目，促进发展。

（二）天灾人祸等需要国际社会开展援助

自然灾害的发生使一些国家遭受很大打击，仅靠本国的力量难以恢复，这时候通过国际社会的援助极有必要。如干旱、洪水、地震、海啸、禽流感等灾难性事件对一些发展中国家影响很大，使本来就落后的经济社会雪上加霜，如果国际社会不伸出援手，那么遭受灾害的国家就可能一蹶不振，有的灾民可能大量涌向邻国，影响国际社会稳定。

另一方面债务危机、经济危机等也同样会使一些国家的财政经济状况严重恶化，需要国际社会援助。如亚洲金融危机发生后，泰国、马来西亚、印度尼西亚等国家经济一落千丈，不仅其本国受到影响，而且影响到世界经济的发展。近几年，欧洲部分国家发生债务危机，欧盟也启动了援助机制。

二、援助方式

财政困难的国际援助方式有：捐款、无息贷款、官方发展援助、豁免债务。

捐款是无偿的援助，包括有关国家的自愿捐款、国际组织的无偿援助。

无息贷款是政府间的援助性质的贷款，但有些发达国家在提供贷款时附加了一些政治或经济条件，如要求改善人权状况、购买援助国的物资等。

官方发展援助是指发达国家或高收入的发展中国家及其所属机构、国际有关组织、社会团体以提供资金等方式，帮助发展中国家发展经济和提高社会福利的具体活动。

豁免债务是指在有些发展中国家由于经济状况较差，难以偿还贷款时，提供贷款的国家主动提出不再要求其偿还贷款，等同于提供无偿援助。

三、当前国际援助的特点

（一）背景

2000 年，联合国 189 个会员国的领导人举行千年首脑会议，共同发表了《千年宣言》，承诺要努力在 2015 年实现八大千年发展目标，包括把每天生活费不足 1 美元的人口减少一半、普及小学教育、降低儿童死亡率、实现环境的可持续性等。要求各国努力采取有效措施，争取早日实现消除贫困、防治艾滋病、预防武装冲突、促进发展与保护环境等目标。特别是发达国家应当作出更大努力，开展国际援助帮助穷国解决上述问题。

（二）当前国际援助的新特点

国际援助往往伴随着政治斗争和利益争夺，而不是单纯的经济支持。在当今错综复杂的国际形势下，呈现出下列特点：

进入 21 世纪以来，国际援助的发展出现了一些新的变化和特点：发达国家基本垄断了国际援助和减免债务的发言权；ODA 的数额和比重在经历了 20 世纪 90 年代连续 5 年较大幅度下降后，21 世纪初又开始回升；援助的地理分布、国别重点、结构方式等方面也有显著变化；援款的政治和其他附加条件增多；发达国家的无偿援助比重加大，援款财政条件趋于优惠。债务减免成为国际援助中的一个重要组成部分。

1. DAC 成员国，特别是主要发达国家为主要的援助国

2005 年最大的援助国是美国，其后依次是日本、英国、法国和德国。2004 年年末印度洋海啸以后，国际援助舞台上出现了一种引人瞩目的新趋势，即非 DAC 成员捐助者的兴起。发展中国家开始在国际援助中发挥积极的作用，如中国已经成为了世界粮食援助的第三大捐助国。

2. 国际援助的总体规模有所上升

21 世纪以来科索沃战争和阿富汗战争重新唤起了人们对外援的关注，新千年通过的一系列相关的国际援助会议和协定使国际援助又恢复了活力，各主要的援助国都相应增加了国际援助的力度。根据经济合作与发展组织的统计，2005 年的官方发展援助是 2001 年的 2 倍，其中 2005 年比上年增长 34%，主要是双边援助增长较大（见表 13-1）。

表 13-1　　　　**2001—2005 年官方发展援助资金构成**

国际援助的资金构成	2001 年	2002 年	2003 年	2004 年	2005 年
I 官方发展援助	52 435	58 292	69 085	79 410	10 677
1. 双边援助	35 124	40 752	49 755	54 283	82 133
a. 双边赠款	33 522	39 813	50 908	57 222	83 109
其中：技术合作	13 602	15 452	18 352	18 672	20 926
食品援助	1 007	1 086	1 196	1 169	887
人道主义援助	3 276	3 869	6 221	7 339	8 720
债务免除	2 514	4 534	8 338	7 109	24 963
管理费用	2 964	3 027	3 520	4 001	4 065
b. 双边贷款	1 602	939	-1 153	-2 939	-976
2. 多边援助	17 311	17 540	19 330	25 127	24 644
其中：联合国	5 325	4 739	4 828	5 129	5 451
欧洲委员会	4 946	5 695	6 946	8 906	9 258
国际开发协会	3 599	3 279	3 120	5 690	4 827
区域开发银行	1 491	1 813	1 734	2 274	2 096

3. 国际援助的结构和方式发生变化

首先，ODA 在对象和地区上呈现出侧重于贫困国家和地区的趋势。其次，在 ODA 的部门分布中，社会公共基础设施已经成为国际援助的重要领域。具体表现为社会公共基础设施、人道主义援助占全部双边官方援助的比例不断增加，生产部

门如农业、工业和其他产业的援助以及物质和项目援助的比例相对下降。最后，ODA 的援助形式方面，人道援助和债务减免的比重有所上升，而项目援助的比重相对下降。

4. 政治色彩日益浓厚，附加条件日益增多

进入 20 世纪 90 年代以后，发达国家越来越关注受援国的人权、民主等问题，越来越重视援助能否带来受援国的政治与社会经济的进步。对外援助成为西方国家将本国价值观与社会力量投射到海外的过程。他们在进行对外援助时，往往以经济援助为手段，把按西方国家的意图进行政治和经济改革，将“民主、多党制、私有制”等作为向发展中国家提供发展援助的附加条件。

5. “特殊目的组织”（Special Purpose Vehicles）出现并快速发展

像全球抗艾滋病、肺结核及疟疾基金会和全球环境基金都是这种类型的组织。它们对于许多全球性关注的问题发挥了越来越重要的作用。

四、援助机制

财政困难的国际援助一般通过国际组织进行，主要有国际货币基金组织、世界银行集团、经济及社会理事会、联合国开发计划署、粮食计划署、联合国人口基金等。

（一）国际货币基金组织

国际货币基金组织的主要任务是：促进国际货币合作，维持国际间汇率的稳定；向成员国提供短期信用以帮助会员国调整和缩短其国际收支不平衡的状况，解决成员国的国际收支困难；向成员国提供技术援助，派出专家小组帮助成员国制订并实施经济、金融方面的改革计划。近年来，基金组织致力于三方面的工作：加强全球化的金融监管；在特殊情况下为成员国提供紧急救援贷款，以维护成员国金融体系的稳定；帮助低收入的重债务国融入国际经济。

国际货币基金组织只对成员国的政府或政府机构发放贷款，贷款主要用于解决成员国的国际收支的暂时困难；一般为短期或中期贷款，期限为 3 ~ 5 年，长的也不超过 10 年，贷款的额度必须根据成员国向基金组织交纳的份额来决定；基金组织的贷款不管使用什么货币，都按特别提款权来计值和计算利息的。

（二）世界银行集团

世界银行集团是由国际复兴开发银行及其下属的国际金融公司、国际开发协会共同组成。我国于 1980 年加入世界银行。

1. 世界银行贷款的条件

贷款对象必须是成员国政府、政府机构或能获得政府和有关机构担保的公私企业；成员国必须经世界银行的专家认可确实具有偿还能力，才能获得贷款资格；贷款国已无法按合理的条件从其他的渠道获得资金，才可申请贷款；项目贷款必须用于规定的项目，并要接受世界银行专家的监督。

2. 世界银行对贷款的主要规定

贷款的审批程序严格，常常要派专家到借款国进行实地考察、认证；项目的资

金一般占项目所需资金的50%左右，有时甚至高达70%；贷款的期限一般较长，平均在10年左右，项目贷款则按项目的建设长短而定；以美元计值，偿还时也必须偿还美元，万一发生汇率变动，由借款国承担汇率风险；贷款利率参照市场利率，但是一般低于市场利率。

3. 国际开发协会关于贷款的规定

贷款的期限为35~40年，并含10年宽限期。贷款不计利息，仅对已使用的贷款部分每年征收0.75%的手续费。目前其贷款对象仅限于根据1995年统计的人均国民生产总值低于905美元并缺少资金的国家。

（三）联合国开发计划署

联合国开发计划署是联合国技术援助计划的管理机构。1965年11月成立，其前身是1949年设立的“技术援助扩大方案”和1959年设立的“特别基金”。总部设在美国纽约。该计划署的宗旨是帮助发展中国家加速经济和社会发展，向它们提供系统的、持续不断的援助。

联合国开发计划署的援助项目是无偿的、资金主要来源于各国政府的自愿捐款，由联合国工发组织、联合国粮农组织、联合国技术合作部、世界卫生组织、联合国教科文组织、贸易和发展会议等30多个机构承办和具体实施。计划署本身不负责承办援助项目或具体将其付诸实施，它主要是派出专家进行发展项目的可行性考察，担任技术指导或顾问。中国于1972年10月开始参加该署活动。

五、中国与财政困难的国际援助

（一）我国参加的国际财政活动

1. 世界银行集团

世界银行集团由国际复兴开发银行、国际开发协会、国际金融公司、多边投资担保机构和解决投资争端国际中心五个成员机构组成。中国于1980年恢复了在世界银行集团的合法席位，截至世界银行2003年财政年度，国际复兴开发银行向中国提供了366亿美元的低息贷款，国际开发协会向中国提供了102亿美元的无息贷款，国际金融公司向中国的非国有部门提供了12.73亿美元的货款和股本投资，多边投资担保机构向中国提供了7 900万美元的投资担保。财政部部长出任世界银行集团各成员的中国理事。

2. 亚洲开发银行

成立于1966年的亚洲开发银行是区域性政府间国际开发金融机构。中国于1986年加入亚洲开发银行，并成为其第三大股东。截至2003年年底，亚洲开发银行已批准向中国的101个项目贷款约135亿美元。财政部部长出任中国理事。2002年5月第35届亚行年会在中国上海举行，中国财政部承办了该会议。

3. 全球环境基金

全球环境基金是由世界银行暨国际货币基金组织发展委员会部长会议倡议于1991年5月成立的全球性赠款基金，其宗旨是促进环境领域的国际合作，为发展中国家在减缓全球气候变化、保护生物多样性、保护国际水域、保护臭氧层、防止荒漠化和减少持久性有机污染物六个领域开展的具有全球效益的环保活动提供赠款或其他形式的优惠资助。中国是全球环境基金的创始成员国，截至2003年年底，中国共有40多个项目获全球环境基金批准，赠款总额约4亿美元。

（二）中国已成为国际发展援助的主要受援国

20世纪80年代以来，在国际间贷款与援助的财政关系中，中国逐渐演变成为国际发展援助中的主要受援国。80年代末，中国还是发展中国家的国际主要受援国之一。单从绝对额上看，到1991年，我国少于埃及，居发展中国家接受国际外援的第二位。1992年以来，我国已成为名副其实的主要受援国，所接受的国际间贷款与援助远远超过了印度、印度尼西亚、以色列、埃及等传统的主要受援国。目前我国是联合国发展系统的主要受援者，也是世界银行及其所属机构国际开发协会的主要借款国。从1989年至1994年间，中国从国际银行借入的贷款约占亚洲新增贷款的一半左右。1994年，中国接受的援助净交付额为32.3亿美元，在发达国家双边官方发展援助中占6.8%。中国接受的外援占国际发展援助总额的比重：1983—1984年平均为2.9%；1988—1989年为5.3%；1993—1994年为6.6%。

1984—1994的10年中，中国接受外援年平均实际增长率为7.6%，而同期国际发展援助年平均实际增长0.5%；从地区看，撒哈拉以南非洲国家平均为2.1%，亚洲国家平均为1.1%，大洋洲国家平均为-0.6%，北非和中东国家平均为4.2%，拉美国家平均为0.1%；从主要受援国看，印度尼西亚为52.3%，埃及为2.7%，印度为3.3%，以色列为6.6%。因此，无论从哪一方面看，中国接受外援的年平均增长速度都是最快的。高速的递增率不仅把中国推向了国际受援国的首位，而且使这种最大受援国的地位得以持续下来了。

2007年国际社会对华援助出现新特点：进入21世纪以来，我国国民经济持续稳定快速发展，2005年我国GDP达到18.23万亿人民币，人均GDP超过1 700美元，农村绝对贫困人口数减少到2 600万左右。随着我国综合国力日益增强，商务部与欧盟、德国、荷兰、澳大利亚、挪威等国以及联合国人口、儿童基金会签署了新一轮多双边发展援助《国别战略》框架。该框架协议反映出国际发展合作出现了一些新的特点和新的趋势：一是当前国际社会对华援助资金规模基本保持稳定；二是硬件设施方面的援助会将逐步减少，援助方的重点逐步向政策层面转移，在环境保护、经济与社会改革、法制合作等方面给予支持；三是合作形式呈多元化发展趋势，欧盟、德国、加拿大不仅将技术合作项目与公共和私营部门合作、而且还与经合组织、联合国计划开发署、世界银行等国际组织合作开展援助活动。

当然，中国在作为国际间政府援助的最大受援国的同时，也积极承担着援助第三世界国家的义务，又同时扮演着国际间财政援助国角色，并发挥着重要作用。尤其是随着中国社会经济发展和综合国力的增强，我国作为财政援助国的地位也会进一步提高，受援与援助将使我国在国际间财政关系事物中发挥出越来越重要的作用。2005年发生了一个非常大的转变，2005年是很重要的转折年，中国政府向南亚海啸地区捐款8 300万美元。这是迄今为止中国社会对一次国际性的自然灾害捐款数量最大的一次。在2005年中国政府向亚行捐款3 000万美元，用于亚洲地区的减灾扶贫。中国政府在2005年向美国海啸捐款500万美元，还有物资。中国政府在2004年免除了31个非洲国家欠中国的债务105亿人民币，相当于12亿美元。2005年胡锦涛主席又宣布向包括非洲在内的发展中国家提供100亿美元的优惠贷款。应该说这些举措引起了国际社会的关注和震动，表明中国在国际人道主义救援体系中的角色转换。

案例讨论 13-2

中国涉外援助角色的变化

1991年5月，中国的安徽、江苏、河南等地发生了特大洪灾。7月6日，中国政府正式通过联合国系统向国际发出呼吁，寻求援助，这是有史以来的第一次，也是一个非常正式的国家行动。我们要求国际社会提供人道主义援助，这是非常正规的行为。7月11日，民政部在首都大酒店举行中外记者招待会，向国际社会通报灾情，两个星期以内，联合国系统一共募集到了700多万美元。

讨论：

1. 你如何看待中国由向别国援助到主动要求援助这一角色的变化？
2. 分析国际财政援助如何体现财政关系。

第三节　国际财政协调

一、财政协调的必要性

（一）国际贸易和跨国投资的发展

在涉及国际财政关系的诸多经济活动中，对各国财政利益影响最大的是跨国公司的出现和发展。第二次世界大战后，国际经济获得了高度发展，跨国公司大量涌现，从而大大促进了国际税收关系的发展。跨国公司是国际资本流动的产物，它主要以生产资本的形式出现，通过对外直接投资，在其他国家和地区设立分支机构或子公司，从事国际性生产和经营活动。企业投资的国际化，必然带来国际收入分配问题，在这种情况下，任何国家都不可能再放弃对跨国公司的依法征税问题。除了跨国公司组织外，随着各国政府、团体和个人之间的政治、经济、文化艺术交流日益频繁，各种形式的国际收入也日益增加。尤其是20世纪60年代以来，发展中国家纷纷采取利用外资、引进先进技术的战略方针，与发达国家建立了广泛的经济联系，涌现了许多新的经济交往方式。除了直接投资外，还有技术转让、来料加工等。国际间商品、资本、技术、劳务的大幅度流动和各项交流收益的增加，进而引起了国际间收入分配的复杂化。为了协调各种分配关系，1963年，经济合作与发展组织起草了《关于对所得和财产避免双重征税的协定范本》，联合国专家小组制定了《发达国家与发展中国家间避免双重征税的协定范本》，标志着规范化的国际税收分配关系的形成。由于跨国公司的实力强大，业务遍布几大洲，对其经济业务的监管和税收的征收管理成了各国管理当局的一大难题。一方面，跨国公司通过国际组织及区域经济组织迫使一些国家主要是发展中国家在部分经济主权上作出让步，从而损害了相关国家的财政利益；另一方面，跨国公司利用不断放宽的投资环境，在不同国家间进行物资和资金的转移，从而达到合法避税的目的，也损害了相关国家的财政利益。为此，各国从维护本国利益出发，纷纷采取各种措施堵塞漏洞，加强对各种影响本国税收等利益的经济活动的限制，并寻求通过国际协调来减少合法避税活动对本国财政利益的负面影响。

由于经济全球化的发展影响到相关国家的财政利益，使国家之间的财政关系日益紧密，财政利益的配置已越出了一国的界限，在国际间进行配置。各项经济政策的制定都必须考虑其国际影响，也需要密切关注国际组织、其他国家的政策对本国经济利益乃至财政利益的影响，从而趋利避害，争取有利于本国的结果。国际贸易、跨国投资的发展促使经济要素在国家间流动，从而也使财政利益在国家间转移。各国如果只考虑本国利益，相互之间钩心斗角，要么采取经济封锁，要么进行恶性竞争，那么其结果只能是两败俱伤；如果各国从长远利益出发，通过国际组织或其他协调机制进行财政利益的国际协调，那么就可以争取“多赢”的结局。

（二）全球化的挑战

20 世纪 90 年代以来，全球化已成为了当今世界不可逆转的发展趋势，它已关系到世界各国政府的决策和普通公民的切身利益，其影响已日益为国际社会所广泛关注。在经济全球化趋势深入发展的形势下，既面临着难得的发展机遇，也面临着严峻挑战。世界各国人民普遍希望共享机遇、共应挑战、共同发展。全球化在为各国经济乃至世界经济发展带来巨大利益的同时，也带来了全球发展不平衡性问题以及各类社会经济风险与危机因素，对世界经济有序、平衡发展造成冲击。目前，理论界和政治家正在寻求有效解决这些问题的途径，并致力于建立有效的运行机制——充分提供全球公共产品的机制。在此背景下，绝大多数国家都意识到必须加强全方位的国际合作，包括财经领域的国际合作，以积极的态度融入全球化进程，勇敢迎接挑战，为本国经济发展创造良好的国际环境。

（三）保障国际财政利益分配秩序的需要

世界各国都认识到，经济全球化是一个不可逆转的趋势，尽管它对各国的经济主权及财政利益产生了负面影响，但只要国家之间通过谈判加强相互之间的协调与沟通，就可以减轻其负面影响，并借助经济全球化加快本国经济的发展。

国家之间问题的解决需要国家的合作和协调。通过财政关系国际协调可以逐步实现全球内税制的融合和财政政策的相互配合，减少成员国之间的财政摩擦及税制异化引起的损失，以最小的成本实现合理的财政收入。财政关系国际协调是相关国家采取共同措施来处理国际间财政关系问题的一种方法，具体表现在国家间债务的协调及国际税收的协调上。在恶性税收竞争中，发展中国家的利益往往受到损害，因为发展中国家所面临的问题是资金短缺、技术落后、基础设施匮乏，这些投资要素的缺陷将导致在税收竞争博弈中占主导地位的将是作为资本输出国的发达国家。由于税收优惠还存在种种抵消因素，可能导致巨大的税收收入损失和优惠政策效果落空同时并存的局面。因此，建立对话协商机制，加强国际税收协调对于保障发展中国家的税收权益具有更为重大的实际意义。

面对恶性税收竞争、严重的跨国逃税与避税现象、资本外逃等问题，加强财政关系国际协调成为保障国际财政利益分配秩序的必然选择。

财政关系国际协调主要致力于两个方面的调整：一是税制；二是税收征管。

国际税收协调的目标并不是一味地完全遏制国际财政竞争，而是通过协商对话、管理合作的方式合理划分税收等权益，使有关各国公平分享经济全球化的成果。近年来，欧盟、美国等发达国家的税制改革方向正在逐步走向一体化，世界各国的税制结构也逐渐趋同。但是，由于各国的历史、文化、经济背景的差异，双边或多边税制间的摩擦仍将长时间存在，这也为在各国经济存在异质性的条件下加强国际财政协调与合作提供了前提和发展的空间。财政关系的国际协调机制定位于两个层面：一是通过协定调整国家之间税收管辖权与税收分配关系，这种方式没有从根本上改变各国原有的税收立法权及税收管辖权，只是在原有体制基础上的一种协调，用于灵活处理因摩擦而带来的国际税收分配问题；二是通过协调达到财政一体化目标，改变各国原有税率或税制，形成经济共同体，积极推动贸易和投资自由化，这属于较高层次上的财政关系国际协调。在当今世界经济发展的两极格局中，经济实力雄厚、资本积累充裕的发达国家代表着资本输出国的利益，而广大发展中国家由于经济发展水平的原因，始终处于资本输入的地位，因此作为吸引外资的国际税收优惠政策，是发展中国家的重要经济手段，以维持资本输出中性作为财政关系国际协调的准则，对广大发展中国家来讲是不公平的。在既避免重复征税又最大程度遏制跨国避税的目标指导下，如何在发达国家和发展中国家之间建立一个比较适度的财政关系国际协调机制是世界各国共同面临的棘手问题。

按照区域经济与国际经济合作相关理论，区域经济一体化的发展同区域内国家间的财政政策协调与合作息息相关。随着经济一体化程度的加深，成员国之间的经济联系日益紧密，彼此的开放程度不断拓宽，成员国内部市场失灵会部分地转变为区域市场失灵，因此，对市场失灵的有效防范必然依赖于财政政策的协调与合作。伴随着自由贸易区建设进程的推进，区域内投资和贸易一体化继续发展的结果必将需要财政政策的协调统一。因此，如何加强区域内成员国之间财政政策协调与合作、成员国内部财政体制调整与改革是一个迫切需要面对的现实。

二、财政协调的内容

（一）消除成员国财政政策对区域的“溢出负效应”

在一个封闭经济条件下，一个国家的财政政策的成本与收益可以实现内部化，但在开放条件下，财政政策是有溢出效应的。所谓财政政策的溢出效应是指一国财政扩张、赤字及债务占GDP的比重扩大，会对自由贸易区的其他成员产生负面影响。溢出效应主要体现在两个方面：

一是对于跨国界的资源配置有溢出效应。主要体现了财政政策溢出的微观效应。一国的财政政策有两种分类：一种是扩张的财政政策和紧缩的财政政策；另一种是相机抉择的财政政策和自动调整的财政政策。无论哪种政策，都是通过改变政府支出（预算政策）、税收、公债来达到调节经济的目的。由于区域内各成员国之间的税种、税率有很大差异，在商品、服务、资本市场日益一体化、自由化的状况下，资本所得税的差异会促使资本流向税率低的地区，而且税率差异会使商品的相对价格发生扭曲，降低资源配置的效率，这样就会导致要素在跨国界的配置产生负向的溢出效应。

二是对宏观经济系统的稳定上有溢出效应。财政政策溢出效应还体现在对宏观经济系统稳定的影响上。在一个经济合作区域内，如果某一成员国的财政赤字过大，就会对整个区域的宏观经济运作产生重大影响。当一国债务比例提高时，意味着对整个区域金融市场的依赖度加大，导致整个金融市场的利率提高；利率的提高又会加重其他国家政府的债务负担，如果这些国家控制债务负担，就必须采用严格的紧缩财政政策。这样，个别国家的财政扩张导致其他国家财政紧缩，使它们经济增长下降，失业率上升，影响整个自由贸易区的经济运行。

随着自由贸易区合作的深入，各国之间经济相互依赖的程度增强，经济政策的溢出效应愈发明显。由于自由贸易区内部客观存在国家利益与整体利益的矛盾，成员国在制订经济政策时，常常只考虑本国追求的经济目标，导致各国之间的政策效果往往相互冲突，既不利于自由贸易区整体经济的运行，又不能实现各成员国的经济目标。为了避免溢出效应，要求各成员国之间进行税率、税制、赤字的协调，克服要素跨边界配置、宏观经济系统的稳定的负面影响。

（二）区别关税政策，培育新的财源、填补关税“退位”后的空缺

按照贸易自由化和经济联系紧密程度的差异，一般把区域经济一体化分为五种形式：一是自由贸易区；二是关税同盟；三是共同市场；四是经济联盟；五是完全的经济一体化。

关税是随着国际贸易的产生和发展而逐渐形成的最古老、最有效、最基本和最重要的调节国际经济关系的工具，关税税率的高低，在一定程度上反映了一国市场经济发育的程度。最初时，关税是构成一个国家财政收入的重要来源之一。随着社会经济的发展，其他税源的增加，以及国际贸易多边谈判下关税减让的成果显现，关税收入在各国财政收入中的比重已经下降，但仍是各国国家财政收入的一个组成部分。对于经济落后的国家而言，关税收入仍是其财政收入的一个重要来源。削减关税给政府财政收入带来的压力是十分巨大的。

从理论上来说，贸易条件的改善使特定自由贸易区的所有参与国获得了巨大的贸易机会，似乎大家都获得了福利收益，而且这个收益应该大于削减关税造成收入

流失。但由于经济水平、资源占有、产业结构等条件的不同，这种收益在参与国中分布相当不均，在短时期内或某种环境下有的参与国还可能遭受了福利损失。这样就会影响这些国家参与合作的积极性，甚至为保护本国市场和民族工业而进行抵制。

为此，在降低关税的政策协调方面，需要关注两个问题：一是近期内采取区别关税政策。北美自由贸易区的一些做法值得借鉴。美国在北美自由贸易区中处于绝对的主导和支配地位，但它也不能不考虑其他两国，特别是墨西哥的经济利益和承受能力。为此北美自由贸易协定为墨西哥安排了过渡期和差别待遇。在关税减让的第一阶段，墨西哥只需对来自美国35%的商品取消关税，而美、加对来自墨西哥的80%的商品实行免税。此外，北美自由贸易协定还为墨西哥缺少竞争力的产业部门安排了10～15年的缓冲期，使其墨西哥有充分时间进行结构调整。二是各个成员国都必须对现行财政收入结构进行调整，培育新的财源基地，形成新的财政收入增长点，填补关税“退位”后的财力的空缺。

（三）实施经济援助，缩短自由贸易区内部发展不平衡差距

各地区发展不平衡是大多数国家普遍的现象，而市场竞争的结果还会进一步扩大这种发展不平衡，这种地区间收入差距的存在和扩大会破坏地区间的团结、政治中心的凝聚力和政治的稳定性，也是建立区域经济合作的最大障碍。

尽管从长期看，自由贸易区的建立有利于区域内各国扩大市场，整合经济资源，增强经济实力，但在短期内贸易自由化将不可避免地冲击经济欠发达国家及地区的经济，造成一定的失业和产业的破坏，从而大大地限制了各成员国相互协调经济政策的余地，不利于自由贸易区内各国的共同发展。因此，在建设自由贸易区的过程中，开展地区减贫方面的财政政策协调与合作是十分必要的。作为一个正在组建中的自由贸易区各个成员国特别是经济比较发达的成员国，必须重视对落后地区开发援助问题。这不仅关系到自由贸易区是否如期建成，还关系到地方政治、经济社会的安全和发展。

欧盟在这方面的成功经验很值得学习。欧盟执委会作为在成员国政府之上的超国家调节机构，来执行对落后地区进行扶助和开发的政策。这个政策的目的是巩固和完善欧盟的内部大市场，加强内部凝聚力，提高欧盟的国际竞争力。这个政策是通过欧洲地区开发基金、欧洲社会基金、欧洲农业保证与指导基金中的指导基金部分，以及渔业指导基金等四个结构基金来实施对成员国落后地区和衰退地区的基础设施建设项目、环境建设项目、生产性项目进行有比例的财政投入，帮助这些地区振兴经济和扩大就业。欧盟还于1993年设立了团结基金，专门援助收入最低的成员国进行基础设施和环境建设。四种结构基金和团结基金都来源于欧盟的共同财政。从1975年以来，结构基金已资助了2 000多个开发项目，有力地促进了落后地区经济的发展，缩小了先进地区与落后地区之间的差距。1994年以后，由于共同农业政策的改革使农业价格保证部分支出大大减少，结构基金的支出不断增加，现已经占共同财政预算的1/3以上。

（四）调整财政支出结构，增加跨国公共产品的供给力度

随着区域经济一体化的深化，公共产品的空间特征正在发生变化，其边界也由一个国家范围扩大到经济合作的区域。比如防务、安全、外交政策、环境保护、高等教育、科学研究、交通、通信和能源等作为跨出国界的区域公共产品已经出现，且还有新的公共产品不断涌现。在欧盟这些公共产品的供给是由欧盟预算集中供给的。由于公共产品的外部正效应诱发的“搭便车”行为，需要区域内各成员国对于此类公共产品的供给进行协调，促使各成员国加大财政投入，增加这些公共产品的供给力度，保证经济合作的成效。而对地区性公共产品，由双边协商效果似乎更好。当前重点关注交通、产业调整、信息、教育、安全等区域性公共产品的供给问题。

三、国际财政协调机制

（一）财政关系的国际协调主体

财政关系的国际协调可以通过国际组织、区域性组织，也可以由各国政府通过相互之间的磋商机制进行。国际组织有联合国、世界贸易组织（WTO）、世界银行（IBRD）、国际货币基金组织（IMF）等，区域性组织有欧盟、经济合作与发展组织（OECD）、亚太合作组织、美洲联盟、非洲联盟、东南亚国家联盟等。

（二）财政关系的国际协调方式

财政关系的国际协调方式有：（1）全球性的国际协调，比如通过 WTO 制定贸易规则，处理由于贸易问题引起的摩擦，调解贸易争端；（2）国家之间的财政协调，如通过签订税收协定协调相互之间的税收制度，消除由于国际重复征税对国际贸易及跨国投资的消极影响；（3）国际财政援助，如由发达国家或国际组织提供无偿援助、豁免发展中国家的债务等。

欧盟财政政策协调是一个较成功的例子，其制度框架归结为两方面：

一是财政纪律约束。主要体现在两个条约中：一是为了实施经济与货币联盟，欧盟于 1991 年 12 月达成的《马斯特里赫特条约》为欧盟成员国进入经济与货币联盟第三阶段的财政趋同标准作了安排；二是为追求欧盟预算平衡或盈余的财政目标，欧盟于 1997 年 6 月签署的《稳定与增长公约》为欧盟成员国进入经济与货币联盟第三阶段后财政状况的约束作了进一步的规定。

二是财政转移支付。共同财政安排结构基金和团结基金来实施的对成员国落后地区和衰退地区财政转移支付，这种财政分配改变了国民收入在区域的利益格局，可视为财政协调的一种方式。

欧盟虽然没有集中统一的财政当局，财政政策仍由各成员国单独执行，它但已经在法制和民主的基础上建立起比较完善的组织机构和决策机制，呈现出高于国际组织，但又低于联邦制的性质和特点。它拥有自己的立法机构与功能，形成了完备的法律，并具备了一定的司法功能与制度，为财政政策协调提供了强大的组织保证。

案例讨论 13-3

财政赤字困扰欧盟国家

欧盟对区域内各国的财政赤字有严格约束标准，即其占国内生产总值的比重不能超过3%。但自2008年国际金融危机以来，法国出台了一系列刺激经济的政策，在扩张性财政政策下，巨额财政开支导致财政赤字大幅上升，2009、2010两年财政赤字占国内生产总值比重都将超过8%。为此，欧盟委员会向法国施压，希望法国提前压缩其财政赤字。

此前几年，一些中东欧国家在申请加入欧盟时，也因为财政赤字的比重过高而被拦在门外。

讨论：

1. 为什么一个国家的财政赤字会影响影响外交关系？
2. 从国际财政协调的角度谈谈你对欧盟上述规定的认识。

（三）国际税收协定

国际税收协定也称国际税收条约，是指两个或两个以上的主权国家，为了协调相互间的税收分配关系和处理跨国纳税人征税事务等方面的问题，本着平等的原则，通过协商、谈判等一定程序签订的一种对缔约国各方有法律效力的书面税收协议。

国际税收协定具有以下几方面的作用：（1）划分征税权，协调国家之间的税收利益；（2）避免国际双重征税，消除跨国纳税人的不合理税收负担；（3）加强国家之间的税务合作，防止国际逃避税；（4）避免税收的国际歧视，保护纳税人的税收利益；（5）促进国际贸易和投资，推动世界经济的发展。国家之间税收协定的签订，可以为从事国际经济活动的跨国纳税人负担合理的税收创造条件，并为引导投资方向提供税收鼓励。

但是，应该看到，国际税收协定对解决国际税收领域中诸多问题的作用仍是有限的，现行国际税收协定对征税权的划分还存在着某些不合理的因素，发达国家在税收利益分配中占据更为有利的地位；由于各国税收管辖权的内涵不一致、实行的外国税收抵免制度不统一等原因，国际双重征税也未能做到完全避免；在防止国际逃税与避税方面，需要各国更为密切的配合。为了更好地解决这些问题，需要有关国家政府继续作出努力。

（四）我国参与财政关系国际协调的情况

为了确保我国政府税收权益的独立完整和更好地处理国际间的税收分配关系，1980年和1981年，我国陆续颁布了《个人所得税法》、《中外合资经营企业所得税法》和《外国企业所得税法》。在这些法律基础上，我国开始对外商谈和签订综合性的避免双重征税协定。1981年1月我国与日本首先开始商谈综合性税收协定，经过两年多时间的协商，于1983年9月在北京正式签订了《中华人民共和国政府和日本国政府关于对所得避免双重征税和防止偷漏税的协定》。截至1993年，我国又先后与美国、法国、英国、丹麦、挪威、瑞典、瑞士、荷兰、澳大利亚、比利时、芬兰、加拿大、西班牙、波兰、意大利等33个国家正式签订了避免国际双重征税协定。

除了已经签订和执行的协定外，我国还存在一些与某些国家已经签订但尚未执行的国际税收协定，这些国家包括西班牙、罗马尼亚、奥地利、巴西、蒙古、匈牙利等。

1994年以来，随着我国财产税的正式确立和执行，我国又先后与英国等分别签署了《有关对财产税避免双重征收和防止偷漏的基本协定》，从而进一步完善了我国与世界各国签署的国际税收协定的内容。

从目前来看，我国参与的国际税收分配数额已经占到我国税收收入额的1/3左右，其中大部分为我国凭借地域管辖权课征的涉外税收收入，同时也有少量的凭借居民管辖权和公民管辖权征收的我国对外跨国经营企业的所得税和跨国自然人的财产税。所有这些，都在一定程度上保证了我国税收权益的完整性。

四、国际税收协调

随着国际贸易、跨国投资的兴起及蓬勃发展，产生了国际税收问题。为了鼓励和促进国际贸易、跨国投资的开展，各国之间就国际税收问题进行了协调，也就是对国家与国家之间的财政分配关系按照互惠互利、协商一致的原则进行磋商和处理，以求得利益的平衡。税收制度的国际协调形式与内容，在不同的条件下是不同的。一般说来，在不要求改变各国税制的前提下，通过谈判缔结双边或多边的国际税收协定，协调因国家间的税制差异而引起的国际重复征税问题，其协调范围仅限于所得税和一般财产税。这就是通常所说的国际税收关系协调。其次，国家间通过谈判达成协议或者根据某种国际性规则确立税制的某种参照模式，在不同程度上实现税制的趋同。最终实现税制协调的最高级形式：各国税制一体化。

（一）国际税收

国际税收是指两个或两个以上的国家，在对同一跨国纳税人的同一课税对象，分别行使各自的征税权力而形成的征纳关系中所发生的国家之间的权益分配关系。跨国所得的出现和各国确立的对所得课税的制度，是产生国际税收关系的原因。

国际税收的本质是国家与国家之间的税收分配关系。因为对同一跨国纳税人的同一课税对象征税，就是对同一利益的分割，是在不同国家间的分配，如一个国家得到的利益多了，另一个国家的利益必然受到影响。例如，为了避免所得的国际重复征税，纳税人的居住国可以放弃对本国居民国外所得的征税权，而由所得的来源国单独行使征税权；或者居住国让来源国优先行使征税权，然后再在来源国征税的基础上对这笔国外所得进行补征。这样，居住国和来源国之间就发生了税收分配关系。又如，跨国公司把一部分利润由税率高的国家转移到税率低的国家，也会影响这两个国家之间的税收分配关系。而要减轻纳税人的税收负担，保护跨国纳税人从事国际贸易、跨国投资的积极性，必须要有相关两个国家的协调和合作，并且需要双方在利益上作出让步，两个国家相互给予优惠待遇，这样才能使问题得到较好解决。

（二）税收管辖权

1. 税收管辖权的含义

税收管辖权是指一国政府在其主权范围内对税收事务的管辖权力，包括对什么征税、征哪些税、征多少税等等。税收管辖权是一个国家主权的重要内容，神圣不可侵犯，由各国独立行使。

2. 税收管辖权的类型

税收管辖权一般都包括三种类型，即地域管辖权、公民管辖权和居民管辖权，前者指国家有权对其所属领土全部空间范围的经营活动实施有效的征税权，后两者则指国家有权对其所属的公民和居民收益实施有效的征税权。这样，不同国家和政府便在实施征税权的过程中，很容易产生对同一跨国纳税人的同一课税对象的征税权的交叉与重叠现象，导致国际重复征税问题。尤其是世界上大多数国家为了维护本国的经济利益，都同时实行地域管辖权和居民管辖权，且各国判定居民身份和所得来源地的标准不一致，国际重复征税问题就产生了。

税收管辖权的冲突是造成国际重复征税的基本原因，具体有三种情况：一是地域管辖权和居民管辖权的重叠，二是各国对来源地的不同解释造成的地域管辖权的重叠，三是各国对居民身份标准的不同规定造成的居民税收管辖权的重叠。

（三）国际重复征税

1. 国际重复征税的含义

国际重复征税是指两个或两个以上的国家在同一时期内，对同一纳税人的同一课税对象或税源征收相同或类似的税收。它涉及所得税、财产税、国内商品税三大税类，但主要是所得税。

所得的国际重复征税是由不同国家的税收管辖权同时叠加在同一所得之上引起的。它加重了纳税人的负担，影响到跨国投资的发展，不利于资本在国际间的流动。因此，必须采取各国能够接受的办法减轻或消除国际重复征税。

国际税收协调解决的是因各国税制差异而产生的国际税收竞争问题，避免有害国际税收竞争。国际税收竞争是经济全球化下国际税收关系的一种必然现象。主动参与适度的国际税收竞争，既维护了国家主权，也能在一定程度上促进本国福利水平的提高。但是，过度乃至恶性的税收竞争则是有害的，它会弱化国家税收主权，破坏税收制度的公平性，不利于资源在世界范围内的合理配置。为了避免在经济全球化过程中的有害税收竞争，主权国家之间必须对各自税收制度上的差异以及对跨国纳税人行使各自的税收管辖权所引起的冲突进行协调。

2. 国际重复征税的减除

国际重复征税问题的解决办法有两方面：一是相关国家通过签订国际税收协定，约束各自的税收管辖权，以避免两国因制定居民身份或所得来源地的标准相互冲突而引起国际重复征税，对此，本节第四部分已有介绍；二是实行居民管辖权的国家承认所得来源国的优先征税权，采用免税法、扣除法、低税法、抵免法等避免、消除或缓和国际重复征税。

（1）免税法，是指行使居民管辖权的国家，对本国居民来源于国外的所得免税，只对来源于国内的所得征税。实行该方法的指导原则是承认收入来源地管辖权的独占征税权，这就意味着居住国政府完全放弃对来自国外的所得征税的权力，将这种权力留给该笔所得的来源国政府。

（2）扣除法，是指居住国政府行使居民税收管辖权时，将纳税人的国内所得和国外所得汇总后，扣除纳税人来源于国外所得所缴纳的外国税额而仅就其余额按居住国政府规定的税率征税的方式。

（3）低税法，即居住国政府通过对其居民来源于国外的所得单独制定较低税率的方式来减轻国际重复征税的方法。

（4）抵免法，是指居住国政府行使居民税收管辖权时，通过允许纳税人以在国外缴纳的税款冲抵本国汇总国内外所得按本国税率所计征的税额的方法。

（5）税收饶让，是指一国对本国纳税人在国外得到减除的那一部分所得税，同样给予抵免待遇，不再按本国规定的税率补征。税收饶让也称饶让抵免，它是税收抵免的延伸或扩展，与税收抵免有着密切的关系。税收饶让一般都要通过双边签订税收协定加以明确规定。准确来说，税收饶让不是一种消除国际重复征税的方法，而是居住国对从事国际经济活动的本国居民采取的一种税收优惠措施。

通常情况下，按照外国税收抵免制度，只有居民纳税人在来源地国实际已缴的税额，才能在居住国的应纳税额中得到抵免。如果纳税人来源于来源国的所得未在来源国纳税或少纳税，那么，居民纳税人可以在居住国应纳税额中抵免的外国税额就不存在或者减少。这样，在来源地国为吸引外资而实行的减免税优惠并不能使跨国投资人实际受惠，其所放弃的税收利益转为投资人居住国的国库收入，并没有收到鼓励外国投资的效用。因此，税收饶让抵免的主要意义并不在于避免和消除国际重复征税，而是为了配合所得来源地国吸引外资的税收优惠政策的实施。

税收饶让在发达国家和发展中国家之间的税务关系中具有实际的意义。因为自70年代以来，许多发展中国家，为了尽快摆脱落后、贫困的面貌，都比较重视吸引外资，引进先进技术。为此，他们在税收上提供了很多优惠。如有的国家在一定时期内对外资不征或减征所得税。有的国家虽然不免除所得税，但却规定在几年内不再提高现行税率等等。但是根据1980年联合国范本和国际税收惯例，收入来源国只有征税的优先权，而无独占权。如果收入来源国少征或免征所得税，居住国补征的税款差额就会相应增加，这实际上就取消了（至少是削弱了）发展中国家的税收鼓励作用，并且本应由发展中国家征收的税款无形中就转移到了发达国家，这种现象与建立国际新经济秩序是不相符合的，所以发展中国家迫切要求纠正这种情况。于是，发展中国家提出了税收饶让的问题，并力图通过税收条约实现税收饶让，以取得远比实行税收抵免避免双重征税更多的东西。

案例讨论 13-4

对手表征税引起的跨国协调

税收本来是一个国家主权范围内的事情，但有时又会引起其他国家的关注。2006 年 4 月 1 日，我国实施消费税改革，其中将单价在 1 万元以上的高档手表纳入到消费税征税范围中，目的是限制奢侈产品的消费。但始料不及的事情出现了。由于对这一政策不太了解，瑞士财政部长给我国财政部长写信，该国驻华大使也三次要求约见我国财政部税政司官员。他们提出，中国市场上 1 万元以上的手表 96% 是从瑞士进口的，这一税收政策是不是针对瑞士的？我国有关官员解释了我们的消费税政策设计初衷，表示这次税收制度改革是为了调节个人收入分配差距，促进社会公平，中国的消费税不仅针对进口产品，对国产产品也同样要征税。只要产品质量好、工艺好，市场地位在世界上是不可撼动的。经过沟通和交流，对方打消了疑虑。

资料来源　刘克崮，贾康．中国财税改革三十年亲历与回顾［M］．北京：经济科学出版社，2008：502.

讨论：

1. 从上述案例谈谈你对税收功能的理解。

2. 找出其他类似的例子，说明税收对我们日常生活的影响。

推荐阅读书目

［1］陈共．财政学．［M］．7 版．北京：中国人民大学出版社，2012.

［2］邓文勇等．财政学案例［M］．南宁：广西人民出版社，2007：案例 139-145.

［3］董勤发．国际财政研究［M］．上海：上海财经大学出版社，1997.

［4］洪银兴等．公共财政学［M］．南京：南京大学出版社，2003.

［5］王东京，李莉．与官员谈财政税收［M］．北京：中国青年出版社，2003.

［6］温美珍．图解经济学［M］．天津：天津教育出版社，2007.

阶段练习四

一、单项选择题

1.《中华人民共和国预算法》自(　　)年 1 月 1 日起施行。

A. 1995　　B. 2000　　C. 2003　　D. 2005

2.(　　)是政府的基本财政收支计划。

A. 财政体制　　B. 政府预算　　C. 财政政策　　D. 政府决算

3.(　　)是管理预算收入的收纳、划分、留解和库款支拨以及报告国家预算执行情况的专门机构。

A. 税务总局　　B. 商业银行　　C. 财政部　　D. 国家金库

4. 我国政府决算的编制机关是(　　)。

A. 财政部门　B. 人民银行　C. 各级人大　D. 国库

5. 我国现行法律规定由(　　)具体负责财政预算的编制工作。

A. 财政部门　B. 人大　C. 国库　D. 预算局

6. 我国预算法规定政府预算由(　　)审查批准。

A. 财政部门　B. 人大常委会　C. 各级政府　D. 人民代表大会

7. 我国现行分税制体制是从(　　)年开始实行的。

A. 1988　B. 1978　C. 1994　D. 2002

8. 按我国现行财政管理体制，属于中央固定收入的是(　　)。

A. 关税　B. 增值税　C. 资源税　D. 营业税

9. 目前我国中央财政对消费税的分享比例是(　　)。

A. 40%　B. 75%　C. 100%　D. 50%

10. 目前我国中央财政对增值税的分享比例是(　　)。

A. 50%　B. 75%　C. 25%　D. 40%

11. 我国国库制度改革的最终目标是实行(　　)。

A. 收支两条线　B. 部门预算

C. 复式预算　D. 国库集中收付制度

12.《中华人民共和国政府采购法》自(　　)年1月1日起实施。

A. 2003　B. 1995　C. 2000　D. 2008

13. 我国2005—2008年实行的稳健财政政策属于(　　)财政政策。

A. 紧缩性　B. 中性　C. 扩张性　D. 复合性

14. 1993年开始实施的(　　)的财政政策，是改革开放以来我国政府第一次明确将财政政策作为宏观调控的主要工具。

A. 适度从紧　B. 稳健　C. 扩张性　D. 积极

二、多项选择题

1. 实行跨年制预算年度的国家是(　　)。

A. 英国　B. 美国　C. 日本

D. 澳大利亚　E. 中国

2. 财政体制包括各级政府之间的事权划分、财权划分、转移支付等内容，判断下列哪些属于财政体制的内容(　　)。

A. 各级政府对义务教育经费的分担

B. 广西的隆安、平果两县政府为交界处的电站税收产生争议

C. 社会保险由国家、单位、个人共同缴费

D. 中央财政为到村任职的大学生“村官”拨付专项补贴

E. 中央财政为地方高校的大学生设立中央政府奖学金

3. 多元的财政政策目标一般包括下列几方面的内容(　　)。

A. 国际收支平衡　B. 经济增长　C. 物价稳定

D. 充分就业　　　　　　E. 供需平衡

4. 一般来说，可供选择的财政政策工具主要有(　　)。

A. 税收　　　　　　B. 公债　　　　　　C. 财政支出

D. 利息　　　　　　E. 财政预算

5. 根据所学知识判断下列哪些属于财政的职责范围(　　)。

A. 编制年度财政预算草案　　　　B. 管理非税收入

C. 管理会计工作　　　　　　　　D. 负责政府采购监督管理工作

E. 负责各项税收的征收管理

三、判断题

1. 《中华人民共和国预算法》自 1995 年 1 月 1 日起施行。　(　　)

2. 我国的预算年度是从每年的 1 月 1 日到同年的 12 月 31 日。　(　　)

3. 在我国，经理国库是中国人民银行的职责。　(　　)

4. 我国中央预算由全国人民代表大会审查和批准。地方各级政府预算由本级人民代表大会审查批准。　(　　)

5. 我国地方各级政府预算由上一级人民代表大会审查批准。　(　　)

6. 政府间的转移支付制度是财政管理体制的核心内容。　(　　)

7. 我国的关税划归中央财政收入。　(　　)

8. 2002 年开始，企业所得税和个人所得税全部作为地方税。　(　　)

9. 扩张性财政政策一般会导致财政结余。　(　　)

10. 扩张性财政政策是当总需求大于总供给时采用的财政政策。　(　　)

11. 政府采购制度是以公开招标、投标为主要方式选择供货商（厂商），从国内外市场为政府部门或所属团体购买商品或劳务的一种制度。　(　　)

12. 询价采购是一种无限竞争的招标，为各国政府采购通行做法。　(　　)

13. 紧缩性财政政策是当总需求小于总供给时采用的财政政策。　(　　)

14. 扩张性财政政策经常导致财政赤字。　(　　)

四、简答题

1. 简述政府预算的含义。

2. 简述预算编制原则。

3. 简要叙述分税制体制改革的成效。

4. 简要叙述编制部门预算的背景和意义。

5. 简要叙述政府采购制度的社会经济意义。

6. 简述为什么要构建财政管理信息系统。

7. 简述国库集中支付制度的含义和内容。

8. 简要阐述财政政策目标。

9. 简述有哪些财政政策工具。

10. 简述国际财政关系的含义和意义。

11. 简述国际财政协调的必要性。

五、论述题

1. 论述我国1994年分税制改革的内容及成效。

2. 论述我国2008年下半年由稳健财政政策转为实行积极财政政策的原因及主要措施。

3. 论述1998—2004年积极财政政策的出台背景、主要内容、成效。

4. 论述政府间财政收支划分的基本理论。

5. 论述政府间转移支付的必要性。

六、案例分析题（要求既要有理论依据，又要结合实际进行分析，提出自己的看法）

1. 2009年5月22日，国家发改委、财政部宣布启动“节能产品惠民工程”，向购买能效等级1级或2级以上的空调、冰箱、平板电视、洗衣机等十大类高效节能产品的消费者，提供每台300元至850元的补贴。请根据所学的财政职能、财政补贴、财政政策等知识，结合当前实际情况，分析其原因及必要性，谈谈自己的看法。

2. 2009年5月，中组部、财政部等部门联合下发了《关于建立选聘高校毕业生到村任职工作长效机制的意见》，文件明确：大学生“村官”的工作、生活补贴比照本地乡镇新录用公务员试用期满后工资水平确定，中央财政补贴按照西部地区人均每年1.5万元、中部地区1万元、东部地区0.5万元的标准拨付，同时，按人均2 000元的标准发放一次性安置费。你如何看待财政的支持措施，可以根据财政职能、财政支出、财政政策等知识进行分析。

3. 根据国务院部署，“家电下乡”政策2008年年初在山东、河南、四川、青岛三省一市试点，2008年12月起推广到内蒙古、辽宁、大连、黑龙江、安徽、湖北、湖南、广西、重庆、陕西等10个省区市，对农民购买家电给予一定比例的财政补贴。补贴资金由中央财政负担80%，省级财政负担20%。请根据财政学的财政职能、财政支出、财政政策等知识进行分析，谈谈自己的看法。

4. 2006年4月到6月，财政部、国家税务总局先后下发7份文件，对向22家基金会的“慈善捐赠”给予税收优惠政策。按照文件规定，对于向中国金融教育发展基金会、中国国际民间组织合作促进会等10家基金会用于公益救济性的捐赠，“企业在年度应纳税所得额3%以内的部分，个人在申报应纳税所得额30%以内的部分，准予在计算缴纳企业所得税和个人所得税税前扣除”。而对于企事业单位、社会团体和个人等社会力量通过中国儿童少年基金会等8家基金会用于公益救济性的捐赠，将“准予在缴纳企业所得税和个人所得税前全额扣除”。为什么在我国人们从事慈善事业的积极性不高？是公民的道德水平低还是因为政府在制度上的引导不得力？财政政策还可以从哪些方面扶持慈善事业的发展？

参考文献

［1］陈共．财政学［M］．7 版．北京：中国人民大学出版社，2012.

［2］马骏等．公共预算：比较研究［M］．北京：中央编译出版社，2011.

［3］施锦明．政府采购［M］．北京：经济科学出版社，2010.

［4］蔡庆悦，马光秋．约翰·梅纳德·凯恩斯［M］．北京：人民邮电出版社，2009.

［5］曾康华．古典经济学派财税理论研究［M］．北京：经济科学出版社，2009.

［6］高培勇．中国财税体制改革 30 年研究［M］．北京：经济管理出版社，2008.

［7］刘克崮，贾康．中国财税改革三十年亲历与回顾［M］．北京：经济科学出版社，2008.

［8］柳守平．图解经济学［M］．海口：南海出版公司，2008.

［9］邓文勇等．财政学案例［M］．南宁：广西人民出版社，2007.

［10］刘铭达．巧做少米之炊——地方政府理财的思与行［M］．北京：中国财政经济出版社，2007.

［11］曾康华．西方财税理论研究［M］．北京：经济科学出版社，2007.

［12］安秀梅．财政学［M］．北京：中国人民大学出版社，2006.

［13］葛文芳等．财政与税收［M］．北京：清华大学出版社，2006.

［14］哈维·S. 罗森．财政学［M］．郭庆旺，等，译．7 版．北京：中国人民大学出版社，2006.

［15］邓子基，林致远．财政学［M］．北京：清华大学出版社，2005.

［16］卢洪友．政府预算学［M］．武汉：武汉大学出版社，2005.

［17］申长平．财政学概论［M］．大连：东北财经大学出版社，2005.

［18］王东京．经济学笔谭［M］．北京：中共中央党校出版社，2005.

［19］张勇．听厉以宁教授讲故事［M］．北京：京华出版社，2005.

［20］本书课题组．财政国库集中收付制度研究［M］．北京：经济科学出版社，2004.

［21］金雪军．公共经济学案例［M］．杭州：浙江大学出版社，2004.

［22］韩秀云．推开宏观之窗［M］．北京：经济日报出版社，2004.

［23］刘铭达．财经拾穗［M］．北京：中国财政经济出版社，2004.

［24］李燕．政府预算理论与实务［M］．北京：中国财政经济出版社，2004.

［25］王东京．与官员谈中国改革［M］．南宁：广西人民出版社，2004.

［26］王东京，李莉．与官员谈财政税收［M］．北京：中国青年出版社，2003.

学生作业建议

（一）文献检索

调查了解2000年以来各年财政收入、财政支出数，列表反映，并用Word图形表示其发展趋势，然后结合经济学知识进行简要分析。5、6个同学为一组，分别调查不同的省份或市县。

目的：培养检索文献、观察和发现问题、分析问题的初步能力，增强运用专业知识的意识。

（二）撰写读后感

在认真借阅推荐专业书籍的基础上，撰写一篇读后感。

要求：借阅一本经济学、财政学方面的书籍，就其中的一些内容思考，写出自己的感受、收获，增强专业兴趣，培养思维能力。可以分组进行，互相讨论。

（三）撰写观点综述

选择经济学或财政学的某一个问题，对本领域国内外研究现状进行总体概括性描述，对有代表性的学者及观点进行梳理和归纳，在研究角度、研究方法、研究内容等方面作出总结和评价，指出研究进展及存在不足，提出新的思路和方法。字数在一千字左右，需附参考文献6～10篇。可以分组进行，互相协作。

（四）社会调查

1. 义务教育经费保障情况调查

分组分别对城区初中、城区小学、郊区初中、郊区小学、农村初中、农村小学、县（区）财政局教科文股、教育局（计财股、基教股）、业内专家进行社会调查，共同讨论，写出调查报告。

注意事项：准备好调查提纲，不要问及收费等敏感问题，开动脑筋，注意询问技巧。事先应全面了解义务教育经费保障改革政策。

2. 新医改方案与财政支持

分组分别对市区医院、农村卫生院、医药企业、患者（可到住院部）、在校大学生、卫生局、财政局、社区居民、业内专家进行社会调查，共同讨论，写出调查报告。可以选取2009年春公布的医改方案中的若干问题，班上应做好组织协调，避免交叉雷同。

注意事项：事先应准确了解新医改方案涉及财政部分的内容，拟好调查提纲，避免问及收费等敏感问题，调查对象应当有一定代表性。

（五）案例分析

选择各章或阶段练习中列出的案例，运用所学专业知识进行分析，提出自己的看法。

注：具体在什么时间布置作业、布置哪些作业，由任课教师灵活掌握。